Sabine Pamperrien
Helmut Schmidt und der Scheißkrieg

Sabine Pamperrien

HELMUT SCHMIDT
und der Scheißkrieg

Die Biografie 1918 bis 1945

Piper München Zürich

Mehr über unsere Autoren und Bücher:
www.piper.de

MIX
Papier aus verantwor-
tungsvollen Quellen
FSC® C014889

ISBN 978-3-492-05677-9
© Piper Verlag GmbH, München 2014
Gesetzt aus der Minion Pro
Satz: Kösel Media GmbH, Krugzell
Druck und Bindung: Pustet, Regensburg
Printed in Germany

»*Eine der Bedingungen dafür, dass wir aus der Geschichte lernen, ist zunächst einmal die Kenntnis der Geschichte – jedenfalls die Kenntnis des für unsere eigenen Lebensumstände, für unsere Arbeit und unseren Verantwortungsbereich wichtigen Teils der Geschichte. Die meisten Menschen kennen nur einen kleinen, überdies subjektiv gefärbten Ausschnitt aus der Geschichte ... nur Partikelchen, die sich in ihrem Bewusstsein aber doch zu einem Gesamtbild verbinden - einem Gesamtbild, das freilich unvollkommen und unzureichend ist.*«

Helmut Schmidt

Inhalt

Vorwort 9

Teil 1
Herkunft und Kindheit 19

Familie 21
Volksheim 27
Staatsbürgerkunde 36
Ein Mann von Stand 48

Schule 56
Die »alte« Lichtwarkschule 58

Hitlerjugend 83
Widersprüche 84
Versionen 104

Teil 2
Unter Einfluss 107

Vorbilder 109
Reformarchitektur und Städtebau 111

Wehrdienst 134

Teil 3
Im Krieg 157

In der Etappe 159

An der Front 179
Frontlektüre 205

Zwischenzeit 223
Der »jüdische Großvater« 228

Teil 4
Schlussbetrachtungen:
Der »Soldatenkanzler« 273

Anhang 295

Anmerkungen 297

Literaturverzeichnis 339

Vorwort

»Mörder aus Feuerteufel-Tatort spielt Helmut Schmidt«, titelte das *Hamburger Abendblatt* im Jahr 2013 vorwurfsvoll. Gerade war bekannt geworden, dass der Schauspieler Bernhard Schütz in den Spielszenen einer Fernsehdokumentation über das Leben Helmut Schmidts den »coolsten lebenden Deutschen« in seinen mittleren Jahren darstellen würde. Sollte das heißen, dass Darsteller von Mördern für die Verkörperung einer lebenden Legende wie Helmut Schmidt nicht geeignet sind? Dass mit Bernhard Schütz ein Star deutscher Theater die Rolle übernahm, war die eigentliche Nachricht. Als Loki-Darstellerin an seiner Seite gab sich die in ihren Rollen überaus wählerische Bibiana Beglau die Ehre. Beide ergänzten ein illustres Ensemble, das schon durch seine Teilnahme an der NDR-Produktion zum 95. Geburtstag des Altbundeskanzlers deren Protagonisten adelte. Nicht umgekehrt, wie die professionelle Distanzlosigkeit des Boulevards suggerierte.

Kritische Distanz war immer etwas, das Helmut Schmidts intellektuellen Zugang zu den Themen kennzeichnete, mit denen er sich beschäftigte. Bis heute sind die Unabhängigkeit seines Denkens und die Unerschrockenheit seines oft unbequemen Urteils Hauptmerkmale seiner Wirkmacht. Schon allein deshalb ist es für eine Person wie ihn nicht angemessen, idealisiert zu werden – weder in der Meinungsmache des Boulevards noch in den üblichen Elogen von Affirmatoren, die sich von demonstrativer Nähe zu Schmidt einen Abglanz von dessen Nimbus auf die eigene Person erhoffen.

Eine Folge der durchaus auch gönnerhaften Haltung mehr

oder weniger prominenter Apologeten gegenüber dem Altbundeskanzler ist eine immer weiter um sich greifende Geschichtsklitterung. Entstanden ist sie hauptsächlich daraus, dass immer wieder und unhinterfragt auf dieselben Quellen zurückgegriffen wird. Wenn man verschiedene Publikationen über Helmut Schmidt aus den vergangenen Jahrzehnten studiert, stellt man fest, dass fast alle persönlichen Details aus dem langen Leben Schmidts wie auswendig gelernte Anekdoten immer und immer wieder repetiert werden.

Schmidt ist berühmt für sein glänzendes Gedächtnis, das ihn noch in hohem Alter nahezu wortlautgleich Gedankengänge, Analysen und politische Entscheidungsfindungsprozesse wiederholen lässt, die er 40, 50, auch 60 Jahre zuvor bereits niederschrieb oder sagte. Bei den Erinnerungen an sein eigenes Leben verlässt ihn jedoch sein phänomenales Gedächtnis. Nicht nur, weil immer wieder die Details aus seinem Leben abgefragt werden, die er zuvor schon berichtet hatte: Von sich aus erzählt er ebenfalls immer dieselben »Storys« über Familie, Kindheit, Jugend und junge Erwachsenenzeit. Wie sich zeigt, irrt er dabei oft, besonders bei Jahreszahlen. Beispielhaft steht dafür ein Satz aus seinen Erinnerungen über den Vater seiner Mutter.»1933 – so erinnere ich mich deutlich – hat meine Oma bei Hitlers Ermächtigungsgesetz gesagt: ›Welch Glück, dass Heinrich dies nicht mehr erleben musste!‹«[1] Der Großvater starb aber nicht 1932, wie der Enkel zu wissen meint, sondern nach der Verabschiedung des Ermächtigungsgesetzes.

An anderer Stelle berichtet er, er habe 1937 ein Jahr früher als vorgesehen das Abitur machen müssen, weil Hitler Soldaten benötigte.[2] Das sogenannte Notabitur, auf das er anspielte und das tatsächlich Abiturienten ein Jahr früher der Armee zuführen sollte, wurde aber erst während des Krieges eingeführt. Er und seine Klassenkameraden mussten das Abitur vorziehen, weil die Schule, die er besuchte, aufgelöst wurde.

Die sich an vielen Beispielen zeigende Ungenauigkeit hat möglicherweise einen einfachen Grund: Er weiß es nicht mehr. Denn liest man Schmidts Erinnerungen genauer, zeigt sich, dass er wesentliche Einzelheiten seiner Vergangenheit nicht mehr im Gedächtnis hat, sondern auf Schilderungen anderer über gemeinsam Erlebtes zurückgreift. Seine verstorbene Frau Loki wurde so – neben anderen – zur Souffleuse für Erinnerungen aus der Schulzeit. Oft sind es auch Briefe ehemaliger Weggefährten, die Ereignisse oder Wahrnehmungen rekonstruieren halfen, die Helmut Schmidt längst vergessen hat. Publizistisch ausgewertet hat er wohl so gut wie alles, was ihm über sich selbst mitgeteilt wurde – sofern es ihm glaubhaft und zitierfähig erschien. Aber erfährt man damit wirklich alles über ihn?

Max Frisch ließ einen seiner Romanhelden einmal den klugen Satz sagen: »Jeder Mensch erfindet sich früher oder später eine Geschichte, die er für sein Leben hält.«[3] Bei einem prominenten Zeitgenossen wie Helmut Schmidt hält ein ganzes Volk für dessen Leben, was doch eigentlich und völlig natürlich nur Produkt selektiver Wahrnehmung sein kann. Das ist bei Helmut Schmidt nicht anders als bei jedem anderen alten Menschen, der auf sein Leben zurückblickt. Wie ergänzungsbedürftig diese Wahrnehmung ist, zeigt dieses Buch.

Einen Zeitraum gibt es im Leben des 1918 in Hamburg geborenen Helmut Schmidt, über den er im Grunde bisher nur sehr oberflächlich Auskunft gab und der seine Biografen meist so wenig interessierte, dass sie nur zusammentrugen, was er berichtet hat: seine jungen Jahre. Schmidt selbst fasst die prägenden Erfahrungen dieses Lebensabschnitts gern unter dem Begriff »Kriegsscheiße« oder »Scheißkrieg« zusammen. Immer wieder polterte er dieses Verdikt heraus, wenn er nach seiner Jugend im Nationalsozialismus befragt wurde, aber auch, wenn es um Nervenstärke in Gefahrenlagen ging. 2007 sagte er über die Haltung des Krisenstabs, der 30 Jahre zuvor nach der Entführung des Arbeitgeberpräsidenten Hanns Martin Schleyer und der voll besetzten Lufthansa-Maschine »Landshut« zusammengearbeitet hatte:

Wir hatten alle die Kriegsscheiße hinter uns. Strauß hatte den Krieg hinter sich, Zimmermann hatte den Krieg hinter sich,

11

Wischnewski hatte den Krieg hinter sich. Wir hatten alle genug Scheiße hinter uns und waren abgehärtet. Und wir hatten ein erhebliches Maß an Gelassenheit bei gleichzeitiger äußerster Anstrengung der eigenen Nerven und des Verstandes. Der Krieg war eine große Scheiße, aber in der Gefahr nicht den Verstand zu verlieren, das hat man damals gelernt.[4]

Die »Kriegsscheiße«, in seiner Diktion, sagt alles. Oder auch nichts: Die Benutzung von Fäkalsprache muss zumeist genügen, um die ungeheure Bedeutung dieser Jahre für das gesamte weitere Leben zu verdeutlichen. Doch sind die Erlebnisse so verallgemeinerbar, dass ein einziger Kraftausdruck genügt, um die gemeinsame Erfahrung zu beschreiben? Denn viel mehr sagte Schmidt bis heute selten zum Thema Krieg. »Scheißkrieg!« Und das war's dann. Nachfragen duldet er nur schwer. Jedes vertiefende Gespräch wird durch Themenwechsel in eine andere Richtung gesteuert. Selbst Freunden wie dem Historiker Fritz Stern, mit dem er im Jahr 2010 den Gesprächsband *Unser Jahrhundert* veröffentlichte, verweigerte Schmidt jede weitere Auskunft über sein Leben im »Dritten Reich«. Denn der 1933 mit seiner Familie in die USA emigrierte Freund mochte manches nicht so recht glauben, was er hörte.

»Scheißkrieg«: Das ist eine griffige Formulierung, unter der sich jeder etwas vorstellen kann. Brennende Ruinen, Bombenhagel, Panzerketten, Tiefflieger, Tote und Verwundete, Flüchtlingstrecks. Aber bilden sich in einem solchen Kraftausdruck 26 Jahre Leben ab, von 1918 bis 1945? 2013 ließ Schmidt Henri Nannens Enkelin gegenüber doch einmal durchblicken, was er meinte. Im charismatischen Gründer der Illustrierten *Stern*, die jahrzehntelang zu den publizistischen Meinungsführern in Deutschland zählte, sah er jemand mit ähnlichem Erfahrungshorizont. Auch der fünf Jahre ältere Nannen war Soldat im Zweiten Weltkrieg gewesen. Noch für den 94-jährigen Schmidt sind – wie 1977 im Krisenstab der »Landshut«-Entführung – die Erlebnisse und Erfahrungen des Krieges das verbindende Element, das in seinen Augen Menschen so gegensätzlicher Naturen wie Franz

Josef Strauß oder Henri Nannen oder eben ihn selbst zu berechenbaren Größen macht.

Nannen hat den Krieg sicher intensiv erlebt. Noch intensiver vermutlich als ich, weil er älter war. Er muss diesen Zwiespalt, den wir alle kennen, besonders stark empfunden haben, den Zwiespalt zwischen dem den Deutschen anerzogenen Pflichtbewusstsein einerseits und der Einsicht, dass das alles Blödsinn war, was wir machten, oder Verbrechen waren oder jedenfalls fehlerhaft. Darunter muss er eigentlich gelitten haben. Es muss jeden Soldaten das ganze Leben begleiten. Seine Geschichte kann eine große Rolle gespielt haben. Es kann auch sein, dass sie – unbewusst oder bewusst – ein wichtigeres Motiv gewesen ist, als er nach außen zugab. Ich kann es mir gut vorstellen. Bei mir ist es auch so.[5]

Anfang der 90er-Jahre schrieb Schmidt für einen Sammelband zum Thema »Kindheit und Jugend unter Hitler« einen »Politischen Rückblick auf eine unpolitische Jugend«. Erstmals erwähnt er hier seine Aufzeichnungen aus dem Kriegsgefangenenlager. Die Notizen, die er unter dem Titel »Verwandlungen in der Jugend« anfertigte, waren als Gedächtnisstütze für eine »quasibiografische Aufzeichnung über seine Entwicklung« gedacht. Da er schon nach recht kurzer Zeit aus der Gefangenschaft entlassen wurde, kam er nicht mehr zur geplanten Niederschrift.

Bisherige Biografen schenkten den Notizen wenig Aufmerksamkeit. Nur seinem ehemaligen Assistenten Hartmut Soell gestattete Schmidt die vollständige Lektüre. Soell zitierte zwar umfassend, ordnete den von Schmidt stichwortartig festgehaltenen Entwicklungsprozess aber nicht ein und glättete offenkundige Widersprüche. Viele Fragen blieben offen. Insbesondere fand kaum Beachtung, dass Schmidt nicht nur allgemein-biografisch schreiben wollte, sondern offenbar seine sich wandelnde Einstellung zum Nationalsozialismus nachzeichnen wollte. Erst in späteren Jahren wechselte er zu der These, schon immer gegen die Nazis gewesen zu sein.

Als eine Art »Tragödie des Pflichtbewusstseins« versteht Schmidt die eigene Biografie[6]. Dieses bis heute nicht auserzählte oder ausgelotete Motiv wird nun mit allen verfügbaren Quellen untersucht. Die Zeit, über die Schmidt sich selbst als junger Mann Zeugnis ablegen wollte, rekapituliert nun dieses Buch: das Leben des jungen Helmut Schmidt bis zu seiner Entlassung aus der Kriegsgefangenschaft. Schmidts Lebenserinnerungen dienen dabei als Richtschnur, an der entlang sich zahlreiche historische Ereignisse rekonstruieren lassen. Nur wenige Details aus Schmidts Leben in diesen Jahren sind bekannt. Diese kommentierend zu ergänzen ist besonders deshalb wichtig, weil Schmidts so oft zitierte und von ihm selbst herausgestellte Pflichtethik ihre Ursprünge im Erfahrungs- und Bildungshorizont des im Nationalsozialismus Heranwachsenden und in den 14 Kindheitsjahren zuvor hat. In der Gegenüberstellung der rekonstruierbaren Ereignisse und ihrer Rezeptionsgeschichte sollen Schmidts Selbstzeugnisse und seine Wahrnehmung der eigenen Geschichte als »Tragödie des Pflichtbewusstseins« in ihrem historischen Bezug ausgeleuchtet werden. Der alte Schmidt ist ohne den jungen nicht zu verstehen.

Wer war der junge Schmidt? War er der von einem überstrengen Vater zu preußischer Pflichtauffassung gedrillte Junge, als den er sich selbst erinnert? War er der unpolitische Soldat, der »im einzig anständigen Verein« – wie er die Wehrmacht erlebte – in den acht Jahren seiner Soldatenzeit keinerlei nationalsozialistischer Einflussnahme ausgesetzt war, wie er sich erinnert?

Und was bedeutete es, im Hamburg der Weimarer Republik aufzuwachsen? Schmidt besuchte die revolutionärste Schule in der Stadt, die als »Stadt der Bildungsreformen« in der Reformbewegung der Weimarer Republik Bildungsgeschichte schrieb. Nie will er dort von Demokratie gehört haben, obwohl die ganze Konstruktion der Eltern-Lehrer-Schüler-Beziehung dieser Schule auf demokratische Selbstbestimmung ausgelegt war.

Die Recherche wurde zu einer Abenteuerreise. Zunächst sah es so aus, als sei Bekanntes nur neu zu ordnen und vor dem Hintergrund neuer Forschung neu zu interpretieren. Tatsächlich kam –

auch dank der großzügigen Genehmigung des Altbundeskanzlers, seine Wehrmachtsakte und andere bisher unter Verschluss befindliche Unterlagen einzusehen – viel Neues zutage. Die gerade beendete 30-jährige Sperrfrist für die Akten über Schmidts Vater war ein Glücksfall. Ein Glücksfall war auch die Begegnung mit dem Grafiker Helmut Scaruppe, der Schmidt sowohl aus der Schule als auch von der Hitlerjugend kennt und zahlreiche überaus lebendige Erinnerungen beisteuerte. Viele Lücken in der Überlieferung konnten geschlossen werden. Viele schon bekannte Tatsachen erscheinen nach der Auswertung der Originalquellen in einem neuen Licht.

Als besonders aufschlussreich erwies sich der Werdegang von Schmidts Vater Gustav. Hier öffnet sich der – im weitesten Sinne des Begriffs – kulturgeschichtliche Horizont der Epoche. Der Adoptivsohn eines des Lesens und Schreibens kaum mächtigen Arbeiters wuchs in ärmlichsten Verhältnissen auf. Trotzdem schaffte er es aus eigenem Antrieb, sich noch im Kaiserreich zum Volksschullehrer und später in der Republik von Weimar sogar zum Studienrat hochzuarbeiten. Alles habe der Vater dem Aufstiegswillen untergeordnet, schreibt der Sohn später. Dass im Lebenslauf des Vaters auch die Antriebskräfte der Moderne sichtbar werden, zeigt nun dieses Buch.

Was den Vater interessierte und was er sich alles autodidaktisch an Kenntnissen erschloss, ließ sich genauso rekonstruieren wie das Umfeld, in dem er sich bewegte und das ihn prägte. Erstaunliche Parallelen zu Arbeitsauffassung und Arbeitsstil des Sohnes ergeben sich. Helmut Schmidts späterer Lebensweg zeigt sich als vom Vater intensiv vorgeprägt. Aber ging es dem Vater wirklich so sehr um den gesellschaftlichen Aufstieg, dass er unpolitisch blieb? Und was machte den extremen Generationskonflikt aus, der Vater und Sohn bis in dessen Erwachsenenalter entfremdete?

Und welche Bedeutung hatte das Familiengeheimnis der Schmidts, dass der leibliche Vater des unehelich geborenen und zur Adoption freigegebenen Gustav Schmidt jüdisch war? In diesem Zusammenhang steht eine Frage im Raum. Und das seit

Jahrzehnten, denn Helmut Schmidt, der 1933 14 Jahre alt war, behauptet bis heute, von den Verbrechen der Nationalsozialisten erst nach dem Krieg erfahren zu haben. Kann das sein? Immer wieder betont er: »Wir hatten keine Ahnung von den Deportationen. Wir haben in der Kaserne nicht einmal die Reichskristallnacht mitgekriegt.«[7] War die Kaserne tatsächlich eine »Oase« oder »Schutzzone«?

Selbst Schmidts Tochter Susanne wunderte sich über das Unwissen des Vaters. Als sie den ersten Entwurf seines Beitrags für das Buch *Kindheit und Jugend unter Hitler* gelesen hatte, kritisierte sie, wie Schmidt in der dort veröffentlichten Fassung von »Politischer Rückblick auf eine unpolitische Jugend« schreibt: »Es wird nicht klar, warum du so lange ein politisch nicht denkender, ein apolitischer Mensch gewesen bist. Das Nicht-Wissen oder Nicht-wissen-Wollen über die Judenfrage kommt entschieden zu kurz.«[8] Schmidt gibt zu, dass ihn die Kritik traf. Er reflektiert zwar verschiedene systemtheoretische Ansätze zur Erklärung des Verhaltens der Deutschen, kommt aber für sich selbst zu keiner Klärung.

Die Ereignisse und Schicksale, die sich rekonstruieren ließen, sprechen eine ganz eigene Sprache. Vor dem Hintergrund der neuesten Forschung über die Rolle der Wehrmacht im Nationalsozialismus waren Schmidts Stationen als Soldat neu zu bewerten. In den acht Jahren seiner Soldatenzeit, an deren Ende er kurz davor war, zum Hauptmann befördert zu werden, war er nur zweimal einige Monate an der Front. Die Kriegstagebücher der 1. Panzerdivision, mit der Schmidt bis an den Stadtrand Leningrads und anschließend bis kurz vor Moskau vordrang, lassen das Kampfgeschehen lebendig werden, an dem er teilnahm und das ihn tief prägte.

Trotz dieser Fronterfahrungen, die nicht gering geachtet werden dürfen: Die weit überwiegende Zeit verbrachte er in der Etappe als Sachbearbeiter, Referent und Ausbilder. Er wollte immer an die Front, wurde aber von seinen Vorgesetzten lange nicht gelassen. Er, der als Kind den Spitznamen »das Schnackfass« trug, war nun der »König der leichten Flak«. Zahlreiche

Reisen führten ihn durch fast das ganze besetzte Europa. Daheim lebte man lange fast wie in Friedenszeiten mit Gästen, Kinobesuchen und Kasinoabenden. Auch vor diesem Hintergrund bedarf die »Kriegsscheiße« einer genaueren Betrachtung. Hebt man die »Scheiße« ein wenig an, kommt darunter ein Leben zum Vorschein, das mit preußischer Selbstbescheidung und Gehorsam allein nur ungenau gefasst ist. Hinzu kamen früh aktive Gestaltung und bewusst getroffene Entscheidungen.

Die soldatische Sozialisation ist bis heute Dreh- und Angelpunkt von Schmidts Wertesystem. Die »Tragödie des Pflichtbewusstseins« besteht im Missbrauch des Patriotismus und Pflichtbewusstseins seiner Generation durch den Nationalsozialismus. Das bewusst erlebte Dilemma wurde Schmidts Lebensthema. Für sein politisches Wirken in der Bundesrepublik ist dies von entscheidender Bedeutung. Denn seine Haltung gestaltete die Demokratie in Deutschland mit. War er der »Soldatenkanzler«?

Teil 1

Herkunft und Kindheit

Familie

»Mein Vater ist, ohne Streber zu sein, mit Energie und Beharrlichkeit begabt, dazu von beweglichem Verstande«

Helmut Schmidts Vater Gustav, aufgezogen als Kind eines kaum des Lesens und Schreibens mächtigen ungelernten Arbeiters[1], schaffte einen erstaunlichen beruflichen und gesellschaftlichen Aufstieg. Der Sohn bewunderte ihn sehr dafür. In den Notizen für eine geplante Biografie schrieb der 26-Jährige 1945 über den Mann, dem es gelungen war, sich aus »kleinen, proletarischen Verhältnissen in die Schicht des gebildeten Mittelstands« heraufzuarbeiten:

> Mein Vater ist, ohne Streber zu sein, mit Energie und Beharrlichkeit begabt, dazu von beweglichem Verstande. In seinem beruflichen Fach war er stets Autorität. Meinem Vater eignet ein scharf geprägtes Gerechtigkeitsgefühl, das durch die liberalistischen Tendenzen seiner politischen Überzeugungen und durch seine juristische Bildung pointiert wird. Wenn es seiner Bildung etwas mangelt, so ist es die Ausbildung seines Verständnisses für die Werke der bildenden Kunst und der Musik, wenngleich er auf diesen Gebieten einen guten, allerdings rein intuitiven Geschmack hat.[2]

Am 18. April 1888 kam er als Gustav Ludwig Wenzel zur Welt. Geboren wurde er als Sohn der ledigen Kellnerin Friederike Wenzel. Uneheliche Geburten kamen im 19. Jahrhundert sehr häufig vor und bedeuteten für Mütter wie Kinder große Widrig-

keiten. Kamen die Frauen aus sogenannten geordneten Verhältnissen, sorgte meist die Familie dafür, dass Schwangerschaft und
Geburt verschwiegen und die ungewollten Kinder sofort nach
der Geburt weggegeben wurden. Selbst wenn sie bei Verwandten
aufwachsen konnten, wurden sie – wie in Pflegefamilien – oft als
billige Arbeitskräfte ausgenutzt.

Meist wurden die »gefallenen Töchter« unstandesgemäß verheiratet, um den Schein des Anstands zu wahren. Sofern ihre
unehelichen Kinder überhaupt bei ihnen blieben, hatten sie weniger Rechte als eheliche. Alleinstehende Frauen außerhalb traditioneller Familienstrukturen, die ihren Lebensunterhalt durch
Arbeit verdienen mussten, hatten so gut wie keine Möglichkeiten, ihre Kinder selbst aufzuziehen. Deshalb waren sie gezwungen, ihre als »Bastarde« diffamierten Kinder in fremde Obhut zu
geben. Die Mütter mussten für das Kostgeld auf kommen. Oft –
besonders in den Städten – wurden die Kinder in Heime gegeben.
Fast immer haftete ihnen das Stigma der unehelichen Geburt ihr
ganzes Leben lang an.

Friederike Wenzel, die als Jugendliche wegen Diebstahls und
Betrugs eine dreimonatige Gefängnisstrafe[3] verbüßt hatte, gehörte
zu den ledigen Müttern, denen die materiellen Voraussetzungen
fehlten, ein Kind aufzuziehen. Bis zu ihrer Heirat 1914 hatte sie
keine eigene Wohnung.[4] Sie schlug sich seit ihrem 15. Lebensjahr
als Dienstmädchen, Verkäuferin und Kellnerin durch und wohnte
entweder bei ihren Arbeitgebern oder unter häufig wechselnden
Adressen in bescheidensten Verhältnissen als Untermieterin.[5]
Auch diese Lebenssituation war für Frauen ihrer Generation und
Herkunft keine Seltenheit. Umso beeindruckender ist es, dass es
Friederike Wenzel gelang, ihrem kleinen Sohn zu einem unter
den gegebenen Umständen bestmöglichen Start ins Leben zu ver-
helfen.

Denn Gustav Wenzel wurde adoptiert, und ganz offensichtlich
sorgte seine Mutter selbst für ein Arrangement, bei dem sie Anteil
am Aufwachsen des Kindes haben konnte.[6] Schon zwei Wochen
nach seiner Geburt am 18. April 1888 wurde er von dem jungen
Ehepaar Gustav und Catharina Schmidt aufgenommen und am

1. August desselben Jahres offiziell adoptiert.[7] Damit wurde das Kind rechtlich zum vollwertigen Mitglied der Adoptivfamilie. Ein ungewöhnlicher Vorgang – denn die Adoptiveltern waren zwar kinderlos, doch war keineswegs sicher, dass sie nicht noch leibliche Kinder würden aufziehen müssen. Und jedes Kind bedeutete eine finanzielle Belastung. Ein Pflegekind, für das die Zieheltern Anspruch auf Kostgeld gehabt hätten, hätte ihre Haushaltskasse regelmäßig aufgebessert. Sie waren erst seit zwei Jahren verheiratet und bekamen tatsächlich 1891 und 1894 zwei leibliche Söhne.[8]

Die Vereinbarung der Adoption des kleinen Wenzel wurde schon vor seiner Geburt getroffen.[9] In der Familie des Adoptivsohns ging man später davon aus, dass eine finanzielle Zuwendung des Kindsvaters zu dieser ungewöhnlichen Regelung geführt hatte. Der uneheliche Vater Ludwig Gumpel wurde nicht in der Geburtsurkunde genannt, obwohl er bekannt war.[10] Da er bei einer Namensnennung Unterhaltszahlungen zu gewärtigen gehabt hätte, ist anzunehmen, dass er sich mit dem Arrangement einer Adoption und der Zahlung einer größeren Summe für den Lebensunterhalt seines Kindes weiteren Verpflichtungen entziehen wollte.

Rechtlich galt sein unehelicher Sohn zwar sowieso als nicht mit ihm verwandt.[11] Wäre das Kind allerdings ein Fall für die Fürsorge geworden, was angesichts der prekären Lebenssituation der Mutter nahelag, wäre der Vater Unterhaltsansprüchen von Amts wegen ausgesetzt gewesen. So seltsam es anmuten mag, so war das Verhalten von Gustav Schmidts Erzeuger trotzdem Ausdruck eines gewissen Ehrgefühls. Nicht selten verleugneten uneheliche Väter ihre Vaterschaft einfach. Beweise waren mangels geeigneter Methoden kaum möglich.

Die Bereitschaft Ludwig Gumpels, materiell für den »Fehltritt« einzustehen, verschaffte dem kleinen Gustav immerhin eine richtige Familie. Der ledigen Mutter blieb zudem die »Schande« erspart, die sie in der damaligen Gesellschaft ausgegrenzt und in weitere Not getrieben hätte. Mit der Adoption endete rechtlich die verwandtschaftliche Beziehung eines Kindes zu seinen leiblichen Eltern – hier zur Mutter – und deren Familie.

Helmut Schmidt sah in seinen Erinnerungen das Verhalten des Erzeugers seines Vaters – Schmidt spricht durchgehend von »Großvater« – deutlich anders. Aus seiner Sicht hat dieser sich »aus dem Staube gemacht«, »nachdem er offenbar durch eine finanzielle Zuwendung dafür gesorgt hatte«, dass sein Kind adoptiert wurde.[12] Im moralischen Urteil des Enkels hat sich der »Großvater« seiner Pflicht zur Heirat mit der Mutter seines Kindes entzogen. Dabei machten mit großer Wahrscheinlichkeit gesellschaftliche Konventionen die Heirat unmöglich. Die vorbestrafte junge Kellnerin aus Hamburg und der Sohn einer angesehenen Tuchhändlerfamilie hätten nur unter sehr romanhaften Voraussetzungen als Paar in einer vorurteilsbelasteten Gesellschaft eine Chance gehabt. Die Doppelmoral in Fragen von nicht ehelich geborenen Kindern und auch von »Mesalliancen« vermeintlich sozial inkompatibler Partner lässt sich noch bis in die heutige Zeit belegen. Gustav Schmidts Erzeuger übernahm in den damals vorhandenen engen Grenzen gesellschaftlicher Konventionen also durchaus Verantwortung für das Kind, das er gezeugt hatte.

Besonders an der Adoption des kleinen Wenzel war auch, dass nicht nur die materiellen Voraussetzungen geschaffen wurden, Mutter und Kind vor gesellschaftlicher Ächtung zu bewahren. Zugleich handelte es sich um einen Freundschaftsdienst des Ehepaars Schmidt an Friederike Wenzel, die mit ihnen gut bekannt war.[13] Zumindest für die Zeit nach der Geburt des Kindes ist belegt, dass leibliche und Ziehmutter denselben Arbeitgeber hatten.[14] Ein enger Kontakt zwischen der leiblichen Mutter und der Familie Schmidt blieb ein Leben lang bestehen.[15] Friederike Wenzel wurde sogar Patin des ersten leiblichen Kindes der Schmidts, als dieses 1891 gemeinsam mit dem Adoptivsohn getauft wurde. So konnte die Mutter auch an der Taufe ihres Sohnes teilnehmen.[16]

Helmut Schmidt kam erst im Erwachsenenalter auf die Idee, dass die Frau, die gelegentlich zu Gast bei der Familie Schmidt war, seine leibliche Großmutter war.[17] Friederike Wenzel war mit dem Verschweigen ihrer Mutterschaft das Schicksal der damals so bezeichneten »gefallenen Mädchen« erspart geblieben. Als sie 1949 starb, sagte der Pastor in der Trauerrede – in Gegenwart des Sohnes, der sich nicht zu erkennen gab –, es sei ihr versagt geblieben, ein Kind zu haben.[18] Die Adoptivfamilie wechselte mehrfach Wohn- und Arbeitsort. Der einstige Hausmeister wurde Arbeiter, gegen Ende seines Berufslebens Straßenreiniger und noch als alter Mann Lagerarbeiter.[19] Eine Tätigkeit als Hafenarbeiter, an die sich sein Enkel Helmut erinnert, ließ sich nicht nachweisen.[20] Der angenommene Sohn wuchs in ärmlichen, aber »geordneten« Verhältnissen auf. Besonders die Beziehung zur Adoptivmutter war bis zu deren Tod 1934 herzlich.[21]

Auch die Enkel pflegten einen engen Kontakt zu ihren Großeltern. Helmut Schmidt erinnert sich an die Wohnsituation der Eltern seines Vaters:

Während meiner Kindheit wohnten seine Eltern in der Hufnerstraße an der Barmbeker Heiligengeist-Kirche in einer sehr kleinen alten Kate; vier Familien hatten dort gemeinsam eine Pumpe und auch einen Abort, beides außerhalb der Kate, und statt eines Kellers gab es in der Küche eine Klappe im Fußboden, unter der im Sommer die Margarine aufbewahrt wurde.[22]

Diese alten Katen waren die früheren Gesindehäuser eines ehemals im Dorf Barmbek bestehenden großen Bauernguts.[23] Es war in den 20er-Jahren keine Seltenheit, so zu wohnen. Auf alten Fotos der heute als idyllisch empfundenen Fachwerkhäuser neben der damals am Platz des ehemaligen Gutshauses neu errichteten Heiligengeist-Kirche ist zu erkennen, wie sich bereits die mehrstöckige Wohnbebauung der expandierenden Stadt Hamburg an das einstige Dorf heranschiebt.[24] In der Stadt galten entsprechende Wohnstandards schon als überholt. In ländlichen Gebieten fanden sich solche Wohnformen bis weit in die 70er-Jahre des 20. Jahrhunderts hinein.

Schmidt erlebte so bereits als kleines Kind die Wohnbedingungen, die seit Ende des 19. Jahrhunderts zur Herausforderung für den modernen Städtebau geworden waren. Er selbst verortete seinen ersten Besuch in der überaus ärmlichen und überbelegten Hinterhauswohnung der Familie seiner späteren Frau als Schlüsselerlebnis.[25] Schmidt beschreibt sein kindliches Entsetzen als unverarbeitetes Erlebnis. Der Zehn- oder Elfjährige machte in seiner Fassungslosigkeit dem Schicksal einen Vorwurf: »Lieber Gott, dass Menschen so leben müssen!«[26] Später wurde Hamburgs langjähriger Oberbaudirektor Fritz Schumacher, der in großem Stil die Umgestaltung der Stadt verantwortete, zu einem der Vorbilder des jungen Helmut Schmidt. Noch Anfang 2014 nannte Schmidt ihn anlässlich eines Festakts zur Feier seines 95. Geburtstags als Leitfigur.[27] Nach dem Krieg wurde Schmidt auch wegen der Erinnerung an die bedrückende Wohnsituation der Familie seiner Frau, die er seit frühen Kindheitstagen kannte, zum überzeugten Verfechter des sozialen Wohnungsbaus, wie er schreibt.[28]

Obwohl Gustav Schmidt in seiner Adoptivfamilie keine besondere intellektuelle Förderung zu erwarten hatte, gelang ihm ein ungewöhnlicher Bildungsaufstieg. Er muss ein sehr guter Schüler gewesen sein. Hinzu kam als Glücksfall, dass er in Hamburg zur Schule ging.[29] Hier war für begabte Kinder aus ärmeren Verhältnissen die Möglichkeit eingeführt worden, nach Abschluss der neunjährigen Volksschule schulgeldfrei ein weiteres Jahr die Schule zu besuchen. Diese »Selekta«-Klasse bereitete die Schüler auf eine Lehre in auch intellektuell anspruchsvolleren Berufen vor und ermöglichte so ihren Aufstieg.

Nach der Schule absolvierte Gustav Schmidt eine Lehre als Anwaltsgehilfe im »Advokatenbüro« Dres. Kirchhoff und Lurie, Dr. Fritz Müller. Von 1903 bis 1907 war er dort als Schreiber tätig. Auch eine solche Büroausbildung war für den Sohn eines ungelernten Arbeiters sehr ungewöhnlich. Helmut Schmidt stellte das später bei seinen Notizen über den Vater besonders heraus.[30] Der Sohn erinnert sich, dass sein Vater von einem seiner Lehrer gefördert worden sei.[31] Wenn mit der Selekta bewiesen werden sollte, dass auch Kindern aus bildungsfernen Schichten bei entsprechender Förderung der gesellschaftliche Aufstieg gelingen konnte, so wurde Gustav Schmidt geradezu zum Paradebeispiel für die Richtigkeit des pädagogischen Anliegens.

Seine Lehre absolvierte er mit solcher Bravour, dass er übernommen wurde. Neben seiner Tätigkeit als Schreiber arbeitete er sich in zahlrciche Rechtsgebiete ein und leitete über längere Zeiträume selbstständig das mittelgroße Büro. Das Zeugnis von seinem Chef Aron Lurie bescheinigt dem 19-Jährigen »mit Fleiß gepaarte Begabung«, die ihn »vollgeeignet« als »Bürovorsteher oder für einen anderen verantwortlichen Posten« erscheinen lasse.[32] Er entschied sich jedoch für einen anderen Karriereweg und verließ auf eigenen Wunsch die Kanzlei. Anschließend bereitete er sich im Selbststudium auf die Aufnahmeprüfung für das Lehrerseminar vor, um Volksschullehrer zu werden.

Damals war es überaus selten, dass ein junger Mann seiner Herkunft Lehrer wurde. Grundsätzlich setzte der Volksschullehrerberuf zwar keinen höheren Schulabschluss voraus, er wurde jedoch Ende des 19. Jahrhunderts von eher privilegierten Schichten erlernt. Abkömmlinge aus Proletarierfamilien schafften kaum den Sprung in die zwar nicht akademische, aber hinsichtlich der notwendigen Kenntnisse anspruchsvolle Ausbildung. Vergleichbare Zahlen für Brandenburg und Baden belegen, dass nur etwa vier bis sechs Prozent aller Volksschullehrer in den Jahren zwischen 1880 und 1926 aus Arbeiterfamilien stammten.[33]

Volksheim

Gustav Schmidts Bildungsdurst und seine Einstellung zu Erziehung und sozialen wie politischen Anliegen sind entscheidend durch seine Mitgliedschaft im »Volksheim« geprägt worden. Seit 1907 gehörte er der 1901 in Hamburg begründeten Bewegung an. Er selbst hielt sein Engagement im Volksheim für so wesentlich, dass er seine »über fünfzehnjährige Zugehörigkeit zum Hamburger Volksheim« 1922 in einem Gesuch zur Übernahme in den Berufsschuldienst besonders hervorhob.[34]

Die Volksheim-Bewegung war weit über Hamburgs Grenzen hinaus wirksam. In Leipzig, Dresden, Stuttgart, Karlsruhe und Worms wurden Vereine nach dem Hamburger Vorbild gegründet.[35] Sogar in Wien und Paris wurde das sozialreformerische Modell aus Hamburg aufgegriffen.[36] Das Volksheim wurde 1901 als erste deutsche Kopie der britischen Toynbee-Hall-Bewegung gegründet.[37] Die auch Settlement-(Niederlassungs-)Bewegung genannte Initiative wurde 1884 vom britischen Kleriker Samuel Barnett gegründet. Sie beruhte auf einer Absage an den damals üblichen Umgang der begüterten Bevölkerung mit der wachsenden Verelendung der armen Bevölkerungsschichten. Nicht mehr Armenspeisungen und Almosen sollten die Not lindern, sondern die Lebensumstände der Armen sollten radikal geändert werden.[38] Dazu erachtete es Barnett als notwendig, dass gebildete Bürger sich in den Wohngebieten der Armen niederließen, um das wahre Leben dort kennenzulernen. Daraus sollten dann Methoden abgeleitet werden, durch aktive Teilnahme der Gebildeten am Leben in den Elendsvierteln die Lebensverhältnisse grundsätzlich zu verbessern.[39]

Im Londoner East End, dessen Zustände denen des Hamburger Gängeviertels ähnelten, waren bereits erfolgreich entsprechende Wohngemeinschaften entstanden, als der Hamburger Kaufmann und Senator Dr. Heinrich Traun auf das Experiment aufmerksam wurde. Der aus einer traditionell arbeiterfreundlichen Unternehmerfamilie[40] stammende Liberale schickte den jungen Pädagogen und Theologen Walther Classen zu Vor-Ort-Studien nach London. Dieser besuchte dort Wohngemeinschaften von Arbeitern und jungen Akademikern und die Bildungsveranstaltungen, bei denen den Arbeitern die vielen sozialpolitischen und sozialethischen Richtungen vermittelt wurden.[41] Classen, dessen umfangreiche publizistische Tätigkeit später über Jahrzehnte die Pädagogik beeinflussen sollte, kam beeindruckt zurück und hielt diese Eindrücke in seinem im Jahr 1900 erschienenen Reisebericht *Soziales Rittertum in England* fest.[42] Die Idee für eine ähnliche Einrichtung in Hamburg wurde beinahe umgehend in die Tat umgesetzt. Zahlreiche Honoratioren der Stadt gehörten zu den

Gründungsmitgliedern des Volksheims. Im April 1901 druckten Hamburger Zeitungen die Gründungsbekanntmachung, in der es unter anderem hieß:

> Es herrscht bei einer überwiegenden großen Zahl unserer begüterten Bevölkerung der dringende Wunsch, die vom Schicksal weniger begünstigten Volksklassen zu unterstützen. Viele Tausende werden verausgabt, aber sie gelangen häufig aus Unkenntnis über die wirklichen Verhältnisse in die falschen Hände. […] sie richten daher mehr Schaden als Nutzen an. […] Schafft Mittel für die Gebildeten, um aus eigener Anschauung mit den wirklichen Zuständen der wirtschaftlichen und sozialen Verhältnisse bekannt zu werden. Ein solches Mittel ist gefunden und seit Jahren mit vorzüglichem Erfolge erprobt. […] Größere Räume für Versammlungen und kleinere für Wohnzwecke werden gemietet oder erbaut und als gemeinschaftliche Tummelplätze für Reich und Arm inmitten der Armen-Distrikte hergerichtet. […] Durch persönlichen Verkehr, durch Hilfe und Rat entwickeln sich persönliche Beziehungen … Man lernt die Quelle des Elends kennen und kommt dadurch in die Lage, über die richtigen Mittel und deren wirksame Hilfe sich ein kompetentes Urteil anzueignen.[43]

Die Hamburger Variante setzte sich insbesondere zum Ziel, durch die zahlreichen Angebote und die tätige Hilfe der schon weit fortgeschrittenen politischen Radikalisierung Einhalt zu gebieten. Politisch war die Bewegung von Friedrich Naumann[44] inspiriert, betonte aber ihre Überparteilichkeit. Schnell entstand aus der Bewegung eine in ihren Grundüberzeugungen recht homogene Gruppe, der es mehr auf Wirkung als auf die Mobilisierung von Massen ankam.[45] Deshalb wurden auch nicht militante Proletarier angesprochen, sondern aufstiegswillige Arbeiter und Kleinbürger.[46]

Aufstiegswille war, wie Helmut Schmidt über seinen Vater schreibt, dessen größter Antrieb. Gustav Schmidt wurde während seiner Tätigkeit als Anwaltsschreiber im Volksheim aktiv, vielleicht sogar auf Anregung seiner Lehrherren. Sie hatten ihre Bereitschaft zur Überwindung von Klassenschranken schon dadurch bewiesen, dass sie den begabten Hilfsarbeitersohn als Lehrling aufgenommen hatten.

Wahrscheinlich war der noch Minderjährige zunächst in einem der zahlreichen Lehrlings- und Gesellenvereine des Volksheims aktiv. Hier könnte sich auch eine Eigenart ausgebildet haben, unter der seine Söhne später extrem litten: sein überaus autoritärer Erziehungsstil. Der Umgang mit den jungen Menschen im Volksheim galt als streng autoritär.[47] Dabei berief man sich auf – Anfang des 20. Jahrhunderts – fortschrittliche pädagogische Ansätze. Grundsätzlich ging man davon aus – und das war neu –, dass jeder Mensch als unbeschriebenes Blatt geboren und dementsprechend formbar war. Zuvor bestimmte allein die Geburt, an welcher Stelle in der Gesellschaft er sich einzuordnen hatte. Man gewährte den Benachteiligten nun zwar Chancen, forderte dafür aber unbedingten Gehorsam ein.

Eine Selektion fand dennoch statt, denn einige der Kinder aus den Armutsvierteln wurden als nicht sozialisierbar aussortiert. Jungen aus dem Prekariat, die durch die Raster der strengen Pädagogen fielen, wurden als »entartetes schlaffes Geschlecht« gar nicht erst aufgenommen.[48] Zu vermuten ist, dass die Bereitschaft zu Unterordnung und Disziplin bei dieser Auswahl ausschlaggebend war. Jungen, die als geeignet für die Volks- und Charakterbildungsbestrebungen des Vereins betrachtet wurden, erhielten umfassende Förderung, waren allerdings einem rauen Ton ausgesetzt, auf den sie mit Gehorsam reagierten.[49] Nur durch extrem strenge »Zucht« könnten die ausgewählten Jugendlichen zu vollwertigen Bürgern geformt werden, so der gut gemeinte pädagogische Ansatz.

Das Angebot, das den aufstiegswilligen jungen Menschen gemacht wurde, war umfassend. Obwohl der Verein seine politische Neutralität herausstellte und Agitation verbot, wurden zahlreiche weltanschauliche Themen diskutiert.[50] Gustav Schmidt eignete sich unter anderem im »privaten Studium Kenntnisse der wichtigsten Bestimmungen des bürgerlichen Gesetzbuchs, des Handelsgesetzbuchs und der Zivilprozessordnung« an.[51] Dass er die Bestimmungen nicht nur lernte, sondern auch auszulegen wusste, könnte vom Volksheim gefördert worden sein. Im volkswirtschaftlichen Klub etwa wurden Gesetze gelesen und besprochen.[52] Was dort präsentiert wurde, war intellektuell durchaus fordernd. Vorträge über Marx' Mehrwerttheorie oder die Entwicklung der Hamburger Häfen[53] – Helmut Schmidt sollte später im Gymnasium eine größere Arbeit darüber verfassen – gehörten genauso zum Themenkatalog wie »Gehorsam und Freiheit im Licht unserer Zeit« oder »Was will Russland?«.[54] Der Wissenshorizont, der sich dem Vater eröffnete, umfasst vieles von dem, was später auch den ältesten Sohn interessieren wird.

Ein für die Bestrebungen der Volksheim-Bewegung wesentlicher Ideengeber war der Leiter der Hamburger Kunsthalle, Alfred Lichtwark. Auch ihm ging es um die kulturelle Bildung der unteren Schichten. Die Volksheim-Veranstaltungen wurden stark frequentiert: Museumsbesuche, Lesungen, Theateraufführungen, Besichtigungen. Das angestrebte Voneinanderlernen blieb dabei allerdings auf der Strecke. Denn der bürgerliche Geschmack bestimmte auf allen Gebieten Ausrichtung und Werturteil.[55] Und die Konstruktion des Volksheims laborierte fast 20 Jahre lang an einem Geburtsfehler: Die ordentliche Mitgliedschaft stand nur Mitgliedern der Hamburger Bürgerschaft offen. Die Zielgruppe der Aktivitäten hatte so keinerlei Einwirkungsmöglichkeiten.

Die bis 1920 gültige Bestimmung der Vereinssatzung zeigt viel von der Haltung seiner Gründer, deren Wille zu aktiver Bekämpfung der Klassengegensätze ja zur Gründung des Vereins geführt hatte. Trotz des sozialreformerischen Ansatzes und des Willens zum Überbrücken der gesellschaftlichen Kluft zwischen Bürgertum und Arbeiterschaft war die Vereinsstruktur von Ungleichheit geprägt.[56]

Die Dominanz bürgerlicher Ideale entfremdete Emporkömmlinge ihren Ursprungsmilieus. Diejenigen, die den Aufstieg geschafft hatten, entwickelten nicht etwa eine eigene kulturelle

Identität, sondern sahen ihre Bemühungen als umso erfolgreicher, je perfekter ihre Einpassung in die bürgerliche Kultur gelang.

»Ernster strebsamer Charakter mit guten Umgangsformen«

Gustav Schmidt bestand die Aufnahmeprüfung für das Hamburger Lehrerseminar und trat 1908 das dreijährige Studium an. Die erste Lehrerprüfung legte er 23-jährig 1911 ab und leistete anschließend als »Einjähriger« freiwillig seine Wehrpflicht im Deutschen Heer ab.[57] Auch das war überaus ungewöhnlich für einen jungen Mann seiner Herkunft. Der freiwillige einjährige Dienst war eigentlich einer privilegierten kleinen Gruppe von Abiturienten vorbehalten, die sich üblicherweise aus betuchtem Bürgertum und Adel rekrutierte. Es war ein umfangreicher Aufnahmetest zu bestehen und zudem nachzuweisen, dass man über die finanziellen Mittel verfügte, sich selbst für die Armee einzukleiden. Dieser Weg ins Militär war auch deshalb Abkömmlingen besserer Kreise vorbehalten, da er für die Offiziersränge prädestinierte, die für junge Männer mit Gustav Schmidts Herkunft bis zum Ende des 19. Jahrhunderts eigentlich unerreichbar waren.

Erst seit Beginn des 20. Jahrhunderts war im Zuge der Aufwertung des Volksschullehrerberufs den Lehrerseminaren die Berechtigung zugestanden worden, mit dem Abschlusszeugnis die wissenschaftliche Befähigung für den einjährigen Freiwilligendienst zu attestieren.[58] Es ist nur ein kleiner Schritt auf dem Weg hin zu einer modernen, für alle Schichten durchlässigen Gesellschaft. Auch hier ergriff Gustav Schmidt die Chance.

Nach der ersten Lehrerprüfung war er seit April 1911 Hilfslehrer an der Knabenschule in der Amselstraße in Barmbek, nur unterbrochen durch sein »Einjähriges«. 1914 legte er mit einem »Gut« seine zweite Lehrerprüfung ab. Statt aber an die Schule zurückzukehren, wurde er mit dem Kriegseintritt des Deutschen Reichs im August desselben Jahres zum Kriegsdienst eingezogen.

32

Trotz seiner Abwesenheit wurde er zum 1. April 1915 als fest angestellter Lehrer in den Volksschuldienst an der Knabenschule in Barmbek übernommen.

Ende August 1914, also unmittelbar nach seiner Einziehung zum Fronteinsatz, heiratete er Ludovika Koch. Was angesichts der extremen Ungewissheit seiner Wiederkehr heute ungewöhnlich anmutet, war in der anfänglichen Kriegsbegeisterung ein durchaus üblicher patriotischer Akt – wenn es nicht einfach Liebe war. Zunächst führten er und seine Frau eine Ehe auf Distanz.[59] Eine Verwundung, die er sich im Oktober 1914 an der französischen Front zuzog, führte dann dazu, dass er nicht mehr fronttauglich war und als garnisonverwendungsfähig zur Reserve seines Regiments nach Schleswig versetzt wurde.[60] In der dortigen Garnison lebte er den größten Teil des Kriegs mit seiner Frau zusammen.[61] Das erste Kind, Helmut, kam am 23. Dezember 1918 in Hamburg zur Welt. Als Gustav Schmidt im Zuge der Demobilisierung des Reichsheeres 1919 die Armee verließ, bekleidete er mit dem Posten eines Vizefeldwebels einen Unteroffiziersrang, der ihm das Tragen eines Portepees gestattete, eines ehemals durchaus effektvollen militärischen Kastenzeichens. Bei seinen Vorgesetzten in der Kaserne hatte der Sohn eines Straßenkehrers reüssiert:

Unteroffizier Schmidt bearbeitete auf dem Bataillonsgeschäftszimmer die Offiziersangelegenheiten. Er hat seine Stellung, die an persönliche Zuverlässigkeit, an unbedingte Verschwiegenheit und sicheren Takt besonders große Anforderungen stellt, stets in ausgezeichneter Weise ausgefüllt. Durch seine geistige Gewandtheit, vor allem auch im Schriftverkehr, war er mir ein wertvoller Mitarbeiter. Ernster strebsamer Charakter mit guten Umgangsformen.[62]

»Opa Koch [...] gehörte zur Arbeiter-Aristokratie«

Ludovika Koch stammte aus ganz anderen Verhältnissen als ihr Ehemann. Helmut Schmidt spricht sogar von einem krassen Gegensatz.[63]

Opa Koch, der Vater meiner Mutter, gehörte zur Arbeiter-Aristokratie: Er war gelernter Setzer und Drucker; wer diese beiden Berufe erlernt hatte, wurde damals »Schweizerdegen« genannt. In Rhein-Hessen geboren und auf Wanderschaft nach Hamburg gekommen, war er als Setzer bei der Zeitung »Hamburgischer Correspondent« beschäftigt.[64]

Schmidt erklärt nicht, was Schriftsetzer und Drucker zu Vertretern einer »Arbeiter-Aristokratie« machte. Beide zählten traditionell zu den politisch informiertesten und engagiertesten Handwerksberufen. Das lag daran, dass sie unmittelbar mit der Entstehung des Materials – Bücher, Zeitungen, Flugschriften – beschäftigt waren, das die elaborierteste Form der Meinungsbildung ermöglichte. Innerhalb der Arbeiterbewegung galten Drucker und Setzer daher als intellektuelle Elite. Sie verkörperten, was als wichtigster Schritt zur Gleichberechtigung betrachtet wurde: Bildung.

Der *Hamburgische Correspondent* war zudem eine der intellektuell und politisch einflussreichsten Zeitungen der deutschen Geschichte, im Zeitalter der Aufklärung wohl das wichtigste Blatt. Zur Zeit der Beschäftigung von Heinrich Koch war die Zeitung schon 200 Jahre alt und legendär.[65]

1712 erschien die erste Ausgabe mit einem überaus modernen Programm.[66] Danach sollte für die Leser aus dem ganzen Wirrwarr an Informationen das herausgefiltert werden, was zur Bildung einer unabhängigen Meinung nötig war.[67] Einseitige, interessengeleitete oder gar falsche Information sollte vermieden werden[68] – auf eine solche anspruchsvolle Gatekeeperfunktion versuchen sich deutsche Printmedien angesichts der Zeitungskrise gerade zurückzubesinnen. Um 1800 war die Tageszeitung die größte Europas und hatte eine höhere Auflage als die Londoner *Times*. Zu ihren Autoren zählten Gottsched, Bodmer, Herder, Lessing, Claudius und Lichtenberg. Intellektuelle Impulse kamen von hier nicht nur für die Aufklärung, sondern auch für die deutsche Sprachentwicklung und die Literatur- und Theaterkritik.[69] Es ist auch nicht falsch, hier den Beginn des gelehrten und politischen Feuilletons zu verorten, das Helmut Schmidts *Zeit* auch im Nach-Gutenberg-Kosmos so glänzend bestehen lässt.

Der Zenit des *Hamburgischen Correspondenten* war zwar schon Anfang des 19. Jahrhunderts durch die zwangsweise Einführung der Zensur überschritten, doch blieb das Blatt bis zur Vereinigung mit dem *Hamburger Abendblatt* 1934 bestehen.[70] Politisch seit Beginn des 20. Jahrhunderts auf der Linie der nationalliberalen Partei, galt der *Hamburgische Correspondent* während der Weimarer Republik als Parteiorgan der Deutschen Volkspartei (DVP).

Helmut Schmidt erinnert sich an seinen Großvater als einen politischen Menschen.[71] »Opa Koch«, wie Schmidt ihn noch nennt, als er selbst ein alter Mann ist, befand sich beim *Hamburgischen Correspondenten* am Puls der Zeitgeschichte. Er las alles, was er setzte und druckte. Als »politischer Mensch« dachte er auch darüber nach. Zum Selbstverständnis der Profession zählte, sich mit dem Produkt zu identifizieren. Dass Koch die glanzvolle Frühgeschichte der Zeitung bekannt war, kann vorausgesetzt werden. Zudem verkehrte er offenbar auch außerhalb der Zeitung in politischen Kreisen. Er kannte Friedrich Naumann und, so der Enkel, sei stolz darauf gewesen, dass Naumann ihn zweimal zu Hause besucht habe.[72]

Aus dem Zusammentreffen der beruflichen Tätigkeit für ein von den Thesen der antirepublikanischen DVP dominiertes Blatt und des Kontakts zum ersten Vorsitzenden der Deutschen Demokratischen Partei Friedrich Naumann ergibt sich ein starkes politisches Spannungsfeld, das unter anderem die Vorbehalte gegenüber dem demokratisch-pluralistischen Konzept der Weimarer Republik bei zwei grundsätzlich liberalen Parteien erhellen kann. Gewiss hat sich Schmidts Großvater an den vorhandenen Widersprüchen und Übereinstimmungen der Parteiprogramme abgearbeitet. Der »politische Mensch« zeichnet sich ja gerade dadurch aus, dass er sich bemüht, in der Abwägung unterschiedlicher Ansichten eine eigene Meinung zu bilden – und diese auch zu vertreten.

Die persönliche Bekanntschaft mit Naumann, der auch Mitbegründer des Deutschen Werkbunds war, weist auf die spätere Offenheit der Familie für die Ideen Alfred Lichtwarks voraus. Diese entstanden aus denselben Beobachtungen sozialer Wechselbeziehungen wie die Ideen des Werkbunds, zu dessen Vertretern auch der bereits genannte Fritz Schumacher zählte.

Er habe sich nicht getraut, den »unnahbaren« alten Herrn mit dem »weißen Vollbart« anzusprechen, schreibt der Enkel.[73] Der Einfluss des Großvaters könnte aber auch ohne direkte Kommunikation wirksam geworden sein. Eines ist sicher: In ihren Interessen und Vorlieben gab es zwischen dem Großvater mütterlicherseits und dem Vater deutliche Gemeinsamkeiten.

Staatsbürgerkunde

Helmut Schmidt beschreibt in seinen Erinnerungen sein Elternhaus als »bewusst apolitisch, vielleicht sogar antipolitisch«.[74] Über Politik sei mit den Kindern nicht gesprochen worden. Wenn es überhaupt politische Unterhaltungen gegeben habe, dann äußerst selten und allenfalls mit Besuchern. Die Kinder seien dann aus dem Zimmer geschickt worden.[75] Schmidt beurteilt in der Rückschau auf seine Kindheit und Jugend sogar die gesamte Sippe als unpolitisch, den Großvater mütterlicherseits ausgenommen.[76]

Diese Wahrnehmung des Altkanzlers ist erstaunlich. Denn sein Vater unterrichtete bereits seit 1919 nebenberuflich an der Staatlichen Kaufmannsschule in Hamburg Anwaltslehrlinge in Deutsch und Bürgerkunde.[77] Beide Fächer waren in der Vorstellung der Bildungspolitiker der Weimarer Republik die wichtigste

Grundlage für die politische Erziehung der jungen Deutschen zu mündigen Bürgern. Dies galt insbesondere auch für den berufsausbildungsbegleitenden Unterricht, den der gelernte Volksschullehrer Schmidt zu erteilen hatte. Gustav Schmidt wurde mit den Fächern, die er unterrichtete, zum Protagonisten der von Staats wegen geforderten politischen Bildung. Er, der seine Lehrerausbildung in der Kaiserzeit absolviert hatte, war nun aus beruflichen Gründen gezwungen, sich mit den politischen Veränderungen zu beschäftigen – wenn er es nicht schon vorher interessehalber getan hatte.

Die Erziehung der jungen Deutschen zur Demokratie erschien den Vordenkern der ersten deutschen Republik so wichtig, dass sie sie der Verfassung einschrieben. Artikel 148 der Verfassung des Deutschen Reichs von 1919 schrieb vor, dass »in allen Schulen sittliche Bildung, staatsbürgerliche Gesinnung, persönliche und berufliche Tüchtigkeit im Geiste des deutschen Volkstums und der Völkerversöhnung zu erstreben« sei.[78] Staatsbürgerkunde und Arbeitsunterricht wurden per Verfassung als Lehrfächer eingeführt.[79] Die Verfassung legte zudem fest, dass jeder Schüler nach Beendigung der Schulpflicht einen Abdruck der Verfassung erhielt.[80]

Bürgerkunde als Vehikel zur Erziehung der Staatsbürger war jedoch keineswegs neu, wenngleich in ihrer praktischen Ausgestaltung und Zielrichtung an den Schulen eher konservativ-monarchistisch. Insbesondere in den Lehrplänen der Seminare für die Ausbildung der Volksschullehrer war sie von großer Bedeutung.[81] Denn über 90 Prozent jedes Geburtsjahrgangs erhielten die schulische Ausbildung an Volksschulen.[82]

Der Begriff »Staatsbürgerkunde« legt nach heutigem Verständnis nahe, dass damit geradezu naturgemäß die Erziehung zur Demokratie gemeint sein müsse. Schon lange vor 1919 wurde in Preußen über staatsbürgerliche Bildung debattiert[83], allerdings unter gänzlich anderer Konnotation. Seit 1890 wurde sie vermehrt in den Unterricht eingeführt. Anlass dafür war ein Erlass des damaligen Kaisers Wilhelm II. vom 1. Mai 1889. Der ein Jahr zuvor inthronisierte Kaiser wollte mit seiner Forderung den kommunistischen, sozialistischen und sozialdemokratischen – wie er befand – Irrlehren entgegenwirken.

Schon längere Zeit hat Mich der Gedanke beschäftigt, die Schule in ihren einzelnen Abstufungen nutzbar zu machen, um der Ausbreitung sozialistischer und kommunistischer Ideen entgegenzuwirken. In erster Linie wird die Schule durch Pflege der Gottesfurcht und der Liebe zum Vaterlande die Grundlage für eine gesunde Auffassung auch der staatlichen und gesellschaftlichen Verhältnisse zu legen haben.

Aber Ich kann Mich der Erkenntniß nicht verschließen, daß in einer Zeit, in welcher die sozialdemokratischen Irrtümer und Entstellungen mit vermehrtem Eifer verbreitet werden, die Schule zur Förderung der Erkenntniß dessen, was wahr, was wirklich und was in der Welt möglich ist, erhöhte Anstrengungen zu machen hat.

Sie muß bestrebt sein, schon der Jugend die Ueberzeugung zu verschaffen, daß die Lehren der Sozialdemokratie nicht nur den göttlichen Geboten und der christlichen Sittenlehre widersprechen, sondern in Wirklichkeit unausführbar und in ihren Konsequenzen dem Einzelnen und dem Ganzen gleich verderblich sind.

Sie muß die neue und die neueste Zeitgeschichte mehr als bisher in den Kreis der Unterrichtsgegenstände ziehen und nachweisen, daß die Staatsgewalt allein dem Einzelnen seine Familie, seine Freiheit, seine Rechte schützen kann, und der Jugend zum Bewußtsein bringen, wie Preußens Könige bemüht gewesen sind, in fortschreitender Entwicklung die Lebensbedingungen der Arbeiter zu heben, von den gesetzlichen Reformen Friedrichs des Großen und von Aufhebung der Leibeigenschaft an bis heut.

Sie muß ferner durch statistische Tatsachen nachweisen, wie wesentlich und wie konstant in diesem Jahrhundert die Lohn- und Lebensverhältnisse der arbeitenden Klassen unter diesem monarchischen Schütze sich verbessert haben.[84]

Insbesondere komme es darauf an, »die Lehrer zu befähigen, die neue Aufgabe mit Hingebung zu erfassen und mit praktischem Geschicke durchzuführen«.[85] Deshalb müssten, so der Kaiser weiter, »die Lehrerbildungsanstalten eine entspiechende Ergänzung ihrer Einrichtung erfahren«.[86] Im Ansatz waren diese Hinweise überaus modern. Nicht der vielfach literarisch verewigte Untertanengeist wurde angesprochen, sondern mit der Erkenntnisfähigkeit der Verstand, statt Obrigkeitshörigkeit Überzeugung. Längst hatten selbst die konservativen Preußen gemerkt, dass ihr repressives Schulsystem die Ansprüche nicht mehr erfüllen konnte, die insbesondere die geänderten ökonomischen Verhältnisse, aber auch die sozialen Umbrüche an die Menschen stellten.[87]

Wilhelm glaubte, die soziale Frage mit den von ihm angeregten Reformen und Maßnahmen lösen zu können. Der junge Kaiser, der sich selbst als »Kaiser der Armen« inszenierte, setzte gegen zuweilen heftigen Widerstand der herrschenden Klasse sozialfürsorgerische Reformen durch. Seine Absicht, dies auch flächendeckend über die Schulen an alle Teile der Bevölkerung zu kommunizieren, wurde sogleich von seinen politischen Gegnern als einseitige politische Einflussnahme kritisiert.

Die letzte Konsequenz blieb Wilhelms Reformwille denn auch schuldig, wie bei allen seinen Vorgängern: Gleichstellung der Bürger durch die Abschaffung des Dreiklassenwahlrechts. Festzuhalten bleibt aber, dass der Kaiser sich nicht nur an der Debatte um die soziale Frage beteiligte, sondern auch Verbesserungen der prekären Lage der Arbeiter vorantrieb. Mittelbar bewirkte dieser Umgang mit den gesellschaftlichen Problemen, dass Männern wie Gustav Schmidt die Möglichkeit zum beruflichen Aufstieg nicht von vornherein durch ihre Herkunft verwehrt blieb. So konnte Gustav Schmidt es schon vor 1919 schaffen, einen gesellschaftlich mittlerweile hoch angesehenen und gut dotierten Beruf zu ergreifen.[88]

In der Praxis hieß das aber nicht, dass der selbstständig und kritisch denkende Mensch das Ziel der Schulbildung war. Der war eher gelegentlich und sehr zum Leidwesen der sogenannten Obrigkeit ein unbeabsichtigtes Nebenprodukt. Immer noch wurde in der Schule trotz des ausdifferenzierten Fächerkanons der Untertan herangebildet. Neben dem Kulturkampf gegen den Einfluss der Kirchen als traditionelle Träger des Schulwesens waren die gesteigerten Qualifikationsanforderungen, die sich im Zuge der Technisierung durch die industrielle Revolution ergaben, die Begründung für die staatlich angeordneten Schulreformen.

Sittliche und politische Grundwerte wie Demut, Bescheidenheit, Loyalität der Untertanen, Gehorsam und Akzeptanz der sozialen Unterschiede wurden als gottgegeben vermittelt.[89] Als zusätzliches Identifikationsmuster trat der Nationalismus hinzu mit diversen vaterländischen Gedenktagen zu Ehren großer militärischer Erfolge oder mit Geburts- und Sterbetagen der Monarchen und anderer populärer Heldengestalten.[90] Dennoch monierte ein Schulhistoriker schon 1890, »heute maße sich jeder an, über die höchsten und letzten Fragen in Religion, Moral, Staat und Gesellschaft ein Urteil zu haben«.[91]

Der gleichsam moderne Unterschied zu früheren Zeiten war die Erkenntnis, dass auch die sogenannten einfachen Menschen Zusammenhänge zu begreifen vermochten, sich aber unter – je nach Perspektive – falschem Einfluss falsche Urteile bildeten, die politisch folgenreich sein konnten. Aus der Perspektive des Kaisers war die Stabilität seiner Regierung gefährdet. Dem wollte er mit seiner Initiative entgegenwirken.

Die von Wilhelm II. geforderte Staatsbürgerkunde, mit der einseitig die Monarchie gestärkt werden sollte, stieß bei seinen politischen Gegnern verständlicherweise auf Ablehnung. Es gab viele Stimmen, die jegliche politische Bildung in der Schule als Einfallstor für politische Indoktrination – gleich welcher Couleur – ablehnten. Trotzdem entwickelte sich bereits während der Kaiserzeit innerhalb der Pädagogik eine Theorie der Staatsbürgerkunde, die weit vorauswies in die Reformpädagogik, wie sie später die schulische Erziehung von Gustav Schmidts beiden Söhnen prägte.

Bereits 1901 setzte der Münchner Pädagoge Georg Kerschensteiner seine moderne Definition von politischer Bildung gegen die konservative Auffassung von Staatsbürgerkunde.[92] Wie diese sollte politische Bildung bei Schülern der letzten Klassen Kenntnisse über die staatlichen Institutionen, die Rechtsordnung, die Wirtschaft, Weltgeografie und neueste Geschichte vertiefen.[93] Hinsichtlich der zu vermittelnden Werte dachte sich der Pädagoge die Erziehung zum »guten Staatsbürger« jedoch unpolitisch.[94] Die Erziehung sollte überparteilich sein und die »Verwirklichung eines sittlichen Gemeinwesens« aus »wertvollen Weltbürgern« anstreben.[95]

Hierbei waren die Erziehungsmethoden, die zur behutsamen Formung von ethisch handelnden Charakteren angewendet werden sollten, wichtiger als das politische Faktenwissen.[96] Beides verschränkte sich dadurch, dass im Idealzustand der eigenständig denkende Mensch sich notwendig auch mit den politischen Fragen der Gegenwart befassen würde.[97] Kern solcher Erziehung sollte deshalb die Befähigung zur intrinsisch (also nicht mehr von äußeren Anstößen) motivierten, selbstständigen Arbeit sein, was gleichzeitig ökonomischen Mehrwert versprach, da die wachsenden Qualifizierungsanforderungen im Wirtschaftsleben ohne analytisch und aktiv problemlösungsbezogen denkende Menschen nicht mehr erfüllt werden konnten.[98]

Die intellektuelle Debatte über die Erziehung aller zu Staatsbürgern war damit auf breiter Basis eröffnet. Zunächst drehte es sich in der Diskussion jedoch vorwiegend um den ideologischen Aspekt.[99] Im Aufeinanderprallen der unterschiedlichen Vorstellungen der politischen Parteien und unter dem Einfluss der enormen sozialen und politischen Veränderungen in Deutschland und der Welt hatten sich ganz neue Motive von Politik ergeben.[100] Nationalismus und Hurrapatriotismus hatten 30 Jahre nach den Siegen über Frankreich und der Reichsgründung schon fast Tradition.

Doch verband sich in der Selbststilisierung des Kaiserreichs seit 1871 mit dem Reichsgedanken weitaus mehr als nur die bloßen Fakten von militärischem Sieg und Reichsgründung. Die symbolische Ebene des Deutschtums war den Untertanen erst einmal zu vermitteln – was mit großem Aufwand geschah. Die deutsche Geschichte rückte in den Fokus und wurde auf den gewünschten Effekt hin zugerichtet. Aufmärsche, Gedenkveranstaltungen und Fahneneide gehörten zum politischen Alltag des Kaiserreichs. In der Architektur wurde die bis dahin verpönte Gotik wiederentdeckt und als urdeutsche Form schlechthin neu interpretiert.[101] Auch in den bildenden Künsten wurde überall die Verbindung zwischen dem ersten und dem zweiten Deutschen Reich und seinen Protagonisten hergestellt. Bismarck war einer davon und diente bei der Erziehung dazu, die Bürger auf die nationale Größe als das identitätsstiftende Merkmal der sich in rasantem Tempo verändernden Gesellschaft einzuschwören.

Am 1. April 1895 wurde der achtzigjährige Geburtstag des Altreichskanzlers als ein nationales Fest gefeiert nicht nur in jedem kleinsten Flecken des Vaterlandes, sondern in den entferntesten Gegenden der Erde, wo nur zwei Deutsche sich begegneten. Unzählige Grüße und Geschenke bezeugten ihm die dankbare Gesinnung seiner Mitbürger. Aus nächster Nähe und aus fernster Ferne zogen Tausende und aber Tausende zu dem alten Einsiedler nach Friedrichsruh, um sein Antlitz zu sehen und seine Stimme zu hören. Wochenlang währte die Wallfahrt. Tag für Tag hielt er den Scharen stand. Allen sagte er ein bedeutsames Wort. Drei Jahre danach, am 30. Juli 1898, schloß er die Augen zum ewigen Schlaf. Sein Leib ruht in der Familiengruft am Sachsenwald. Vor dem Reichshaus in Berlin ragt sein erzgegossenes Standbild. Aber im Herzen der Nachwelt lebt seine geistige Gestalt sagenumwoben als der getreue Eckhardt des geeinigten Deutschland.[102]

Das offizielle nationalistische Pathos deckte aber nicht mehr alle nationalistischen Zeitströmungen ab. Hinzu kam längst, dass inzwischen auch die Rede von Volksgemeinschaft statt Klassenspaltung war.[103]
In Preußen forderte das aufstrebende Bürgertum Mitspra-

cherechte, die ihm das Dreiklassenrecht verwehrte, meinte damit aber nicht unbedingt die Aufhebung des gesamten Ständesystems, sondern die eigene Aufwertung. In Hamburg, dessen wirtschaftliches und gesellschaftliches Leben traditionell von einem sich als aristokratisch verstehenden Großbürgertum dominiert wurde, galt – mit wenig veränderten Vorzeichen – dasselbe. Je nach politischer Orientierung und/oder Standeszugehörigkeit wurden so ganz unterschiedliche Lernziele der Staatsbürgerkunde gefordert. Die Sozialdemokratie lehnte das Fach völlig ab, da es ja auch zu ihrer Bekämpfung benutzt werden sollte.[104] Die Nation spielte in allen Ansätzen eine wesentliche Rolle.[105] Der linksnational-liberale Ansatz versuchte, Einheit und Freiheit, Staat und Gesellschaft sowie Nationalerziehung und moderne Pädagogik zu verzahnen.[106] Der rechtskonservative Ansatz betonte Staat, Einheit und deutschnationale Erziehung, wobei die Forderungen an die staatsbürgerliche Ausbildung bis hin zu einem »Kreuzzug für nationale Erziehung« gingen.[107] Die damit beabsichtigte Erziehung der Bürger zur Identifikation mit ihrem Staat betrachteten die liberalen Vertreter wiederum als Gefahr für ihre klassisch-humanistischen Bildungsideale.

Das gesellschaftliche Ansehen, das der Lehrerberuf genoss, war auch eine der neuen Entwicklungen, die die Schulreformen mit sich brachten. Noch Mitte des 19. Jahrhunderts galten Lehrer als arme Schlucker. Meist waren es Küster, die im Nebenerwerb als Lehrer auf den geringen Zuverdienst angewiesen waren. Die Professionalisierung der Lehrerausbildung ließ das Ansehen des Berufs stetig steigen. Mit der Einführung einer dreijährigen Seminarausbildung und verschiedener Klassenstufen an den Schulen wuchs der Bedarf an ausgebildeten Lehrkräften, was wiederum nun auch Abkömmlingen der unteren Schichten ermöglichte, die Lehrerseminare zu besuchen. Innerhalb des hierarchischen Klassensystems des Kaiserreichs rückten die Volksschullehrer auf eine Position oberhalb der Arbeiter und abhängigen Handwerker. Mit der besseren Ausbildung stiegen auch die Einkommen.[108] Insbesondere auf dem Land zählten diese seminaristisch ausgebildeten Lehrer bald zu den Honoratioren.[109] Was sie sagten, fand Gehör.

Vom elitären Status der akademisch ausgebildeten Lehrer und anderer Akademiker blieben diese Lehrer trotzdem weit entfernt.[110] Statusfragen waren für Gustav Schmidt sein ganzes Leben lang von erheblicher Bedeutung. Inhaltlich musste er sich in seiner Ausbildung mit dezidierten Lehrplänen auseinandersetzen, die ihm ein breites Allgemeinwissen abverlangten. Vieles brachte er sich selbst bei. Nach halbjähriger autodidaktischer Vorbereitung legte er erfolgreich die Aufnahmeprüfung für die dritte Klasse des Hamburger Lehrerseminars ab, wie er in einem mit feiner Handschrift verfassten Lebenslauf im Jahr 1922 schrieb.[111] Sein Hinweis auf den Verzicht auf eine andere ihm offenstehende und für einen jungen Mann seiner Herkunft außergewöhnliche Karriere zeigt seinen Stolz auf seinen Werdegang. Seine Stellung als Anwaltsgehilfe verließ er, so schreibt er, »trotzdem mir von meinen Chefs ein Bürovorsteherposten in Aussicht gestellt wurde, um nach halbjähriger autodidaktischer Vorbereitung die Aufnahmeprüfung für die 3. Klasse des hiesigen Lehrerseminars abzulegen«.[112]

Noch in seiner eigenen Schulzeit hatte es Schulen gegeben, an denen nach überkommenem Muster der Unterricht lediglich aus Buchstabieren, Repetieren und Memorieren bestand. Nun gehörte er einer neuen Lehrergeneration an, die einen breit gefächerten Stoff zu vermitteln hatte. Es muss hervorgehoben werden: Es ist keine 150 Jahre her, seit an den allgemeinbildenden Schulen Lehrmittel wie Wandkarten, Lineale, Zirkel, Schulbücher und Musikinstrumente eingeführt wurden. Erst 1872 begann auch für die einfachen Schichten flächendeckend ein Schulunterricht, in dem Schüler Fächer wie Deutsch, Rechnen, Zeichnen, Naturwissenschaften, Erdkunde, Musik, Sport und Fremdsprachen lernten.[113]

Für einen Autodidakten wie Gustav Schmidt hatte, zumindest theoretisch, die deutschnationale Variante größeres Identifikationspotenzial, da ihm selbst die humanistische Bildung versagt geblieben war. Mit der Sozialdemokratie habe er jedenfalls nichts am Hut gehabt, meinte später sein Sohn Helmut.[114] So wird er in keinen Gewissenskonflikt geraten sein, als ihm die Schule vorschrieb, antisozialdemokratisch zu wirken.

Die Staatsbürgerkunde, die er bis zum Ende des Kaiserreichs lehren musste, übertrug dem Lehrer eine große Aufgabe. Der Staat wünschte sich inzwischen mündige Bürger:

Das erste, was wir erreichen müssen, ist EINSICHT in die staatlichen und bürgerlichen Verhältnisse. Unsere Schüler sollen erkennen, dass unsere Einrichtungen hervor gewachsen sind aus der praktischen und ethischen Notwendigkeit, das Wohl unseres Volkes zu fördern. [...] Wir können uns in der Bürgerkunde nicht nur auf die Erklärung der gesellschaftlichen und staatlichen Kreise, ihrer Verfassungen und Einrichtungen beschränken, sondern wir müssen notwendig unsere wirtschaftlichen Verhältnisse in den Kreis der Betrachtung ziehen.[...] Nur in dieser Verflechtung können wir den innigen Zusammenhang zwischen vorbildlicher Fürsorge des Fürsten und seiner Regierung und der treuen Arbeit des zur Gesetzgebung und Verwaltung mitberufenen Volkes zeigen. Je weiter diese Einsicht wächst, desto mehr wird unser Volk politisch mündig. EINSICHT GEBIERT INTERESSE und Interesse ist immer selbsttätig. [...] In diesem Sinne wird die staatsbürgerliche Erziehung eine Erziehung zur Gesinnung, und zwar zu einer vaterlandstreuen. [...] es muss unser Ziel sein und bleiben, in den Herzen der jungen angehenden Bürger ein Verantwortungsgefühl und ein Pflichtbewusstsein zu erwecken, das nicht allein in guten Tagen treu ist, sondern auch in schweren die Fahne des Vaterlandes nicht verlässt.[115]

Mit einer solchen Aufgabenstellung bekam auch der Lehrer innerhalb der Gesellschaft einen ganz neuen Stellenwert. Ein Nachhall des damaligen Sprachgebrauchs findet sich bis heute in zahlreichen Ausführungen Helmut Schmidts, besonders da, wo es um politische Mündigkeit und staatsbürgerliche Pflichten geht.

»Politisch Lied [...] garstig Lied«

Seine Mutter sei bis zum Ende ihres Lebens vollkommen unpolitisch geblieben, schreibt Helmut Schmidt.[116] Er glaube, »sie hielt politisch Lied für ein garstig Lied«.[117] Wahrscheinlich, so vermutet der Sohn, habe ihr Vater sie »noch in jener Denktradition des 19. Jahrhunderts erzogen, nach welcher Frauen keine eigene Meinung zu haben hatten«.[118] Belege dafür gibt es nicht. Eher für das Gegenteil: Die Frauen der Familie Koch erscheinen durchaus emanzipiert für ihre Zeit. Sie arbeiteten und erwirtschafteten ein eigenes Einkommen. Die Großmutter führte mit einer ihrer Töchter, die unverheiratet blieb, am Wohnsitz der Familie ein kleines Wäsche- und Kurzwarengeschäft.[119] Und, der Enkel merkt es selbst an, es war die Tante, die an der Kasse saß – nicht der ebenfalls in dem Laden beschäftigte Lieblingsonkel Heinz.[120] Die Mutter hatte ebenso wie der Vater die Selekta besucht[121], war also wie er in ihrer regulären Volksschulzeit als überdurchschnittlich begabt und förderungswürdig beurteilt worden. Hinzu kommt: Ihr Vater hatte die Zusatzqualifikation offenbar erlaubt. Auch das lässt auf eine gewisse Offenheit für die bildungsmäßige Qualifizierung von Frauen schließen. Zudem war sie vor dem Ersten Weltkrieg in der Jugendbewegung aktiv.[122]

*»Mein Vater hat all seine Energie auf den beruflichen
und sozialen Aufstieg verwendet«*[123]

Nach der Demobilisierung der Reichswehr kehrte Gustav Schmidt mit seiner kleinen Familie nach Hamburg zurück und nahm seine Volksschullehrertätigkeit an der Knabenschule in der Amselstraße wieder auf. Da es einen Mangel an Berufsschullehrern gab, bot sich ihm die Chance auf einen Zuverdienst. Zunächst nur stundenweise unterrichtete er zusätzlich als Aushilfslehrer an der Staatlichen Kaufmannsschule angehende Anwaltsgehilfen in den Fächern Deutsch und Bürgerkunde sowie Rechnen. Am 1. April 1922 trat er dann offiziell zum Berufsschuldienst über.[124]

46

Durch die Weimarer Reichsverfassung wurde die Bedeutung der Staatsbürgerkunde nochmals aufgewertet. Gustav Schmidt, in der Kaiserzeit ausgebildet, musste sich als Lehrer der Bürgerkunde neu ausrichten. Ziel des staatsbürgerlichen Unterrichts sollte nun die freie Hingabe an den Staat sein, Selbstverantwortlichkeit und Autonomie des Einzelnen.[125] Dies stellte auch an den Unterrichtenden ganz andere Anforderungen.[126] Die Schulbehörde traute ihm dies trotz zunächst fehlender fachlicher Qualifikation als Berufsschullehrer zu. Darüber hinaus ging man davon aus, dass er zuverlässig republikanische und demokratische Werte vermitteln würde, also im Grunde das, was während seiner Ausbildung noch als Feindbild galt. Eine Rolle bei der Auswahl für die Beschäftigung als Berufsschullehrer spielte sicher auch die Tatsache, dass er mit seiner fundierten juristischen Vorbildung für die Ausbildung des Anwaltsgehilfennachwuchses geradezu prädestiniert war.

Trotz der Verankerung in der Verfassung wurde die Staatsbürgerkunde im Deutschen Reich als Fach keineswegs flächendeckend eingeführt. Hamburg zeigte sich auch hier besonders fortschrittlich. In der Bürgerkunde galten nun ganz andere Lernziele als vor 1918. Wieder war von Rechten und Pflichten des Staatsbürgers innerhalb der Gemeinschaft die Rede. Doch ging es nun um die Republik und den Parlamentarismus.

Während im außenpolitischen Bereich über Begriffe wie »Erfüllung, Verständigung, Ruhreinbruch, Locarno und Abrüstungskonferenz« die Notwendigkeit der Mitgliedschaft im Völkerbund vermittelt werden sollte, war innenpolitisch das »Ringen um die Festigung der Staatsform, der überparteilichen, allgemein bindenden Staatswilligkeit« zu thematisieren.[127]

Republik, Parlamentarismus sind solche umstrittenen Wertbegriffe, die sich mit den Gegenwerten: Monarchie, Diktatur auseinandersetzen müssen.[128]

Gustav Schmidt nutzte alle Chancen, die die neuen Zeiten ihm boten. Sein Bedürfnis, sich weiterzubilden und in der beruflichen

Hierarchie weiter aufzusteigen, war noch nicht gestillt. Eine Rolle mag gespielt haben, dass Lehrer seines Ausbildungszugs weitaus schlechter bezahlt wurden als Lehrer mit akademischer Bildung. Von 1922 bis 1925 absolvierte er neben seiner vollen Berufstätigkeit im Abendstudium die Ausbildung zum Diplom-Handelslehrer. Noch stand auch Nichtabiturienten das Studium zum Berufsschullehrer offen.[129] Obwohl er es noch nicht beendet hatte, wurde er bereits 1924 zum Leiter der Handelsschule für Anwaltslehrlinge gewählt. Nach bestandenem Diplom durfte er sich auch offiziell Handelsschullehrer nennen und wurde nun auch entsprechend bezahlt.[130] Die Schule, an der er wirkte, bestand zwar aus sehr wenigen Klassen und nur drei bis vier Lehrern[131,] und als gewählter Schulleiter erhielt er auch kein höheres Gehalt als seine Kollegen gleicher Qualifikation, doch war der Prestigegewinn enorm.

Ein Mann von Stand

Mit seiner Herkunft und seinem bisherigen Werdegang verkörperte Gustav Schmidt beispielhaft die Überschreitung der zu seiner Zeit noch immer sehr fest gefügten Trennlinien zwischen den alten Ständen, und das gleich in mehrfacher Hinsicht. Eigentlich prädestinierten ihn sowohl seine Arme-Leute-Herkunft als auch sein ungewöhnlicher Aufstieg zum Sozialdemokraten, wenn nicht Kommunisten. Offenbar war ihm jedoch alles, was mit Masse zu tun hatte, suspekt. Er identifizierte sich keinesfalls mit der Arbeiterklasse, sondern tat alles, um den vermeintlich negativen Geruch einer prekären Herkunft abzuschütteln. Als Parvenü trat er dabei nicht in Erscheinung. Seinem Sohn gab er die Lebensweisheit mit:»Essen unter Stand, kleiden wie der Stand, wohnen über dem Stand.«[132] Sich aus dem Herkunftsmilieu herausgearbeitet zu haben ist ein Aspekt des ausgeprägten Standesbewusstseins, das sich in einer solchen Betrachtung genauso wie im bildungsbürgerlichen Habitus zeigt.

Gustav Schmidt wusste, dass er das Produkt einer Mesalliance war. Seine Mutter war zwar die Tochter eines Konditors, der in Hamburg einen eigenen Laden unterhalten hatte, entstammte also nicht dem Proletariat. Sie war aber wegen des frühen Todes der Eltern seit ihrem 15. Lebensjahr auf sich allein gestellt und verdiente als Kellnerin ihren Unterhalt. Dies war ein deutlicher sozialer Abstieg. In ihrer Zeit waren Kellnerinnen dem Verdacht ausgesetzt, für Männer leicht verfügbar zu sein – ein vernichtendes Vorurteil, das Friederike Wenzel mit der nichtehelichen Schwangerschaft quasi bestätigt hatte, wenn auch nur gegenüber den wenigen Mitwissern, zu denen auch der Sohn zählte.

Und dann war da der leibliche Vater, dessen Name Ludwig Gumpel in der Familie bekannt war. Bis zu seinem Tod glaubte Gustav Schmidt, er sei der Sohn eines Nachfahren des reichen Hamburger Unternehmers und Philanthropen Lazarus Gumpel.[133] Noch in seinen letzten Lebensjahren zeigte er seinem Sohn Helmut, wo an der mondänen Hamburger Elbchaussee die Familie seines mutmaßlichen Vaters residierte.[134]

Wann Gustav Schmidt von seiner biologischen Herkunft und vom Namen des leiblichen Vaters erfahren hat, lässt sich nicht mehr rekonstruieren. Sicher ist nur, dass er diesen nicht erst im Zuge der Nachforschungen erfahren hat, die er für seinen Ariernachweis durchführen musste. Helmut Schmidts Ehefrau Loki berichtet in ihren Erinnerungen, dass ihr Schwiegervater den Kontakt zu seinem leiblichen Vater gesucht habe, um ihm von seinen Erfolgen und seinen zwei Enkeln zu berichten.[135] Der übersandte darauf einen Umschlag mit 50 Reichsmark. Gustav Schmidt schickte das Geld sofort wieder zurück. Erst Jahrzehnte später offenbarte er diese Geschichte seiner Schwiegertochter, die ihm anmerkte, wie sehr ihn dieses Erlebnis menschlich enttäuscht hatte.[136]

Sein Sohn Helmut beschreibt ihn als Verstandesmenschen.[137] Zu diesem Bild passt sein später Wunsch nach Vaterliebe wenig. Helmut Schmidt und seine Frau sind sich jedoch unabhängig davon einig darüber, dass Gustav Schmidt zeitlebens seine uneheliche Geburt und die ärmlichen Verhältnisse, in denen er aufwuchs, als extremen Makel empfand. Vielleicht hoffte er, diesen vermeintlichen Makel abschütteln zu können. Vielleicht war sein besonderer Antrieb, den prekären Verhältnissen seiner Jugend zu entkommen, die Vorstellung, er gehöre eigentlich einer ganz anderen Klasse an. Die Reaktion des leiblichen Vaters auf den Kontaktversuch eines Sohnes, der stolz mitteilen konnte, auf keinerlei Almosen angewiesen zu sein, sondern der väterlichen Familie gesellschaftlich nun auf Augenhöhe begegnen zu können, muss eine ungeheuerliche narzisstische Kränkung gewesen sein.

Sie könnte aber auch ein Auslöser gewesen sein, die Konventionen grundsätzlich infrage zu stellen. Helmut Schmidt hält seinen Vater für zeitlebens unpolitisch. Doch alles spricht dafür, dass diese Wahrnehmung falsch ist.

»Ich war über das gewöhnliche Maß hinaus wissbegierig [...] und fragte und schnackte«

Viel Zeit kann der Vater Gustav Schmidt nicht mit seinen Söhnen verbracht haben. Bis 1926 war er mehrfach belastet durch Vollzeitjob, Zusatztätigkeit, Weiterbildung und Studium und dann auch noch die administrativen Aufgaben als Schulleiter. Finanziell ging es der Familie seit 1925 bestens. Die Oberschulbehörde hatte Gustav Schmidts Vertrag umgestellt, sodass er nun als Handelslehrer über 800 Reichsmark mehr verdiente als zuvor. Auf sein Einkommen – schnöde könnte man sagen: auf das Geld – war er zeitlebens fixiert. Bis ins hohe Alter und noch lange nach seiner Pensionierung kämpfte er immer wieder verbissen mit der Schulbehörde um Gehaltseinstufungen, später um Entschädigung und Wiedergutmachung. Nach 1945 wurde er als Verhandlungsführer für Gehaltsfragen der Lehrer eingesetzt.[138]

Seit 1927 durfte er sich aufgrund eines Gesetzes über die Veränderung von Amtsbezeichnungen Studienrat nennen.[139] Er war endgültig auf der Stufe des gesellschaftlichen Ansehens eines Akademikers angekommen. Seine Söhne wurden später in der Schule als »Studienratsrüben«[140] wahrgenommen. Die Lehrer der

Söhne hatten den Beruf des Vaters registriert und deuteten wahrscheinlich insbesondere die Altklugheit des älteren Sohnes als Produkt des berufsspezifischen Bildungsehrgeizes ihres Kollegen.

Wenn Gustav Schmidt zu Hause war, blieb – zumindest in der Wahrnehmung seiner Söhne – die Atmosphäre in der Familie angespannt. Seine Erziehungsmethoden wurden besonders vom jüngeren Sohn als unerbittlich und hart erlebt. Obwohl in Hamburg seit Ende der 1880er-Jahre eine fortschrittlichere, die Persönlichkeit der Kinder achtende Pädagogik diskutiert wurde, erzog Gustav Schmidt nach einem Motto, das den erwachsenen Bruder Helmut Schmidts noch 60 Jahre später vor dem eigenen Vater zurückschrecken ließ:»Erst muss der Wille der Kinder gebrochen werden, bevor sie einen eigenen Willen entwickeln.«[141] Schon kleine Verstöße wurden mit Prügel bestraft.[142] Dazu benutzte der Vater einen Rohrstock – von den Söhnen»Der Gelbe« genannt.[143]

Diese Art der Behandlung erfuhren in jenen Jahren fast alle Kinder, in der Familie genauso wie in der Schule. Es ist also zunächst einmal davon auszugehen, dass Gustav Schmidt hier einfach den selbst erfahrenen und gesellschaftlich immer noch weitgehend anerkannten Erziehungsstil bei seinen Söhnen fortsetzte. Je nach Schwere des Delikts gab es einen oder mehrere Schläge auf das Gesäß. Und auch sonst herrschte Härte vor. Fiel einer der Söhne hin und verletzte sich, durfte er nicht weinen.[144] Auch das entsprach dem Rollenbild der Zeit. Jungen hatten keine Schwäche zu zeigen.

Es gibt aber Anzeichen dafür, dass diese»Brachial-Pädagogik« – wie der jüngere Bruder, der selbst Lehrer wurde, die Methode nannte – nicht immer widerstandslos hingenommen wurde.[145] Dass Gustav Schmidt exzessiv prügelte, lässt sich aus mehreren Episoden ablesen, an die Wolfgang Schmidt sich erinnert. Doch offenbar wehrte sich die Mutter gegen die rigiden Erziehungsmethoden ihres Mannes. Ein Freund der Familie, der als Untermieter bei den Schmidts logierte und Zeuge des Konflikts zwischen den Eltern wurde, riet der Mutter, sich aus der

Erziehung herauszuhalten, wenn ihr die Ehe lieb sei.[146] Später trat dann Helmut Schmidt dem Vater entgegen, als der wieder den schon 14-jährigen Bruder mit Schlägen bestrafen wollte. »Ich würde ihn nicht schlagen. Es könnte sein, dass er eines Tages zurückschlägt.«[147] Das war eine ganz ungeheuerliche Drohung. Kinder, die ihre Eltern schlugen, begingen im Verständnis dieser Zeit geradezu eine Todsünde wider das vierte Gebot. Deutschen Kindern wurde noch bis in die 60er-Jahre erzählt, dass ihnen die Hand aus dem Grab wachsen würde, wenn sie ihre Eltern schlügen.[148]

Dass Helmut Schmidt es wagte, seinem Vater auf diese Weise entgegenzutreten, zeigt, wie wenig ihn letztlich die väterliche Autorität beeindruckte. Ihn traf der Zorn des Vaters weitaus seltener als den jüngeren Bruder, erinnert der sich.[149] Ausgefressen habe Helmut mindestens genauso viel wie er, sei aber wesentlich diplomatischer gewesen.[150] Entscheidend ist aber wohl, dass Helmut Schmidt die Autorität des Vaters nicht so hinnahm wie der Bruder und sie untergrub, insbesondere als er älter wurde. Zwei gleich starke Charaktere trafen aufeinander. Angst schien er vor dem Vater jedenfalls nicht zu haben, ganz anders als der jüngere Bruder. Und der wurde nicht nur vom Vater gegängelt, sondern auch vom älteren Bruder.

Deutlich ist mir immer noch das Verhältnis zu Wolfgang, der sich ständig meinem Willen fügen musste. Solange er noch klein und der »Dicke« war, ging das an, später hat es oft Streit und Zank und – auf Wolfs als des Schwächeren Seite – Tränen gegeben.[151]

Trotz des anscheinend emotional wenig zugänglichen Vaters erfuhr Helmut Schmidt in der Verwandtschaft viel Zuneigung. Er war von allen das Lieblingskind. In seinen Notizen von 1945 schreibt er das selbst:

Als der erstgeborene Enkel und Neffe war ich eigentlich der Liebling der Verwandten und wurde ein wenig verzogen. Besonders meine gute Oma hatte mich in ihr Herz geschlossen, ich habe von ihr viel Liebe erfahren.[152]

Ein besonders inniges Verhältnis entwickelte Helmut Schmidt zum jüngeren Bruder der Mutter, der ihm ein ganz anderes männliches Vorbild vermittelte als der Vater. 1945 wird ihn Schmidt als »Inbegriff« eines »Menschentypus« beschreiben, dessen hervorragendste Eigenschaften Güte und Hilfsbereitschaft seien.[153] Zu diesem Onkel Heinz ging er mit seinen Sorgen und Nöten.

Er nahm sich meiner immer wachen Wissbegierde mit intuitivem Verständnis an und war der Mann, zu dem ich in meiner Kindheit stets das größte Vertrauen hatte. Als ich in die ersten langen Hosen ein großes Loch gerissen hatte, war es nur natürlich, dass ich zu ihm kam und er die Unaussprechlichen zu einem Kunststopfer tragen ließ und mich so vor einem väterlichen Donnerwetter bewahrte.[154]

Im Grunde wuchs Helmut Schmidt in einer Großfamilie auf. Die Wohnung der Großeltern mit dem angeschlossenen Laden am Mundsburger Damm bildete den Mittelpunkt der Familie.[155] Am »Damm« herrschte »fröhliches, liebevolles Familientreiben«, hält der 26-Jährige in der Kriegsgefangenschaft fest.[156]

Das Wesen des Vaters wirkt vor diesem Hintergrund wie ein Fremdkörper. Sehr oft waren damals die Rollen der Eltern bei der Erziehung ihrer Kinder so verteilt, dass der Vater die Funktion einer übergeordneten Kontrollinstanz hatte, die er nicht nur über die Kinder, sondern auch über seine Frau ausübte. Das hatte sogar einen rechtlichen Grund: Das Bürgerliche Gesetzbuch sah ausdrücklich das Züchtigungsrecht des Vaters vor, nicht das beider Elternteile.[157] Abends wurde dem Mann Bericht erstattet, was die Kinder am Tag so getrieben hatten, und bei »Vergehen« wurden die auch im Elternhaus Schmidt üblichen Strafrituale durchgeführt.

Das vorgelebte Frauenbild war von derselben Hierarchie geprägt, sodass fast automatisch – wenn auch unbewusst – eine Leidensgemeinschaft zwischen Mutter und Kindern entstand, die die emotionale Bindung an die Mutter viel enger sein ließ als an den Vater. Familie Schmidt war – so gesehen – völlig normal in ihrer Zeit, in der eine Gleichberechtigung zwar in der neuen Verfassung verankert war, im richtigen Leben aber durch gesellschaftliche Konventionen weiterhin verhindert wurde.

Dass allerdings auch der Vater ein Familienmensch war, zeigte sich nicht nur darin, wie er seine leibliche Mutter in sein Leben einbezog, sondern auch dadurch, dass er seine Adoptiveltern in ihren letzten Lebensjahren finanziell unterstützte. Die Söhne nahmen hauptsächlich wahr, dass er sie nach dem von ihm vorgelebten Vorbild zu Höchstleistungen und weiterem gesellschaftlichem Fortkommen drillte. Als erfolgreicher Aufsteiger, Oberlehrer und Vater beanspruchte er erzieherisch gleichsam dreifach Autorität.

Bei den Großeltern Koch ging es hingegen lustiger zu. Auch das entspricht üblichen Konstellationen: Oft werden die Großeltern als diejenigen erinnert, die gütig und liebevoll die Kinder einfach Kinder sein ließen. Die Eltern des Vaters, deren Milieu dieser so extrem entwachsen war, boten allerdings kaum Impulse für die Enkel. Das Familienleben der Kochs hingegen war sowohl von außerordentlicher Geselligkeit als auch von besonderer Musikalität und Sangesfreude geprägt. Die Großeltern hatten sich in einem Gesangverein kennengelernt.[158] Eine Schwester der Mutter erhielt eine Opernausbildung, erteilte Gesangsunterricht und trat in den 20er-Jahren bei Konzerten der Sozialistischen Arbeiter-Jugend auf.[159]

Fast alle Verwandten hatten auf verschiedene Weise Beziehung zur Musik, und Onkel Ottomar, Schwestersohn von Oma Koch und im Hauptberuf Lehrer an einer Volksschule, leitete einen innerfamiliären Singkreis, zu dem auch einige Freunde gehörten. Man traf sich regelmäßig in der Wohnung meiner Eltern, Ottomar am Klavier.[160]

Aus Helmut Schmidts Erinnerungen geht auch hervor, dass der Vater sich an dem überaus geselligen Leben der Schwiegereltern durchaus beteiligte und dass dieses nicht nur am »Damm« stattfand, sondern auch in der Wohnung der Eltern selbst. Fotos zeigen einen für damalige Verhältnisse fast leger und immer freundlich in die Kamera blickenden Mann. Seine Frau, die – etwas bäuerlich aussehend – verblüffende Ähnlichkeit mit der Malerin Paula Modersohn-Becker hat, wirkt selbstsicher und stark.

In dem lebhaften Mikrokosmos der Familie hatte Helmut Schmidt seinen Spitznamen schnell weg: »Helmut, das Schnackfass.« Grund: »Ich war über das gewöhnliche Maß hinaus wissbegierig. Ich wollte allen Dingen auf den Grund kommen und fragte und schnackte.«[161] Je älter er wurde, desto ausgeprägter wurde diese Eigenart. Unschwer lässt sich vorstellen, dass schon der kleine Helmut Schmidt das fragend erworbene Wissen zur Belehrung anderer anwendete. Das altkluge Kind wurde von der Familie deshalb schon früh als kleiner »Klugschnacker« belächelt.[162]

Dem Vater ging Helmut Schmidt, soweit möglich, aus dem Weg. In der Pubertät mündete die Distanz zwischen Vater und Sohn in einen schweren Konflikt.[163] Eine offenere und vertrauensvollere Beziehung entwickelte sich erst, als Helmut Schmidt 1937 das Elternhaus verlassen hatte.[164]

Schule

»Dort wurde noch geschlagen«

Die Volksschule, in die der pfiffige Sechsjährige 1925 eingeschult wurde, war die Seminarschule, an der der Vater seine Volksschullehrerausbildung erhalten hatte.

Meine vier Grundschuljahre habe ich auf der Volksschule in der Wallstraße 22 verbracht. Die Schule hatte mein Vater ausgesucht, trotz des für einen Sechsjährigen sehr langen Weges, weil er an dieser sogenannten Seminarschule sein Lehrerseminar absolviert hatte.[165]

Schmidts Vater wird die Schule auch deshalb gewählt haben, weil sie als »Prinzenschule« galt.[166] Die gut ausgestattete Schule mit für damalige Zeiten relativ geringen Klassengrößen ermöglichte weitaus mehr Kindern den Sprung zur höheren Schulbildung als andere Volksschulen. An der Schule setzte sich fort, was das Kind zu Hause durch den Vater erlebte:

Dort wurde noch geschlagen: mit dem Rohrstock, mit dem Lineal auf die Finger oder mit knopfbewehrten Lederhandschuhen links und rechts ins Gesicht.[167]

Auch hier galt die körperliche Züchtigung als geeignetes Mittel zur Erziehung eines Kindes und als Maßnahme, die nur zu dessen Bestem diente. Gewalt wurde nicht als Übergriff verstanden, sondern als pädagogisch notwendig, wertvoll und völlig gesellschaftskonform.

Mit Ausnahme eines Lehrers, den die Schüler geradezu anhimmelten, waren alle Lehrer dieser Schule unbeliebt, »wahrscheinlich mit Recht«, wie Schmidt schreibt.[168] Insgesamt hätten ihn die vier ersten Schuljahre kaum beeindruckt.[169] In der Rückschau beurteilt er die Haltung der Lehrerschaft als nationalistisch.[170]

Nicht nur in seinen Kindheitserinnerungen[171], die er Anfang der 90er-Jahre niederschrieb, sondern noch 2010 im Gespräch mit Fritz Stern[172] bewegt ihn die Tatsache, dass an seiner Schule während seiner vierjährigen Volksschulzeit Sedanfeiern veranstaltet wurden. Der Sedantag zur Feier des deutschen Sieges über die Franzosen von 1870 war einer der hurrapatriotischen Feiertage, die im Kaiserreich mit großem Tschingderassabum an Schulen und Universitäten begangen wurden. 1919 war er ersatzlos aus der Liste der Feiertage gestrichen worden.

Schmidt erinnert sich, dass es die Lehrerschaft der Schule war, die an dem Feiertag festhielt.[173] Darin zeigen sich nicht nur kollektive Ablehnung der Weimarer Republik, Militarismus und Nationalismus, sondern auch die Bereitschaft der Lehrer, gegen ihren auf die Verfassung von Weimar geschworenen Eid zu verstoßen. Obwohl Helmut Schmidt die Feier an der Schule als kurios in Erinnerung hat, könnte doch hier sein lebenslanges Interesse am Militärischen geweckt worden sein.

»Die Schule geht vom Stoff aus und bleibt am Stoff kleben.
Sie sollte von der Kraft ausgehen und Kräfte entwickeln.«

1929 war die Grundschulzeit an der reaktionären »Prinzenschule« beendet. Ganz und gar erstaunlich erscheint nun der Umstand, dass der strenge und aufstiegsfixierte Vater seinen Sohn nach der vierjährigen Grundschulzeit und der offenkundig erhaltenen Empfehlung für die höhere Schule nicht bei einer der traditionellen Hamburger Eliteschmieden wie etwa dem Johanneum anmeldete. Statt erneut eine an konservativen Erziehungsmethoden ausgerichtete Schule auszuwählen, meldete Gustav

Schmidt den Sohn bei der experimentellsten höheren Schule Hamburgs an, der 1919 gegründeten Lichtwarkschule. Auch Helmut Schmidt und sein Bruder Wolfgang, der ihm im Abstand von drei Jahren an den Schulen nachfolgte, wundern sich, warum ihr Vater sie ausgerechnet an diese Schule gehen ließ.[174] Schon wie zuvor bei der Volksschule nahm er dabei lange Schulwege seiner Kinder in Kauf. Die Lichtwarkschule hatte sich weitestgehend von bisher üblichen Lehrplänen entfernt und verfügte über ein völlig eigenständiges Profil, das sie von allen anderen höheren Schulen Hamburgs deutlich abhob. Heute würde man sagen, sie sei linksalternativ und antiautoritär gewesen.

Die »alte« Lichtwarkschule

Der Namensgeber Alfred Lichtwark war von 1886 bis zu seinem Tod 1914 der erste Direktor der Hamburger Kunsthalle gewesen. Mit seinem Wirken verbinden sich neben einer überaus fruchtbaren Sammlungstätigkeit neue museums- und kunstpädagogische Ansätze, die ganz darauf ausgerichtet sind, den traditionell elitären Kunst- und Kulturbetrieb der gesamten Bevölkerung zu erschließen und bildend zu vermitteln.

Aus seiner Kritik an den bestehenden Schulverhältnissen entwickelte Lichtwark auch Ideen für eine neue Art von Schule. Das Bild, das er schon 1905 entworfen hat, scheint mit den Erziehungsmethoden von Gustav Schmidt inkompatibel zu sein:

Wollten wir uns ein Bild der Schule machen, die mit dem Leben wirklich verwachsen ist, würde es sich wohl in wesentlichen Zügen von dem herrschenden Zustand unterscheiden. Wir würden Schüler sehen, die in jedem Augenblicke von einem Gefühl des Glückes und des Stolzes erfüllt wären, in der Schulgemeinschaft ihren Lehrern und Mitschülern verbunden zu sein; die mit Heimweh und Sehnsucht an Schule und Schulzeit denken [...]. Wir würden Eltern sehen, die sich in Freundschaft der Schule, die ihre Kinder besuchen, verbunden fühlen,

die mithelfen und versorgen, die mit der Schule in Lebensge-
meinschaft stehen und der Entwicklung pädagogischer Ideen
mit Teilnahme und Verständnis zu folgen bemüht sind [...].
Nicht wenige werden es für eine Utopie halten [...]. Die Schule
geht vom Stoff aus und bleibt am Stoff kleben. Sie sollte von der
Kraft ausgehen und Kräfte entwickeln. Mit ihrer ausschließ-
lichen Sorge um den Lehrstoff hat die Schule satt gemacht. Sie
sollte hungrig machen.[175]

Der Kontrast dieser Ideen zum Schulalltag in der Volksschule
an der Wallstraße, die Helmut Schmidt bisher besucht hatte,
konnte kaum größer sein. Doch hatte Gustav Schmidt nicht nur
durch sein Engagement in der Volksheim-Bewegung früh Gelegenheit gehabt, die Ideen Lichtwarks kennenzulernen, der dort
Vorträge hielt und dessen Ideen zur Volksbildung dort bereits –
besonders im Bereich der Kunstvermittlung – umgesetzt wurden.
Gustav Schmidt war auch Mitglied in der ältesten und bedeutendsten Hamburger Lehrervereinigung, der Gesellschaft der
Freunde des vaterländischen Schul- und Erziehungswesens, die
sich seit den 1880er-Jahren für pädagogische Reformen einsetzte
und aus der sich später die Gründer der Lichtwarkschule rekru-
tierten.[176]
Was 1905 den meisten noch wie die Utopie einer guten Schule
vorkommen musste, wie Lichtwark vermutete, wurde von den
Gründern der nach ihm benannten Schule in die Tat umgesetzt.
Die Zeitenwende von 1918 rief vermehrt Stimmen auf den Plan,
die die längst angedachten Reformen des Schulsystems endlich
realisiert sehen wollten. Der pädagogische Anspruch wurde dabei zugleich als politischer formuliert:

Das neu zu Schaffende ist unser aller Aufgabe, keine einmalige,
die eines Tages gelöst und fertig ist, sondern eine, die immer
wieder neu gesetzt werden muss, wenn der Staat ein lebendiges
Gefüge bleiben soll. So tritt nun im Staat mit Notwendigkeit an
die Stelle des alten herrschaftlichen der neue genossenschaft-
liche Geist. Nur aus völlig geänderter Staatsgesinnung heraus

kann der Aufbau gelingen. Welcher Art wird diese Gesinnung sein?[177]

Als wesentliches Merkmal dieser Gesinnung wurde die Überparteilichkeit erachtet.[178] Über das Parteiensystem hinaus sollten der »Geist der Gesamtverantwortlichkeit am Volke wie am Einzelnen« und ein »Solidaritätsgefühl« entstehen, das gar nicht anders erwachsen könne als auf sozialer und demokratischer Basis.[179] Abgegrenzt wurde hiervon die »alte, autoritär-herrschaftliche Gesinnung«, die als »schlimme Gefahr für das Gesamtleben der Nation« kritisiert wurde.[180]

In den Jahrzehnten vor dem Kriege war die Bedeutung der Schule für den Staat und demgemäß die ihr zugewiesene Aufgabe eine völlig andere. Das Reich war ein Gefüge, auf dessen Änderung der Einzelne als Wähler oder Mitglied einer Partei wenig oder gar keinen Einfluss hatte. Er musste vor allem gelernt haben, sich unterzuordnen, sich in das Bestehende einzufügen.[181]

Die neue Schule wollte Ordnung nicht mehr durch Disziplinierung, sondern »aus dem Willen der Gesamtheit und durch die Teilnahme aller« hervorbringen. Die Schülermitbestimmung war geboren. Ganz wichtig dabei war, dass die Schüler ein Gefühl dafür bekommen sollten, »dass das neue Recht, mitzuraten und mitzutun, nicht etwa eine ihnen von den Lehrern zufließende Freundlichkeit, sondern das Korrelat von Pflichten ist«.[182]

Helmut Schmidt benennt bis heute immer wieder diese Zusammenhänge, wenn es um die Erziehung zur politischen Mündigkeit und den systemischen Zusammenhang von staatsbürgerlichen Rechten und Pflichten geht. In der Lichtwarkschule war die staatsbürgerliche Erziehung die große Klammer des gesamten pädagogischen Konzepts. Man darf annehmen, dass der Vater seine Kinder genau deshalb auf diese Schule schickte.

Hamburg wurde nach 1919 zu einer Hochburg der sich in ganz Deutschland verbreitenden Reformschulbewegung. Mit Lichtwarks Idee als Leitbild entwickelten die Gründer von Helmut Schmidts Schule ein ganz eigenes Schulmodell, das viele der vorgedachten Ideen aufgriff und sich von den überkommenen Vorstellungen der höheren Schulbildung am weitesten entfernte.[183] Als Helmut Schmidt an diese Schule wechselte, hatte sie gerade publizistisch das in neun Jahren Erfahrene und Erreichte analysiert.[184]

Neben der »Abkehr von der Anbetung des Stoffes«[185] war ein weiteres Motiv aus Lichtwarks theoretischen Überlegungen zur Schulbildung seine Kritik an der intellektuellen Trennung von Kunst, Wissenschaft und Politik.[186] Sein Kulturbegriff war weit gefasst. Kunst sollte nicht mehr – wie zuvor – als »schöner Schein vor die Fassade der kommerziellen Zivilisation gespannt« werden, »sondern von ihr aus eine neue Durchformung des Menschen«[187] versucht werden. Damit wurde auch die Kunst politisiert.

In der Konsequenz dieser Politisierung formulierte die Lichtwarkschule jedoch ein anderes Programm als Lichtwark selbst. Der hatte, ganz im Einklang mit der Volksheim-Bewegung und dem sozial engagierten Hamburger Bürgertum, die »feinervigste und differenzierteste«[188] bürgerliche Kultur als Bildungsideal und wesentliche Voraussetzung für politische Mündigkeit propagiert. Nach dem Konzept der Lichtwarkschule war Kultur ein alles umfassender, permanenter Veränderung unterworfener Prozess.[189] Um diese Prozesshaftigkeit produktiv machen zu können, bedurfte es einer ganzheitlichen Betrachtung der unterschiedlichen Einflüsse. Denn: »Der schicksalsbestimmende Umbruch der heutigen Kulturproblematik ist vornehmlich im Wirtschaftlichen und Sozialen zu suchen.«[190]

In den ganzheitlichen Ansatz wurden die Kinder selbst mit ihren individuellen Anlagen einbezogen, auch das ein Novum in der Pädagogik der Zeit, die gerade noch in der Angleichung an vorgegebene Normen ihren Erziehungsauftrag gesehen hatte.

Die Lichtwarkschule will nicht Berufsvorbildung, sondern Allgemeinbildung geben, sofern man darunter das Ziel versteht, die Kräfte des Schülers in die Richtung seiner vorherrschenden Anlagen dermaßen zu entwickeln, dass der Schüler Verständnis für das reichgegliederte Leben der Gegenwart, Neigung zu tätiger Teilnahme an den kulturellen Bestrebungen unserer Zeit gewinnt und nach gewonnener Erkenntnis seiner Fähigkeiten seinen Platz zu produktiver Mitarbeit in der Volksgemeinschaft findet.[191]

Der wegen seiner Bedeutung im Nationalsozialismus negativ besetzte Begriff »Volksgemeinschaft« bezog sich hier auf die Demokratie.[192] Helmut Schmidt wird später immer wieder als seine Maxime und auch seinen – enttäuschten – Anspruch an andere den Satz des römischen Staatsmanns Cicero zitieren: »Salus publica suprema lex«, das heißt: »Höchstes Gesetz ist das Wohl des Volkes.«[193] Die darin zutage tretende Haltung entspricht genau jener »Gesinnung«, zu der die Reformpädagogen ihre Schüler erziehen wollten.

Zur Verwirklichung des ganzheitlichen Ziels wurden die Unterrichtsfächer Deutsch, Geschichte und Religion zu dem Fach »Kulturkunde« vereint. Das gesamte pädagogische Konzept der Lichtwarkschule baute auf diesem neuen Fach auf. Die kulturkundliche Herangehensweise etwa an Schillers *Wilhelm Tell* verband mit der Lektüre und Diskussion des Textes den historischen Zusammenhang mit dem Anwachsen der Fürstenmacht und der Bildung der Territorien im ausgehenden Mittelalter.[194]

Bei der Entwicklung der Lernstoffe wurden die Schüler einbezogen.

Der Weg ist analytisch. Aus einer Folge von vorläufigen Besprechungen, bei denen dem tastenden Suchen der Schüler noch keine Richtung gegeben ist, entwickelt sich bald das Verlangen nach einer zusammenhängenden Betrachtung dessen, was das heutige wirtschaftliche und gesellschaftliche Leben ausmacht. Der Anfang liegt irgendwo; bei einer Fabrikbesichtigung, Zeitungslektüre, statistischem Material [...].[195]

Die Kinder sollten »eigene und fremde Meinung, Wesentliches und Unwesentliches« durch »scharfe Beobachtung« voneinander zu trennen lernen.[196] Besonders für die unteren Klassen waren die Klassenreisen von wesentlicher Bedeutung, die nicht als Ferienaufenthalte gestaltet waren, sondern auf denen sich die Kinder durch Anschauung neue Themenfelder aus ihrer unmittelbaren Lebensumgebung erarbeiten lernten. In einer Jahresarbeit wurde dann ein frei gewähltes Thema selbstständig bearbeitet.

Nach einer Fahrt ins Weserbergland etwa schrieb der 13-jährige Helmut Schmidt eine Arbeit über die Weserrenaissance in den Städten Hameln und Bückeburg, als 14-Jähriger lieferte er eine Darstellung der Hafenkonkurrenz zwischen Rotterdam, Antwerpen, Bremen und Hamburg, im Jahr darauf dann setzte er aus 20 vorgegebenen Melodien vierstimmige Choräle – so erinnert er sich an die große Bandbreite seiner schulischen Interessen.[197] Die angestrebte Fähigkeit zum selbstständigen Arbeiten war zwingend mit der Bestärkung des eigenen Urteils verbunden. Unterordnung war an dieser Schule nicht nur nicht gefragt, sondern unerwünscht.

Sosehr das seinem autoritären Erziehungsstil zuwiderlief: Für Gustav Schmidt, der gewohnt war, sich sein eigenes Wissen autodidaktisch zu erarbeiten, müssen die Unterrichtsmethoden und belegbaren Erfolge der Schule eine Bestätigung gewesen sein. Er konnte ja an sich selbst beobachten, wie weit man kam, wenn man eigene Interessen entwickelte und sich selbst zu bilden verstand.

Besonders wichtig war an der Lichtwarkschule auch die musische Bildung, die Vermittlung aller Bereiche künstlerischen Schaffens als kulturbildende Elemente. Hier verband sich wie zu Hause das intellektuelle Interesse (des Vaters) mit den künstlerischen Neigungen (der Mutter). Helmut Schmidts Mutter kam nicht nur aus einer äußerst musikalischen Familie, sondern beschäftigte sich in ihrer Freizeit viel mit bildender Kunst, besuchte Ausstellungen und Vorträge und war insbesondere auch der zeitgenössischen Kunst zugetan.[198] In ihrem Bücherschrank entdeckte ihr Sohn Titel wie etwa die Tagebücher und Briefe von Paula Modersohn-Becker, die ihn sehr beeindruckten.[199] In den Aufzeichnungen für seine geplante Autobiografie im Sommer 1945 hebt er das sichere künstlerische Urteil seiner Mutter hervor, auf das sogar der Vater vertraute. Ihr »Sinn für das Schöne in der Kunst« sei von »Natur aus vorhanden gewesen« und in der Jugendbewegung der Zeit vor dem Ersten Weltkrieg geprägt worden.[200] Über die Mutter hält Schmidt auch fest, sie urteile und entscheide immer aus dem Gefühl heraus.[201] Das offenbart eine weitere Affinität zur Schule: Lichtwarks Vorstellung von Erziehung war eng mit der Beobachtung verbunden, dass viele Urteile aus dem Gefühl heraus gebildet werden, ganz besonders über Kunst. Deshalb sei auch zu lernen, das Gefühl zu achten – und zwar das Gefühl der anderen.[202] Neben der musischen Ausrichtung war das wohl mit ein Grund für die Ablehnung »bloßer Intellektuellenkultur«[203] im pädagogischen Konzept der Schule. Die »bloße Intellektuellenkultur« wird Helmut Schmidt später immer wieder attackieren.

»Die Schule wollte eine innerlich freie, an musischen und kulturellen Werten sich orientierende Jugend erziehen«

Aus der Perspektive der Schüler hatte das gewaltige theoretische reformpädagogische Gedankengebäude, das Lehrer und Eltern errichtet hatten, keine große Bedeutung. Umso mehr allerdings die praktische Umsetzung, die völlig neue Lern- und Arbeitsmethoden und einen ganz anderen Umgang zwischen Lehrern und Schülern und auch Eltern mit sich brachte. Die Schulgemeinschaft war von einer ständigen Wechselbeziehung zwischen den drei Gruppen geprägt. Jede für sich und alle gemeinsam brachten sich in das Schulgeschehen ein, bei dem weitestgehend Selbstverwaltung und Mitbestimmung realisiert wurden.[204] Die Schüler der Lichtwarkschule genossen ihre Lernerlebnisse in einer von großer Vertrautheit mit den Lehrern geprägten Umgebung. Mit Engagement brachten die Lehrer schon den ganz jungen Schülern nicht nur den Umgang mit der Musik vom Barock bis zu zeitgenössischen Komponisten wie Hindemith, Orff, Strawinsky und Weill bei, sondern auch die Freude daran und den Wunsch, sich weiter damit zu beschäftigen. Helmut Schmidt, der den von seinen Eltern geforderten Klavierunterricht nur halbherzig absolviert hatte, wurde nun zum begeisterten Musiker.[205] Im Zeichen- und Malunterricht wurde er mit den Werken des französischen Impressionismus und des deutschen Expressionismus vertraut gemacht.[206] Helmut Schmidt entwickelte hier seine bleibenden Vorlieben. Hinzu kam, dass die Schüler sich in allen gestalterischen Techniken selbst versuchen konnten. Die vielfältigen Anregungen, die sie damals erhielten, beeindrucken auch heute noch.

Seit 1925 war der pädagogische Aufbruch in die Moderne sogar architektonisch sichtbar, denn in diesem Jahr hatte die Schule ihr neues Domizil am Stadtpark bezogen, einen heute zu den Klassikern der Moderne zählenden Bau des Architekten Fritz Schumacher. Die 1931 eingeweihte Orgel in der Aula war ein Werk des expressionistischen Schriftstellers und innovativen Orgelbauers Hans Henny Jahnn. Die ganze Schule atmete den Zeitgeist der Weimarer Republik.

Eine weitere Besonderheit war die Koedukation – an der Lichtwarkschule wurden Mädchen und Jungen gemeinsam unterrichtet. Helmut Schmidt dazu: »An der Lichtwarkschule bin ich zum ersten Mal mit Mädchen in Kontakt gekommen; ich erinnere mich jedoch nicht, dass dies für mich eine Sensation gewesen wäre.«[207]

Immerhin lernte er hier seine spätere Frau kennen und freundete sich auch gleich mit ihr an. Sie war groß, er klein.[208] »Schmiddel« nannten seine Klassenkameraden ihn. Unbeschwert war in dieser Phase die Kindheit von beiden nicht. Seit 1929 war die Weltwirtschaftskrise überall spürbar. Lokis Vater war arbeitslos. Auch Helmut Schmidts eigene Familie war von wirtschaftlichen Sorgen geplagt. Seit 1930 war dem Vater im Zuge von Notverordnungen so empfindlich das Gehalt gekürzt worden, dass die

Familie in eine billigere Wohnung umziehen musste. Zu Hause und auch bei den Großeltern wurde viel über die neuerliche Wirtschaftskrise und die »frühen Schrecken der Inflation von 1923« gesprochen.[209] Depression und Arbeitslosigkeit hatten zu einem erheblichen Umsatzrückgang im Wäschegeschäft der Großmutter geführt und damit auch die Familie Koch in große Existenzsorgen gestürzt.[210]

Auf den Straßen und in Parks sah man ganze Ansammlungen von arbeitslosen Menschen, die verzweifelt herumlungerten. Lebendig stehen Helmut Schmidt die Straßenunruhen vor Augen, bei denen sich direkt vor der Haustür der elterlichen Wohnung Anfang der 30er-Jahre Nationalsozialisten und Kommunisten blutig bekämpften.

Im Sommer des Jahres 1932 kam es zum »Altonaer Blutsonntag«, einer großen Schießerei in Ottensen; später habe ich gelesen, es habe dort siebzehn Tote gegeben. 1932 und 1933 gab es Prügeleien und Schießereien auch bei uns in der Schellingstraße in Eilbek. Kommunisten schossen in das von der SA besuchte Lokal, das in einem Nachbarhaus im Halbkeller lag; am nächsten Morgen sahen wir die an vielen Stellen durchlöcherten Scheiben. Ein anderes Mal waren es umgekehrt SA-Männer, welche geschossen haben, und einmal wurde sogar vom Dach des uns gegenüberliegenden Hauses geschossen. Eine Zeitlang durften wir nicht zu Bett gehen, ehe die Krawalle zu Ende waren; mein Vater ordnete an: »Licht aus, unter die Fensterbank ducken!«[211]

Der »auffallend intelligente«, »sehr redegewandte« und immer »adrett angezogene« Junge sei an »allem ungeheuer interessiert« gewesen, erinnerte sich ein Lehrer.[212] In der auf Gemeinschaftserlebnis und gemeinschaftliche Erfahrung ausgerichteten Schule war ein solch aufgeschlossenes, sich einbringendes und seine Begabungen entfaltendes Kind geradezu der Prototyp des angestrebten Ideals. Für die Mitschüler war er eine »glückliche Mischung aus Begabung, Kodderschnauze, Pfiffigkeit und gutem

Kumpel«.²¹³ Als Streber galt er nie. Der Drill durch den Vater führte ganz offensichtlich nicht zu besonderem Fleiß. In den Fächern, die ihn interessierten, heimste er Bestnoten ein, in den anderen, etwa den mathematischen und naturwissenschaftlichen Fächern, war er zwar recht gut, bimste aber nicht auf Einser. Seine Mathehausaufgaben ließ er gern von seiner Freundin Loki machen, die eine ähnliche Handschrift wie er hatte.²¹⁴

Sowohl Helmut Schmidt als auch seine Frau können sich nicht erinnern, von ihrer Schule in irgendeiner Form politisch gebildet worden zu sein. Sie sehen das Verdienst der Lichtwarkschule darin, ihnen das Verständnis für Musik und Kunst erschlossen sowie die Urteilsfähigkeit und selbstständiges Denken gefördert zu haben. »Die Lichtwarkschule hat mir Augen und Ohren geöffnet für Kunst, Musik, Literatur und Theater – nicht allerdings für Politik«²¹⁵, schreibt Helmut Schmidt in seinen Kindheitserinnerungen. Auch jede politische Beeinflussung habe gefehlt.²¹⁶

Politische Agitation lehnte die Schule in der Tat ab. Als einige Lehrer Ende der 20er-Jahre im Unterricht kommunistisch agitierten, kam es zu heftigen Auseinandersetzungen im Kollegium. Aber die Sensibilisierung für soziale Probleme und die Diskussion über Machtverhältnisse, Staatsformen und historische Zusammenhänge waren integrale Bestandteile des Kulturkundeunterrichts. Insbesondere die Klassenlehrerin der Schmidts, Ida Eberhardt, verfügte über politisches Gespür und ein ausgeprägtes Rechtsempfinden. Daran erinnern sich ihre früheren Schüler auch mit Dankbarkeit. Ida Eberhardt verlor wegen ihrer Unbeugsamkeit gegenüber den Nationalsozialisten ihre Stellung. Sie wollte ihre pädagogischen Grundsätze nicht verraten.

Den Kindern musste das pädagogische Konzept der Schule nicht unbedingt präsent sein. Dass es jedoch von beiden Lichtwarkschülern in der Rückschau auf die Schule, die sie so sehr prägte, nicht hinterfragt wird, ist ein Manko. Denn unpolitisch war die Lichtwarkschule eben nicht, weder in ihrer pädagogischen Zielsetzung noch in ihrem Leitbild noch in den vermittelten Stoffen.

»Was wir dort lernten, sollte uns zu lebendigen Menschen machen, die bereit waren, sich gesellschaftlich und politisch zu engagieren und für Veränderungen zu kämpfen.«[217] Im Kulturkundeunterricht der Mittelstufe kamen Themen wie Weltkrieg, Weimarer Verfassung, Kapitalismus und Arbeiterbewegung vor.[218] Bei der Bearbeitung von Fragen der politischen Geschichte wurden verstärkt wirtschafts- und sozialpolitische Aspekte berücksichtigt.[219] Schon hier waren die Schüler gefordert, das Erarbeitete mit der sozialen Realität in Beziehung zu bringen.

»Die Schule hat Nazi-Lehrer umgedreht«

Mit der Errichtung der Diktatur im Jahr 1933 wurde das Schulexperiment beendet. Die Schule, die den Ruf einer »Kommunisten- und Judenschule« hatte, geriet auch durch Denunziationsbriefe sofort in den Fokus der Nationalsozialisten.[220] Leicht hatten die es zunächst nicht mit Schülern, die gewohnt waren, selbstsicher eigene Meinungen zu äußern. Besonders in den höheren Klassen war die politisch motivierte Ablehnung der Schüler gegen die neuen Machthaber groß. Die ersten Manifestationen der »neuen Zeit« wurden in der Schülerschaft zuweilen mit offenem Hohn quittiert.

Empörte Beobachter mussten erleben, dass bei der Verlesung eines Aufrufs der NS-Frauenschaft gelacht wurde und Schüler laut monierten, »dass der Lehrer ihnen diesen Quatsch überhaupt verlesen habe«.[221] Schlimmer noch: Bei der Übertragung einer Goebbels-Rede am 1. Mai rekelten sich Schüler auf ihren Plätzen, um ihr Desinteresse zu zeigen, und einer wagte sogar die unzweideutige Finger-in-den-Mund-Geste, wusste der Denunziant.

Bereits im Mai wurde der kommunistische Englischlehrer Gustav Heine aus dem Unterricht heraus verhaftet und aus dem Schuldienst entlassen. Nach den Sommerferien des Jahres 1933 griff das Regime an der Schule durch. Der von Kollegium und

Eltern gewählte langjährige Schulleiter Heinrich Landahl, bis 1933 Bürgerschaftsabgeordneter der linksliberalen DDP, nach 1945 Hamburger Schulsenator und eine Zeit lang Vorsitzender der Kultusministerkonferenz, wurde entlassen. Seine Verabschiedung fand vor der gesamten Schülerschaft in der Aula der Schule statt. Als er den Saal verließ, habe die ganze Schule geheult, erinnerte sich ein Schüler.[222] Der neue Schulleiter Erwin Zindler verkündete den Schülern bei einem Appell auf dem Schulhof sein Programm. Loki Schmidt erinnert sich, dass er aus einem Fenster im ersten Stock etwas auf die Schüler niederbrüllte, das in den Satz mündete: »Ich werde diesen roten Saustall ausmisten!«[223]

Das tat er dann auch. Zahlreiche Lehrer verließen die Schule. An ihre Stelle beorderte Zindler linientreue Kollegen. Der gesamte Unterrichtsplan wurde umgestellt, der Kulturkundeunterricht abgeschafft, Deutsch und Geschichte wieder eingeführt und auf nationalsozialistische Themen ausgerichtet.[224] Unter den Stammlehrern der Schule fanden sich einige, die sich der neuen Ideologie andienten, darunter der Sportlehrer Ernst Schöning, den Helmut Schmidt bis heute hochverehrt.[225]

Der Sportunterricht nahm an der Lichtwarkschule eine ganz besondere Rolle ein. Turnstunden gab es seit der Gründung täglich. Der Gedanke dahinter war aber nicht die Erziehung zu sportlichen Höchstleistungen und Wettkampf, gar wehrsportliche Ertüchtigung, sondern der körperliche Ausgleich für die geistigen Anstrengungen der Schüler und – einmal mehr – das Gemeinschaftserlebnis, die Schulung der sozialen Fähigkeiten in der Gruppe.[226] Die körperliche Erziehung wurde als integraler Bestandteil der Persönlichkeitserziehung betrachtet. Auch das war ein Postulat der Reformpädagogik.[227] Sportlehrer Schöning hatte kein Problem, 1934 öffentlich genau das Gegenteil seiner bisherigen Position zu behaupten und nun den täglichen Turnunterricht als notwendige Wehrertüchtigung zur »Vollendung der Jugenderziehung zu einer geschlossenen widerstands- und leistungsfähigen deutschen Volkskraft« zu beschreiben.[228]

Nicht nur die tägliche Turnstunde wurde zur nationalsozialistischen Schau. Erwin Zindler entdeckte eine ganze Menge Besonderheiten der Lichtwarkschule, die sich in seine Ideologie einpassen ließen. So imponierte ihm auch die Arbeitshaltung der Schüler.[229] Genauso eifrig und begeisterungsfähig wollte er die kleinen Nazis haben. Und noch etwas kam seiner Auffassung sehr entgegen: Durch die Abwehr der »Überbildung« habe schon die »alte« Lichtwarkschule »richtiges Fühlen« bewiesen.[230] Mit zahlreichen Publikationen gehörte Zindler zu den ideologischen Vordenkern der nationalsozialistischen Erziehung. Teile seiner heute der Blut-und-Boden-Literatur zugeordneten Werke fanden Eingang in Unterrichtsmaterialien für die politische Erziehung.[231] Dabei ging es auch um die Vermittlung des Menschenbildes:

Tausend- und abertausendmal ist von dieser schwertfrohen Sehnsucht durch Deutsche Zeugnis abgelegt worden. Tausend- und abertausendmal haben sie ihr Leben in die Schanze geschlagen und ihr Dasein in der äußerlich geruhigen Aufgehobenheit für nichtig gehalten gegenüber jenem in der Not wiedergeborenen Urtrieb: »Heim zu Volk und Reich.«[232]

Kaum war Zindler Direktor der Lichtwarkschule geworden, griff er die alten Verhältnisse in der Öffentlichkeit an, sowohl publizistisch als auch in Vorträgen. Die Titel ließen keinen Interpretationsspielraum: »Maß und Anmaßung in der alten Lichtwarkschule«, »Geschichte – deutsch empfunden«, »Weltanschauungswandel«, »Nationalsozialismus als deutsche Sendung«, »Kunst deutscher Art, vornehmlich im Schrifttum« und »Das deutsche Nibelungenlied als Ausdruck der Deutschheit«.[233] Viel von dem Getöse sollte der Öffentlichkeit klarmachen, dass die »alte« Lichtwarkschule Vergangenheit war.

In einer Denkschrift für die Schulbehörde analysierte Zindler zudem Schülerarbeiten und verriss deren Leistungen als Zeichen von »Überheblichkeit«, »Bildungsdünkel« und »Gespreiztheit mit hochtrabender Intellektualität«.[234] Seine Kritik lastete er dem seiner Einschätzung nach marxistischen Hauptteil des Lehrkörpers an.[235] Die Schüler seien dialektisch geschult worden.[236] In seiner Bestandsaufnahme des Vorgefundenen konstatierte er »unheilbare Verweichlichung«, »Schlamperei«, »Fahrlässigkeit«.[237]

Die darin aufgelisteten Themen zeigen, in welchem Umfang politische Themen an der »alten« Lichtwarkschule erarbeitet wurden und wie rege das Interesse der Schüler daran war.[238] Es handelt sich zwar ausschließlich um Arbeitsthemen aus der Oberstufe. Da die Schule aber die organische Entwicklung der Schülerinteressen und -arbeitsweisen förderte, spiegelt sich hier auch das in den früheren Klassenstufen Erarbeitete.

Gegen die Zustände im Lehrkörper könne man nur unter »dauernder Anwendung von Rücksichtslosigkeit und Grobheit« einen geregelten Dienstbetrieb aufrechterhalten, teilte der neue Schulleiter seiner Behörde mit.[239] Allerdings konnte Zindler auch schon vermelden, dass es bereits an der »alten« Lichtwarkschule »eine kleine Anzahl grunddeutsch gerichteter Lehrkräfte« gegeben habe. Als »tüchtig und wertvoll« hob er die Sportlehrer Schöning und Blunk hervor, die aber »als Turnlehrer nicht voll in Frage« kamen für die »Gestaltung einer nationalsozialistischen höheren Schule«, wie sie ihm und der Landesunterrichtsbehörde vorschwebte.[240] Von einer Ausnahme abgesehen – Dr. Etzrodt, Interimsklassenlehrer von Helmut und Loki Schmidt 1933 bis 1934 –, seien aber die anderen »grunddeutschen« Lehrkräfte trotz »einwandfreier Gesinnung« nicht »hinreichend kämpferisch«.[241] Im alten Kollegium hätten diese Lehrer ihr Bekenntnis zum nationalsozialistischen Staat getarnt.[242] Deshalb bat er sich aus, jederzeit Lehrer durch »Streuversetzung« entfernen zu können und »durch Beorderung geeigneter Herren wenigstens den Stamm wurzelechter Persönlichkeiten erwachsen zu lassen«.[243]

Die von Zindler angeregten Umbesetzungen wurden konsequent durchgeführt. Zahlreiche Lehrer verschwanden. Sie wurden aus dem Schuldienst entfernt oder an andere Schulen versetzt und teilweise 1935 wegen der Rassengesetze vertrieben. Alle Klassenlehrer wurden ausgetauscht, nicht nur, um das von der »alten« Lichtwarkschule angestrebte familiäre Verhältnis von Lehrern und Schülern zu zerstören, sondern auch, um die Tradierung der bisherigen Lehrstoffe zu unterbrechen. Auch die ehemalige Klassenlehrerin der Schmidts wurde aussortiert, Ida Eberhardt, die sich nicht nur konsequent gegen jegliche Vereinnahmung gewehrt, sondern gegen antisemitische Äußerungen protestiert hatte.[244] Die verbliebenen Lehrer wurden gegeneinander ausgespielt und durch disziplinarische Härte gefügig gemacht. Die Schulbibliothek wurde überprüft und Hunderte Bücher beschlagnahmt.

Die pädagogische Gleichschaltung der Schüler geschah schleichend und unter geschickter Ausnutzung jener pädagogischen Neuerungen der »alten« Lichtwarkschule, die sich in nationalsozialistische Erziehungsideale einpassen ließen. Zindler, selbst ein künstlerisch engagierter Mann, entdeckte insbesondere in den kunstpädagogischen Fächern bereits vor 1933 verwirklichte Forderungen des Nationalsozialismus.[245] Die künstlerischen Fertigkeiten der Schüler wurden sogar landesweit präsentiert: Kurz vor Weihnachten 1933 trat der Schulchor – in dem Helmut Schmidt sang – mit anderen Hamburger Schulchören im Rundfunk auf und wurde anschließend wegen seiner besonders guten Leistungen in einer landesweiten Übertragung aller deutschen Sender bei der »Stunde der Nation« im Februar 1934 vorgestellt.[246]

Im Oktober 1935 trat der Chor bei einer Aufführung in der Volksbühne in Berlin auf, die vom Reichsministerium für Propaganda veranstaltet wurde.[247] Im November desselben Jahres wurde in der Hamburger Schulausstellung eine Sonderschau der »Werkgemeinschaft Lichtwarkschule« eröffnet, in der unter anderem der »Wert der täglichen Turnstunde«, Werkkunstarbeiten, Flugzeugmodelle der »Fliegerschar Lichtwarkschule« und Arbeiten im Dienste des Winterhilfswerks gezeigt wurden.[248] Immer sorgte Zindler dafür, dass die Hamburger Zeitungen über solche Ereignisse berichteten.

In völliger Fehleinschätzung des Missbrauchs, der mit ihnen betrieben wurde, glaubten viele beteiligte Schüler, der Geist der »alten« Lichtwarkschule habe gesiegt.[249] Während die älteren Schüler oftmals durchschauten, was geschah, wurde den jüngeren gar nicht bewusst, dass sich ihre Unterrichtsziele vollkommen änderten. Auch Helmut Schmidt kann sich an keinen spürbaren nationalsozialistischen Einfluss erinnern:

> Trotz des erheblichen Wechsels im Lehrkörper und trotz der 1933 eingeführten»Flaggenparade« [ist] auch in den Jahren von 1933 bis 1937 in der Lichtwarkschule kein merklicher nationalsozialistischer Einfluss auf die Schülerinnen und Schüler meiner Klasse ausgeübt worden.[250]

Über dem Eingang der Schule wurden die Schüler seit 1934 mit großen Transparenten »Ein Volk! Ein Reich! Ein Führer!« begrüßt, am Schwarzen Brett war *Der Stürmer* ausgehängt. Trotz der weitgehend erfolgreichen Bemühungen Zindlers um die Nazifizierung scheiterte die Schule schließlich an der Koedukation. Die Landesunterrichtsbehörde duldete keinen gemeinsamen Unterricht von Mädchen und Jungen. Nach dem Weggang der Schülerinnen blieben zu wenig Jungen übrig, um einen eigenständigen Schulbetrieb aufrechterhalten zu können. Die Rumpfschule wurde mit dem Realgymnasium vereinigt und die hochtrabenden Pläne Zindlers für eine Bildungsstätte nationalsozialistischer Kunsterziehung zunichtegemacht.

Beide Schmidts meinen, Zindler sei letztendlich dem Geist der alten Lichtwarkschule verfallen, Helmut Schmidt begründet dies mit der Begebenheit, die seine Frau mit Zindler erlebte.[251]

> Als ich mich von Herrn Zindler verabschiedete, nahm er mich in den Arm und sagte:»Loki, Loki, was haben sie aus unserer Schule gemacht!« So hatte sich dieser Mensch unter dem Einfluss der Schulatmosphäre geändert, nachdem er noch 1934 den »roten Saustall« ausmisten wollte.[252]

Die Fehlinterpretation der Äußerungen des Schulleiters steht – abgesehen von der sympathischen Gutgläubigkeit der jungen Loki Glaser – beispielhaft für die Unmöglichkeit für die damals 18- bis 19-jährigen Schüler, die Raffinesse zu durchschauen, mit der sie ideologisch manipuliert wurden. Erstaunlich ist aber, dass auch Jahrzehnte später die Analyse des Erlebten anhand des inzwischen zugänglichen Wissens nicht kritischer ausfällt.

Erwin Zindler war Nazi durch und durch. Dass er zugleich ein pädagogisch aufgeschlossener, der Kunst zugewandter Mensch war, relativiert das nicht, sondern macht ihn sogar gefährlicher. Seinen Stellvertreter Ohm, der in operettenhaft dick aufgetragener Pose eines plumpen Dorfgendarmen chargierte, nahmen die Schüler als Trottel wahr.[253] Zindler verkörperte den Akademikertypus und war einer der Ideengeber des nationalsozialistischen Erziehungsideals. Der Umbau der Schule zur nationalsozialistischen Vorzeigeschule war ihm ein echtes Anliegen. Wie und mit welchen Intentionen er im Hintergrund in Kollegium und Schulbehörde die Fäden zog, bekamen die Schüler kaum mit.

Gegenüber Loki Schmidt klagte er nicht etwa über den Untergang der »alten« Lichtwarkschule. Er war sich ganz sicher gewesen, längst die »Deutsche Oberschule«, wie sie den Nationalsozialisten vorschwebte, geschaffen zu haben.[254] Gescheitert war er mit seinem Bestreben, die Lichtwarkschule als Bildungsstätte nationalsozialistischer Kunsterziehung und damit als eine der von der Schulbehörde angeregten Schwerpunktschulen zu etablieren und sich selbst ein Denkmal zu setzen.[255] Wahrscheinlich kam der überzeugte Nazi einfach nicht darauf, dass das vor ihm stehende BDM-Mädel die »alte« Lichtwarkschule nicht völlig ablehnte.

Zindlers Karriere nach seiner Versetzung ist ein weiterer Beleg, dass er keinesfalls »umgedreht« wurde, wie Helmut Schmidt meint.[256] So wurde Zindler unter anderem 1942 kommissarischer Gauwalter des Nationalsozialistischen Lehrerbundes (NSLB)[257], nachdem er schon 1933 Mitglied einer fünfköpfigen Kommission zur Überprüfung der Schülerbüchereien an den höheren Schulen Hamburgs gewesen war.[258] Er zählte zu den Autoren jener Liste von Büchern, die zunächst aus Hamburger Schulen verbannt und kurz darauf im ganzen Deutschen Reich öffentlich verbrannt wurden.[259]

1942 ersetzte der fanatisch nationalsozialistische Oberschulrat Albert Henze den Leiter des Johanneums durch Zindler.[260] Dem traute sein Parteifreund eher als seinem Vorgänger zu, mit der Swingjugend fertig zu werden, die aus Sicht der Nazis an der Eliteschule ihr Unwesen trieb.[261] Zindler griff hart durch. Vorübergehend soll eine ganze Klasse des Johanneums im Konzentrationslager Fuhlsbüttel inhaftiert gewesen sein. Sein Amt als kommissarischer Gauwalter des NSLB übernahm er in Vertretung des erkrankten Landesschulrats.[262] Darüber hinaus fungierte er als politischer Leiter in Eppendorf.[263] Er war Kreisschulungsbeauftragter der NSDAP für die Kinderlandverschickung.[264] Der Geist der »alten« Lichtwarkschule trat bei seiner Karriere im NS-Apparat ganz gewiss nicht mäßigend in Erscheinung.

»Ich wollte gern in die bündische Jugend eintreten, durfte aber nicht«

1932 oder 1933 wollte Helmut Schmidt unbedingt Mitglied der Bündischen Jugend werden.[265] Fast die Hälfte seiner Klassenkameraden gehörte bereits einem der Jugendbünde an, erinnert er sich 1992.[266] Doch seine Eltern verboten den Eintritt.[267] Welcher Gruppierung er gern beigetreten wäre, erwähnt er nicht.

Dabei empfanden wir übrigens keine großen Unterschiede zwischen der damaligen SAJ (der Sozialistischen Arbeiter-Jugend), den republikanischen Pfadfindern, der Deutschen Freischar, der Freischar junger Nation, dem Nerother Wandervogel und so weiter. Als Vierzehnjährige konnten wir wohl noch nicht erkennen, dass erhebliche ideologische und politische Gegensätze zwischen diesen Jugendbünden bestanden. Das gemeinsame Agens war das Gemeinschaftserlebnis »auf Fahrt« – so hießen damals die Wanderungen – und die Romantik des Lagerfeuers.[268]

Fälschlicherweise rechnet Schmidt die Sozialistische Arbeiter-Jugend zur Bündischen Jugend. Sie gehörte wie die Hitlerjugend zu den Jugendorganisationen der Parteien, und zwar zur SPD. Die

Bündische Jugend verstand sich als politisch unabhängig, hatte also mit den Jugend- und Schülerorganisationen der Parteien und anderen politischen Jugendverbänden nichts zu tun. Sie war auch nicht konfessionell festgelegt. Die Deutsche Freischar, die Schmidt nennt, war eine Dachorganisation von Pfadfindern und Wandervögeln. Gemeinsam war der aus Pfadfindervereinigungen und unterschiedlichen Gruppierungen der Wandervogelbewegung bestehenden Bündischen Jugend das Selbsterziehungsideal. Teilweise war sie aus rechtskonservativen und auch monarchistischen Jugendvereinigungen hervorgegangen und wurde weit überwiegend von der bürgerlichen Jugend frequentiert.

»Politisch« an der Bündischen Jugend war allenfalls ihre bewusste Abkehr von der als bedrohlich empfundenen Moderne. Mit ihrem Kulturpessimismus entzog sie sich jedoch bewusst den politischen Kämpfen der Weimarer Republik, um – zuweilen mythisch überhöht – selbstgenügsam und in Verbundenheit mit der freien Natur am Leben und der Gemeinschaft zu arbeiten.

Dass das im »Dritten Reich« auch in Opposition münden konnte wie bei den Nerother Wandervögeln, hatte weniger mit einer politischen Zielsetzung zu tun als mit der starken Identifikation mit der eigenen Organisation und deren Werten. Andere bündische Gruppen ließen sich mit ihrem Wertekanon schnell in die nationalsozialistische Bewegung integrieren.

Helmut Schmidt stellt in seinen Erinnerungen über die Gründe des Verbots durch seine Eltern keine weiteren Überlegungen an. Die Mutter war vor der Heirat in der Jugendbewegung immerhin so aktiv, dass ihr Kunstverständnis entscheidend dadurch geprägt wurde; der Vater zeigte sich durch seine Mitgliedschaft im Volksheim der Jugendbewegung gegenüber zumindest aufgeschlossen. Auf Fotos der Eltern aus den frühen 20er-Jahren trägt die Mutter ein schlichtes weites Kleid, das ein Reformkleid sein könnte. Vielleicht verband die Eltern ein gemeinsames Interesse für den Werkbund, dem das Volksheim nahestand und der ästhetisch auch die Jugendbewegung inspiriert hatte.

Erhebliche ideologische oder politische Gegensätze, wie Schmidt sie annimmt, gab es – als Spiegelbild der politischen

Kämpfe in der Weimarer Republik – nur zwischen den genuin politischen Jugendorganisationen. Diese hatten für abenteuerlustige Jungen gewiss auch deshalb einen Reiz, weil sie sich untereinander zuweilen heftige Straßenkämpfe lieferten. Die Hitlerjugend, die in Schmidts Aufzählung fehlt, prägte mit ihren Uniformen 1932/33 längst das Straßenbild. Zum Vergleich: Die Bündische Jugend mit Pfadfinder- oder Wandervogelkluft hatte etwa 70 000 Mitglieder, die Hitlerjugend zur gleichen Zeit knapp 100 000.[269] Allerdings: Die Sozialistische Arbeiter-Jugend zählte gegen Ende der Weimarer Republik circa 90 000 Mitglieder, die Gewerkschaftsjugend circa 400 000 und der Kommunistische Jugendverband 55 000. Dazu waren in den Sportjugendverbänden zwei Millionen Jugendliche organisiert, in den katholischen Jugendverbänden eine Million und den evangelischen etwa 600 000.[270] Die Jugendbewegungen waren ein prägendes Merkmal der Weimarer Republik.

Selbst an der fortschrittlichen Lichtwarkschule mit ihrem linksdemokratischen Selbstverständnis ist schon 1929/30 eine kleine HJ-Gruppe von sechs bis acht Mitgliedern belegt.[271] Weitaus größer war jedoch die an der Lichtwarkschule organisierte Sozialistische Schülerorganisation (SSO), die den Sozialismus propagierte und Arbeitskreise zur marxistischen Philosophie diskutierte.

Ein Ereignis aus dem September 1929, also dem Jahr, in dem Helmut Schmidt an die Lichtwarkschule gewechselt war, wirft ein Schlaglicht auf den Stellenwert, den politisches Engagement dort genoss. Die SSO hatte an der Schule ein Flugblatt verteilt, das zum Streit zwischen Schulleitung und Oberschulbehörde über die Zulässigkeit politischer Schülerorganisationen an den Hamburger Schulen führte.[272] Die sozialistischen Schüler hatten in ihrem Flugblatt die Schule als Instrument »der im Staate herrschenden Klasse«, das dazu diene, »deren Herrschaft auch ideologisch zu festigen«, angegriffen. Die Mitschüler waren aufgefordert worden, sich zu politisieren und sich im Klassenkampf »zu einem der beiden Heerlager« zu bekennen.[273] Schulleiter Landahl leitete das Pamphlet an die Oberschulbehörde weiter.[274] Dort war man zwar vom »lebendigen Interesse« der Urheber »an den Geschicken des Volkes« beeindruckt, doch wurde umgehend ein Verbot parteipolitischer und politischer Betätigung von Schülergruppen an den Schulen verfügt.[275] Die »Hamburger Lehrerschaft« wurde aufgefordert, ihrem Erziehungsauftrag entsprechend die ihr »anvertraute« Jugend zu Staatsbürgern und Gliedern einer »wahren Volksgemeinschaft« zu erziehen.[276] Das Austragen des Parteienstreits in der Schule behindere deren überparteiliche und gesellschaftsintegrative Erziehungsaufgabe[277], lautete der Vorwurf. Künftig müsse die Gründung jeder Form von Schülerorganisation von der Oberschulbehörde genehmigt werden. Das Kollegium der Lichtwarkschule legte umgehend Protest ein und forderte die Aufhebung des Verbots.[278]

In einer langen Stellungnahme[279] an die Oberschulbehörde gab das Kollegium zwar zu, dass »der Schulorganismus durch ein Überhandnehmen des politischen Meinungsstreits innerhalb der Schülerschaft zerrissen« werde. Zugleich betonte man aber, dass das Verbot pädagogisch die falsche Methode sei. Angesichts »der unbedingten und an sich anerkennenswerten Entschlossenheit junger Menschen, sich für ihre als wahr anerkannten Ideen einzusetzen«, würde damit lediglich der Oppositionsgeist verstärkt. Das würde dazu führen, dass die Vereinigungen heimlich oder unter dem Deckmantel der Neutralität weiter bestünden.[280]

Zuvor hatte schon der Unterrichtsausschuss der Schule erklärt, dass die »Politisierung« der Schüler eine »notwendige Entwicklung« sei, lehnte allerdings eine Festlegung auf irgendeine Doktrin ab. In der Stellungnahme an die Schulbehörde hieß es entsprechend, politische Schülerorganisationen seien »lebendige Äußerungen jugendlichen Geistes, die der heutigen Zeit entsprechend politisch sind, ohne jedoch von der Parteipolitik im üblichen Sinn abhängig« zu sein.[281] Drei Monate später beschied der damalige Schulsenator Emil Krause, dass er das anders sah.[282]

Die Schüler der nun verbotenen SSO an der Lichtwarkschule ließen aber nicht locker. In einem Artikel, der im Januar 1930 in der *Hamburger Lehrerzeitung* erschien, warf die SSO der Schulbehörde vor, linke politische Gruppierungen zu verbieten und nationalsozialistische zu dulden.[283] Infolge dieses vonseiten der Schulbehörde als ungeheuerlich aufgefassten Vorwurfs wurden in der Lichtwarkschule die Verantwortlichen für den Artikel gesucht. Alle möglichen Beteiligten wurden von einem Vertreter der Schulbehörde im Beisein des Schulleiters intensiven Befragungen unterzogen. Insbesondere wollte die Schulbehörde Lehrer ausfindig machen, die den aufmüpfigen Schülern bei ihrem Coup in der Zeitung geholfen haben sollten.[284] Es kam lediglich heraus, dass ein der SSO nahestehender Lehrer den Text redigiert hatte.[285]

Bei der Vernehmung dieses Lehrers stellte sich aber zugleich heraus, dass an der Lichtwarkschule trotz des Verbots der Oberschulbehörde eine Gruppe des Nationalsozialistischen Schülerbundes (NSSB) weiterbestand. Deren Anführer wurde nun auch befragt. Er behauptete, der NSSB habe sich nach dem Verbot selbst aufgelöst und als »Neuer Sozialistischer Schülerbund« neu gegründet. Eine Genehmigung sei nicht beantragt worden, weil der Anschlag am Schwarzen Brett der Schule, der auf die Genehmigungspflicht hinwies, entfernt worden sei. Ihm sei von einem Lehrer mitgeteilt worden, dass der Schulsenator die Ansicht vertrete, der Nationalsozialistische Schülerbund könne leider nicht verboten werden, denn »die wären schlauer und hätten sich durch Anschluss an die Fichtehochschule gedeckt«.[286] Die Fichteschule – Bildungseinrichtung des Deutschnationalen Handlungsgehilfen-Verbandes in Hamburg – fiel als privatrechtlich organisierte Schule nicht in den Zuständigkeitsbereich der Oberschulbehörde.[287]

Obwohl nach den Anhörungen klargestellt wurde, dass auch die Schülerorganisation der NSDAP unter das Verbot fiel, machten die »schlauen« kleinen Nazis an der Lichtwarkschule einfach weiter. Im Februar 1930 teilte der Schulleiter Heinrich Landahl seine Beobachtung der Oberschulbehörde mit. Im März 1930 wurde vom Schulsenator auch das Verbot von Nachfolgeorganisationen des NSSB verfügt.[288]

Keinesfalls sollten an der Lichtwarkschule nur politische Aktivitäten nationalsozialistisch gesinnter Schüler unterbunden werden. Dem Kollegium ging es um freie politische Meinungsbildung und freie politische Meinungsäußerung ihrer Schüler, in der Verbotssituation um konsequente Gleichbehandlung. Sie setzten dabei auf ihre pädagogischen Fähigkeiten, um auch aus Schülern, die sich politisch verrannt hatten, Staatsbürger zu machen.

Für die Lichtwarkschule ist aus dem gesamten Vorgang um das vergebliche Aufbegehren gegen das Verbot politischer Schülerorganisationen zu schließen, dass im Kollegium eine grundsätzlich positive Haltung gegenüber politischen Aktivitäten der Schüler bestand.[289] Dass politische Bildung ein fester Bestandteil des Kulturkundeunterrichts war, wurde schon weiter oben beschrieben. Die Lehrpläne und Arbeitsthemen bis zur Übernahme der Herrschaft durch die Nationalsozialisten blieben in ihrer Ausrichtung gleich.

Helmut Schmidt durfte zwar 1932 wegen des elterlichen Verbots nicht Mitglied der Bündischen Jugend werden, doch gehörte er seit 1932 der Ruderriege der Lichtwarkschule an. 1925 von älteren Schülern gegründet, war die dort vermittelte Auffassung von Gemeinschaft von ganz ähnlichen Leitbildern geprägt wie die Bündische Jugend. Das sportliche Ziel war »die Kräftigung des Körpers«, daneben sollte aber der »kameradschaftliche Sinn« gepflegt werden.[290] Im Gründungsprotokoll der Riege ist vermerkt, der damalige Schulleiter wünsche, dass sich die Ruderer »nicht zu Sportskanonen ausbilden, sondern mit Maß und Ziel arbeiten, damit jeder Genuss und Freude am Wassersport« fände.[291] Die Ruderriege wurde ganz offiziell Mitglied im Norddeutschen Schüler- und Jugendruderverband und Allgemeinen Alster-Club und vertrat fortan die Schule auch bei Wettbewerben. So schloss sie sich der allgemeinen Rudererbewegung an.

Rudern war eine relativ neue Sportart. Ihre Wurzeln hatte sie in England, wo sie sich seit dem 18. Jahrhundert an Universitäten und Privatschulen als elitärer Wettkampfsport etabliert hatte. Junge Engländer waren es auch, die den Rudersport Anfang des 19. Jahrhunderts nach Hamburg brachten.[292] Die regen Wirtschaftsbeziehungen der Hansestadt mit England hatten zur

Ansiedlung zahlreicher Briten geführt, die ihre ausgeprägte Freizeitkultur in die elitären Kreise der Stadt einführten. Hamburg wurde zur Hochburg des Ruderns, jedoch nur für »Herrenruderer«, wie sich die Sportler selbst bezeichneten. Die Statuten schlossen Menschen, die von ihrer Hände Arbeit lebten, und alle ohne Einkommen ausdrücklich von der Mitgliedschaft aus – weshalb sich gegen Ende des 19. Jahrhunderts eigene Arbeiterrudervereine gründeten. 1870 entstand in Rendsburg der erste Schülerruderverein.[293] Die meisten dieser Vereine existierten unabhängig von Schulen.

In seiner Begeisterung für das Rudern führte Kaiser Wilhelm II. den Sport dann im ganzen Deutschen Reich an Schulen ein. Per Kabinettsorder setzte er 1885 einen Erlass durch, mit dem das bis dato unabhängige Schülerrudern in die höhere Schule eingegliedert wurde.[294] Vorausgegangen war die Erkenntnis, dass ältere Schüler durch die sportliche Betätigung weniger dazu neigten, ihre Freizeit in Kneipen zu verbringen.[295] Ebenfalls aus pädagogischen und volkshygienischen Gründen folgte einige Jahre später eine weitere Order des Kaisers, mit der verhindert werden sollte, dass Schüler für Wettfahrten gegen die Erwachsenen trainierten.[296] Das Rudern sollte der körperlichen Ertüchtigung und Schulung von Gemeinschaftssinn und Kameradschaft dienen, nicht dem Erzielen von Rekorden und Siegen. Um das umzusetzen, wurden den Schülerruderern Protektoren beigestellt.[297] Eigentliches Ziel der »Sportpolitik« aber war schon im Kaiserreich die körperliche und geistige Gesundheit der zukünftigen Soldaten. Der Schulsport war staatliches Mittel zum Zweck.

Diese Rahmenbedingungen einschließlich der Protektorenschaft galten auch noch, als Helmut Schmidt in die Ruderriege seiner Schule eintrat. Im Kern hieß das: Das Gemeinschaftsdenken stand über dem Konkurrenzdenken. Die Schüler wurden nicht in eiserner Disziplin zu sportlichen Höchstleistungen gedrillt, sondern zu Kameradschaft und Fairness angeleitet. Auch in den Weimarer Jahren wurde Sport in vielen anderen Bereichen weiter als »wehrertüchtigende« Vorbereitung betrieben. Die NSDAP etwa hatte schon 1920 gefordert, die Sportpflicht anstelle der nach dem Ersten Weltkrieg verbotenen Wehrpflicht einzuführen.[298] An der Lichtwarkschule allerdings lag die Betonung auf dem körperlichen Ausgleich zur anspruchsvollen geistigen Arbeit im Unterricht.[299] Die Schüler sollten sich beim Sport erholen.[300] Ob Helmut Schmidt und den jungen Ruderern um ihn herum damals schon bewusst war, dass sie ihren Sport unter pädagogischen Maßgaben vor dem Hintergrund politisch konnotierter Wertevermittlung ausübten, ist unerheblich.[301] Wesentlich ist, dass die ideologische Aufladung des Sports ganz zentraler Bestandteil der Volksbildung sowohl im Kaiserreich als auch in der Weimarer Republik und schließlich auch unter nationalsozialistischer Herrschaft war. Die Leitung der Lichtwarkschule wich von diesem Grundsatz ab – auch dies ein bewusstes politisches Statement der Reformpädagogen.

Hitlerjugend

»Das Beste [...] war das Kutter-Segeln auf der Alster«

Helmut Schmidt kam über seine Mitgliedschaft in der Ruderriege in die Hitlerjugend. Darüber, wie er Mitglied wurde, gibt es unterschiedliche Versionen, die einer näheren Betrachtung wert sind. Sofort nach ihrem Regierungsantritt führten die Nationalsozialisten den Wehrsport wieder ein. Auch die Schüler wurden in den nun völlig politisierten Sport einbezogen. Mannschafts- und Ausdauersportarten wie das Rudern genossen bei den neuen Machthabern, die in den Schülern schon zukünftige Soldaten sahen, besonderes Wohlwollen.

Der Protektor der Ruderriege der Lichtwarkschule wurde am 14. Oktober 1933 aufgefordert, anlässlich der geplanten Eingliederung der Schulrudergruppen in den Wehrsport Mitgliederlisten an den Dachverband zu schicken mit »Namen, Vornamen, Geburtsdaten, Angabe der Wehrverbandszugehörigkeit und Vermerk darüber, wer von den Jungruderern gegebenenfalls bereit ist, sich zum Eintritt in die neu zu gründenden Marineeinheiten zu melden«.[302] Von einer Verpflichtung zum Übertritt war zu diesem Zeitpunkt noch keine Rede. Die spätere Marine-HJ war erst in Planung und wurde vorläufig »H. J.-Marine« genannt.

Alle Jungrudervereine der Wassersportler erhalten die Möglichkeit, ihre Mitglieder, nach Altersgruppen getrennt, in Marinejungstürme (12 – 15j.), Marinegefolgschaften (15 – 18j.) und Marine-SA (über 18 J.) überzuführen, die der H. J. gleichgeordnet sind und die sommerliche Sportausübung gewährleisten.

Die Ausführungsbestimmungen (auch betr. Uniform und Hitlerbinde) folgen demnächst.[303]

Die Lichtwarkschule übermittelte am 14. November 1933 schriftlich eine Liste mit den Namen von vier Schülern an den Verband. »Folgende Mitglieder haben sich bei uns zum Übertritt in die H. J.-Marine gemeldet: Helmut Schmidt, Wolfgang Tyra, Herbert Meinke und Julius Nowak.«[304] Die gesamte Ruderriege zählte zu dieser Zeit etwa 15 Mitglieder. Die »fertige Liste mit den endgültigen Anzahlen der zum Übertritt bereiten Jungruderer« musste am 15. November 1933 laut Anweisung des Dachverbands der Jungruderer zu einer Protektorensitzung, bei der alle Vertreter der Jungrudervereine zu erscheinen hatten, mitgebracht werden. »Möglichst« sollten »schon die HJ-Gliederungen zusammengestellt werden«.[305] Der Protektor der Ruderriege der Lichtwarkschule kam auch dieser Aufforderung nach und benannte die vier Freiwilligen als eine Kameradschaft mit Helmut Schmidt als Kameradschaftsführer.[306] Die Eingliederung der Freiwilligen in die Hitlerjugend wurde am 21. November 1933 mit einer großen Kundgebung in den Zoo-Ausstellungshallen gefeiert.[307]

Widersprüche

In Bezug auf Helmut Schmidt sind die Aufzeichnungen aus den Schulakten deshalb so interessant, weil er sich in seinem »Politischen Rückblick auf eine unpolitische Jugend« 1992 an eine andere Version erinnert. Damit schrieb er der Rezeption des Abschnitts seiner Biografie in den Jahren des Nationalsozialismus eine prägende Information ein: Nach seiner Erinnerung erfuhr er im Zusammenhang mit seiner Bitte, HJ-Mitglied werden zu dürfen, dass sein Großvater jüdisch sei und deshalb die Mitgliedschaft in nationalsozialistischen Vereinigungen unmöglich sei.

Als im Laufe des Jahres 1933 die meisten meiner Mitschüler durch die Gleichschaltung ihrer Jugendbünde HJ-Mitglieder geworden waren, wollte daher auch ich gern in die HJ eintreten; aber ich durfte nicht. Lange Monate hatten meine Eltern ihr striktes Verbot nicht begründet. Dann aber kam es eines Tages – wahrscheinlich im Herbst 1933 – doch zu einer ernsten Unterhaltung zwischen meiner Mutter und mir, nachdem sie wieder einmal gesagt hatte:»Das geht nicht.« Ich insistierte:»Warum nicht?« Schließlich antwortete sie:»Weil Du einen jüdischen Großvater hast.« [...] Meine Mutter schärfte mir ein:»Du darfst mit niemandem über die Sache reden. Die Schulbehörde weiß nicht, dass Vati ein Halbjude ist; aber wenn die davon erfahren, dann werfen sie ihn raus.[308]

Schmidts Erinnerung entspricht in mehr als einem Detail nicht der Aktenlage. Es trifft nicht zu, dass die meisten seiner Mitschüler an der Lichtwarkschule schon 1933 in der HJ waren. Noch 1935 wies die Lichtwarkschule laut einer Erhebung der Landesunterrichtsbehörde mit 33,9 Prozent von allen staatlichen höheren Hamburger Schulen den geringsten HJ-Organisationsgrad auf, der bei durchschnittlich 62,1 Prozent lag.[309] 1936 dann hatte man sich immerhin – noch vor der Verabschiedung des Gesetzes über die Hitlerjugend und lange vor dessen Wirksamwerden 1939 – mit 74 Prozent dem nunmehr 85,6-prozentigen Durchschnitt angenähert. Längst wirkte sich der inszenierte Gruppenzwang auch an dieser Schule aus. Aus der überproportionalen Steigerung der Zahlen an der Lichtwarkschule lässt sich im Umkehrschluss folgern, dass 1933 erst ein sehr geringer Prozentsatz der Schüler in der Hitlerjugend organisiert war, zumal die Schule damals noch überdurchschnittlich viele jüdische Schüler hatte.[310]

Hinzu kommt aber auch noch etwas anderes: Das 1933 verfügte Verbot der Jugendbünde und die anschließende zwangsweise Überführung in die Hitlerjugend machte aus den Jugendlichen nicht schlagartig begeisterte HJ-Anhänger. Der Vorgang wurde von vielen als feindliche Übernahme betrachtet.[311]

Lichtwarkschüler erinnern sich daran, dass sie 1933 entsetzt über »Freiwillige« an ihrer Schule waren, auch weil gerade von einigen dieser Mitschüler die Konversion überhaupt nicht erwartet worden war. Ganz sicher setzte die Gleichschaltung der Jugendbünde Nichtmitglieder zu diesem Zeitpunkt keinem Gruppenzwang zum Eintritt in die Hitlerjugend aus. Die Zwangs-eingegliederten überlegten eher, wie sie aus der HJ wieder heraus-kommen könnten. Friedrich Georgi etwa, anderthalb Jahre älter als Schmidt und später dessen Vorgesetzter in der Wehrmacht, schreibt in den Erinnerungen an seine Jugend in Berlin, Verbot und zwangsweise Überführung hätten die Abneigung der Bün-dischen Jugend gegen die Hitlerjugend zu Hass gesteigert.[312] Es bedurfte zwar vorgeschobener Gründe, aber dennoch: Georgi trat 1934 ganz offiziell wieder aus.[313]

Das Gros von Schmidts Mitschülern zeigte sich – wie die Zahlen aus der Landesschulbehörde belegen – noch recht lange resistent gegen den Zugriff der Nationalsozialisten. Anders als Schmidt erinnert, passten sich die Freiwilligen von 1933 also keinem an der Lichtwarkschule etwa schon herrschenden natio-nalsozialistisch ausgerichteten Mainstream an. Von einer allge-meinen Begeisterung für die »Bewegung« konnten sie noch nicht erfasst sein. Eher im Gegenteil: Noch gab es große innere Widerstände unter den zu Toleranz und Weltoffenheit erzo-genen Schülern. Die Freiwilligen von 1933 wurden sogar als »Dreiunddreißiger« durchaus »aufs Korn genommen«.[314] Für Diskussionen unter den Schülern sorgte insbesondere, dass die Freiwilligen versucht hätten, ihre Mitschüler für den Aufbau einer Marineeinheit in der HJ anzuwerben.

Eines geht ganz klar aus den Akten hervor: Schmidt trat 1933 freiwillig zur HJ über. Damit wird Schmidts Narrativ vom strik-ten elterlichen Verbot und dessen Begründung durch den jüdi-schen Großvater zumindest sehr fragwürdig.

»Dreiunddreißiger«

In ihrer Gesamtheit wurde die Ruderriege der Lichtwarkschule 1935 in die Hitlerjugend eingegliedert.[315] Schmidts vier Jahre jüngerer Schulkamerad Helmut Scaruppe, der wie sein älterer Bruder Mitglied der Ruderriege war, erinnert sich, dass die Überführung in die Marine-HJ in der Schule und auch außerhalb zu erheblichen Irritationen geführt habe.[316] Aktenlage und Geschichte des Schülfrom ruderns untermauern diese Zeitzeugenschilderung. Es bestand zum Zeitpunkt der Überführung noch kein Zwang zur Assoziation mit der Hitlerjugend. Die NSDAP hatte über ihre Jugendführung zwar seit 1933 den Arm nach den Schülerruderern ausgestreckt, doch noch 1937 gab es 15 Schülerruderverbände und 367 Schülerrudervereine. Das Ende dieser unabhängigen Ruderer kam erst mit dem 1938 erlassenen Verbot.[317]

Die Ruderriegen der Schulen fielen auch nicht unter das Verbot der Bündischen Jugend und der Jugendorganisationen oppositioneller Parteien, die schon früh per Gleichschaltung eingegliedert worden waren. »Man diskutierte in den Klassen und auf dem Schulhof den fragwürdigen Vorgang. Es gab Vermutungen, Gerüchte, Verdächtigungen.«[318] Eines der Gerüchte betraf auch den Kapitän der Ruderriege. Unter den Schülern wurde kolportiert, Helmut Schmidt habe aktiv die Eingliederung der Ruderriege in die HJ betrieben.[319] Dass der 1935 16-jährige Schmidt zu den »Dreiunddreißigern« zählte, daran erinnert sich sein Mitschüler nicht.[320]

Besonders in den Oberklassen seien die Schüler verbittert gewesen, fühlten sich verraten, so Scaruppe, selbst wenn sie gar nicht Mitglied der Ruderriege waren. Die Ruderriege habe die Schule repräsentiert, und man sei stolz auf sie gewesen. Nun wurde das auf den Turnhemden getragene Kennzeichen der Schule gegen das Hakenkreuz-Salmi eingetauscht.[321] Die Schüler empfanden das Vorgehen als Nötigung.[322] Scaruppe erinnert sich an einen Mitschüler – nach dem Krieg Anwalt –, der viele von ihnen vom Unrecht der Maßnahme überzeugt habe. Hinter ihr vermuteten die Schüler – sicher nicht zu Unrecht – ihren Schulleiter Erwin Zindler und dessen Stellvertreter.[323] Beide waren bestrebt, aus der Lichtwarkschule eine vorbildliche nationalsozialistische deutsche Oberschule zu machen. Die Ruderriege in das nationalsozialistische Korsett zu zwingen war dabei nur ein weiterer konsequenter Schritt.

Zindler hatte schon durch andere Maßnahmen alles, was sich zur »Einnordung« empfahl, konsequent durchgesetzt. Sich dem zu verweigern wagte kein Schüler mehr. Zu sehr hing zu diesem Zeitpunkt bereits das weitere Fortkommen von der Anpassung ab.[324] Festzuhalten bleibt, dass Schmidt, obwohl er zur Alterskohorte jener älteren Schüler zu rechnen ist, die im Wertekanon der »alten« Lichtwarkschule aufwuchsen, nicht zu denjenigen zählte, die in Pausendiskussionen den Verlust der Unabhängigkeit ihrer Schulmannschaft beklagten.

Auch die Ernennung Helmut Schmidts zum Kapitän der Ruderriege im Sommer 1933 lässt sich aus dem Blickwinkel der ganz bewusst durchgeführten pädagogischen »Reformen« an der Lichtwarkschule ausleuchten. Laut den Gründungsstatuten von 1925 wählte die Mitgliederversammlung der Ruderriege einen vierköpfigen Vorstand, der sich aus Vorsitzendem, Schriftwart, Kassenwart und Ruderwart zusammensetzte.[325] Zwar stand den Schülern als Protektor ein Lehrer zur Seite, der unter anderem die Beschlüsse der Mitgliederversammlung und des Vorstands genehmigen musste.[326] Doch organisierten die Schüler ihre Riegen in pädagogisch gewollter Selbstverwaltung. Noch im April 1933 hatte der Norddeutsche Schüler- und Jugendruderverband anlässlich der Einführung des Wehrsports diese Selbstverwaltung als besonders charakterbildende Leistung herausgestellt und die Landesschulbehörde um Erhaltung des Systems gebeten.[327]

Die Protektoren [...] begrüßen die Einführung des Wehrsports für die Jugend. Sie lehnen aber die Werbung der Schüler zu Wehrsportkursen durch wesensfremde Organisationen ab, weil dadurch die wertvolle Arbeit, die von jeher nicht nur im Dienste der Einzelertüchtigung, sondern mit ihrer Mannschaftsdisziplin, ihrem gemeinsamen Training, ihren Wander-

und Lagerfahrten und ihrer auf Selbstverantwortung gestellten Verfassung (»Selbstverwaltung«) vor allem auch im Dienste des Gemeinschaftsgedankens gestanden hat. Im Hinblick auf diese Leistungen fur die Charaktererziehung und Jugendertüchtigung bitten die Protektoren die Landesschulbehörde, bei der kommenden Eingliederung des Wehrsports in den Sportbetrieb der Schulen ihre Maßnahmen nach Möglichkeit so treffen zu wollen, dass der wertvolle Jungrudersport [...] nicht gefährdet wird.[328]

Die Sportler hatten jedoch keine Chance, dem Zugriff der Partei auf die gesamte Jugend zu entgehen. Die Abschaffung der Elemente der Selbstverwaltung in den Statuten der Ruderriege einer Schule war nur ein erster Schritt hin zur totalen Unterwerfung unter das Führerprinzip.

Es ist nur ein winziges Detail: Helmut Schmidt wurde nicht durch Wahl von seinen Mitschülern zum »Kapitän« gemacht, sondern par ordre des nun bestimmenden Lehrers den Mitschülern quasi vor die Nase gesetzt. Genau genommen ist aber dieses winzige Detail Ausdruck der für den damals 14-Jährigen undurchschaubaren, gerade beginnenden ideologischen Einvernahme.[329] Seine Ernennung ist ein Beispiel für die schrittweise Abschaffung der Selbstverwaltung der Schüler. Nicht mehr demokratische Handlungsfähigkeit sollte nun vermittelt werden, sondern das Prinzip von Befehl und Gehorsam. Der heranwachsende Schmidt mit seiner angeborenen Führungsfähigkeit und seinem ausgeprägten Führungswillen wurde hier Opfer der »neuen Pädagogik«, ohne dass es ihm bewusst war; man machte sich seine Ahnungslosigkeit in perfider Weise zunutze.

Das, was von der Partei- und Staatsführung als Eingliederung in den Wehrsport und Vorbereitung zukünftiger Marinesoldaten geplant war, begann für die Jungs als herrliches Abenteuer. Am Schwanenwik an der Alster wurde eine alte Badeanstalt zum Hafen für die Marine-HJ umgebaut. Mit großer Begeisterung stürzte sich Schmidt auf das Segeln, das sein lebenslanges Hobby bleiben sollte.

Das Beste an der MHJ war das Kutter-Segeln auf der Alster, das ich bald mit großer Begeisterung gegen das Rudern eintauschte; die sogenannten Kutter waren zum Segeln eingerichtete ehemalige Rettungsboote, schwerfällige, aber praktisch unkenterbare offene Boote.[330]

Die andere Seite des »Dienstes«, wie sich das bei der HJ nannte, nahmen die meisten Jungen nur hin. Entgehen konnten sie ihren Verpflichtungen jedoch nicht. Der Alltag der Jungruderer richtete sich nun nach den Ausbildungsvorschriften der Hitlerjugend.[331] Von ganz viel Rudern und Segeln und nur ein wenig NSDAP kann nicht die Rede sein. Die Dienstpläne waren dicht gedrängt. Pro Monat mussten vier Heimabende für weltanschauliche Schulung angesetzt werden, vier Abende oder Nachmittage für die Grundausbildung in den Leibesübungen, zwei Sonnabende oder Sonntage für Fahrten, Geländesport und Schießen. Und dazu: »Der 1., 3. und ein etwaiger 5. Sonntag im Monat gehören der HJ.«[332]

Als Kameradschafts- und später Scharführer war Schmidt für die Leitung der Heimabende und damit die weltanschauliche Schulung seiner Untergebenen zuständig.[333] Er berichtet selbst, dass es dafür Liederbücher und Schulungshefte gab. Was das inhaltlich bedeutete, erwähnt er allerdings nicht. Es lässt sich aber gut rekonstruieren. Themen der monatlich erscheinenden Schulungshefte waren etwa »Der 9. November«, »Langemarck«, »Horst Wessel«, »Mein Kampf«, »Schlageter«, »Der Röhm-Putsch« oder die Rassengesetze. Die Jugendlichen wurden ideologisch eingeschworen auf die Legenden der Nationalsozialisten. Fachlich und körperlich wurden sie auf ihre zukünftige Rolle als Soldaten, im Fall der Marine-HJ als Seeleute, vorbereitet.[334] Die manipulative Kraft der Schulungshefte wird noch immer als so gefährlich eingeschätzt, dass sie bis heute schwer zugänglich sind; im Grunde sind sie Forschern vorbehalten. Geschickt wurde die Vermittlung von Fachkenntnissen mit tendenziöser Ideologie verbunden. Noch immer birgt derartige Propaganda die Gefahr, durch ihren instrumentalisierten Appell an das

Gemeinschaftsempfinden junge Menschen zu einem falschen Weltbild zu verführen.

Klimatische Besonderheiten in den Tropen dienten nicht nur der Wetterkunde, sondern zugleich der Belehrung über Verweichlichung, Faulheit und Dekadenz der dortigen Bevölkerung. Oder wenn es um physikalische Fragen beim Abtauchen des U-Boots ging, war der Hinweis auf Mannschaftsgeist und Heldenmut dank NS-Schulung nicht weit. Die Rangfolgen in der Hierarchie der Partei-Organisationen, aber auch der Kriegsmarine bis hin zum Großadmiral lernten wir auswendig. Je höher der Rang, umso gottgleicher war der Träger dank Opferbereitschaft und Führertreue. Es war Erziehung zu Ehrfurcht und Respekt. Aber es gab auch Heimabende, an denen die »Seemannschaft« ganz ohne weltanschauliches Beiwerk blieb, etwa beim Morsen.[335]

Vor dem Hintergrund, dass Helmut Schmidt die weltanschauliche Schulung leitete und dazu verpflichtet war, das vorgeschriebene Unterrichtsmaterial zu vermitteln, ist verwunderlich, dass er angibt, sich an keinen überzeugten Nazi unter den älteren Führern der Hamburger Marine-HJ zu erinnern.[336] Er befand sich mittendrin in den Strukturen der ideologischen Indoktrination und wurde qua seiner Rolle als Kameradschafts- und Scharführer sogar zum Protagonisten.

Die ihm übertragene Führungsrolle füllte Schmidt – wie von seinen Lehrern erwartet – mit Leidenschaft aus. Das Herrschen lag ihm. Anekdotenhaft lässt sich zeigen, wie der Jugendliche Kameraden tadelte, die gelegentlich etwas schlampten.

Ein »Jugendgenosse« benahm sich ungeschickt beim Vertäuen des Kutters. Schmidt stand daneben, maßregelte ihn laut, stieß ihn dann zur Seite und führte rasch das richtige Knoten aus. Was blieb im Gedächtnis deutlich haften? Der scharfe, fast verächtliche Befehlston, auch die Körperhaltung: Der Belehrte, unterwürfig hockend, der selbstsicher Befehlende.[337]

Was auch hier auffällt: Der Eindruck des allzu Autoritären, den Schmidts Auftreten erweckte, wird durch die Anerkennung der Kompetenz, mit der er Fehler erkannte, entschärft. Seine Führungsrolle wurde nicht bloß notgedrungen toleriert, sondern auch bewundert. Im Gesamtzusammenhang der Funktionsweisen eines totalitären Systems ist natürliche Autorität, die sich dienstbar machen lässt, der Glücksfall schlechthin.

Nach unten hat der junge Schmidt – ganz Chef und Kapitän – für die Einhaltung der Hierarchie gesorgt, nach oben buckelte er jedoch ganz und gar nicht. Wacker nahm er weiter auch gegenüber Erwachsenen kein Blatt vor den Mund. In Schmidts Privatarchiv gibt es Unterlagen[338] über einen Vorfall im Zusammenhang mit der Ruderriege, der beinahe zu seiner Relegation von der Lichtwarkschule führte.

Am 16. Oktober 1934 wandte sich der Erste Ruderwart der »Ruder-Gesellschaft Hansa« schriftlich an den Protektor der Ruderriege der Lichtwarkschule. Diese durfte mangels eigener Anlagen das Bootshaus des alteingesessenen Hamburger Ruderervereins mitbenutzen. Aus dem Schreiben geht hervor, dass Schmidt abends mit einem Mitschüler »ohne den üblichen Gruß« das Bootshaus betreten hatte, obwohl die Zeit für das Schülerrudern abgelaufen war. Auf Nachfrage des Ruderwarts, was sie dort wollten, hatte er »im flegelichsten Ton« erwidert, er müsse »mal sch…«[339] – dies war vielleicht die früheste Manifestation von Schmidts Vorliebe für das Wort »Scheiße«. Als der Ruderwart ihn zurechtwies, habe er sich »statt einer Entschuldigung neue Frechheiten« geleistet, woraufhin er hinausgeworfen wurde. In seinem Schreiben an die Schule erteilte der Ruderwart Schmidt Hausverbot. Eine Entschuldigung lehnte er ab.[340]

Der Sportlehrer informierte offenbar die Schulleitung. Denn der Schulleiter Zindler persönlich antwortete dem Klage führenden Ruderverein, dass er eine »umfassende Erhebung über die Führung des Schülers Helmut Schmidt« veranlasst habe.[341] Und die hatte es in sich. Schmidts Klassenlehrer erinnerte in einer Stellungnahme zur »Führung« seines Schülers, dass er schon dessen »völlig undiszipliniertes Verhalten auf der letzten Klassenreise« gerügt habe. Aber nicht alle Lehrer, die befragt wurden, berichteten Negatives. Zugutegehalten wurden Schmidt seine weit überdurchschnittlichen Leistungen. Doch in seinem Verhalten zeige er Eigenschaften wie starke Schwatzhaftigkeit, Unbeherrschtheit, Zügellosigkeit im Ausdruck und Robustheit in den Umgangsformen.

[Seine] im Vergleich zur übrigen Klasse vorhandene größere geistige Reife und sein sehr schnelles Auffassungsvermögen wirken sich nach der charakterlichen Seite leider ganz negativ aus. Sie führen ihn zu Kritik, Überheblichkeit und Hemmungslosigkeit, die selbst, wenn man ein gut Teil auf die besondere Entwicklungsstufe des Schülers abbucht, so ungeheuer störend wirken, weil sie gar keine Grenzen irgendwelcher Art kennen. Der Klasse gegenüber spielt er den »Gernegroß« und freut sich, wenn man auf seine selten vernünftigen Pläne eingeht, unbesehen der auch nicht immer von ihm vorausgesehenen Folgen.[342]

Der neue Klassenlehrer zeigte wenig Sympathie für diesen Schüler, der ganz offenkundig Autoritäten ignorierte. Die Stellungnahme liest sich wie eine Generalabrechnung. Schmidt, kurz vor seinem 16. Geburtstag, konnte eigentlich noch Welpenschutz für pubertäre Anwandlungen beanspruchen. Die alten Lichtwarkpädagogen wären mit seinen Kapriolen anders verfahren. Der Musiklehrer Hermann Schütt, den Schmidt bis heute verehrt, trug den verschiedenen Entwicklungsstufen der ihm anvertrauten Schüler Rechnung, indem er sie in »Babies, Affen und Halbgötter« einteilte.[343] Damit machte »Papi Schütt«, wie die Schüler ihn liebevoll nannten, klar, dass er sie noch nicht für ausgereifte Persönlichkeiten hielt. Zugleich signalisierte er aber, dass er sie in dieser Unfertigkeit respektierte.

Hans Römer fehlte diese pädagogische Lockerheit beim Umgang mit dem Casus Schmidt. Der selbstsichere Jugendliche muss dem Lehrer schon länger ein Dorn im Auge gewesen sein. Römer war erst 1934 Klassenlehrer geworden, nachdem Erna Stahl zwangsversetzt worden war. Als besonders streng wird auch er von seinen Schülern nicht erinnert. Loki Schmidt mochte ihn sehr:

> Mit einigen alten Lehrern entstand eine neue Vertrautheit. [...] So war es auch mit Dr. Hans Römer, der seit 1934 unser Klassenlehrer war. Er war uns nicht ganz unbekannt, weil er uns einige Jahre zuvor auf einer Klassenreise ins Weserbergland begleitet hatte, und wir mochten diesen freundlichen Hans-Albers-Typ alle recht gern.[344]

Eine Begebenheit, an die Loki Schmidt sich erinnert, zeigt sogar eine gewisse Schalkhaftigkeit des Geschichts- und Deutschlehrers.

> Eines Tages kam er mit einem leichten Lächeln in die Klasse und hatte ein zirkelähnliches Instrument in der Hand. Er erzählte uns von der nordischen, dinarischen und ostischen Menschenrasse und erklärte, dass man durch eine Schädelmessung leicht feststellen könne, zu welchem Menschentyp wir gehörten. Natürlich, so meinte er nebenbei – noch immer mit einem Lächeln –, sei die nordische Rasse die wertvollste. Und nun begannen die Messungen. Hans Römer fing bei unserem großen, blonden Klassenkameraden Hans Lenkeit an: Ein eindeutig dinarischer Schädel war das Ergebnis. Unter Gekicher ging es weiter. Am Ende verkündete Herr Römer: »Den nordischsten Schädel hat ausgerechnet Loki, die aussieht wie ein Chinese.« Unter großem Gelächter der ganzen Klasse packte er seine Messinstrumente ein und begann mit dem Geschichtsunterricht.[345]

Wenn ein beliebter Klassenlehrer, der auch zu Humor fähig ist, ein Urteil über einen Schüler fällt wie im Fall Schmidt, lässt das den vorsichtigen Schluss zu, dass er nicht unbedingt überzieht bei seiner Kritik.[346] Immerhin hatte das Ganze für Helmut Schmidt auch deutliche Konsequenzen. Seine Eltern mussten gegenüber der Schulleitung schriftlich bestätigen, darüber in

Kenntnis gesetzt worden zu sein, dass ihr Sohn vom weiteren Besuch einer höheren Hamburger Schule ausgeschlossen werde, wenn er sich binnen einer »Bewährungsfrist« von einem Jahr auch nur ein einziges ähnliches Vergehen zuschulden kommen ließe. Schmidts Schulleiter ließ sich nicht nehmen, über diese disziplinarische Maßnahme den Ruderwart der »Ruder-Gesellschaft Hansa« in Kenntnis zu setzen.[347] Doch warum benahm sich Schmidt immer wieder so provokant? Sein Biograf Hartmut Soell sieht darin die Rebellion eines Halbwüchsigen gegen die engen Grenzen im Elternhaus.[348] Für den Vorfall im Bootshaus insinuiert er sogar einen politischen Widerstandsakt – gegen die Grußformel »Heil Hitler!«. Die hat der Ruderwart in seinem Schreiben allerdings nicht eingefordert. So ist auch eine ganz andere Lesart möglich: Schmidt fühlte sich im Schutz seiner HJ-Zugehörigkeit sicher und behandelte den Ruderwart als Subalternen. Den besonderen Reiz der HJ-Mitgliedschaft machte auch aus, dass sie den Schülern einen Superioritätsanspruch gegenüber Eltern und Lehrern verschaffte.[349] Die HJ-Führung nahm sich besondere Befugnisse zum Beispiel gegenüber Schulen heraus. Immer wieder kam es zu Irritationen. Das Auftreten der HJ-Vertreter wird als respektlos, gebieterisch oder insubordinierend beschrieben.[350] In der Lichtwarkschule ist ein Fall 1935 dokumentiert, der zu heftigen Belastungen des Kollegiums führte und den nationalsozialistischen Schulleiter in Kompetenzstreitigkeiten mit der HJ-Führung führte.[351] Solche Differenzen innerhalb der nationalsozialistischen Strukturen gab es an vielen Schulen.[352]

Moderne Schulpsychologen würden womöglich aufgrund der Beobachtungen des Klassenlehrers die typischen Symptome von Hyperaktivität und Begriffe wie Hochbegabung, Unterforderung oder Underachievement diskutieren wollen. Naheliegender ist allerdings die Erklärung, dass der junge Schmidt sich schlichtweg nicht unterordnen konnte und wollte, wenn er darin keine Notwendigkeit sah.

Die immerhin sah er offenbar in diesem Fall gegeben. Er schaffte es, die Bewährungszeit zu bestehen. Nachhaltig beeindruckt hat ihn die Drohung der Schule aber nicht. Denn als Schmidt Mitte der 70er-Jahre der Briefwechsel übermittelt wurde, stellte er fest, dass er den Vorgang völlig vergessen hatte.[353] Auch wenn er es tatsächlich schaffte, sich ein Jahr lang zurückzuhalten, so hat er sein altes Verhalten doch keineswegs abgestellt. Von wenigen Ausnahmen abgesehen werden in späteren Beurteilungen immer wieder Überheblichkeit und Distanzlosigkeit negativ herausgestellt.

»Freiheit ist das Feuer, ist der helle Schein«

Seiner Karriere in der Hitlerjugend tat der Vorfall keinen Abbruch. Zweimal nahm Schmidt an Sommerlagern der HJ teil. Eines in Sahlenburg bei Cuxhaven hat er als stupiden Kasernenhofdrill in Erinnerung.[354] Das andere in Neustadt an der Ostsee machte ihn dagegen richtig stolz, wie er in seinen Erinnerungen schreibt: Er erwarb seinen zweiten Segelsportschein, der zur Führung eines Segelboots auf der Elbe und im Küstenbereich berechtigte.[355] Das erschloss einem Jungen seiner Herkunft enorme Handlungsspielräume, ganz abgesehen vom Prestige, das ein solches »kleines Patent« einem Halbwüchsigen verschaffte.

1936 wurde er zum Scharführer ernannt und befehligte damit mehrere Kameradschaften. Auch aus dieser Zeit zeigt eine Episode, an die Helmut Scaruppe sich erinnert, den knapp 18-jährigen Schmidt als gebieterische Respektsperson:

Ich war als guter Zeichner beauftragt, unseren schmucklosen Gefolgschaftsraum im Keller mit Wandbildern, quasi Fresken, zu bemalen. Schiffe auf hoher See, ein Leuchtturm auf der Klippe. Das machte den Raum ansehnlicher und sprach sich herum. Auch Scharführer Schmidt kam zur Begutachtung. Er lobte meinen Fleiß, tippte dann auf die Takelage einer dargestellten Bark: »Da am Klüver fehlt das Stengestag.«[356] Auch auf nicht eingerollt herumliegende Tampen wies er bei der Visite missbilligend hin.[357]

Gerade einmal drei Jahre bewegten sich die ehemals nahezu anti-autoritär erzogenen Schüler im totalitären Milieu. In der Hierar-chiebildung entsprach das Bild, das sie hier abgeben, schon ganz den neuen Strukturen. Und genau das war gewünscht. Im selben Jahr 1936 nahm Schmidt dann an einem der jähr-lichen sogenannten Adolf-Hitler-Märsche teil. Nach 1935 war dies das zweite Mal, dass Tausende Hitlerjungen aus ganz Deutschland zu Fuß nach Nürnberg zum Reichsparteitag der NSDAP marschierten, um dort ihrem »Führer« zu huldigen. Schmidt verzichtete sogar auf die letzte Klassenreise vor dem Abitur, die seine Klasse nach Dresden unternahm. Er empfand den Marsch als besondere Herausforderung.[358] Dieser wurde mit großem Aufwand vom Reichsjugendführer organisiert. Begleitet wurden die täglich bis zu 25 Kilometer laufenden Jungen von Versorgungstrossen. Nur gesunde, kräftige Jungen, die physisch und geistig dem Ideal der Nationalsozialisten entsprachen, wur-den von ihren Einheiten entsandt.[359]

Eine neue Generation wächst […] auf, mit neuen Idealen, mit neuem Glauben, eine Generation, die weder Klassen- noch Konfessionsunterschiede kennt, […] die nicht in arm und reich getrennt ist. Dieser Adolf-Hitler-Marsch ist ein Glau-bensmarsch, dieser Glaubensmarsch ist eine Wallfahrt der deutschen Jugend. Und wie sich bei allen Wallfahrten Hun-derte und Tausende beteiligen, so sind auch hierbei Hun-derte und Tausende. Nur mit einem Unterschied. Während die einen als Büßer zu ihren Wallfahrtsstätten pilgern, mit gesenk-ten Köpfen und niedergeschlagenen Augen, so schreitet die Jugend, aufrecht im Gleichschritt durch die deutschen Gaue und ihre Lieder sind ein Bekenntnis zum deutschen Volk, ihr Gebet zu Gott. Über den Häuptern aber weht die Fahne des Glaubens, die Fahne des Sieges und die Fahne der Einigkeit.[360]

Davon fühlte sich der knapp 18-Jährige allerdings abgestoßen. Er durchschaute, dass die Jugendlichen nur als Kulisse dienten.[361] Eine abfällige Bemerkung über den Reichsjugendführer Baldur von Schirach, die er in Nürnberg hatte »fallenlassen«, wurde »nach oben gemeldet«, notiert er in der Rückschau.[362] Im Dezember 1936, ganz kurz vor seinem 18. Geburtstag, sei er dann aus der HJ geflogen. Neben der Kritik an Schirach habe die Führung der Marine-HJ »ganz richtig« verstanden, was er mit dem Vers aus dem HJ-Liederbuch habe sagen wollen, den er im Schulungsraum seiner Schar an die Wand malen ließ: »Freiheit ist das Feuer, ist der helle Schein, solang' sie noch lodert, ist die Welt nicht klein.«[363]

Was genau er nun aber mit dem Vers sagen wollte, führt er in seinen Erinnerungen nicht aus. Demokratische Freiheiten kann er nicht gemeint haben, da er ja nach eigenem Bekunden keine Vorstellung von Demokratie hatte. Meinungsfreiheit? Die Assoziation zum Liedklassiker »Die Gedanken sind frei« liegt nahe. Jedoch: Der von Schmidt gewählte Vers bot 1936 überhaupt keine doppeldeutige Interpretation an. Die Nationalsozialisten hatten den Begriff »Freiheit« längst für ihre Ideologie vereinnahmt. Der Vers ist der Refrain eines Kampfliedes des Komponisten und Texters Hans Baumann, der unter anderem die überaus populäre Nazihymne »Es zittern die morschen Knochen« ersann. In dem von Schmidt zitierten Lied geht es nicht um individuelle Freiheit, sondern um die Befreiung der Heimat von Unterdrückung. Die Nationalsozialisten verstanden sich als Freiheitsbewegung.[364] Dieses Lied verkörpert die Stilisierung des Freiheitskampfes im Liedgut der nationalsozialistischen Epoche.[365] Garniert wurde damit die kriegsvorbereitende Propaganda gegen die Siegermächte des Ersten Weltkriegs.

Also doch kein subversiver Akt des jungen Schmidt? Das bestätigt er auch selbst: »Ich flog schlichtweg raus: nicht weil ich ein Antinazi geworden wäre, sondern einfach deshalb, weil ich ein freches Mundwerk hatte und oft abfällige Äußerungen über dieses oder jenes machte, was mir missfiel.«[366]

Auch die Konsequenzen sprechen eher dagegen, dass die Eskapaden des Pennälers als politischer Protest gedeutet wurden. In der Hitlerjugend herrschte ein hartes Disziplinarsystem. Wer gegen die Gemeinschaftsregeln verstieß, wurde rigoros abgestraft.

Solche Strafen in der Hitlerjugend hatten Folgen für den gesamten weiteren Lebensweg.[367] Hintergrund des rigorosen Systems war, dass jeder Verstoß gegen die Gemeinschaftsordnung als Angriff auf das Ganze bewertet wurde.[368] Das war dem jungen Schmidt auch bewusst. Denn vor Sanktionen und ihren möglichen Auswirkungen hatte er noch wochenlang nach seiner Beurlaubung Angst.[369] Doch blieb er von weiteren Maßnahmen verschont.

Vier Wochen nach dem Rauswurf wäre Schmidt wegen Erreichens der Altersgrenze sowieso aus der Hitlerjugend entlassen worden. So konnte die Beurlaubung kurz vor dem 18. Geburtstag im Dezember 1936 mit der Vorbereitung auf das Anfang 1937 bevorstehende Abitur begründet werden. Dies war im Reglement der NSDAP-Jugendorganisation ausdrücklich vorgesehen.[370] Vielleicht ist der Vorgang einfach nur ein weiterer Beleg, dass schon der junge Schmidt es schaffte, trotz seines frechen Auftretens immer auch Sympathie und Respekt zu wecken; vielleicht auch, dass er bei seinen Egotrips innerhalb der nationalsozialistischen Strukturen nie als Gegner des Nationalsozialismus in Erscheinung trat.

»Ich erinnere mich nicht, dass der jüdische Exodus innerhalb meiner Schulklasse ein Thema gewesen wäre«

Schon vor 1933 gab es an der Lichtwarkschule einzelne antisemitische Vorfälle. Claus Dörner, Neffe der beiden Lichtwarkschullehrer Herbert und Alexander Moltmann, wäre 1932 wegen antisemitischer Äußerungen im Unterricht fast von der Schule geflogen.[371] Gefordert hatte das der eigene Onkel Herbert. Dörner war seit 1931 Mitglied der Hitlerjugend, weil er auf einen »nationalen Sozialismus« hoffte.[372] Der spätere Verleger und Autor überliefert in seinen Erinnerungen den Vorfall. Herbert Moltmann griff seinen Neffen vor der Klasse scharf an: »Ehe Claus und seine Leute an die Macht kommen, nehme ich selbst noch die Knarre auf die Schulter.«[373]

Die Forderung des Onkels wurde vom damaligen Schulleiter Landahl abgelehnt. Begründung: Wenn eine Schule mit über 700 Schülern nicht mit einem einzigen Nationalsozialisten fertigwerden könne, dann wäre das traurig.[374] Herbert Moltmann wurde 1934 zwangsversetzt, sein Bruder Alexander reüssierte seit 1933 als emsiger Propagandist der nationalsozialistischen Rassenbiologie.[375]

Ab 1933 waren die jüdischen Schüler der Lichtwarkschule immer direkteren Angriffen und Beleidigungen ausgesetzt. Auch hier, wo der Toleranzgedanke gegolten hatte, konnte die Rassenlehre schon bald die Schulatmosphäre vergiften und die Schüler in ihrem Verhalten demoralisieren.[376] Eine Schülerin, in deren Klasse acht Mitschüler jüdisch waren, schrieb später, dass der frühere Klassenzusammenhalt zerstört wurde.[377] So kam es vor, dass neu hinzugekommene Schüler jüdische Schüler »frech behandelten« und die anderen sich zwar sehr dafür schämten, aber nichts zu unternehmen wagten.[378]

Ida Eberhardt, bis 1933 Klassenlehrerin von Helmut Schmidt, protestierte gegen die Herabsetzung der jüdischen Schüler vergeblich beim nationalsozialistischen Schulleiter Zindler.[379] Der rapportierte an seine Vorgesetzten:

Im Anschluss an einen V. D. A. [Verein der Auslandsdeutschen, d. Verf.]-Vortrag durch einen Deutschen aus Russland, der die Beteiligung der jüdischen Rasse am Bolschewismus kurz streifte, hat Fräulein Eberhardt meinem Stellvertreter gegenüber ihr Befremden zum Ausdruck gebracht, weil durch solche Vorträge die anwesenden jüdischen Schüler sich gekränkt fühlen könnten. Als dann bei einem zweiten V. D. A.-Vortrag von mir die jüdischen Schüler ausgeschlossen wurden, war Fräulein Eberhardt auch das nicht recht. Dann ist Fräulein Eberhardt zweimal bei mir gewesen, um mich auf die Zeitung »Der Stürmer« aufmerksam zu machen, die in ihren Augen durch Wort und Bild der Zersetzung jugendlichen Empfindens dienen müsse, gerade deshalb, weil auf unserer Schule jüdische Schüler wären.[380]

Die mutige Lehrerin wurde 1935 aus dem Schuldienst entlassen. Der Bericht des Schulleiters wirft ein Schlaglicht auf die unverhohlene Offenheit, mit der gegen jüdische Schüler agitiert wurde. Dies geschah jahrelang, bis der letzte jüdische Schüler die Schule verlassen hatte. Viele Schüler und Schülerinnen wurden von ihren Familien bereits unmittelbar nach der Machtübernahme der Nationalsozialisten von der Lichtwarkschule abgemeldet. Helmut Schmidt erinnert sich namentlich nur an Helmuth Gerson aus seiner Parallelklasse, mit dem er befreundet war. Der Kontakt riss offenbar sofort ab, als der Freund nicht mehr in der Schule erschien. Sein Verbleib erschloss sich später durch Hörensagen.

Von einigen unserer jüdischen Mitschüler hörte man später, dass sie mit ihren Eltern nach England gegangen, von anderen, dass sie nach Ungarn, Rumänien, nach Frankreich oder in die USA ausgewandert waren. [...] ich verstand ihre Auswanderung.[381]

Ganz wenige jüdische Schüler verblieben noch an der Schule. Mussten sie nicht gerade deshalb besonders auffallen? Einen, der bis 1935 die Lichtwarkschule besuchte, konnte man schwerlich übersehen: Rolf William Levisohn, knapp zwei Jahre jünger als Helmut Schmidt. Er war nicht nur Jude, sondern auch noch kleinwüchsig, und erfüllte damit so ziemlich alle Klischees, die den Schülern mittlerweile im Zusammenhang mit Rasse und Erbgesundheit eingetrichtert wurden. Von seinen Schulkameraden wurde er liebevoll »little boy« genannt. Ihnen blieben sein wacher Verstand und sein sonniges Wesen in Erinnerung.[382] Sein kurzer Lebensweg konnte rekonstruiert werden.[383]

Er wanderte nicht aus. Nach der »Reichskristallnacht« wurde er verhaftet, ins KZ Sachsenhausen bei Oranienburg gebracht und wochenlang dort festgehalten.[384] Seine jüngere Schwester konnte 1939 mit einem Kindertransport nach England in Sicherheit gebracht werden. Seine Familie versuchte verzweifelt, auch ihn zu retten. Alle Versuche auszuwandern schlugen jedoch fehl.

1940 war er einer der beiden letzten jüdischen Schüler, die an der Talmud Tora Schule ihr Abitur ablegten. Sein Deutschaufsatz ist erhalten geblieben. Das Thema lautete:»Unglück selber taugt nicht viel, doch es hat drei gute Kinder: Kraft, Erfahrung, Mitgefühl.«[385] Der schon gezeichnete Jugendliche schrieb darin:»So dürfen wir wohl zusammenfassend sagen, dass wohl das Unglück für den Menschen im Augenblick etwas Entsetzliches ist, dass aber gerade durch das Unglück ein Mensch zur Vollkommenheit gelangt.«[386]

Mit dem ersten Hamburger Transport wurde er mit seinen Eltern am 25. Oktober 1941 ins Getto im polnischen Łódź deportiert.[387] Sein Vater starb dort. Am 4. Mai 1942 wurden Rolf William Levisohn und seine Mutter in einem Gaswagen im Vernichtungslager Chełmno ermordet.[388]

Bis zur Deportation lebte die Familie Levisohn in der Gluckstraße 24 in Barmbek, nur ein paar Straßen entfernt von der Wohnung in der Schellingstraße 9, die die Familie Schmidt seit 1931 bewohnte. Der Schulweg der beiden Jugendlichen war von der Wagner-/Ecke Gluckstraße derselbe, mit dem Fahrrad eine gute Viertelstunde. Helmut Schmidt muss»little boy« bis 1935 jeden Tag auf dem Schulweg begegnet sein. Wahrscheinlich überholte er den Schulkameraden, der wegen seiner Behinderung langsamer war, irgendwo kurz vor der Schule oder auf dem Heimweg.

Als sich 1975 ehemalige Lichtwarkschüler zu einer großen gemeinsamen Erinnerungsfeier für ihre alte Schule trafen, waren Loki und Helmut Schmidt dabei. Bei der Zusammenkunft wurde auch der ermordeten und von KZ-Haft traumatisierten überlebenden Klassenkameraden gedacht.[389] Der in die Vernichtungslager führende Teil des»jüdischen Exodus« wird von Helmut Schmidt in seinen Erinnerungen 1992 genauso wenig erwähnt wie die Opfer der politischen Verfolgung. Auch Loki Schmidt erwähnt die Opfer aus ihrer Schule nicht.[390]

Die Gluckstraße wurde ein Jahr nach der Deportation der Levisohns zum Lebensmittelpunkt von Helmut Schmidt. In Nummer zwölf bezog das frisch verheiratete Ehepaar Schmidt im

Herbst 1942 seine erste gemeinsame Wohnung, wenige Häuser entfernt von der Synagoge, die sich dort befand und die 1939 arisiert worden war.

»Der Geschichtsunterricht war keineswegs im Sinne der Nazis politisch gefärbt«

Das Abitur schloss Helmut Schmidt Ostern 1937 mit einem sehr guten Zeugnis ab. Der Abiturient, der während seiner gesamten Schulzeit im Geschichtsunterricht kaum den nationalsozialistischen Einfluss gespürt hatte[391], konnte in der Geschichtsprüfung zwischen drei Themen wählen: 1. »Deutschlands Kampf um koloniale Gleichberechtigung«, 2. »Grundzüge der deutschen Russlandpolitik im zweiten und dritten Reich« und 3. »Die Mittelmeerpolitik der Großmächte vor und nach dem Weltkrieg«. Alle drei Themen stammten aus dem Bereich der nationalsozialistischen Geschichtspropaganda und waren in den Formeln des deutschen Nationalismus abzuhandeln.

Schmidt meinte später, in seiner mündlichen Abiturprüfung im Fach Geschichte für die falsche Seite Partei ergriffen zu haben.[392] Er habe die auf Rüstungsbegrenzung zielende Flottenpolitik der Briten gelobt.[393] In der Rückschau vergaß er allerdings, dass Hitler bis zum Angriff gegen Polen 1939 überaus erfolgreich an der Beschwichtigungspolitik der Briten partizipierte und es bis zum britischen Kriegseintritt überhaupt nicht despektierlich war, den Briten politisches Geschick zuzusprechen.[394]

Kaum verwunderlich ist, dass auch die Abiturarbeiten im Fach Biologie ideologisch kontaminiert waren. Eine der vom stramm nationalsozialistisch ausgerichteten Biologielehrer Alexander Moltmann gestellten Aufgaben lautete: »Ausführliche biologische Begründung des Gesetzes zur Förderung der Eheschließung und seiner wichtigsten Ausführungsbestimmungen.«[395] Was so harmlos klingt, forderte den Schülern das komplette Horrorszenario des nationalsozialistischen Wahns zur

Reinhaltung der deutschen Rasse ab. In dem Gesetz ging es zwar um die finanzielle Förderung junger Menschen zur Gründung einer Familie. Das Stichwort, das die Abiturienten abzuhandeln hatten, war aber die »Erbbiologie«. Im Unterricht musste daher zuvor die Rede davon gewesen sein, dass Ehen zwischen Juden und Deutschen aufgrund der »Blutsverschiedenheit« für die »nationale Fortpflanzungsgemeinschaft« schädlich seien, dass »erbkranker« Nachwuchs zu verhindern und was »erbkrank« sei.[396] Minderwertiges war mit pseudobiologischer Begründung von hochwertigem Leben zu unterscheiden. Längst wurden die Schüler eingeübt in den Jargon der Unmenschen.

Wie auch anders: Bei den Abiturprüfungen 1936 wurde die Lektüre von *Mein Kampf* (Adolf Hitler), *Aufbau einer Nation* (Hermann Göring), *Gedanken und Erinnerungen* (Otto von Bismarck), *Die großen Deutschen* (Willy Andreas und Wilhelm von Scholz), *Die Grundlagen des neunzehnten Jahrhunderts* (Houston Stewart Chamberlain), *Friedrich der Große* (Thomas Carlyle), *Der Mythus des 20. Jahrhunderts* (Alfred Rosenberg), *Der Ordensstaat* (Heinrich von Treitschke) und Luthers *Flugschriften* vorausgesetzt.[397] Abiturienten, die ihre Arbeiten nicht mit nationalsozialistischen Thesen grundierten, fielen durch oder erhielten schlechte Noten.[398] Es gibt keinerlei Anlass, zu vermuten, diese Bedingungen hätten nicht auch 1937 gegolten.

Versionen

Seinen kurzen »Politischen Rückblick auf eine unpolitische Jugend« aus dem Jahr 1992 beginnt Helmut Schmidt mit dem Satz: »Aus der Rückschau betrachtet, hätte ich damals durchaus dem Zeitgeist entsprechend erliegen und – wenigstens anfänglich – ein kleiner Nazi werden können, wenn nicht mein jüdischer Großvater gewesen wäre.« Für den Moment der Information durch seine Mutter, sein leiblicher Großvater sei Jude, nannte er im Lauf der Jahre mindestens drei verschiedene Zeitpunkte.

Sein britischer Biograf Jonathan Carr gilt als der Erste, dem

Schmidt von der Bedrohung der Familie durch die Rassengesetze der Nazis erzählte. Carr gegenüber gab Schmidt Anfang der 80er-Jahre an, er habe 1935 oder 1936 – »genau erinnere er sich nicht«, sagte er damals – von seiner Mutter erfahren, dass sein leiblicher Großvater Jude sei.[399] Das Jahr 1935 wäre naheliegend, da in diesem Jahr die Nürnberger Gesetze erlassen wurden. Seit Oktober 1935 stand Gustav Schmidt in ständigem Kontakt mit der Landesschulbehörde wegen des von ihm zu erbringenden Ariernachweises.[400] Er hatte offenlegen müssen, dass er unehelich geboren und adoptiert worden war.[401] Erst 1940 wurde ihm bestätigt, den Nachweis geführt zu haben.[402]

Der britische Autor berichtet weiter, dass Schmidt 1934 im Wege der Gleichschaltung seines Ruderklubs Mitglied der Hitlerjugend geworden sei und erst danach von seiner »jüdischen Abstammung« erfahren habe.[403] Der »Politische Rückblick« erschien 1992 mit der Version, der gewünschte Eintritt in die HJ sei durch die Eröffnung der Mutter verhindert worden. Das kann, wie gezeigt, nicht stimmen.

Eine Warnung der Mutter zu diesem Zeitpunkt ist auch deswegen nicht plausibel, da »jüdischen Mischlingen« der Zugang zur Hitlerjugend überhaupt nicht verwehrt war.[404] Die offizielle Sprachregelung, die sich durch die Nürnberger Gesetze durchsetzte, galt noch nicht. Und: Schmidts Vater war seit April 1933 Mitglied im Nationalsozialistischen Lehrerbund.[405]

Im Jahr 2010 erzählte Schmidt Fritz Stern als dritte Version, er habe 1934 von seiner jüdischen Abstammung erfahren.[406] 2011 sagte er in einer Talkshow, seine jüdische Abstammung habe keinerlei Einfluss auf seine Einstellung gegenüber den Nazis gehabt. Seine Ablehnung der Nazis sei allein durch die Ausstellung »Entartete Kunst« von 1937 begründet gewesen. Das wiederum passt zu einer Aussage von Wolfgang Schmidt. Der jüngere Bruder bezweifelte, dass sein Bruder vor 1945 von der Existenz des jüdischen Großvaters erfahren hat.[407] Er nimmt an, dass den älteren Bruder die Erinnerung trügt.[408] Dies würde auch erklären, warum Helmut Schmidt trotz Kenntnis der sogenannten jüdischen Abstammung vor 1945 kein intensiveres Interesse am Schicksal der deutschen Juden entwickelte. Dies wurde ihm später immer wieder vorgeworfen.[409] Selbst seine Tochter empfand seine diesbezüglichen Ausführungen als zu wenig aussagekräftig, wie er selbst 1992 berichtet.[410] Die Kritik der Tochter traf Helmut Schmidt tief.[411] Er nahm sie jedoch nicht zum Anlass, seine Darstellung zu präzisieren.

Teil 2
Unter Einfluss

Vorbilder

»So habe ich den Entschluss gefasst, Architekt
und Städteplaner zu werden«

Sportliche Aktivitäten und Führungsaufgaben bei der Marine-HJ
erschöpften den Wissensdrang des jungen Schmidt keineswegs.
Der vielseitig interessierte Schüler bekam durch seine außerschu-
lischen Kontakte weitere Anregungen. Sein bereits in der Schule
gewecktes Interesse für Architektur erhielt neue Nahrung und
verfestigte sich zum Berufswunsch. Mit 15 stand für ihn fest: Er
wollte Architekt und Stadtplaner werden.

In der Marine-HJ lernte ich Erwin Laage kennen. Sein Vater,
Richard Laage, ein hamburgischer Architekt, hat auf mich
einen starken Einfluss ausgeübt. Er hat mir beigebracht, was
gute Architektur ist: Bauhaus, Fritz Höger, Bernhard Hoetger,
vor allem aber Fritz Schumacher. So habe ich damals den Entschluss gefasst, Architekt und Städteplaner zu werden. Ich las
die Literatur, die Laage mir gab, und bereitete mich, während
meine Schulzeit sich dem Ende zuneigte, ernstlich auf den
erstrebten Beruf vor.[1]

Fritz Schumacher wirkte seit 1909 mit Unterbrechungen in der
Hamburger Baudeputation in führenden Positionen als Städteplaner und prägte bis zu seiner Entlassung durch die Nazis nachhaltig das Hamburger Stadtbild. Von Schumachers Architektur
war der junge Schmidt täglich umgeben: Schumacher hatte das
1925 bezogene Schulgebäude der Lichtwarkschule entworfen. Die

räumliche Aufteilung wurde ganz dem neuen Schultypus angepasst.

Noch im Alter von 95 Jahren nannte Schmidt, als er anlässlich einer öffentlichen Feier seines Geburtstags von Giovanni di Lorenzo nach Vorbildern gefragt wurde, neben Hans und Oskar Gerson, die als Gebrüder Gerson in die Baugeschichte der Stadt eingegangen sind, den ehemaligen Oberbaudirektor Fritz Schumacher. Dieser hat mit seinen etwa 100 prägnanten Einzelbauten wie der Davidwache oder dem Ballinhaus und mit seinen stadtplanerischen Entwürfen die Modernisierung der Wohnverhältnisse in Hamburg bis heute entscheidend beeinflusst. Die damals entstandenen und nach Kriegszerstörungen wiedererrichteten Bauten prägen in ihrer künstlerischen Eigenart nachhaltig nicht nur das Bild der Stadt, sondern auch das Selbstverständnis der Hamburger. Helmut Schmidts Bürgerstolz auf seine Vaterstadt hat auch mit dieser Architektur zu tun.

Schmidts Vorbilder: kein Politiker, kein Gelehrter, sondern Architekten. Diese lebenslange Affinität ist im Zusammenhang zu betrachten mit dem reformerischen Gestus der Zeit, zunächst bis 1933, in der Schmidt sozialisiert wurde. Der ganzheitliche Ansatz band auch die Architektur in die Idee von einer Neuerung ein. Nach 1933 zerbrach das gemeinsame ideelle Fundament bei Schmidts Vorbildern: Die von Schmidt erwähnten Architekten Höger und Hoetger stehen – was Schmidt unerwähnt lässt – für ein damals zu beobachtendes Phänomen, nämlich die große Zahl von Künstlern und Architekten, die begeistert vom Nationalsozialismus waren und mehr oder weniger erstaunt ins Abseits gerieten, weil ihre Arbeiten von den Nazis abgelehnt wurden.

Viele Ideen ließen sich nahtlos in nationalsozialistische Ästhetik und Ideologie einpassen. Genau wie in den von der »alten« Lichtwarkschule verfolgten pädagogischen Zielen fanden sich auch im kulturtheoretischen Ansatz der Reformarchitektur oder etwa in den alle Konventionen sprengenden Zielen des Expressionismus Parallelen zu nationalsozialistischen Ideen. Das machte es gerade jungen Menschen so schwer, fatale Gleichsetzungen zu vermeiden.

Reformarchitektur und Städtebau

Um den Einfluss jener Vorbilder zu verstehen, muss man sich näher anschauen, welche Bedeutung Architektur und Städtebau zu Anfang des vorigen Jahrhunderts hatten und was gerade diese Architekten mit ihren Bauten und Planungen in ihrer Zeit und für Hamburg verkörperten. Hamburg befand sich zu Beginn des 20. Jahrhunderts gerade erst in der Entwicklung hin zur Großstadt. Industrialisierung und Zuzug zahlreicher Arbeit suchender Menschen und die damit verbundene Nachfrage nach Wohnungen und Infrastruktur hatten längst den grundsätzlichen Handlungsbedarf bei der Städteplanung offengelegt. Die Wohnquartiere der Arbeiter und Armen platzten aus allen Nähten, bis zu 100 Menschen lebten auf 14 Quadratmetern. Die Zustände erinnern an das soziale Elend, das der Brite Charles Dickens in seinen düstersten Romanen festhielt. Der Gründer der Inneren Mission, Johann Hinrich Wichern, beobachtete 1847 im Hamburger Gängeviertel:

Die scheußlichste Pestluft aus den Gossen erfüllt die enge Straße, in welcher die Bewohner einander in die Fenster sehen. Unter manchen dieser Häuser sind wieder Eingänge in neue Labyrinthe. Nur gebückt ist das Innere dieser zweiten Höfe zu erreichen. Als ich in einen dieser Gänge eingetreten war, waren links und rechts Fenster und Türen geöffnet, Lärmen, Schelten und Zuschauer und Zuhörer für beides, Alte und Kinder, Dirnen und Jungen bildeten die Bevölkerung zwischen den zusammengehenden Mauern. Wieder links ab war eine noch engere von Wohnungen gebildete Linie; der Atem wurde von Stickluft, die sich an dieser Stelle entwickelt hatte, gehemmt. [...] alles strotzte von Schmutz aller Art an Wänden, Fenstern, Fußböden; fünf Kinder und drei Weiber und ein kaum herangewachsener Bube mit seiner Dirne aßen und tranken hier durcheinander. Frechheit, Verzweiflung und völliger Stumpfsinn warfen dunkle Schatten auf die Gesichtszüge der Versammelten, um das Bild des leiblichen und sittlichen Elends, dass hier hauste, zu vollenden.«[2]

Diese Zustände hielten bis zum Beginn des 20. Jahrhunderts fast unverändert an. Sich daran zu erinnern ist unerlässlich, um einerseits den Umfang der sozialen Reformen seither zu ermessen, andererseits die Fragilität des Konstrukts der sie tragenden »Gesellschaft«. Teile der Gesellschaft, deren heutige Äquivalente gerade wieder im politischen Diskurs als »Abgehängte« präsent sind, drangen Ende des 19. Jahrhunderts gerade erst ins Bewusstsein vor.

Unter deutschen Architekten und Stadtherren gab es bereits rege Diskussionen über sozialreformerische Ansätze beim Wohnungs- und Städtebau, die insbesondere aus England übernommen wurden. Geschehen war in Hamburg jedoch nichts. Der Senat fühlte sich nicht nur unzuständig für die Wohnverhältnisse der Bürger, sondern implizit auch für deren Gesundheit. Obwohl in anderen deutschen Städten die Trinkwasserversorgung in Kenntnis der Gefährdung bereits durch Filteranlagen verbessert worden war, blieb der Hamburger Senat lange untätig. Erst eine schwere Choleraepidemie im Jahr 1892 brachte dann notgedrungen ein Umdenken – die negativen Folgen der Epidemie für die Hamburger Wirtschaft waren immens. Der Berliner Arzt und Forscher Robert Koch, der vom Kaiser in die verseuchte Hafenstadt geschickt worden war, notierte in seinem Bericht entsetzt:

Ich vergesse, dass ich in Europa bin. Ich habe noch nie solche ungesunden Wohnungen, Pesthöhlen und Brutstätten für jeden Ansteckungskeim angetroffen wie hier.[3]

Nun war klar, dass der Ausbruch der schweren Seuche in einem unmittelbaren Zusammenhang mit den unhygienischen Wohnverhältnissen in der Stadt stand. Hamburgs Senat und Bürgerschaft erkannten, wie wichtig ein übergreifendes Stadtplanungskonzept war. Zunächst wurden baupolizeiliche Vorschriften zur Belichtung und Belüftung der Wohnungen sowie der Anlage von

Aborten verschärft.[4] Von 1902 an wurde das berühmt-berüchtigte Gängeviertel in der Hamburger Altstadt abgerissen.

Helmut Schmidt, in einer bürgerlichen Wohnung mit allem damals üblichen gehobenen Komfort aufgewachsen[5], erlebte unzumutbare Wohnverhältnisse noch selbst. Die Wohnumstände der Adoptiveltern seines Vaters bilden den einen Bezugspunkt seiner frühen Erfahrungen mit den Nöten armer Leute. Wegen der bäuerlichen Atmosphäre erscheinen in seinen Erinnerungen die dortigen Rückständigkeiten wie fehlendes fließendes Wasser und Plumpsklo im Hof allerdings eher als pittoresk. Schockiert zeigte er sich im Alter von etwa zehn Jahren über die Wohnsituation der Familie seiner Klassenkameradin Loki Glaser in den Hinterhofdschungeln der innerstädtischen Mietskasernen. Die Not, die das Kind hier einfühlend wahrnahm, blieb auch dem älteren Schmidt in lebhafter Erinnerung. »Nach dem Krieg bin ich dann – auch wegen dieser Erinnerung – ein überzeugter Verfechter des sozialen Wohnungsbaus geworden.«[6]

Dass er den Beruf des Städtebauers anstrebte, hat also mit einem früh erwachten Empfinden für soziale Ungerechtigkeit und unzumutbare Lebensbedingungen zu tun. Zugleich hat es mit Hamburgs wirtschaftlicher Entwicklung zu tun, die eng mit der Geschichte des Hafens verbunden ist. Auch für den Hafen und seine Bedeutung für die Wirtschaft der Hansestadt innerhalb der Konkurrenz der großen europäischen Hafenstädte interessierte sich ja bereits der 14-Jährige.[7] Dieses Interesse kann ganz als Produkt der »alten« Lichtwarkschule gesehen werden. Dass ein architektonisches oder städtebauliches Konzept bedeutet, dass jeder Baukörper mehr ist als die Summe seiner Einzelteile, lernte Schmidt spätestens mit 17, als er sich für die theoretischen Schriften von Architekten zu interessieren begann. Wenn er solche Gedanken intellektuell fassen konnte, lag das zwar auch an seiner Begabung, den Anstoß zur Auseinandersetzung damit verdankte er aber wohl seiner die ganzheitliche Sicht fördernden Schule.

Das auf die Bedürfnisse der Reformpädagogik zugeschnittene Schulgebäude bedeutete für Helmut Schmidt ästhetische Prägung. In ihrer Formensprache verkörperte der Bau die Moderne. Diese Architektur war noch viel mehr als »Gebäude«. Sie stellte den Menschen in den Mittelpunkt. Form und Inhalt, sprich: pädagogisches Konzept, wurden in Einklang gebracht.

Das Thema Wohnungsbau war politisch hoch aufgeladen, ging es doch um nicht weniger als eine neue Sicht der Verantwortlichkeit des Staates für die Wohnsituation seiner Bürger.[8] Auch das war ein Novum und wurde zum konstitutiven Merkmal des modernen Sozialstaats.[9] Wichtig ist die Tatsache, dass es sich bei der Wohnreformbewegung um ein weit überwiegend bürgerliches Anliegen handelte.[10] Die frühe Sozialdemokratie hatte das Thema zwar wahrgenommen, aber insofern keine Lösungsansätze erarbeitet oder aus anderen Ländern adaptiert, als sie sich eine Verbesserung der Verhältnisse durch die Abschaffung des Kapitalismus versprach.[11] In Hamburg hatte sich die SPD sogar 1899 lange gegen die Gründung von Genossenschaften gewehrt und damit machbare Verbesserungen der Wohnverhältnisse sogar behindert.[12]

Fritz Schumacher, der seine Überlegungen in gut lesbaren und schlüssig argumentierenden Büchern festhielt, war ein reflektierter Analytiker herrschender Zustände. Seine Argumente bezog er nicht aus rein ästhetischen Erwägungen, sondern aus genauer Beobachtung der Gegebenheiten und Bedürfnisse. Seine Lösungsansätze waren immer von ihrer Praxistauglichkeit geprägt. Hierin wird ihm Schmidt ein Leben lang nachtun. Über die von vielen seiner Zeitgenossen zum, wie der Architekt feststellt, Glaubenssatz gemachte Gartenstadtbewegung aus England gibt Schumacher zu bedenken:

Ein Dogma aufzustellen, kann auch verwirrend wirken, nämlich dann, wenn man sich mit dem Phantasiebild der idealistischen Forderung begnügt, ohne nüchtern und realistisch die Durchführung für den individuellen besonderen Fall zu prüfen. Man kann dann leicht dazu kommen, vor schönen Wunschgedanken die Gesichtspunkte für praktische Tat zu verlieren.[13]

An solchen Hinweisen schulte sich beim Leser kritischer Verstand. Darüber hinaus bot Schumacher aber auch Lösungen an. Und er hatte schon vielfach nachgewiesen, dass seine Thesen zutrafen. Was er beschrieb, konnte zudem direkt vor Ort an den Hamburger Originalschauplätzen verifiziert werden.

Man wird niemals abändern können, dass es für Hamburgs eigentlichstes Wesen charakteristisch ist, dass sein gegebenes Arbeitsgebiet geografisch fest gebunden und nur in sehr geringen Grenzen verschiebbar ist. Das Gebiet der gespaltenen Elbe und das mit der Bille in Verbindung stehende Kanalgebiet werden auch für alle Zukunft die Magneten sein für Außenschifffahrt, Binnenschifffahrt und alle Industrien, die mit diesen Betätigungen in irgendeiner Verbindung stehen, oder vom Wasser Nutzen ziehen können. Mit der Unverrückbarkeit des Arbeitsgebietes erhält die ganze Siedlungsfrage ihre charakteristische Prägung. Man kann die Wohnfrage Hamburgs nur von dieser Eigentümlichkeit aus richtig erfassen.[14]

Vielleicht wurde hier schon eine Ortskenntnis angelegt, die bei der Hamburger Flutkatastrophe 1962 die Rettungsmaßnahmen optimieren half. Etwas anderes bestätigte Schumacher erneut: die untrennbare Einheit von sozialem Reformwillen und kulturellem Bestreben. 1926, drei Jahre nachdem er als Oberbaudirektor nach Hamburg zurückberufen war, formulierte er:

Dass hinter der örtlichen Frage eine allgemein-*deutsche* Frage steht, ist oft nachdrücklich betont worden. Aber selbst diese Tatsache müsste noch übertönt werden durch das Verantwortungsgefühl, welches das Bewusstsein auslöst, dass es [sich] hier um das Schicksal der Lebensumstände von tausenden und abertausenden Menschen handelt. Das Problem der Unterelbe ist eine *Menschenfrage*. Man kann sie in vieler Hinsicht als einen Prüfstein dafür betrachten, ob es uns mit den sozialen Kulturbestrebungen ernst ist, von denen wir so gerne reden. Hier kann eine deutsche Kulturtat geleistet werden mit keinem anderen Aufwand als dem geistiger Mittel.[15]

Konkret stand das damals flächenmäßig zersiedelte Hamburg vor dem Problem, die vorhandenen Siedlungsräume tatsächlich unter hamburgische Herrschaft zu bringen. Schumacher stellte diese Problematik deutlich heraus.[16] Das Groß-Hamburg-Gesetz, mit dem die Nationalsozialisten 1937 die Basis für die umfassende Flächenumwidmung im Sinne Schumachers (aber ohne ihn zu nennen) schufen, könnte als großer Wurf einer Erfüllung der »sozialen Kulturbestrebungen« erschienen sein. Die Nationalsozialisten setzten durch, was Schumacher noch als beinahe unüberwindliches Hindernis für die weitere Entwicklung Hamburgs betrachtet hatte: Sie passten die Stadtgrenzen den Bedürfnissen des entstehenden Ballungsraums an und ordneten alte Besitzungen neu zu. Subjektiv betrachtet, verwirklichte sich hier genau die praktische Vernunft, die Schumacher gemeint hatte und die Schmidt sein ganzes Leben lang zu seinem Maßstab machte. Der Junge konnte noch nicht völlig durchschauen, was ihm da für sein späteres Leben mitgegeben wurde. Alles, was den erwachsenen Schmidt auszeichnet, wurde bereits hier angelegt.

»Sozialismus wurde beinahe zu meiner Religion«

Wie sollte ein Jugendlicher, der an einer »Deutschen Oberschule« dazu erzogen wurde, »in den Prachttempel der deutschen Kultur« einzutauchen, um »das Werden, das Wesen und die Bestimmung des deutschen Menschen« zu lernen[17], die rassistische Grundierung der Sprache des Nationalsozialismus von ähnlich klingenden Formulierungen Weimarer Reformer unterscheiden? Wie sollte er Konzepte auseinanderhalten lernen, die sich derselben pathetischen Sprache bedienten? So erging es Schmidt wie fast allen seiner Altersgenossen: Auch er wurde vom herrschenden Mainstream beeinflusst.

Helmut Schmidt erinnert sich in diesem Zusammenhang, unter dem nationalsozialistischen Einfluss sozialistische Ideale entwickelt zu haben.[18]

Ich begriff Sozialismus damals weder im Sinne der SPD noch der KPD – von beiden Parteien hatte ich keine Vorstellung –, sondern vornehmlich als materielle, soziale Gerechtigkeit und als idealistische Solidarität. Es erschien mir ungerecht, dass es Arbeitslose gab, deren Familien, wie diejenige Lokis, jahrelang von einer äußerst geringen Arbeitslosenunterstützung leben mussten; dass begabte Kinder nicht auf die höhere Schule gehen konnten, weil die Eltern das Schulgeld nicht aufbringen konnten; dass überhaupt reiche Leute Vorrechte genossen. Dies alles müsste geändert werden, ohne dass ich dabei von ökonomisch-gesellschaftlichen Strukturreformen irgendeine Vorstellung gehabt hätte.[19]

In der Rückschau äußert er die Vermutung, dass einige seiner HJ-Vorgesetzten[20] Gregor Strassers sozialistische Ideen pflegten[21], führt das aber nicht weiter aus. Damit lässt er auch die Frage unbeantwortet, was eigentlich sozialistisch am Nationalsozialismus war. Denn Strasser war einer der Vordenker des Nationalsozialismus. Er repräsentierte den sogenannten linken Flügel der NSDAP, mit dem zunächst sogar Joseph Goebbels sympathisierte.

Strasser vertrat die Ansicht, dass die kapitalistischen Produktionsverhältnisse abgeschafft, Banken und Schwerindustrie enteignet werden müssten.[22] Zudem bekämpfte er die Verbrüderung Hitlers mit den nationalsozialistischen Junkern, der reaktionären Reichswehrführung und konservativen Politikern wie Alfred Hugenberg, Franz von Papen und Hjalmar Schacht.[23] Sein Programm war rassistisch und antisemitisch. Obwohl er in vielen Fragen andere Ansichten als Hitler vertrat, blieb er einer der einflussreichsten Nationalsozialisten, unter anderem als Reichspropagandaleiter.[24] 1932 überwarf er sich mit Hitler und trat von allen Ämtern zurück. Im Juni 1934 wurde er während einer innerparteilichen Säuberungsaktion, die von der nationalsozialistischen Propaganda als Bekämpfung eines Putschversuchs[25] (»Röhmputsch«) ausgegeben wurde, ermordet.

Aber was heißt es, direkt oder indirekt von der nationalsozialistischen Variante des Sozialismus beeinflusst zu sein? Schmidt betont, er habe keine Vorstellung von »ökonomisch-gesellschaftlichen Strukturreformen« gehabt. Das bedeutet, dass ihm auch die Elemente einer nationalsozialistischen Revolution, wie Strasser sie meinte, nicht geläufig waren. Er bastelte sich auch nicht etwa einen eigenen, naiven »Sozialismus«-Begriff selbst, sondern benutzte den Begriff genauso wie die Nach-Strasser-NSDAP als vage politische Zielvorgabe. Die würde sich schon erfüllen, wenn die Lebensverhältnisse der »Volksgemeinschaft« sich besserten. Das aber verwirklichten die Nazis in den ersten Jahren ihrer Herrschaft: Die Arbeitslosigkeit wurde besiegt. Die Schulbildung wurde auch Kindern aus unteren Klassen ermöglicht.

Dass Letzteres bereits in der Weimarer Republik und besonders an der »alten« Lichtwarkschule umgesetzt worden war, wie sich unter anderem an Loki Glaser zeigte, erwähnt Schmidt nicht. Dabei waren in seiner Schule die gesellschaftlichen Zustände ein alles durchdringendes Thema. Seine Sinne für die Ungerechtigkeit der Welt waren schon längst geschärft, als die Nazis an die Macht kamen. Es bedurfte eigentlich gar nicht der Anregung durch HJ-Führer. So zeigt sich in seiner späteren Zuordnung, dass der nationalsozialistische Einfluss, den er so wenig zu spüren meinte, sein Denken tatsächlich weitaus intensiver lenkte, als er annahm. Insbesondere wurde offenbar viel von dem überlagert, was er zuvor schon erlernt hatte.

Wie umfassend die Indoktrination war, zeigt sich auch an der Art und Weise, wie noch der betagte Helmut Schmidt die Strukturen und Hierarchien der Hitlerjugend erinnert: »Der Sozialreferent des Marine-HJ-Bannes in Hamburg erschien mir einfach deshalb als eine besonders wichtige Instanz, weil er armen HJ-Kameraden helfen konnte.«[26]

Das Einbimsen von Hierarchien, Diensträngen und Kriegsauszeichnungen war konstitutives Merkmal der ideologischen Vereinnahmung.[27] Damit wurde der sprachliche und strukturelle Rahmen geschaffen, in dem dann das überall propagierte Führerprinzip auch inhaltlich funktionierte. Victor Klemperer hat 1947 in einer Studie über die Sprache des »Dritten Reichs« herausgearbeitet, wie die nationalsozialistisch besetzten Begriffe in die Köpfe eingehämmert wurden.[28] Sprachliche Traditionen des »Dritten Reichs« wirken bis heute nach, so etwa die Verwendung von Begriffen wie »Halbjude« oder »Vierteljude«, wahrscheinlich auch »Gutmensch«. Statt in der Rückschau die Perfidität zu diskutieren, mit der die gutgläubigen Jugendlichen durch eine nur dem Anschein nach soziale Fürsorge auf Linie gebracht wurden, bleibt Schmidts Darstellung unreflektiert. Wesentlich wäre gewesen, seine Vorstellungen von »Sozialismus« – und seien sie noch so vage gewesen – vom Nationalsozialismus zu unterscheiden. In seinen Notizen aus der Kriegsgefangenschaft hielt er für 1936 neben dem zu seinem Rauswurf aus der Hitlerjugend führenden Vorfall als weitere Stichworte »Sozialismus, erstes Erkennen der Missstände in Nazideutschland« fest. Welche Missstände ihm da aufgefallen waren, notierte er nicht.

Ab 1936 herrschte in Deutschland Vollbeschäftigung.[29] Auch Loki Schmidts Vater hatte wieder Arbeit. Die Remilitarisierung des Rheinlandes im März 1936 machte Hitler noch populärer.[30] Willy Brandt, der heimlich in der zweiten Jahreshälfte Deutschland besuchte, gewann den Eindruck, dass das Regime durch die Arbeitsbeschaffung selbst in Kreisen von Deutschen, die ehemals links gewählt hatten, Befürworter gefunden hatte.[31] Die Olympischen Spiele in Berlin verschafften Nazideutschland einen internationalen Achtungserfolg. Ganz allgemein werden die ersten Jahre der nationalsozialistischen Herrschaft als die Jahre angesehen, in denen die politischen Schachzüge dazu führten, dass der Rückhalt des Regimes in der Bevölkerung auf bis zu 90 Prozent anstieg.[32]

Helmut Schmidt wird einem Jugendfreund während des Krieges 1939 schreiben, Sozialismus sei gegen Ende der Friedenszeit beinahe zu seiner Religion geworden.[33] Dies ist eine überraschende Selbstauskunft von jemandem, der sich als unpolitisch verstand. Aber er war ja auch nicht unpolitisch. Den Nationalsozialismus betrachtete er genauso kritisch, wie er alles, was ihn interessierte, analysierte. Dabei fand sich eben auch manche

Übereinstimmung mit eigenen Vorstellungen. In der Kriegsgefangenschaft wird er 1945 notieren, dass er sich immer wieder
an »einzelne NS-Ideen angenähert« habe, und stellt »die Ideen
von Gemeinschaft und Sozialismus« heraus.[34]

Das NS-Schlagwort »Gemeinnutz geht vor Eigennutz« fand
meine volle Zustimmung. Ich wusste nicht, dass Brüderlichkeit, Kameradschaft oder Solidarität lange vor den Nazis als
Grundwerte entwickelt und von diesen nur oberflächlich übernommen worden waren.[35]

Auch hier zeigt sich erneut, was er selbst gar nicht wahrnahm: die
Korrumpierung der von der »alten« Lichtwarkschule vermittelten Werte in den Jahren der Herrschaft des Nationalsozialismus.

»Ich lag jede Woche viele Nachmittage und Abende in meinem kleinen Zimmer, um zu lesen«

Völlig abgeschnitten von den Bildungsidealen der »alten« Lichtwarkschule wurde Helmut Schmidt nicht. Nachdem die Kulturkunde als Schulfach abgeschafft und die traditionelle Fächertren-
nung wieder eingeführt worden war, bekam Schmidts Klasse 1934
als Deutschlehrerin Erna Stahl. Die damals 34-jährige Pädagogin
war strikte Gegnerin der Nationalsozialisten. Sie unterrichtete
seit 1928, zunächst als Referendarin, an der Lichtwarkschule und
enthielt sich dabei zwar jeglicher entsprechender Meinungsäußerung, fiel aber durch die Auswahl betont unpolitischer Stoffe
auf. Auch das galt schon als politisches Statement gegen den Zeitgeist. Sie verweigerte den »deutschen Gruß«, die Mitgliedschaft
im Nationalsozialistischen Lehrerbund und in der NSDAP und
wurde wegen ihrer Unbeugsamkeit 1935 an eine andere Schule
zwangsversetzt.

Der kurze Zeitraum, in dem Helmut Schmidt ihre Persönlichkeit erlebte, war von großer Bedeutung für die Entwicklung seiner literarischen Interessen, erinnert er sich und stimmt darin

mit seiner Frau überein. Stahl lud Schüler aus ihren Klassen zu privaten Leseabenden in ihre Wohnung. Meist waren dies ältere Schüler. Doch 1934 kamen dann aus der neuen Deutschklasse auch Helmut Schmidt und Loki Glaser dazu, ebenso wie Herbert Meinke, mit dem Schmidt 1933 in die Hitlerjugend eingetreten war. Aus dem Kern dieser Schülergruppe entstand später eine Hamburger Widerstandsgruppe, die als Hamburger Zweig der »Weißen Rose« bekannt ist und mit zahlreichen anderen Hamburger Widerstandsgruppen konspirierte. Erna Stahl blieb für ihre ehemaligen Schüler der moralische Fels in der Brandung. Anfang Dezember 1943 wurde sie im Zuge einer Verhaftungswelle im Hamburger Widerstand festgenommen und erst 1945 befreit. Rückblickend schreibt Helmut Schmidt über Erna Stahl:

Sie hat großes Verdienst daran, dass die gleichzeitige Beeinflussung durch HJ und BDM unsere Aufnahmebereitschaft und unser Empfinden nicht auf jenen geistlosen, grobschlächtig-primitiven Blut-und-Boden-Mythos einengen konnte, der damals im Schwange war. Ich erinnere mich, dass sie mit uns Goethe gelesen hat, Hans Carossa, Albrecht Schaeffer und Thomas Mann – auch Lyrik.[36]

Die Autorennamen, an die er sich erinnert, verweisen auf ein subversives Element der Lesezirkel von Erna Stahl, das Schmidt nicht erwähnt: Mit Texten von Albrecht Schaeffer und Thomas Mann lasen die Schüler verpönte Autoren. Als Erna Stahl die Klasse übernahm, war es gerade ein Jahr her, seit die Nationalsozialisten mit den Bücherverbrennungen ihr erstes Fanal geschaffen hatten. Helmut Schmidt will erst nach dem Krieg davon erfahren haben: »Von den Bücherverbrennungen am 10. Mai 1933 habe ich damals nichts erfahren: erst nach dem Krieg habe ich von diesem Mord an der Literatur gehört.«[37]
Berlin, wo am 10. Mai 1933 die Bücherverbrennungen begannen, war in der Tat weit weg. Bücher wurden aber auch in anderen deutschen Städten öffentlich verbrannt. Im Hamburger Stadtteil Eimsbüttel wurden am 15. Mai 1933 die Werke »undeut-

scher« Autoren auf den Scheiterhaufen geworfen. Schaeffer und die Brüder Mann befanden sich genauso darunter wie zahlreiche Autoren, deren Werke vor 1933 im Kulturkundeunterricht der Lichtwarkschule für den literarischen Gegenwartsbezug gestanden hatten. Insgesamt soll es in Hamburg bis Ende Mai 1933 sogar an fünf verschiedenen Orten zu Bücherverbrennungen gekommen sein.[38]

Hamburg nahm bei der Bekämpfung des »undeutschen« Geistes eine Vorreiterrolle ein, was auch darauf zurückzuführen ist, dass hier die demokratische Bildungsreform schon weit fortgeschritten war und – aus Sicht der NSDAP – durch besonders scharfe Maßnahmen zurückgenommen werden musste.[39] Bereits unmittelbar nach den Wahlen vom 3. März 1933, die Hitler an die Macht brachten, begannen die Hamburger Öffentlichen Bücherhallen, aus ihren Beständen »unerwünschte« Titel auszusondern.[40] Derselbe Hamburger Direktor der Öffentlichen Bücherhallen, der diese Anweisung gab, verfasste die bis 1936 reichsweit gültige Liste auszusondernder Bücher.[41] Die pseudorituellen Verbrennungen waren nur ein Teil der umfassenden Propaganda-»Aktion wider den undeutschen Geist«. Per Plakatanschlag wurden die Forderungen der Bewegung in die Öffentlichkeit getragen:

Es klafft heute ein Widerspruch zwischen Schrifttum und deutschem Volkstum. Dieser Zustand ist eine Schmach. [...] Unser gefährlichster Widersacher ist der Jude, und der, der ihm hörig ist. Der Jude kann nur jüdisch denken. Schreibt er deutsch dann lügt er. [...] Wir wollen die Lüge ausmerzen. [...] Wir wollen [...] Stätten [...] der Zucht und der politischen Erziehung. [...] Wir fordern Wille und Fähigkeit zur selbständigen Erkenntnis. [...] Wir fordern den Willen zur Überwindung des jüdischen Intellektualismus und der damit verbundenen liberalen Verfallserscheinungen im deutschen Geistesleben.[42]

Dass diese Vorgänge im Lesezirkel von Erna Stahl unkommentiert blieben, ist wenig wahrscheinlich. Stahl vermittelte ja ihren

Schülern gerade den unantastbaren Wert von Literatur. Die Bücherverbrennung traf das sensibelste Organ der heranwachsenden Leser: ihre Neugier auf Bücher. Die staatlichen Verbote wurden denn auch gebrochen – ein Akt der Widerständigkeit. Die Liste der in den Lesezirkeln Stahls studierten verbotenen Autoren ist lang und reicht von Franz Werfel über Henri Barbusse bis zu Arnold Zweig, Ludwig Rubiner, Jakob Wassermann und Ernst Toller.[43] Von Erna Stahl ist zudem überliefert, dass sie extrem vorsichtig vorging. Sie wird die Schüler nachdrücklich gewarnt haben. Wenn also Schmidt und seine spätere Frau bei Lesungen verbotener Autoren tatsächlich dabei waren, wie er selbst sich erinnert, so müssen sie über das Verbot und damit implizit auch über den »Mord an der Literatur« informiert gewesen sein.

Texte von Thomas Mann kursierten auch noch unter Stahlschülern, als Helmut Schmidt nicht mehr an den Leseabenden teilnahm. Die Weitergabe des Briefs, den Thomas Mann nach seiner Ausbürgerung und Aberkennung der Ehrendoktorwürde der Universität Bonn Ende 1936 geschrieben hatte, war später im Verratsprozess gegen Erna Stahl vor dem Volksgerichtshof ein wesentlicher Anklagepunkt.[44] Schon die Beschaffung von Manns in der ganzen Welt veröffentlichtem offenem Brief gegen das menschenverachtende, kriegstreiberische nationalsozialistische Regime war strafbar, die Weiterverbreitung bedeutete im pervertierten Rechtsverständnis der Nationalsozialisten Hochverrat.[45]

»Sie hat dafür gesorgt, dass ich im Umriss verstand, was Humanismus bedeutet, und auch, dass Literatur und Lesen Bildung ist«[46], sagt Helmut Schmidt. Die Grundlagen für dieses Verständnis waren zwar sicherlich bereits im Elternhaus gelegt, die Bewusstmachung dürfte aber tatsächlich in den diskutierfreudigen Zirkeln Erna Stahls erfolgt sein. Ihr guter Einfluss bewirkte, dass Schmidt sich bis zum Abitur trotz der zeitraubenden Dienste bei der Marine-HJ durch die Bücherschränke seiner Eltern und die Bestände öffentlicher Bibliotheken arbeitete. Besonders interessierten ihn Geschichtsbücher.[47] Literarisch erschloss er sich mit der Lektüre von Puschkin, Turgenjew, Zola, Maupassant, Balzac, Shaw, Wilde, Galsworthy und Hamsun die Romane von gleich vier Nationen.[48] Im entscheidenden Moment entfernte Schmidt sich jedoch von der inspirierenden Lehrerin. Der politische und nun subversive Aspekt der stahlschen Kulturauffassung und -vermittlung blieb ihm verborgen. Bezeichnenderweise wurden weder er noch seine spätere Frau Mitglieder des »Inner Circle« um Erna Stahl, aus dem heraus sich eine Widerstandsgruppe entwickelte. Das könnte damit zu tun gehabt haben, dass die meisten der beteiligten ehemaligen Schüler und Schülerinnen Stahls älter als Schmidt waren. Gegen diese Erklärung spricht aber, dass Stahls engster Vertrauter der knapp ein Jahr jüngere Herbert Meinke wurde, der mit Schmidt gemeinsam in die Hitlerjugend eingetreten war. Helmut Schmidts und Loki Glasers Teilnahme an Leseabenden in der Wohnung der Lehrerin endete offensichtlich mit deren erzwungenem Weggang von der Lichtwarkschule 1935.

Über die Lichtwarkschule wird Erna Stahl später urteilen:

Die Entwicklung nach 1933 hat mich die Schule in ihrer geistigen Haltung anders sehen gelernt, als ich sie bis dahin gesehen hatte. Als ich 1945 selber die Leitung einer Schule übernahm, da wurde diese Schule mit vollem Bewusstsein *keine* Lichtwarkschule.[49]

Sowohl Helmut Schmidt als auch seine Frau verwenden – ob bewusst oder unbewusst – in ihren Erinnerungen den Hinweis auf den guten Einfluss Erna Stahls wie ein Vehikel für eine ganz andere Botschaft. Stahl, kombiniert mit dem Geist der »alten« Lichtwarkschule, habe sie immun gemacht gegen die nationalsozialistische Vereinnahmung, will das sagen. Zahlreiche Autoren verstanden dies zumindest so und hinterfragten es nicht weiter.[50] Helmut und Loki Schmidt sind zu denjenigen ehemaligen Schülern der Lichtwarkschule zu zählen, deren Erinnerungen Joist Grolle als »glättend« bezeichnete, nachdem die Forschung ergeben hatte, wie umfassend die ehemalige Reformschule gleichgeschaltet worden war.[51] Die Popularität der Schmidts trug dazu bei, eine Legende zu verfestigen. Erna Stahls Urteil über die Haltung der Schule bestätigt im Nachhinein, dass die Nationalsozialisten auf durchaus fruchtbaren Boden fur die ideologische Umprogrammierung der Lichtwarkschüler stießen. Ihren Schüler Helmut Schmidt ordnete Erna Stahl anders ein als er sich selbst, berichtet er 1992: Als man sich nach 1945 wiedertraf, sagte sie ihm, für sie habe er auf der Gegenseite gestanden.[52] Wie wenig ihn Stahl interessierte, belegt eine Randbemerkung über ihr Wirken im Hamburger Schulwesen. Als er sie wiedertraf, habe sie »sehr resolut eine Schule im Sinne der alten Lichtwarkschule« geleitet.[53] Ein Irrtum.

»Ich werde nie vergessen, was ich auf dem Felde des Sports meiner Schule zu verdanken habe«[54]

Ein Lehrer beeindruckte den jungen Helmut Schmidt besonders: der Turnlehrer Ernst Schöning. Immer wieder würdigt Schmidt auch ihn als Vorbild, wenn er über seine eigene Vergangenheit nachdenkt.

Er war ein gütiger Mann mit großem Einfühlungsvermögen in die Pubertätsprobleme heranwachsender Jungen. Zugleich verstand er es, unseren sportlichen Ehrgeiz zu wecken und uns zu fordern.[55]

Bei Schöning fand Schmidt, was er bei seinem Vater vermisste. Der Sportlehrer half, die während Schmidts Pubertät erheblichen Spannungen zwischen Vater und Sohn[56] zu kompensieren. Zwischen Vater und Sohn schwelte ein schwerer Generationenkonflikt, erinnert sich Schmidt.[57] Schöning wurde das männliche Vorbild, das der Vater nicht sein wollte oder konnte. Beeindruckt war der Jugendliche auch von den soldatischen Fähigkeiten des Lehrers. Noch 2010 betont Schmidt im Gespräch mit Fritz Stern diesen Aspekt seines Vorbilds:

Er war nicht nur ein sehr netter Kerl, tüchtiger Pädagoge, er war im Ersten Krieg auch Chef einer MG-Kompanie gewesen, genau wie Heinrich Brüning. [...] der Respekt vor einem Mann, der im Krieg eine MG-Kompanie geführt hatte, der war allgemein.[58]

War das Führen einer MG-Kompanie tatsächlich ein allgemein-gültiges Bewertungskriterium für besonderen Respekt? Die »alte« Lichtwarkschule und der staatsbürgerliche Unterricht in der Weimarer Republik hatten sich antimilitaristische Ziele gesetzt. Bis 1933 wurden im Kulturkundeunterricht der Licht-warkschule diverse pazifistische Autoren rezipiert und ihr Werk mit Krieg, Kriegsfolgen und Kriegsvermeidungsstrategien in Beziehung gesetzt.[59] Wie in anderen Teilnehmerstaaten des Welt-kriegs genossen die Veteranen eher keinen besonderen Nimbus. Im weitesten Sinn wurden sie von der fortschrittlichen Gesell-schaft als verlorene Generation betrachtet, nur in konservativ gesinnten Kreisen wegen ihrer Tapferkeit bewundert.

Diametral entgegengesetzt war die Rezeption von Krieg und Militarismus erst seit 1933. Dies zeigte sich unter anderem an der Einführung des Wehrsports, mit dem frühzeitig die künftigen Soldaten für ihren Einsatz körperlich fit gemacht werden sollten. Im Turnunterricht wurde seither auch das Schießen zum Beispiel mit Kleinkaliberwaffen geübt.[60]

Es wird der bewunderte Lehrer selbst gewesen sein, der sich seinen Schülern und den neuen Machthabern als soldatisches Vorbild empfahl. Ernst Schöning erwies sich als einer der Lehrer, die sich sofort nach der Übernahme der Schule den neuen Her-ren als Gleichgesinnte zeigten. Sein leibeserzieherisches Ideal ließ sich bestens mit den Vorstellungen der Nationalsozialisten vereinbaren, wie er fand. In zahlreichen Veröffentlichungen nach 1933 verdeutlichte er die Parallelen zwischen seinen Vorstellun-gen und denen des Nationalsozialismus.[61]

Bei Zindler stieß er damit auf offene Ohren. Der Schulleiter, der sich vorgenommen hatte, den »roten Saustall« auszumisten, entdeckte schon bald, dass nicht alles in der »alten« Lichtwarkschule schlecht gewesen war. Kurz nach seinem Amtsantritt trug er in einem in mehreren Zeitungen besprochenen Vortrag öffentlich vor, dass zwar der geisteswissenschaftliche Unterricht eine Haltung »geistiger Großschnauzigkeit« mit »völligem Mangel an Selbstkritik« und »grenzenloser Überheblichkeit« hervorgebracht habe. Zugleich begrüßte er aber den »Geist, der bei den Leibesübungen gepflegt worden ist«.[62] Durch den täglichen Sportunterricht entwickelte sich der schmächtige Helmut Schmidt zum durchtrainierten Sportler. Ein aus seiner Schulzeit für das Abiturjahr erhalten gebliebener Wertungsbogen bescheinigt ihm in fast jeder Übung gute und sehr gute Leistungen.[63] Sportlehrer Ernst Schöning hatte die Wertungsbögen selbst entwickelt, ursprünglich, um die sportliche Leistung wissenschaftlich valider zu machen und damit zugleich den Beruf des Sportlehrers aufzuwerten, der damals noch als unwissenschaftlich galt.[64]

Bereits in der Weimarer Republik hatte er sich publizistisch dafür eingesetzt, den Wertungsbogen flächendeckend einzuführen.[65] Während dieser Zeit argumentierte er noch nicht mit etwaigen Interessen des Staates an gut trainierten Schülern.[66] Das holte er nach der Einführung des Wehrsports umgehend nach. Den Nationalsozialisten diente er sein Konzept als überaus nutzbringend für die Erfassung der Wehrtüchtigkeit an.[67] Von nun an erzog der alte Soldat neue Soldaten.

Mit Erfolg: Loki Schmidt erinnerte sich, dass ihr späterer Mann zur Zeit des Abiturs »wie ein Musterbeispiel für Bodybuilding« ausgesehen habe.[68] Auf seine damalige Sportlichkeit ist Helmut Schmidt auch heute noch stolz. Und selbst 2010 noch verbindet sich in seiner Erinnerung das Ergebnis der körperlichen Ertüchtigung mit der militärischen Bestimmung. »Wir hatten sechs Tage in der Woche je eine Stunde Turnen. Deswegen war ich auch ein guter Sportsmann, als ich hinterher zum Militär kam.«[69]

»Als Achtzehnjähriger [war ich] auf dem Wege,
Kommunist zu werden«

Gleich nach dem Abitur 1937 meldete Helmut Schmidt sich zum Wehrdienst. Zu den Jahrgängen, die 1937 einberufen worden wären, zählte er nicht. Wie andere Abiturienten auch habe er sich vorzeitig freiwillig gemeldet, um das geplante Studium nicht unterbrechen zu müssen, erinnert er sich.[70]

So häufig, wie Schmidt annimmt, kam es gar nicht vor, dass Abiturienten sich vorzeitig zum Wehrdienst meldeten. Er weist selbst darauf hin, dass gleichaltrige Abiturienten, die 1937 ihr Studium aufnahmen, erst 1940 und 1941 eingezogen wurden.[71] Dass für den Wehrdienst die Berufsausbildung unterbrochen werden musste, traf also nicht zwingend zu, nicht einmal in Kriegszeiten. Die Wehrpflicht begann zwar mit Vollendung des 18. Lebensjahrs, laut Wehrgesetz wurden junge Männer jedoch in der Regel in dem Jahr zum Wehrdienst eingezogen, in dem sie das 20. Lebensjahr vollendeten.[72]

Voraussetzung für den aktiven Wehrdienst war die Erfüllung der Arbeitsdienstpflicht.[73] Diese war aus dem schon 1931 während der Weltwirtschaftskrise von der Reichsregierung Brüning gegründeten freiwilligen Arbeitsdienst für arbeitslose Jugendliche und junge Erwachsene hervorgegangen.[74] Der Arbeitsdienst sollte zwar von den Nationalsozialisten anfänglich als Instrument zur Bekämpfung der Massenarbeitslosigkeit fortgesetzt werden.[75] Hinzu traten aber die Aufgaben, ein neues Arbeitsethos zu schaffen, zur vormilitärischen »Ertüchtigung« beizutragen und eine neue »Volkskultur« zu etablieren.[76] Die ideologischen Vordenker betrachteten den Arbeitsdienst als das beste Mittel, die vom Nationalsozialismus propagierte »Volksgemeinschaft« tatsächlich herzustellen.[77]

Dieses Ziel gedachte man zu erreichen, indem man zum einen die Dienstpflicht für alle männlichen Jugendlichen einführte. Zum anderen sollten während der Dienstzeit erzieherisch noch bestehende Klassen-, Herkunfts- und Bildungsunterschiede bei den Arbeitenden nivelliert werden.[78] Zur Ableistung der sechsmonatigen Dienstpflicht wurden die jungen Männer in Lagern kaserniert und einem strikten Regelwerk unterworfen. Die Unterbringung erfolgte weit überwiegend in extra dafür entworfenen Baracken. An Arbeiten wurden nur einfachste Tätigkeiten von den Männern gefordert.[79]

In der Phase, in der Helmut Schmidt seinen Arbeitsdienst absolvierte, war das pädagogische Programm bereits weit gediehen.[80] Unter anderem setzte es auf körperliche Abhärtung, politische Indoktrination, Disziplinierung und die Vermittlung eines spezifischen Männlichkeitsverständnisses.[81] Arbeitsbeschaffungsmaßnahmen waren 1937 nicht mehr notwendig, sodass der Arbeitsdienst nun ausschließlich der völkischen Erziehung und gleichzeitigen Vorbereitung auf den Wehrdienst diente.[82]

Helmut Schmidt kam Anfang April 1937 in ein Arbeitslager in Reitbrook in den Vierlanden. Dort musste er beim Bau eines Deichs an der Dove Elbe mitarbeiten. »Ausgerechnet« der Reichsarbeitsdienst sei es gewesen, der seine innere Ablehnung der Nazis verstärkt und beschleunigt habe.[83]

Ich kam unter den sehr bewussten, zielgerichteten Einfluss eines Kommunisten, durch den ich beinahe selber zum Kommunisten geworden wäre. Er war einige Jahre älter und erheblich erwachsener als ich und hatte als Seemann die Welt gesehen. Hinzu kam noch etwas anderes: Der politische Unterricht in unserem Lager war effektiv schwachsinnig; der RAD-Feldmeister trug uns primitivste Nazi-Ideologie vor, die er mit offenbar angelesenen, aber nicht verstandenen Beispielen aus der Geschichte anzureichern versuchte. Das stank vielen von uns; ich dachte: genau das Gegenteil muss man glauben! So war ich als Achtzehnjähriger auf dem Wege, Kommunist zu werden.[84]

Die Zahl der in den Lagern des Reichsarbeitsdienstes in die Köpfe eingehämmerten politischen Schwachsinnigkeiten und Naziparolen ist Legion. Die Simplizität der ideologischen Schulung war ja gerade Prinzip in den Lagern, wo ganz unterschiedliche Altersgruppen aus unterschiedlichen Schichten mit unterschiedlichem Bildungshorizont zusammentrafen.

Beispiele für Behauptungen, von denen man »das Gegenteil [...] glauben« musste, nennt Schmidt nicht. Der sich immer noch unpolitisch Wähnende erklärt auch nicht, warum das Gegenteil von Naziideologie der Kommunismus sein sollte. Eine solche Sicht erfordert politische Auseinandersetzung und Positionierung. Oder war es ein Reflex? Leider hilft Schmidt hier in der Rückschau auf den eigenen politischen Entwicklungsprozess nicht weiter. So lässt die vage Beschreibung nur den Schluss zu, der sich schon zuvor aufdrängte: Der junge Schmidt war in seinem Urteil leicht zu beeinflussen. Und noch etwas geht aus dieser kurzen Episode hervor: Er wollte an ein alles erklärendes politisches System glauben, das fähig wäre, soziale Probleme zu lösen.

In seiner Freizeit engagierte er sich nicht politisch: An freien Wochenenden traf er sich mit seiner Freundin Loki und konzentrierte sich ganz auf die gemeinsamen künstlerischen Interessen. Beide klapperten – wie früher seine Mutter – Galerien und Kunstläden ab.[85] Sie liebten es, Werke des französischen Impressionismus und des deutschen Expressionismus anzuschauen.[86]

Lang dauerte die kommunistische Phase nicht an. Sie endete mit der Trennung Schmidts von seinem kommunistischen Kameraden[87], die erfolgte, weil Schmidts Vorgesetzte sein künstlerisches Talent für sich entdeckt hatten. Er wurde vom »Dienst mit dem deutschen Spaten« freigestellt, weil die Zimmer von zwei Feldmeistern und die Kantine des Lagers mit Bildern von ihm geschmückt werden sollten.[88] Daraufhin zog er in den Vierlanden herum und aquarellierte »mit Begeisterung«, wie er sich erinnert, Bauernhäuser, Bockmühlen, die Dove Elbe, Deiche, Wiesen und Bäume.[89]

So einfach konnte der begeisterungsfähige Jugendliche »auf Linie« zurückgebracht werden? Nein: Er geriet im Lager nun unter einen anderen Einfluss. Schmidt befreundete sich mit dem Sohn eines Hamburger Einzelhändlers, der ihm neue Horizonte erschloss.[90] Auf Anregung des literarisch gebildeten Kameraden las er die russischen Dichter Tolstoi, Dostojewski und Leskow.[91] Der französische Romancier Marcel Proust beeindruckte ihn weniger.[92] Ob sein neues Vorbild ihn zur Lektüre von »geschichtsphilosophischen oder geschichtsideologischen« Büchern animierte, weiß Schmidt nicht mehr genau.[93] Wohl aber, dass er mit seinem Kameraden darüber diskutierte.[94] Wieder waren es Bücher aus der Sammlung seines Vaters, die ihn beschäftigten: José Ortega y Gassets *Aufstand der Massen*, Gustave Le Bons *Psychologie der Massen*.[95] Beide Bücher beeindruckten ihn sehr.[96] »Von da an sah ich die Massenaufmärsche und Parteitage der NSDAP vor dem Hintergrund dieser Schriften.«[97] Was das bedeutet, führt er nicht aus. Gerade Le Bon erfuhr eine sehr zweischneidige Rezeption, denn auch Hitler zählte nicht nur zu seinen Bewunderern, sondern nahm sogar in *Mein Kampf* zahlreiche Thesen des französischen Arztes und Anthropologen auf.[98] In der entsprechenden Lesart schien sich das Buch auch als Schule der Diktatoren zu eignen.[99] Eigentlich aber war Le Bons immer noch lesenswertes Buch das Produkt der genauen Beobachtung gesellschaftlicher Meinungsbildungsprozesse und politischer Massenphänomene durch einen enttäuschten Demokraten.[100] Schmidt, der bis zum Ende des Krieges nichts von Demokratie gehört hat, wie er immer wieder betont, überlas offensichtlich, dass Le Bon in seinen Schlussüberlegungen ungeachtet seiner Bedenken und seiner Kritik die Demokratie noch immer für die beste aller möglichen Regierungsformen hielt.[101]

Trotz aller Schwierigkeiten ihrer Arbeitsweise bilden die Parlamentsversammlungen die beste Regierungsform, die die Völker bisher gefunden haben, um sich vor allem möglichst aus dem Joch persönlicher Tyrannei zu befreien. Sie sind jedenfalls das Ideal einer Regierung, wenigstens für Philosophen, Denker, Schriftsteller, Künstler und Gelehrte, kurz für alle, die den Gipfel einer Kultur bilden.[102]

Der belesene und mit zahlreichen Aspekten von Kultur vertraute ehemalige Lichtwarkschüler hätte sich zu Recht einer solchen Bildungselite zugeordnet. Jedenfalls stärkte das Erleben der primitiven Verhältnisse, Denkweisen und Menschen während seiner Dienstzeit im Lager nicht sein Zugehörigkeitsgefühl zur »Volksgemeinschaft«, sondern eine elitäre Abscheu vor der »Masse«. 1945 notierte er über die Zeit im Arbeitsdienst: »Nietzsche, französische Literatur, Ernüchterung über das Erlebnis der unteren Klassen ...«[103]

Sein Arbeitskamerad habe unter vier Augen unverhohlen abfällig über die Nazis gesprochen, erinnert er sich.[104] Vor dem Hintergrund der Erfahrung mit dem plumpen Drill und den stumpfsinnigen politischen Parolen auf dem Niveau der »einfachen Leute« ergab sich die Abwehr aus dem Überlegenheitsgefühl. Daran, dass Schmidt sich nicht zur Masse zählte, die im elitären Verständnis der konservativen Autoren die »unteren Klassen« stellte, kann kein Zweifel bestehen. Die Funktionsweisen der »Masse« hatten Le Bon und Ortega y Gasset ausbuchstabiert. Bewusst selbst erlebt hatte Schmidt das Phänomen Masse, abgesehen vom Arbeitsdienst, insbesondere bei seiner Teilnahme am Adolf-Hitler-Marsch und dem anschließenden Reichsparteitag in Nürnberg.[105] Selbst noch in späten Jahren hält er an seiner – unzutreffenden – Schlussfolgerung fest, der Nationalsozialismus habe besonders gut bei Ungebildeten Fuß fassen können. Das Gegenteil ist der Fall.[106]

Ergänzt wurde seine Lektüre im Sommer 1937 durch Nietzsche und Oswald Spengler. Ihn beeindruckte Spenglers *Der Untergang des Abendlandes*.[107] Er las das Buch zwar nur teilweise, erinnert sich aber noch ein halbes Jahrhundert später, wie fasziniert er war, erstmals eine umfassende Deutung der Geschichte zu lesen, die frei von NS-Ideologie war.[108] Aber war sie das wirklich? Spengler, der sich zwar deutlich vom Nationalsozialismus distanzierte, war dennoch mit seinen radikal antidemokratischen Thesen und seinem Führerglauben ein wichtiger Vordenker des Nationalsozialismus.

Helmut Schmidt las fast alle zum Kanon der intellektuellen

Wegbereiter des Nationalsozialismus zählenden Autoren wie Houston Stewart Chamberlain oder Thomas Carlyle, mal mehr, mal weniger zustimmend.[109] Noch im Jahr 2010 kam er im Gespräch mit dem Historiker Fritz Stern auf die damals gelesenen Titel und wiederholte fast wortwörtlich seine früheren Einschätzungen.[110] Stern korrigierte, widersprach und ergänzte Schmidts seit 1937 unveränderte Sicht in vielen Punkten.[111]

Erstaunlich ist, dass er, der zuvor unter dem Einfluss Erna Stahls schon umfassend Werke der europäischen Romanliteratur und Geschichtsbücher seines Vaters studiert und diskutiert hatte, nun die Lektüre von Autoren der konservativen Revolution als intellektuelles Schlüsselerlebnis erinnert. Der Vater, der in seinem Bücherschrank all die Werke vorhielt, die den älteren Sohn nun so faszinierten, hatte auch Remarques bei den Bücherverbrennungen öffentlich vernichtetes Antikriegsbuch *Im Westen nichts Neues* aufbewahrt und so dem Sohn zugänglich gemacht. Schmidt, der gerade zum Soldatsein gedrillt wurde, war vom Realismus des Romans tief berührt und dachte später während des Krieges oft an das Buch.[112] Mit seinem Vater sprach er aber offenbar nie über die gemeinsamen Lektüren.

Noch während der Ableistung des Arbeitsdienstes erfuhr Helmut Schmidt den größten Schock, den er nach eigenem Bekunden in den Jahren der Nazidiktatur erlitt.[113] Im Juli 1937 war in München die Ausstellung »Entartete Kunst« eröffnet worden, die zahlreiche der künstlerischen »Idole«[114] Schmidts als »entartet« diffamierte. Er war empört darüber und rechnet es bis heute der Kunstpolitik der Nationalsozialisten zu, dass er selbst kein Nazi wurde.[115]

Wehrdienst

*»Seit 1937 bin ich jedem bewussten NS-Einfluss so gut
wie entzogen gewesen«*

Einen Monat nach dem Ende des Arbeitsdienstes trat Helmut
Schmidt seinen Wehrdienst an. Dem hochpolitischen Aspekt
der Wehrpflicht unter der Herrschaft der NSDAP schenkt er in
seinen Erinnerungen keine Beachtung. Die Wehrmacht spielte
jedoch in Machtgefüge und Propagandasystem des NS-Staats
eine bedeutende Rolle. Ihre Strukturen betrafen natürlich auch
das Verhältnis des einfachen Rekruten zum »Kommiss«.
Zwischen 1919 und 1935 gab es in Deutschland keine allgemeine Wehrpflicht mehr. Der Vertrag von Versailles gestand den
Deutschen nur ein 100 000-Mann-Heer zu, in dem Freiwillige
dienten.

Viele junge deutsche Männer der sogenannten weißen Jahrgänge 1901 bis 1913 erhielten deshalb keine militärische Ausbildung und durchliefen auch nicht die als »Schleifen« verschrienen
Prozeduren. Die jüngere Männergeneration der im Jahr 1933
20- bis 32-Jährigen war nicht in der Reichswehr und nicht wie
zahlreiche Generationen davor soldatisch sozialisiert. Den Wehrdienst zu erfüllen war während der Weimarer Republik nicht
mehr traditioneller Bestandteil männlicher Lebensläufe.[116] Allerdings gab es seit Beginn der 20er Jahre eine Debatte, statt der
Wehrpflicht eine Sportpflicht einzuführen, um die jungen Männer körperlich zu ertüchtigen.

Die allgemeine Wehrpflicht wurde erst 1935 von den Nationalsozialisten wieder eingeführt und bedeutete einen flagranten

Verstoß gegen den Vertrag von Versailles. Mit der Einführung am 16. März 1935 verkündete Hitler die Aufstockung der nun in Wehrmacht umbenannten Reichswehr auf 560 000 Mann bis 1939. Kurz davor hatte das Regime öffentlich gemacht, dass trotz Verbots eine deutsche Luftwaffe existierte. Aus dem Ausland hatte es deshalb Proteste gehagelt, verbunden mit Warnungen vor den kriegerischen Absichten, die sich mit der deutschen Aufrüstung zeigten. Der Wehrdienst war spätestens seit Bestehen der allgemeinen Wehrpflicht in Preußen ab 1813 nationalistisch aufgeladen. Daran knüpften nun die Nationalsozialisten an. Sie fanden in der Wehrmachtsführung willige Exekutoren. Dort hieß es:

Wenn heute der ganzen Nation in der Wehrpflicht das Wehrrecht wiedergegeben wird, das ein Feinddiktat ihr nahm, dann erhält die Wandlung des deutschen Volkes, die mit dem 30. Januar 1933 begann, wehrpolitisch einen Abschluss. Wer heute mit offenen Sinnen das deutsche Volk versteht, der weiß, dass wir in der Wiederkehr der alten Wehrform nicht allein die Möglichkeit begrüßen, die fehlende nationale Sicherheit zu schaffen, sondern in der allgemeinen Wehrpflicht die nationale Schule unserer jungen Menschen sehen, von welcher der Führer bekannte, dass ihr das deutsche Volk vor dem Großen Kriege »alles« verdankte.[117]

Die »nationale Schule« prägte einen ganz eigenen Pflichtbegriff. Der Ursprung des von Schmidt vielfach beschworenen Pflichtgefühls ist zumindest partiell hier zu finden – ohne dass Schmidt sich dessen bewusst zu sein scheint.

Wenn nun in deutschen Landen für alle Wehrfähigen die Tore der Kasernen sich wieder öffnen werden, die bisher nur einer kleinen Zahl von auserlesenen Freiwilligen offen standen, so wird die Masse unserer Jugend wieder den Segen einer Pflicht verspüren, die vom Ganzen der Nation her dem Leben des einzelnen seinen Sinn gibt. Wenn in den kommenden Jahren in jedem Haus und jedem Beruf durch die Dienstpflicht die feste innere Verbindung zur Wehrmacht des nationalsozialistischen Reiches hergestellt sein wird, dann wird die Bindung des einzelnen an diesen nationalsozialistischen Staat noch fester werden als bisher. [...] Wenn in Zukunft die deutsche Jugend wieder durch die Schule der allgemeinen Wehrpflicht geht, wird ein freieres Geschlecht in Deutschland wachsen als in den trüben Jahren nach Versailles. Denn hier wird eine Pflicht zum Recht, und nur in solchem Recht liegt die wahre Freiheit.[118]

Helmut Schmidts vorzeitiger Antritt des Wehrdienstes kann in diesem Kontext auch als bewusstes Bekenntnis zur Militarisierung und den damit verbundenen politischen Aspekten gedeutet werden. Nicht nur Helmut Schmidt, sondern auch andere Absolventen der Lichtwarkschule zog es zur Armee. Schmidts ehemaliger Schulkamerad Helmut Scaruppe erinnert sich, unter jungen Hamburgern sei Anfang der 40er-Jahre sehr kritisch wahrgenommen worden, dass viele Abiturienten der Lichtwarkschule sich freiwillig gemeldet und Offizierskarrieren gemacht hatten. Das sei angesichts des pazifistischen Ansatzes der Schulidee überraschend gewesen und auch enttäuschend.[119]

Grundsätzlich ist zu bedenken, dass Abiturienten wegen ihrer schulischen Qualifikation für Offizierslaufbahnen prädestiniert waren.[120] Bereits in der Hitlerjugend besetzten vorwiegend Schüler höherer Schulen die Führungspositionen. Hier wurden die Jungen propagandistisch bearbeitet, sich als zukünftige Angehörige der deutschen Wehrmacht zu fühlen. Das auch in früheren Zeiten schon geltende Auswahlkriterium »höhere Schulbildung« ordnete nun die Kinder und Jugendlichen in paramilitärische Hierarchien ein. Dies führte dazu, dass die jungen ehemaligen Gefolgschafts- oder Scharführer sich – wie ihre Untergebenen – nahtlos in die Strukturen der Wehrmacht einfügten. Jugendliche aus Helmut Schmidts Generation, insbesondere aber die etwas jüngeren Jahrgänge, wuchsen im Nationalsozialismus von klein auf in militärische Strukturen hinein. Es war allerdings keineswegs so, dass alle Abiturienten auch Offiziere werden wollten.[121]

Zwei Jahre Wehrdienst einfach irgendwie abzusitzen war schwer möglich. Von den jungen Männern wurde weitaus mehr erwartet als das Erlernen des Umgangs mit den Waffen und militärischer Drill. Dem Wehrgesetz von 1935 zufolge sollte die Wehrmacht nicht nur »Waffenträger«, sondern auch »soldatische Erziehungsschule des deutschen Volkes«[122] sein. Alle Erläuterungen zur »Wiedergeburt« der Wehrmacht nahmen unmittelbar Bezug auf Äußerungen Hitlers zur Erziehung des »neuen deutschen Menschen«.[123] Der hatte in *Mein Kampf* die »volkserzieherische Bedeutung« der Wehrmacht mehrfach hervorgehoben.[124] »Im völkischen Staat«, heißt es da auf Seite 459, »soll das Heer nicht mehr dem Einzelnen Gehen und Stehen beibringen, sondern es hat als die letzte und höchste Schule vaterländischer Erziehung zu gelten.«[125] Auch diese Erziehung habe »unter dem Gesichtspunkt der Rasse ihre letzte Vollendung im Heeresdienst« zu erhalten.[126] Die Militärdienstzeit solle als Abschluss der normalen Erziehung gelten.[127] Hitlers Reichswehrminister Werner von Blomberg schloss daraus:

Der Dienst in der Wehrmacht ist also die letzte und höchste Stufe in dem allgemeinen Erziehungsgang des jungen Deutschen vom Elternhaus über die Schule, die HJ und den Arbeitsdienst. Das Erziehungsziel der Wehrmacht ist nicht nur der gründlich ausgebildete Kämpfer und Herr der Waffe, sondern auch der seines Volkstums und seiner allgemeinen Staatspflichten bewusste Mann.[128]

Die Armeeoberen stellten auch heraus, dass sie es mit ganz anderem Menschenmaterial als noch zu Kaisers Zeiten zu tun hatten.[129] Es komme eine »junge Mannschaft in die Wehrmacht, voll des besten Willens, aufnahme- und einsatzbereit, begeistert, aber auch eine politisch vielfach durchgebildete, ehrfühlende, sehr wache und zur Kritik befähigte Jugend«.[130]
Blinder Gehorsam kam im Katalog der gewünschten Eigenschaften zwar auch vor, fand sich jedoch gleichrangig neben Menschlichkeit, offenem Herzen oder lebendiger Kamerad-

schaft.[131] Eigenschaften und Erfordernisse wurden dialektisch gedacht. Härte erforderte danach auch Menschlichkeit, Drill auch Erziehung, blinder Gehorsam ein offenes Herz und lebendige Kameradschaft usw.[132] Der reine Untertanengeist oder bloßes Funktionieren waren in diesem theoretischen Verständnis von aktiver Teilhabe am – nationalsozialistischen – Ganzen gerade nicht gefragt.

Dementsprechend sollte auch das Offizierskorps seine traditionell elitäre Haltung gegenüber den Mannschaften aufgeben und neue Umgangsformen entwickeln. Die an der Uniform erkennbaren Rangabzeichen seien kein Kennzeichen besonderer Vorrechte, sondern »Merkmale überlegenen Persönlichkeitswertes, gesteigerter Verantwortungsfreude, größeren Wissens und Könnens und nicht zuletzt von erzieherischen Eigenschaften«.[133]

Es muss das stolze Ziel jedes Führers und Unterführers sein, täglich daran mitzuarbeiten, dass die Dienstzeit in der Wehrmacht unserer Jugend die Überzeugung und das Gefühl für das Leben gibt, in der härtesten, gerechtesten, saubersten, aber auch in der kameradschaftlichsten und fürsorglichsten Schule gedient zu haben.[134]

Diese Äußerungen waren keine reine Rhetorik. Schon durch die indirekte Teilnahme an der Ausschaltung der Parteiopposition 1934 (Stichwort »Röhmputsch«) hatte die Reichswehrführung ihre staatspolitische Zuverlässigkeit bewiesen.[135] Die Reichswehr war zum integralen Bestandteil der »Führer«-Diktatur geworden.[136] Der Ausbau des 100 000-Mann-Heeres der Republik von Weimar zum 560 000-Mann-Heer war ein durch und durch nationalsozialistischer Akt. Anfang 1937 stellte Hitler Partei und Wehrmacht als die beiden »auf ewig verschworenen Garanten für die Behauptung des Lebens des deutschen Volkes« heraus.[137]

Der junge Helmut Schmidt war in der Aufbauphase der Wehrmacht Rekrut. In dieser Phase wurde die von Hitler und der Wehrmachtsführung angestrebte »geistige Erziehung« der Soldaten verfestigt. Dabei hatten zwar die traditionellen soldatischen Aufgaben Vorrang vor der weltanschaulichen Indoktrination.[138] Die Rekruten, die weit überwiegend bereits durch die Jugendorganisationen der NSDAP und den Reichsarbeitsdienst »auf Linie« gebracht worden waren, mussten allerdings auch nicht mehr in den Grundlagen unterrichtet werden. Der geistige Veränderungsprozess ergab sich aus vielfältigen Anstrengungen der Wehrmachtsführung und der Oberbefehlshaber von Heer, Marine und Luftwaffe, den Soldaten einen neuen Gemeinschaftsgeist zu vermitteln, der ihnen ihre Position innerhalb der Volksgemeinschaft und im Bezug zum »Führer« vergegenwärtigte.[139] Die Kommandeure gaben das Erziehungsziel unterschiedlich an ihre Untergebenen weiter. Ein General der Kavallerie zeigte sich froh darüber, dass das Volk begonnen habe, »in seiner seelischen Haltung den Gleichschritt des Heeres aufzunehmen«.[140] Ein Divisionskommandeur des Heeres forderte auch von Unteroffizieren, »immer tiefer in die nationalsozialistische Weltanschauung einzudringen und sie sich völlig zu eigen zu machen«.[141]

Bis 1939 verschmolzen Wehrmacht, Partei und Weltanschauung immer mehr.[142] Bereits seit Anfang Februar 1934 zeigte die Reichswehr nach außen ihre Verbundenheit mit dem Nationalsozialismus: Sie trug die Hoheitszeichen der NSDAP an Dienstmütze, Stahlhelm und Uniformrock.[143] Unmittelbar nach dem »Röhmputsch« veränderte die Reichswehr Anfang August 1934 die 1933 eingeführte Formel für den Soldateneid. Hatten die Soldaten in der Weimarer Republik auf die Verfassung und die gesetzmäßigen Einrichtungen des Staates geschworen und nach der Machtübernahme der Nationalsozialisten von 1933 den Dienst an Volk und Vaterland beschworen, beeideten sie nun auf Betreiben der Reichswehrführung:

Ich schwöre bei Gott diesen heiligen Eid, dass ich dem Führer des Deutschen Reiches und Volkes, Adolf Hitler, dem Oberbefehlshaber der Wehrmacht unbedingten Gehorsam leisten und als tapferer Soldat bereit sein will, jederzeit für diesen Eid mein Leben einzusetzen.[144]

Dem Soldaten musste wie dem »Volksgenossen«, der er ja auch war, klargemacht werden, dass »der Führer Deutschland« sei und Deutschland der »Führer«.[145]

*»Gott sei Dank, jetzt sind wir endlich im einzig
anständigen Verein«*

Am 4. November 1937 trat Helmut Schmidt seinen Wehrdienst an. Für ihn begann dieser mit einer großen Enttäuschung.[146] Der Abiturient hatte sich für die Bodentruppen der Luftwaffe zur sogenannten Flugabwehr (»Flak«, »Flugabwehrkanone«) entschieden, weil er davon ausging, den Wehrdienst in seiner Heimatstadt Hamburg absolvieren zu können.[147] Noch am Abend des 4. November wurde er jedoch nach Grohn nördlich der 100 Kilometer von Hamburg entfernten Hafenstadt Bremen verlegt.[148] Dort war gerade eine neue Kaserne errichtet worden, die mit dem Flakregiment 27 belegt wurde.[149]

Die Wehrmacht hatte zwar die Absicht verfolgt, im Zuge der Aufrüstung Bremen zum Standort eines neuen Flakregiments zu machen, war aber an der Ablehnung durch den Bremer Senat gescheitert.[150] Deshalb einigte sich die Luftwaffe mit der damals preußischen Gemeinde Grohn über den Neubau einer Garnison.[151] In den Gebäuden befindet sich heute die private Jacobs University. Helmut Schmidt hielt bei der Einweihung eine Rede.

Die Kaserne war erst seit April 1937 in Betrieb. Schon die Belegung der neuen Gebäude mit den beiden Batterien aus Wolfenbüttel wurde zum Propagandaereignis.

Trotzdem die Ankunft der ersten Flak-Abteilungen offiziell nicht bekannt gegeben worden war, hatte sich das Gerücht bald wie ein Lauffeuer in Grohn und den Nachbargemeinden verbreitet, so dass gestern eine vieltausendköpfige Menschenmenge den Grohn-Vegesacker Bahnhof und die Hauptstraßen Grohns bis hin zum Grohner Feld besetzt hielt. [...] Unter den Klängen des Kreismusikzuges wurden auf dem Güterbahnhof die Wagen und Geschütze ausgeladen. Dann marschierte die Abteilung unter Führung von Hauptmann Ullrich mit geschultertem Gewehr und im Rhythmus zur neuen Garnison, überall von der die Straßen säumenden Menschenmenge freudig und mit erhobenem Arm begrüßt.[152]

Längst war die Bevölkerung konditioniert, die Wehrmacht als militärischen Arm des »Führers« wahrzunehmen.

Schmidts Pech war wohl, dass das in Grohn neu zusammengestellte Regiment auf Sollstärke gebracht werden musste und dazu eben Rekruten aus der ferneren Umgebung herangezogen wurden. Rekrut Schmidt wurde der 4. Batterie der I. Abteilung des Regiments zugeteilt. Hier lernte er das Bedienen von Flugabwehrkanonen, mit denen aus der Luft angreifende Feinde vom Himmel geschossen wurden.

Die Flak war eine völlig neue Waffengattung, die sich technisch rasch fortentwickelte. Die taktischen Grundsätze stellten durchaus eine intellektuelle Herausforderung dar und erforderten beste Kenntnisse technischer Zusammenhänge[153], dazu ein besonderes räumliches Vorstellungsvermögen, da das Schießen im dreidimensionalen Raum gegen schnelle Ziele zu erfolgen hatte.[154] Die Ausbildung hielt für die jungen Rekruten nicht nur Schmutz und Schweiß bereit, sondern auch den aufregenden Umgang mit neuer Waffentechnik.

Schmidts Zorn über den »Betrug« verflog schnell. Die neun Rekruten, mit denen er eine »Stube« teilte, wurden seine Bezugspersonen.[155] In dieser Zeit entstanden Freundschaften, die ein Leben lang hielten.

In unserer Stube gab es keinen Nazi, und nachdem wir uns näher kennengelernt hatten, stimmten wir überein in der ausdrücklichen Überzeugung: »Gott sei Dank, jetzt sind wir endlich im einzig anständigen Verein.« Es gab keinerlei NS-ideologische Berieselung, so dass unsere Batterie uns nach der Zeit in der HJ und beim RAD wie eine Oase vorkam.[156]

Merkten sie nicht, dass sie mittendrin waren im Herrschaftsapparat der NSDAP? Als ein Antragsformular der Hamburger NSDAP bei ihm eintraf, wand er sich aus dem geforderten Eintritt heraus. Es brauchte lange Überlegung, bis er wagte, der zuständigen Kreisleitung eine Absage zu schicken mit der Begründung, er sei jetzt Soldat und wolle sich auf die Wehrpflicht konzentrieren, »über das Weitere solle man erst danach reden«.[157] Durch die Absage wollte er keinen Verdacht wecken, schreibt er in seinen Erinnerungen. Denn »natürlich« habe er »Angst vor möglichen Folgen« gehabt.[158] Diese Furcht war jedoch ganz unbegründet. Denn schon ein Verweis auf das Wehrgesetz und die darin vorgeschriebene parteipolitische Enthaltsamkeit der Soldaten hätte als Begründung der Absage genügt.[159] Soldaten durften während ihrer Dienstzeit zudem weder passiv noch aktiv an Wahlen und Abstimmungen teilnehmen.[160]

Dass er überhaupt einen Antrag zugeschickt bekam, ist bemerkenswert. Denn seit 1933 herrschte bei der NSDAP eine Aufnahmesperre, die erst 1939 wieder aufgehoben wurde. Es gab allerdings einige Ausnahmeregelungen. Eine betraf das Hervortreten als Nationalsozialist in den Parteiorganisationen wie HJ oder BDM. Danach muss Schmidt der Gruppe derjenigen zugerechnet worden sein, die sich in der HJ der Ehre der Aufnahme in die Partei würdig erwiesen hatten. Er selbst vermutet, dass die Partei nichts von den Umständen seines Abgangs bei der Marine-HJ mitbekommen hatte.[161]

»I still cherish the memory of the Strandlust, the Havenhaus und the brewer's agent Taake«

Was nun anstand, war zunächst der »blöde, endlos ausgedehnte Kasernenhofdrill, der manchmal zirkusähnliche und oft schikanöse Formen annahm«.[162] 68 Jahre nach seinem Eintritt in die Wehrmacht geriet der Altkanzler am Ort seiner Militärausbildung dennoch noch einmal ins Schwärmen. Als Keynote-Speaker der Eröffnung der International University Bremen auf dem Gelände der Flakkaserne Grohn erzählte er im Jahr 2003 den illustren Gästen aus aller Welt:

From the time of my youth, I have felt a special sympathy for the partner city of Bremen – in particular for this very town Grohn-Vegesack, where I spent two years in basic training: face-left, face-right, running, pushups. All pretty senseless, but I still cherish the memory of the Strandlust, the Havenhaus, and the brewer's agent Taake. Incidentally, does the »Grauer Esel« still exist?[163]

Schmidt zeigte mit diesem Fokus der Erinnerung, was ihn als Jugendlicher während seines Wehrdienstes am meisten interessiert hatte. In der Kaserne Grohn wurde er nicht nur »geschliffen«, sondern man konnte mit seinen Kumpel »die Sau rauslassen«. Fern von der spannungsreichen Beziehung zum Vater genoss Schmidt eine neue Form persönlicher Freiheit.

Trotz des ganzen Systems politischer und ideologischer Vereinnahmung, das auf ihn einwirkte, bedeutete der Wehrdienst in seiner Persönlichkeitsentwicklung – wie später noch für fast alle Jugendlichen und jungen Männer, die sich beim »Bund« wiederfanden – den großen Schritt hin zur Mannwerdung. Vor allem in Bezug auf das Rollenbild erfolgte diese in einer sehr traditionellen und – aus heutiger Sicht sowieso – fragwürdigen Art.[164]

Für den knapp 19-jährigen Schmidt ging es ganz einfach darum, sich auszuleben. Die Wehrdienstzeit bot hierzu auch deshalb Gelegenheit, weil die Soldaten in Grohn mit dem Bremer Vorort Vegesack ein überaus beliebtes Ausflugsziel mit zahlreichen Kneipen und Gaststätten direkt vor der Tür hatten. Die regelmäßigen Treffen der eingeschworenen Gruppe um Schmidt in der Bierhandlung Taake in der Hafenstraße führten zur Namensgebung der »Taakerunde«. Zur wohl von der Artussage inspirierten Tafelrunde gesellte sich der Batteriechef Hauptmann Paul Ullrich, der Schmidts Karriere in der Wehrmacht später sehr fördern sollte.

Noch als die Mitglieder durch den Krieg in alle Winde verstreut waren, hielt Schmidt mit Rundbriefen den Kontakt. Schmidt hat viele Freunde und die besondere Gabe, sie auch über Jahrzehnte zu erhalten. An keinen Freundeskreis erinnert er sich jedoch mit solcher innigen Verbundenheit wie an die »Korporäle« und ihren »alten Capitano«.[165]

Soweit der Krieg uns am Leben ließ, haben diese Freundschaften sich auch später erhalten; inzwischen allerdings sind einige meiner engen Freunde gestorben; ich bin ziemlich einsam nachgeblieben.[166]

Reverenz an die gemeinsam erlebte sturmfreie Zeit? Saufen, Quatschen und Mädels prägten die Freizeitinteressen der Heranwachsenden wie Generationen von Rekruten vor und nach ihnen. Die jungen Mädchen im dörflichen Bremer Norden dürften dem Abiturienten mit dem entwaffnenden Grinsen zumindest manchen verstohlenen Blick zugeworfen haben.

Hier hatte er einiges zu kompensieren. Sein Kontakt zur Jugendfreundin Loki riss fast ab. Von seiner Seite war unerwiderte Liebe der Grund. 1934 war ihm aufgefallen, dass er für das Mädchen, das so gern mit ihm stritt, mehr empfand als bloße Freundschaft. Erste Annäherungen hatten ihn bestärkt, dass Loki seine Gefühle teilte.[167] Doch blieb er für sie lediglich der Schulkamerad mit ähnlichen Interessen. 1935 verliebte sie sich in einen einige Jahre älteren Maler.[168] Nun hatte sie viel weniger Zeit für ihren Verehrer Helmut.

Noch 1945, als er längst mit ihr verheiratet war, nahm in seinen autobiografischen Notizen die Erinnerung an seine Verunsicherung breiten Raum ein. Für 1936 notierte er, dass er Loki nur noch selten sah und sein Versuch, »die Oberhand zu gewinnen«, misslungen war.[169] Emotionale Abhängigkeit diagnostizierte er – durchaus hellsichtig für sein Alter – selbst, als er festhielt, dass er sich von der »undurchsichtigen« Loki »emanzipierte«.[170] Während des Arbeitsdienstes habe dann die »endgültige Emanzipation« von Loki« begonnen.[171] War das Schwanken zwischen unterschiedlichen Einflüssen Symptom dieses Abnabelungsprozesses und Ausdruck seines Bedürfnisses nach einer Bezugsperson, mit der er wirklich alles teilen konnte? Für die folgenden Jahre erscheinen zahlreiche Namen von Mädchen in seinen Notizen.[172] Mit Loki traf er sich zwar auch gelegentlich, aber eher zufällig. 1939 registrierte er das Ende der Liebelei mit dem Malerfreund. Aber die Jugendliebe war in weite Ferne gerückt. Gerade in dieser Zeit erlebte er seine ersten sexuellen Erfahrungen, mit einem anderen Mädchen.[173] Den Zeitraum unmittelbar vor dem Beginn des Zweiten Weltkriegs erinnerte er 1945 als die »unbeschwerteste« Zeit seiner Jugend.[174]

»Wir haben in der Kaserne nicht einmal die ›Reichskristallnacht‹ mitgekriegt«[175]

Helmut Schmidt vertritt bis heute die Ansicht, dass die zur Wehrpflicht eingezogenen Jugendlichen in Friedenszeiten vom »alltäglichen normalen Leben« der Gesellschaft vom ersten Tag an weitgehend isoliert und deshalb dem Einfluss der Nationalsozialisten völlig entzogen gewesen seien.[176] Das mag zutreffen, wenn als »Einfluss« nur die direkte Indoktrination verstanden wird. Indirekt hatte die Ideologie längst alle Lebensbereiche durchdrungen. Die großen außenpolitischen Umwälzungen nahmen die jungen Männer durchaus wahr. Im März 1938 war Österreich annektiert worden, im September desselben Jahres marschierten die Deutschen in die Tschechoslowakei ein. Als Unrecht empfanden die jungen Soldaten das nicht. Vielmehr hatte die Propaganda, der sie ausgesetzt waren, bereits gut gewirkt.

Wir glaubten, dass das Sudetenland, das – wie ganz Böhmen – bis 1918/19 zu Österreich gehört hatte, den Österreichern durch den »Versailler Schandvertrag« widerrechtlich weggenommen worden sei. Und da nun seit dem März 1938 Österreich ein Teil des Deutschen Reichs geworden war, was auch viele Nicht-

Nazis unter den österreichischen und deutschen Bürgern begrüßt hatten, erschien es uns lediglich natürlich, dass das deutschsprachige Sudetengebiet jetzt zum Deutschen Reich kam.[177]

Woher wusste er, der so abgetrennt von allem normalem Leben zu sein vermeinte, von den vielen von der Annexion begeisterten »Nicht-Nazis«? Aus dem Batterie-Sachunterricht, den der verehrte Hauptmann Ullrich jeden Samstagmorgen erteilte?[178] Durch eigene Anschauung? Tatsache ist: Auch die Bevölkerung des Sudentenlandes bejubelte weit überwiegend frenetisch den »Anschluss«.

Schmidt verschweigt, dass sein Flakregiment an der Besetzung des Sudetenlandes teilnahm. Er berichtet nur, dass er als »junger Spund« befördert worden sei.[179] Anlässlich der »Sudetenkrise« ernannte man ihn trotz seiner Jugend – er war noch nicht volljährig – zum Geschützführer.[180] Im Zuge der »De-facto-Teilmobilmachung« waren viele Reservisten eingezogen worden, die weniger Erfahrung im Umgang mit den hochmodernen Waffen hatten als er.[181] Sein erstes Kommando innerhalb der Wehrmacht hatte er über Männer, die älter waren als er. Das Befehligen war er ja bereits aus der Hitlerjugend gewohnt. Er genoss den neuen Status in der militärischen Hierarchie: »Ich hatte sechs oder sieben erwachsene Männer unter mir und musste von ihnen mit ›Herr Geschützführer‹ angeredet werden. Ich kam mir sehr wichtig dabei vor.«[182]

Für seinen Einsatz wurde er mit der »Erinnerungsmedaille an den 1.10.1938« ausgezeichnet.[183] Aufzeichnungen des Flakregiments sind nicht überliefert, sodass Einsatzorte und Ereignisse nicht aus Militärquellen rekonstruierbar sind. In wenigen Tagen nach der Besetzung des Sudetenlandes durch die deutschen Truppen kam es bereits zu Terrorakten gegen die einheimische jüdische Bevölkerung.[184] Mit der Wehrmacht waren Einsatzgruppen des Sicherheitsdienstes der SS einmarschiert und hatten sofort mit »Säuberungen« begonnen.[185] Von der weitgehend bereits nationalsozialistisch radikalisierten nichtjüdischen Bevölkerung wurden rassistische Übergriffe verübt.[186] Sie gingen nahtlos in die Novemberpogrome über.[187]

Einen Eindruck von der Aufmerksamkeit, die das Flakregiment bei seiner Rückkehr aus dem ersten kriegerischen Einsatz erfuhr, geben zeitgenössische Zeitungsberichte. Die NSDAP organisierte am 19. Oktober 1938 einen Riesenempfang für die erfolgreichen Eroberer. Unter der Überschrift »Unsere Flaksoldaten sind wieder da« jubilierte der Autor der *Norddeutschen Volkszeitung:*

Gestern gegen 1 Uhr mittags traf unsere Grohner Flak, aus dem Sudetenlande kommend, wieder in der Heimat ein. [...] Es waren so allerhand Strapazen zu überwinden, aber dennoch zeigten sich die Mannschaften frisch und winkten den zahlreichen sie in den Straßen Vegesacks und Grohns erwartenden Volksgenossen zu. [...] Schon an der Auebrücke wurden den Soldaten Blumen in die Wagen geworfen und das ging so fort, bis sie an der Kaserne anlangten. Auf dem Kasernenhof hatten die hier gebliebenen Abteilungen Aufstellung genommen, darunter eine Ehrenbatterie unter Gewehr, sowie das Offizierskorps, gemeinsam mit der Politischen Leitung, Kreisleiter Lange, Bürgermeister Klatte, Bürgermeister Westphal und Polizeileutnant Westphal.[188] [...] In kurzer Ansprache wandte sich dann Major Hiller an die politische Leitung und seine Offiziere, um zunächst Dank für den herzlichen Empfang zu sagen [...]. Er sprach von dem großen Glück, dass es ihm vergönnt gewesen sei, an der Großtat unseres Führers, der Befreiung des Sudetenlandes mitzuwirken, und jetzt wolle man wieder in der Heimatgarnison an die Arbeit gehen, um weiter für Führer und Volk tätig zu sein. Bürgermeister Westphal überreichte Major Hiller als Erinnerung ein Bild Adolf Hitlers. [...] Wir haben ja alle unsere Grohner Flaksoldaten so lieb gewonnen.[189]

Auch spätere Propagandafahrten der verschiedenen Abteilungen des Flakregiments durch die umliegenden Ortschaften zeigen, dass die Wehrmacht keineswegs abseits der Bevölkerung existieren wollte und sollte.[190] Über die Propagandaaktionen anlässlich des seit 1937 jährlich begangenen »Tages der Wehrmacht« heißt es:

> Es war ein schöner Ausdruck der Volksverbundenheit unserer Wehrmacht und sie hat bei uns in diesem Jahre wieder die schönsten Früchte der Volksgemeinschaft, im Sinne eines nationalsozialistischen Soldatentums für das Winterhilfswerk reifen lassen.[191]

Abgesehen davon war die Kaserne für den Standort ein Wirtschaftsfaktor. Nicht nur Schmidt und seine »Taakerunde« waren in ihrer Freizeit in den örtlichen Vergnügungsstätten unterwegs, sodass von gesellschaftlicher Isolation[192], wie Schmidt sie erinnert, keine Rede sein kann. Außerdem fand schon deshalb ein Informationsaustausch statt, weil viele der Reservisten aus den umliegenden Orten stammten und zahlreiche »weiße Jahrgänge« aus dem Umland hier ihre Kurzlehrgänge absolvierten.

Genau zwei Wochen nach dem blumenbekränzten Empfang durch die Bevölkerung begannen die als »Reichskristallnacht« verharmlosten Pogrome gegen die jüdische Bevölkerung Deutschlands und der annektierten Gebiete. Der 9. November 1938 war ein Mittwoch. In der Kaserne wurde der ganz normale Dienst versehen.

> Sonderbarerweise kann ich mich nicht daran erinnern: Am 9. November 1938, als diese Dinge geschahen, habe ich davon zunächst nichts gemerkt; im allwöchentlichen Batterieunterricht kam dergleichen nicht vor, Zeitungen las man nicht, und während des Sonntagsurlaubs war für mich alles andere wichtiger, als zu wissen, was in der Welt vor sich ging.[193]

War es überhaupt möglich, die Ereignisse nicht wahrzunehmen? Nicht nur Richard von Weizsäcker und Fritz Stern, denen gegenüber Schmidt diese Version 1994 beziehungsweise 2010 bekräftigte, bezweifeln die Möglichkeit einer völligen Unkenntnis. Beide – und auch andere Schmidtbiografen – leiteten ihre Zweifel aus dem allgemein belegbaren Umfang der Übergriffe und ihrer Sichtbarkeit ab. In seiner bedeutendsten Rede sagte Weizsäcker 1985 zum 40. Jahrestag des Kriegsendes sinngemäß, dass niemandem habe entgehen können, was passierte, wenn er es denn wissen wollte. 20 Jahre später wies Schmidt für sich persönlich diese These erneut zurück. Im Gespräch mit Weizsäcker beschrieb er die Kaserne als Schutzzone, die die einfachen Soldaten von der Außenwelt abschirmte.[194]

In der unmittelbaren »Außenwelt« Schmidts im Norden Bremens kam es allerdings am 9. und 10. November nicht nur zu Übergriffen gegen jüdische Geschäfte sowie Beleidigungen, Demütigungen und wahllosen Verhaftungen jüdischer Einwohner, sondern auch zu drei brutalen Morden. Einer dieser Morde wirkte noch in der Nacht des 9. November direkt in die Kaserne hinein. Es geschah etwas, das die Geisteshaltung und die Befehlsfolge vorzeichnete, die zu Voraussetzungen für den reibungslosen Völkermord werden sollten.

Vorausgegangen waren diverse Telefonate zwischen den Verantwortlichen, um die aus München ergangenen Befehle, die zu den reichsweiten Ausschreitungen führten, auch wirklich richtig zu interpretieren.[195] Den SA-Schergen in Bremen-Nord machte ein Teil des Befehls, den ihnen die Kreisleitung der NSDAP übermittelte, Kopfzerbrechen. »Wenn der Abend kommt, darf es keine Juden mehr in Deutschland geben. Auch die Judengeschäfte sind zu vernichten.«[196] Nachfrage: »Was soll denn tatsächlich mit den Juden geschehen?«[197] Antwort: »Vernichten!«[198] So ganz sicher waren sich die Beauftragten immer noch nicht und fragten bei der vorgesetzten SA-Brigade in Bremen nach. Frage: »Wir haben hier so einen verrückten Befehl. Hat das mit dem seine Richtigkeit?« Antwort: »Jawohl.« Frage: »Was heißt vernichten?« Antwort: »In Bremen ist bereits die Nacht der langen Messer im Gange. Ja, Fritz, es ist so, wir müssen handeln.«[199]

So kam es in unmittelbarer Nähe der Kaserne Grohn in der Nacht zum 10. November 1938 zu den drei Morden. In der Bahnhofstraße, einer Hauptstraße im südöstlich an Grohn anschließenden Burgdamm, etwa zwei Kilometer von der Kaserne entfernt, wurden der Arzt Adolph Goldberg und seine Frau Martha von SA-Männern erschossen. In Platjenwerbe starb Leopold Sinasohn.

Die Umstände ihres Todes sind durch Täteraussagen aus dem Strafprozess nach 1945 belegt. Der Befehl lautete:»Vernichten, verschwinden lassen!«[200] Der Obermonteur Leopold Sinasohn wurde in seinem Haus überfallen und ermordet. Danach brachten die SA-Leute ihn mit einem Lieferwagen auf ein Feld und verscharrten die Leiche dort.[201]

Leopold Sinasohns mittlerer Sohn Waldemar erfuhr vom Tod seines Vaters noch in derselben Nacht in der Kaserne Grohn. Dort leistete der 1913 geborene christlich erzogene Sohn einer christlichen Mutter seinen sogenannten Drei-Monats-Lehrgang ab, bei dem die »weißen Jahrgänge« noch nachträglich eine militärische Grundausbildung erhielten.[202] Irgendjemand muss die Kaserne informiert haben.[203] Denn Waldemar Sinasohn wurde von seinem »Spieß« vom Tod seines Vaters benachrichtigt. Ihm wurde sogar ein Wagen der Wehrmacht zur Verfügung gestellt, um möglichst schnell zum Tatort zu kommen.

Der Spieß hat mich hereingeholt in sein Zimmer und gesagt: Sie müssen mal ganz schnell nach Platjenwerbe fahren. Und dann hat er mich in einen Wagen gesetzt und dann hier zu Bellmer gefahren und dann war da der Polizist und John Bellmer war da und dann haben die gesagt: Es ist was Schreckliches passiert. Vadder ist umgebracht. Und da hab ich natürlich gedacht, er wäre vielleicht überfallen worden. Was anderes habe ich gar nicht gedacht.[204]

Am selben Tag, den 10. November 1938, wurde mittags um 14 Uhr 30 von SA-Leuten vor Pressevertretern und örtlichen Parteioberen die Synagoge in Aumund niedergebrannt. Diese kleine Synagoge befand sich etwa zwei Kilometer nordwestlich der Kaserne Grohn. Auf Fotos von der Brandstiftung erkennt man das klare

Wetter. Von der Kaserne aus muss die Rauchsäule sichtbar gewesen sein.

Leopold Sinasohn und seine sportlichen Söhne waren überaus angesehene und allseits bekannte Bewohner Platjenwerbes.[205] Die Anteilnahme im Dorf war entsprechend groß. Die Leiche des Vaters wurde schnell gefunden, denn einer seiner Arme ragte noch aus dem Boden. Trotz Verbots durch die NSDAP beerdigte der evangelische Pastor Leopold Sinasohn heimlich auf dem Friedhof der Gemeinde.

Sowohl der Mord an Leopold Sinasohn als auch die Morde an den Goldbergs führten zu empörten Reaktionen in der Bevölkerung. Die Chronik eines Freundes der Sinasohns, der nach dem Mord die Vormundschaft für den minderjährigen jüngsten Sohn Sinasohns übernommen hatte, hielt fest, dass das ganze Dorf in großer Aufregung war und Aufklärung und Sühne verlangte.[206] In Burgdamm herrschten ohnmächtige Empörung, heftige menschliche Erschütterung oder Sprachlosigkeit über den Tod der Goldbergs.[207] Viele Menschen sollen geweint haben.[208] Der Ortsgruppenleiter der NSDAP meldete später in einem Tätigkeits- und Stimmungsbericht für den Monat November, über die »Judenaktion« habe er »sehr verschiedene, unzufriedene Ansichten der Bevölkerung« gehört.[209]

Die Nachricht von den Morden hatte sich wie ein Lauffeuer unter den Einwohnern der unmittelbar betroffenen Orte verbreitet, obwohl offizielle Informationen unterdrückt wurden. In den Zeitungen wurden die Morde verschwiegen.[210] Dennoch nahmen die Gerüchte ihren Lauf. Dass dies innerhalb des Mikrokosmos Kaserne anders gewesen sein könnte, erscheint unwahrscheinlich.

Felix Aber, der damalige Rabbiner der Jüdischen Gemeinde in Bremen, wurde verhaftet und mit Hunderten anderen durch die Stadt zum Bahnhof getrieben, um in das KZ Sachsenhausen gebracht zu werden. Er erinnerte sich 1961:

Die nationalsozialistischen Anstifter hatten gehofft, dass wir von der Bevölkerung mit Schmähungen und Verunglimpfungen überhäuft würden. Doch dann wurden sie enttäuscht. Wir schritten durch die schweigende Stadt. Wer den traurigen Zug sah, mag sich wohl geschämt haben und wandte sich ab.[211]

Den traurigen Zug der verhafteten jüdischen Bremer erlebte auch Mietje Bontjes van Beek, die eine Schule in Bremen besuchte. Noch Jahrzehnte später erzählte sie immer wieder von der Erschütterung, die sie bei dem Anblick der verfolgten Menschen gespürt hatte.[212]

> Grauenvolle Bilder prägen sich zeitlebens ein … Bilder von Juden, die nach der Reichskristallnacht vom 9. November 1938 irgendwohin getrieben und mit Stiefeln getreten wurden. Vor dem großen Bremer Bahnhofsplatz standen viele hundert Menschen, die sich verzweifelt um ein Ausreisevisum mühten… Da stand auch Doris, ein jüdisches Mädchen aus meiner Klasse. Ich sah den Schrecken in ihren Augen. Ich stellte mich zu ihr. Dann wurde ich von den Bewachern höhnisch fortgejagt. Wir konnten beim Abschied nicht einmal weinen.[213]

Die Geschehnisse vom 9. und 10. November 1938 waren nicht irgendwo in einer unwirklichen Ferne passiert, sondern berührten unmittelbar die Lebenswelt von Helmut Schmidt. Er vermerkte in seinen Notizen in der Kriegsgefangenschaft für das Jahr 1938 stichwortartig »Scham über die Judenverfolgung«. Kam die Verdrängung erst später? 1992 zitierte er sich in seinen Kindheitserinnerungen ausgerechnet in diesem sensiblen Zusammenhang selbst falsch. Die Notiz »nunmehr klare Kontra-Stellung zum N. S., lediglich Hitler persönlich noch ausgenommen« datierte er ebenfalls auf das Jahr 1938.[214] 1945 bezog er diese Notiz jedoch auf das darauffolgende Jahr.[215] Für 1938 hatte er notiert: »[…] kaum noch Bindungen an Loki. Marc Aurel, ›Das einfache Leben‹.«[216]

*»Quelle geistiger Orientierung und zugleich in höherem
Maße seelische Heimat als Hamburg und mein Elternhaus:
Das Haus Bontjes van Beek«*

Da trotz eines finanziellen Zuschusses durch den Vater und eines
Wehrsolds von täglich 50 Pfennig das Geld nicht ausreichte, um
an jedem freien Wochenende nach Hamburg zu fahren, besuchte
Schmidt in seiner freien Zeit gern das Künstlerdorf Fischerhude
an der Wümme. In Fischerhude lebte ein Kriegskamerad seines Lieblingsonkels
Heinz Koch. Fritz Schmidt war mit einer der sechs Töchter des
1914 verstorbenen Malers Heinrich Breling verheiratet. Henriette
Schmidts Schwester Louise war die dritte Ehefrau von Otto
Modersohn. Fritz Schmidt wiederum war ein Freund des Kera-
mikers Jan Bontjes van Beek, der Brelings Tochter Olga geheiratet hatte. Beide verband auch, dass sie 1918 in Wilhelmshaven am
Matrosenaufstand teilgenommen hatten, der in die November-
revolution überging. Schmidts kommunistische Phase lebte aber
offensichtlich nicht wieder auf.

Aufgrund der familiären Verbindungen hatte Helmut Schmidt
nun Zutritt zu dieser Künstlergemeinschaft. Besonders das Haus
der Brelingtöchter Olga und Amelie zog ihn an, in dem die beiden Schwestern allein mit Olgas Töchtern Cato und Mietje lebten.[217] Plötzlich war er mittendrin in einer Bilderwelt, deren
Schöpfer und Sujets er bisher nur von Künstlerpostkarten kannte.
Der sonst eher nüchterne Altbundeskanzler gerät ins Schwärmen, wenn er über Fischerhude spricht.[218] Der lange Weg durch
das Flussdelta der Wümme über zahllose Brücken durch eine
»unglaublich schöne Landschaft« ließ ihn in seinen Erinnerungen den Alltag des Nationalsozialismus vergessen.[219] Besonders
zog den Jüngling die ehemalige Tänzerin Olga Bontjes van Beek
an. Erst als alter Mann gestand er offen, dass die Malerin seine
heimliche große Jugendliebe war.[220]

Durch seine Aufenthalte in Fischerhude kam er in Kontakt mit
Otto Modersohn, Clara Rilke-Westhoff und zahlreichen anderen
Künstlern aus Worpswede und Fischerhude. Schmidts Eindruck,

unter den Künstlern habe es keine Nazis gegeben, ist allerdings falsch. Im Klima größter Toleranz trafen hier auch Künstler nicht auf völlige Ablehnung, die sich dem Nationalsozialismus anbiederten, wie Fritz Mackensen, Bernhard Hoetger oder Franz Radziwill, der im Hause Modersohn in SA-Uniform erschien. Den Einbruch des Nationalsozialismus in die Künstlerszene vor Ort muss man differenziert betrachten. Otto Modersohn kämpfte dagegen, von den Nazis vereinnahmt zu werden.[221] Während Freunde wie Theodor Lessing ermordet worden waren und viele Werke seiner Freunde als »entartete Kunst« diffamiert wurden, hatte man ihn in die »Große Deutsche Kunstausstellung« geladen. Goebbels kaufte drei seiner Bilder. Später diente man ihm eine Professur an. Schwer traf ihn, dass er das Werk seiner verstorbenen Frau Paula retten musste. Modersohn litt unter dem Dilemma. Seine sensiblen Nichten werden dies genauso registriert haben, wie sie alle anderen Vorgänge wahrnahmen und diskutierten.

Der Riss ging zudem mitten durch die Familie Modersohn. Zum Entsetzen seiner Verwandtschaft hatte der künstlerisch außerordentlich begabte Ulrich Modersohn sich 1934 zur SA gemeldet. Otto Modersohn war fassungslos.[222] Der 1913 geborene älteste Sohn Otto Modersohns war glühender Nationalsozialist und führte bei seinen Besuchen in Fischerhude heftige Debatten mit seinen Cousinen Mietje und Cato.[223] Es ist kaum vorstellbar, dass der von Paula Modersohn-Beckers ebenso wie von Otto Modersohns Kunst begeisterte Schmidt davon unberührt blieb.

Viel wurde diskutiert in dieser Zeit. Schmidt erinnerte sich allerdings zunächst nicht, je politische Diskussionen geführt zu haben. Es sei über Kunst, Musik und Literatur gesprochen worden, »mit bösen Bemerkungen über die Nazis nebenher«.[224] Aber konnten Künstler, die selbst oder deren Freunde just in dem Jahr 1937 verfemt wurden, in dem Schmidt dort auftauchte, »unpolitisch« über Kunst sprechen? Als er 1991 einen Entwurf seiner Fischerhude-Erinnerungen an Mietje Bontjes van Beek schickte, widersprach sie dieser Behauptung vehement. Seelische Heimat, unpolitisch? Keineswegs: Mietje äußerte heftige Kritik an der Wahrnehmung des Jugendfreundes.

In der Zeit des Nationalsozialismus waren wir gezwungen, politisch zu sein. […] Denke nur an Amelie, die mit Dir harte Debatten führte gegen Deine damalige Einstellung. Es waren politische Debatten! […] die Politik dieser Zeit zog jeden in ihren Bann und nahm die Luft zum Atmen. Nein, Fischerhude war nicht die quasi »Insel der Seeligen«! Das konnte es nicht sein! Auch für junge und nach Deiner Beschreibung »unpolitische Menschen« nicht![225]

Er wurde für seine politische Einstellung heftig angegriffen in diesen Diskussionen, erinnerte sich Mietje Bontjes van Beek. Dabei stellte ihre resolute Tante Amelie auch schon gelegentlich fest: »Helmut, du bist so dumm!«[226] Trotzdem beeindruckte er durchaus mit seinem logischen Verstand.[227] Sehr gut seien die Streitgespräche gewesen.[228] Man hatte gegensätzliche Standpunkte, stritt sich und mochte sich gern.[229] Direkten Einfluss habe er aber nicht auf sie und ihre Schwester Cato gehabt.[230] Der Freundschaft taten die gegensätzlichen Auffassungen keinen Abbruch.[231] Vielleicht war das die wichtigste Lektion für das Leben.[232]

Dass er die freien Gespräche in der kreativen Atmosphäre der Künstlerfamilie und ihrer Freunde aus aller Welt in der Erinnerung zur »Quelle geistiger Orientierung« und »seelischen Heimat« verklärt, obwohl er damals politisch deutlich aneckte, zeigt, dass die dort geweckten Zweifel irgendwann vielleicht doch zum Umdenken führten. Aber wohl nicht gleich. Trotz gewisser Vorbehalte, in denen ihn die Kontakte zu den intelligenten Brelingfrauen bestärkt haben mögen, bekräftigte er später in seinen Notizen für das Jahr des Kriegsbeginns 1939 sein Bekenntnis zu Hitler.[233] Auch die Bewunderung für die ehemalige Tänzerin Olga Bontjes van Beek hatte nicht ausgereicht, den Glauben an Hitler zu erschüttern. Ihre gelungenen Hitlerparodien hatten den Diktator vor den Augen des jungen Soldaten nicht demaskieren können.[234]

Ende September 1939 endete sein Wehrdienst. Der 20-Jährige bekleidete inzwischen den Rang eines Unteroffiziers und Offiziersanwärters.[235] Mehrfach hatten seine Vorgesetzten vergeblich versucht, ihn zu einer Militärlaufbahn zu überreden.[236] Neue Zivilkleidung lag schon bereit – sein Vater hatte ihm eine dezent karierte blaue Jacke und eine graue Hose gekauft.[237] Loki Glaser hatte er fast aus den Augen verloren, und auch das Architekturstudium war vertagt. Nun wollte er als Volontär der Deutschen Shell nach Niederländisch-Indien (heute Indonesien) gehen.[238] Im Shell-Personalbüro an der Alster hatte er bereits seine Aufwartung gemacht. Warum es ihn plötzlich ins Ausland drängte, wusste er selbst nicht mehr genau, als er sich daran zu erinnern versuchte.[239] Wollte er sich für eine begrenzte Spanne dem Zugriff des Nationalsozialismus entziehen?[240] Hatte er eine »Eventual-Absicht zur endgültigen Emigration«?[241] Vielleicht steckte hinter dem neu entdeckten Drang in die Ferne auch der Einfluss der Familie Bontjes van Beek, die holländische Wurzeln hatte und zahlreiche Kontakte in alle Teile der Welt unterhielt. Aber es wurde nichts daraus. Helmut Schmidt musste Soldat bleiben, denn der von ihm bewunderte Hitler hatte mit seinem Überfall auf Polen den Zweiten Weltkrieg begonnen. Immerhin entging er damit dem Schicksal anderer Deutscher in Indonesien, die seit Mai 1940 unter teilweise brutalsten Bedingungen interniert wurden.

Teil 3
Im Krieg

In der Etappe

»Der Mensch fängt erst beim Leutnant an«

Der Mobilmachungsbefehl traf bei Schmidts Regiment am 24. August 1939 ein.[1] Vom selben Tag an war Schmidt kriegsdienstpflichtig. Mit dem Ende seines offiziellen Rekrutendaseins wurde er am 1. Oktober 1939 zum Feldwebel befördert.[2] Knapp drei Monate vor Erreichen der Volljährigkeit hatte er damit bereits die Vorstufe des Dienstrangs erreicht, den sein Vater 30-jährig beim Ausscheiden aus der Reichswehr bekleidete. Wenige Tage vor dem 21. Geburtstag Schmidts im Dezember 1939 setzte sein Kompanieführer sich dann dafür ein, ihn zum Offizier zu befördern. Das war insofern keine besondere Auszeichnung, als es im Zuge der Mobilmachung an qualifizierten Offizieren mangelte und man gute Männer suchte. Vor allem die Luftwaffe hatte einen erheblichen Bedarf an Offizieren, weil sie erst seit 1935 offiziell existierte und extrem stark expandierte.[3] Im traditionell elitären Gefüge des Offizierskorps der Wehrmacht hatte die junge Waffengattung dadurch eine Sonderrolle. Sowohl beim Fliegerkorps als auch bei der Flak war es für Offiziersaspiranten viel einfacher, außerhalb der sonst immer noch üblichen familiären und weitestgehend ständisch aufgebauten Netzwerke ins Offizierskorps zu gelangen.[4]

Insbesondere für die aktiven Offiziere bedeutete dies, dass ihnen nun eine nationalsozialistische Gesinnung Karrierewege eröffnete.[5] Zugleich machte es sie auch besonders anfällig für die Propaganda.[6] Schon 1934 förderte die noch getarnte Luftwaffe die Idee der »Volksgemeinschaft«.[7] Diese sollte sich innerhalb der militärischen Hierarchie darin äußern, dass die Schranke zwischen Offizieren und Mannschaften fiel.[8] Grundsätzlich zeichnete sich die Luftwaffe durch ihre im Vergleich mit den anderen Waffengattungen größere Nähe zum Nationalsozialismus aus. Dass Helmut Schmidt diesen Einfluss nicht bewusst wahrgenommen hat, wie er immer wieder betont, ändert daran nichts.

Später wird Schmidt seine Position im Führungsgefüge der Wehrmacht gern herunterspielen mit dem Hinweis, er sei ja lediglich Reserve- beziehungsweise Kriegsoffizier gewesen.[9] Die jungen Reserveoffiziere besuchten zwar keine Offiziersschulen, verfügten aber über eine zweijährige fundierte militärische Ausbildung. Tatsächlich bestand das Offizierskorps der Luftwaffe in den unteren und mittleren Rängen weit überwiegend aus Reservisten und Kriegsoffizieren.[10] Bei der Flak gab es gegen Ende des Krieges in den Diensträngen Oberleutnant und Leutnant etwa 2000 Offiziere der aktiven Laufbahn, aber fast 23 000 Reserve- und Kriegsoffiziere.[11] Hinsichtlich Beförderungen und Dienstaltersregelungen galt das Gleiche wie für die aktiven Offiziere.[12] Lediglich die Verwendung der Kriegsoffiziere nach dem Krieg war offen.[13]

Dennoch: Eine gewisse Auszeichnung war die Beförderung dadurch, dass Schmidt nun zum engeren Zirkel der Führungskräfte in der Wehrmacht zählte. Nicht jeder schaffte den Sprung. War man geeignet, konnte man der Beförderung allerdings kaum entgehen.[14] Schmidt war wie seine Stubenkameraden zwar zuvor bereits als Offiziersanwärter in die militärische Rangordnung eingebunden gewesen. Es mussten aber noch besondere Leistungen und Fähigkeiten hinzukommen.

Die physischen und intellektuellen Voraussetzungen des 20-jährigen Schmidt waren für die nun zu erfüllenden Führungsaufgaben optimal, befanden seine Vorgesetzten. Der »alte Capitano« urteilte über den jungen »Korporal«, dessen militärische Ausbildung und persönliche Entwicklung er seit Anfang 1937 lenkte und beobachtete:

Mittelgroße, gute Erscheinung. Sehr straffes, sicheres und gewandtes Auftreten. Geistig und körperlich hervorragend veranlagt. – Seine Veranlagung, sein Fleiß und sein fester Wille lassen ihn hervorragende Leistungen zeigen. Zum Offizier und als 2 cm-Zugführer gut geeignet.[15]

Damit entsprach der junge Schmidt genau dem Typus, den die Wehrmacht sich als Offizier wünschte. Sein angeborenes Durchsetzungsvermögen, die körperliche Konstitution und die Fähigkeit, sich fachliche Kompetenzen zu erwerben, sowie sein Bedürfnis, diese zu erweitern, passten auch hier perfekt zum Idealbild der militärischen Formation.[16] Charakterlich erfüllte er allerdings noch nicht so ganz die Vorstellungen seiner Vorgesetzten. Die fühlten sich von einem alten Übel seiner Persönlichkeit zu weiterer erzieherischer Einwirkung aufgefordert. Trotz der an Bewunderung grenzenden Bewertung seiner Fähigkeiten wurde erneut seine Überheblichkeit negativ herausgestellt:

Infolge seiner Veranlagung und seiner Leistungen neigt er jedoch zu einer gewissen Überheblichkeit. – Sicher, straff geführt, legt er diese Jugendcharakterschwäche Schritt für Schritt ab. – Seine sonstige Führung ist ohne Tadel.[17]

Wie machte sich diese Überheblichkeit bemerkbar? Noch während der Ausbildung provozierte Rekrut Schmidt seinen Spieß damit, dass er beim Reinigen seiner Waffe weiße Handschuhe trug.[18] Was wollte er damit demonstrieren? Jedenfalls kam dieser Habitus überhaupt nicht an bei Vorgesetzten, die anderes erwarten konnten: Sie hatten ihn als einen der Wehrpflichtigen übernommen, die bereits in den paramilitärischen Jugendorganisationen dazu ausgebildet worden waren, »flink wie Windhunde, zäh wie Leder, hart wie Kruppstahl« zu sein. Der sich in Schmidts Posen zeigende »Distanzkult«[19] war nicht erwünscht.

Wichtiges Merkmal der »neuen« Auffassung des militärischen Miteinanders von Offizieren und Soldaten war die Absage an das »altpreußische Autoritätssystem«, das als Gefahr für die nationalsozialistische »Volksgemeinschaft« angesehen wurde, wenn die »militärische Klassenerziehung in das allgemeine Volksleben eindringe«.[20] Das Verhältnis von Untergebenen und Vorgesetzten sollte nicht mehr von Furcht vor den Vorgesetzten und Strafen geprägt sein, sondern von Ehrgefühl und Leistungswillen.[21] In der Luftwaffe wurde dieses neue Prinzip am konsequentesten umgesetzt.[22] Auch die traditionelle Soldatenehre unterlag nun einem gezielten Nivellierungsprozess.[23] Diese Tradition hatte Soldaten in Fragen von Ehre und Moral eine Sonderrolle gewährt und damit von der übrigen Bevölkerung getrennt. Das wollten die Nationalsozialisten nicht dulden. Die pädagogischen Maßnahmen zur Umprogrammierung des Standesdünkels basierten auf dem durchaus modernen Postulat der grundsätzlichen Gleichheit aller Volksgenossen. Dazu gehörte auch ein geänderter Umgangston. Ein Ansatzpunkt, der sich hierfür anbot, war der beim Militär geradezu heilige Kameradschaftsbegriff.[24]

Wer wert ist, Mitkämpfer für das Vaterland zu sein, der ist der vollen Achtung aller Menschen auch im Frieden wert. Charakter und Leistung entscheiden, nicht aber Herkunft und Besitz.[25]

Formal wurden Institutionen wie Ehrengerichte abgeschafft.[26] Moralisch wurde mit der traditionellen »Ehre« auch der spezielle Stolz ausgehöhlt, der das Selbstverständnis des Militärs als Staat im Staate ausgemacht hatte. Damit fielen alte Identifikationsmuster fort. Für Luftwaffenchef Göring war Ehre allein »Treue zum Führer«.[27] Die ideologische Vereinnahmung der Soldaten war – nach den brachial-propagandistischen Erfahrungen in der NS-Jugendbewegung und dem Reichsarbeitsdienst – geradezu subtil. Das freundschaftliche Verhältnis der »jungen Korporäle« zu ihrem »alten Capitano« könnte durchaus schon Ausdruck des Erfolgs der neuen »völkischen« militärischen Pädagogik gewesen sei.

Am 1. Februar 1940 wurde Schmidt zum Leutnant ernannt. Sein erster Kriegseinsatz führte ihn nach Bremen, wo er mit seiner Einheit für den Luftschutz eingesetzt wurde. Als Zugführer einer 2-cm-Flak der 4. Batterie der Reserveflakabteilung 262 befehligte er nun einen Trupp von vier Unteroffizieren und 23 Mannschaftsgraden.[28] Sein Batteriechef blieb der »alte Capitano« Paul Ullrich. Schmidt war nicht unzufrieden mit dem Aufstieg.

Ich hatte nicht danach gestrebt, Offizier zu werden, hatte die Laufbahn eines Berufsoffiziers mehrfach ausgeschlagen, aber mit diesen Beförderungen als Reservist war ich durchaus einverstanden.[29]

»Der Mensch fängt erst beim Leutnant an«, lautete eine Redensart im deutschen Militär.[30] Schmidts Vater war noch in dieser Tradition groß geworden, die auch die militärische Welt in Herren und Knechte einteilte. Es gehört zu den unauflöslichen Widersprüchen des Nationalsozialismus, dass diese Trennung in der sogenannten Volksgemeinschaft aufgehoben werden sollte.[31] An die Stelle des Kastensystems sollte nun das Führerprinzip treten. In der verquasten Theorie der Nazis war dies ein allein auf Leistung und Erfolg und mithin Chancengleichheit und Gerechtigkeit gründendes Organisationsmodell. Den Offiziersaspiranten wurde bei Schulungen erläutert, wo sie sich im großen Ganzen einzuordnen hatten:

In der neuen deutschen Wehrmacht verkörpert sich die Volksgemeinschaft in reinster Form; sie ist das klarste Vorbild für die Verwirklichung des Führergedankens. [...] Hier liegt die große und schöne, aber auch schwere Aufgabe des deutschen Offiziers. Hier finden seine kleinen und großen Pflichten ihren letzten und tiefsten Sinn. Denn im Frieden wie im Kriege hängt das Schicksal eines Volkes zuletzt davon ab, ob es die wahren Führer findet, auf *allen* Gebieten. Führer ist, wer aus sich heraus zur Gefolgschaft zwingt! Das kann nur, wer Vorbild ist.[32]

Der Indoktrination war nicht zu entgehen. Was für die aktiven Offiziere galt, wurde auch maßgeblich für die Reserve- und Kriegsoffiziere. Der Umgang mit den Untergebenen hatte nach denselben ideellen Vorgaben zu erfolgen. Zentrale Denkfigur in diesem System war der Begriff der Pflicht. Der deutsche Offizier wurde »Beispiel und Vorbild für die deutsche Jugend«, weil er sich auf »die Opfer, die der Offiziersstand dem Vaterland in allen Kriegen gebracht hat, auf die Pflichterfüllung, die er gegen Volk und Staat auch im Frieden übte«, gründete.[33] Gerichtet war alles auf ein Ziel: »Das Ziel heißt Deutschland. Sein Führer ist Adolf Hitler. Wer ihm treu ist, lebt für Deutschland.«[34]

Viel hatte Helmut Schmidt im Jahr des Kriegsbeginns am Nationalsozialismus zu kritisieren.[35] Dass er dabei den »Führer« ausnahm, zeigt, wie sehr er im Zuge der alltäglichen Beeinflussung schon auf das Führerprinzip eingeschworen war. Er glaubte an den »Führer«. Nichts unterschied ihn darin von der weit überwiegenden Mehrheit seiner Altersgenossen. Wie deren Denken war auch seines kontaminiert von Naziideologie. Das konnte ihm damals noch nicht klar sein. Erst in der Rückschau und in Kenntnis der Hintergründe und Zusammenhänge hätte die Selbstanalyse zur notwendigen Neubewertung führen müssen.

»Schimpfen ist ein unabänderliches Recht des Soldaten«

An den Beginn des Krieges gegen Polen am 1. September 1939 kann Helmut Schmidt sich gut erinnern. Er, der von sich sagt, so gut wie nie Radio gehört zu haben, saß gemeinsam mit Kameraden am Radio, als Hitler vor dem Reichstag brüllte: »Seit 5 Uhr 45 wird jetzt zurückgeschossen.«[36] Von der perfiden Täuschung, mit der vor der Welt der Angriff begründet wurde, habe er nichts geahnt.[37]

Ich glaubte tatsächlich, die Polen hätten den Sender Gleiwitz überfallen, weshalb wir Deutschen uns jetzt wehren müssten.[38]

Woher sollte er auch ahnen können, dass die SS mit drei toten KZ-Häftlingen in polnischen Uniformen den Überfall auf den

164

Sender Gleiwitz vorgetäuscht hatte? Mit der Lüge sollte nicht nur die Weltgemeinschaft betrogen werden, sondern eben auch die deutschen Soldaten. Deren Kampfgeist konnte sehr viel besser damit motiviert werden, dass sie ihr Land zu verteidigen, ja sich zu »wehren« hätten. Die Propaganda, die fortwährend die Unterdrückung, Missachtung und Bedrohung deutscher Interessen durch die Siegermächte des Ersten Weltkriegs und ihre Verbündeten anklagte, erntete ihre Früchte. Helmut Schmidts Patriotismus glich dem vieler seiner Kameraden. Ein Mann hatte für sein Land einzustehen. Von Kriegsbegeisterung gab es keine Spur. Die Erziehung hatte allerdings die Pflichtauffassung so verfestigt, dass die wenigsten an Schlecht- oder Nichterfüllung dachten.[39]

Bis 1933 hatte es eine nicht unbedeutende deutsche pazifistische Tradition gegeben. Der junge Schmidt war damit an seiner Schule auch in Berührung gekommen. In seinen späteren Betrachtungen spielte das jedoch keine Rolle. Die Lektüre von Remarques *Im Westen nichts Neues* hatte ihm zwar die Schrecken des modernen Krieges plastisch vor Augen geführt, doch hatte ihn das offenbar nicht zum Nachdenken über den Pazifismus und auch nicht zur Entwicklung einer Antikriegshaltung gebracht.[40]

Den Ausbruch des Krieges haben wir wie ein Naturereignis hingenommen.[41]

Ausgerechnet als die zunächst schicksalsergebene Haltung der meisten Soldaten nach den erfolgreichen Feldzügen im Westen in Zustimmung und Begeisterung umschlug, entwickelte sich bei Schmidt ein überraschend starker Pessimismus. In seinen Erinnerungen schrieb er 1992[42]:

Dass es 1918 nicht die Franzosen allein gewesen waren, die uns besiegt hatten, sondern am Ende die ganze Welt gegen Deutschland gekämpft hatte, dazu reichten bei manchem jungen Soldaten die Geschichtskenntnisse kaum aus. Dagegen kannte ich Geschichte und Vorgeschichte des Ersten Weltkrieges recht

gut; deshalb ahnte ich, dass es abermals zu einer Weltkoalition
gegen Deutschland kommen würde. Im Hause meiner Nenn-
tante Liesel Scheel in Bremen habe ich damals gesagt, der Krieg
würde vier Jahre dauern, und am Ende würden wir ihn verlieren.[43]

Aber konnte ein junger Deutscher tatsächlich genügend von der
Geschichte des Ersten Weltkriegs kennen? Schmidt, der immer
wieder betont, in seiner Jugend keinerlei politische Erziehung
genossen zu haben, müsste gewusst haben, dass die Dolchstoßle-
gende gar nicht stimmte, die von weiten Teilen der Bevölkerung
geglaubt und von der nationalsozialistischen Propaganda ständig
kolportiert wurde. Nach dieser Version hatten die inneren Feinde
Deutschlands den tiefen Fall verursacht, und das Deutsche Reich
war militärisch nie geschlagen worden, folglich konnte auch
nicht die »Weltkoalition« Ursache einer Kapitulation gewesen
sein. Um zu erkennen, dass es sich hierbei um eine Lüge handelte,
hätte es eines erheblichen politischen Differenzierungsvermö-
gens bedurft. Dessen Abwesenheit behauptet Schmidt aber bis
heute.

2010 wiederholte er im Gespräch mit Fritz Stern die Episode
im Haus der Tante mit beinahe denselben Worten wie 1992. Nun
schmückte er jedoch die Begebenheit mit weiteren Details aus.
Der 92-Jährige erinnert sich, dass bei der Begegnung sowohl er
als auch »Onkel Hermann« Uniform trugen.[44] Der Ältere, so
Schmidt, trug die Uniform eines Hauptmanns der Luftwaffe, er
seine Leutnantsuniform.[45]

Diese starke Herausstellung des militärischen Status nach so
langer Zeit ist bemerkenswert. Die Herren zeigten offenbar gern
ihren Rang, wenn sie am gesellschaftlichen Leben teilnahmen.
Eine Uniformpflicht oblag Offizieren nicht. Anders als die Mannschaften durften sie außerhalb des Dienstes durchaus in Zivil
Besuche machen. Erschienen sie privat in Uniform, ging es ihnen
darum, ihren Status zu zeigen (es sei denn, die Zeit zum Umklei-
den hätte gefehlt). Schmidt kann nur privat in Bremen zu Besuch
gewesen sein, da er im Sommer 1941 in Berlin stationiert war.[46]

Die Haltung Schmidts war – äußerlich und innerlich – immer eine militärische.

Ich habe ihm gesagt: Das wird so enden wie der Feldzug Napoleons in Moskau. Geschlagen werden wir nach Hause gehen, und am Ende des Krieges werden wir alle in Erdlöchern hausen. Nur wenn wir Glück haben, werden wir in Baracken hausen, und der neue deutsche Baustil wird »Barack« heißen.[47]

Der Rangniedrigere empörte mit diesen Äußerungen den eine Generation älteren Freund des Vaters, erinnert er sich.[48] Defätismus sei ihm vorgeworfen worden.[49] Aber konnte er im Sommer 1941 wirklich schon die Lage ermessen? Fritz Stern bezweifelte das 2010 und legte nahe, die Voraussage auf einen späteren Zeitpunkt zu datieren. Die Deutschen hatten mehrere Blitzsiege erzielt und gewannen gerade rasch an Boden in der Sowjetunion. Sowohl die Bevölkerung als auch die militärische Führung glaubten bis zum Winter 1941 an einen schnellen Sieg.[50] Der Feldzug Napoleons war sogar Gegenstand der offiziellen deutschen Propaganda. Napoleons Niederlage in Russland war eine unerwünschte Standardassoziation, der Franzose eigentlich wenig wohlgelitten. Doch 1941 war eine sehr wohlwollende Napoleonbiografie erschienen, deren Verfasser ein enger Vertrauter Hitlers war.[51] Das Buch galt als bevorzugte »Kopfkissenlektüre« Hitlers.[52] Der Vergleich war quasi in aller Munde. Zudem: Im Sommer 1941 konnte eigentlich niemand aus der Etappe des Reichsluftfahrtministeriums wissen, dass für die Truppen in Russland keine ausreichenden Vorkehrungen zur Überwinterung getroffen wurden. Vielmehr musste man annehmen, dass die napoleonischen Erfahrungen zu entsprechenden Maßnahmen führen würden.

In der Vorbereitung des Krieges gegen die Sowjetunion war von entscheidender Bedeutung, dass es dabei um die Eroberung von Ressourcen ging. So wurde bereits im Mai 1941 klar zum Ausdruck gebracht, dass in den auszubeutenden Regionen »zweifellos zig Millionen Menschen verhungern« würden.[53] Die ungeheuerlichen Planungen des »Unternehmens Barbarossa« waren jedoch geheim. Davon konnte Schmidt nichts wissen. Wenn er aber noch im Nachhinein seine Prophezeiung mit dem Argument der napoleonischen Erfahrung verknüpft, lässt er einen wesentlichen verbrecherischen Aspekt der deutschen Kriegsplanung außer Acht: den des Vernichtungskriegs. Mit dem von ihm so geliebten historischen Vergleich erweist sich Schmidt als ignorant.

Zudem: Dass die Sowjetunion hochrüstete, konnte ebenso wenig bekannt sein, da nicht einmal das Oberkommando der Wehrmacht davon wusste.[54] Auf seine sich später bewahrheitende Prophezeiung wird Schmidt immer wieder hinweisen.[55] Die Episode im Haus der Tante dient ihm als Beleg sowohl für seine kritische Haltung gegenüber dem Nationalsozialismus als auch für die Gefährdungen, denen er sich durch seine offene Kritik aussetzte. Zudem stellt er damit seine umfassende Kenntnis der militärischen Lage heraus. Bemerkenswert ist, dass Schmidt sich hier – wieder einmal – über Jahrzehnte fast wortgleich an Situationen erinnert, in denen er sich kritisch geäußert hat, dass aber damals seiner Wahrnehmung die wesentlichen nationalsozialistischen Prägungen des alltäglichen Lebens um ihn herum entgingen

Der Streit mit dem Onkel habe »jedenfalls nicht zu einer Anzeige geführt«, erinnert er sich. Damit legt er zugleich nahe, dass eine solche Anzeige die Regel gewesen wäre. Auf Dispute, auch mit Vorgesetzten, ließ Schmidt sich immer wieder ein, wie die verschiedenen Beurteilungen belegen. Vielleicht half ihm hier ganz einfach das soldatische Kameradschaftsverständnis. Denn dazu gehörte das »unabänderliche Recht«, zu schimpfen.[56] Im Rahmen der pädagogischen Maßnahmen zur Erhaltung des Kampfgeistes der Soldaten galt das geduldete Meckern als wesentliches Ventil.[57] So zwingend, wie Helmut Schmidt vermutet, führte Kritik innerhalb der Wehrmacht nicht zu Denunziation und Verfolgung.

168

»Alles Mögliche versucht, um an die Front zu kommen«

Hermann Göring hatte großspurig verkündet, dass kein feindliches Flugzeug je in den deutschen Luftraum eindringen könne. Dennoch hatte die Wehrmachtsführung keine Zweifel, dass die Gegner Deutschlands Städte aus der Luft angreifen würden. Mit Beginn des Krieges waren deshalb Vorbereitungen zum Schutz der Städte und wichtigen Industrieanlagen getroffen worden. Auch Bremen war potenzielles Ziel. Die Soldaten der Flakkaserne Grohn wurden deshalb noch am 24. August 1939 in ihre Kriegsstellungen in Bewegung gesetzt.[58] Schmidts Einheit wurde im Bremer Kalihafen eingesetzt.[59] Soldaten wie Schmidt konnten sich gut ausgebildet fühlen. Die Reserveoffiziere hatten in Lehrgängen an der Flakartillerieschule Rerik an der Ostsee gelernt, mit scharfer Munition Luftziele anzugreifen.[60] Hauptaufgabe war es, im Zusammenwirken mit den Jagdfliegern die Luftherrschaft sowohl über der Front als auch in der Heimat zu sichern.[61] Es galt, die Unversehrtheit der für die Kriegführung wichtigen Industrie- und Versorgungsanlagen zu garantieren.[62] Meriten verdienten Flaksoldaten sich beim Luftschutz künftig weniger durch die Zahl ihrer Abschüsse als dadurch, Schaden von den zu schützenden Objekten abgewendet zu haben.[63]

Mit der 2-cm-Flak, deren Einsatz Schmidt nun zu koordinieren hatte, sollten Tiefangriffe abgewehrt werden. Die Reichweite der leichten Flak betrug maximal 2500 Meter. Meist wurden die Kanonen direkt an den zu schützenden Objekten platziert, wobei ein Zug jeweils ein Objekt zu schützen hatte. Zum Einsatz sollten die leichten Abwehrkanonen theoretisch nur kommen, falls es Angreifern gelänge, dass Sperrfeuer der zahlreichen schweren Flugabwehrkanonen zu durchbrechen.[64] Tatsächlich waren aber zu Beginn des Krieges um Bremen herum viel zu wenig Waffen im Einsatz, um die an der Weser liegende lang gestreckte Stadt durch Sperrfeuer vollständig zu schützen.[65] So kamen die leichten Waffen häufiger zum Einsatz.

Zunächst war in Bremen von der Bedrohung aus der Luft nicht

viel zu spüren. Anfangs stießen feindliche Flugzeuge meist nur bis zur Nordseeküste vor.[66] Und anfangs wurden auch nur Flugblätter zur psychologischen Kriegführung abgeworfen.[67] Bereits in der Nacht zum 4. September 1939 hatten sich britische Bomber über der Hafenstadt gezeigt.[68] Noch monatelang beschränkten sich die fast unbehelligt einfliegenden Briten allerdings darauf, »Konfetti« abzuwerfen – wie die Deutschen die Flugblätter nannten.[69]

Helmut Schmidt gehörte seit dem 10. April 1940 zur Reserveflakabteilung 261 und war nun mit einem 2-cm-Geschütz in Lankenau, ebenfalls im Hafengebiet, stationiert. Der erste Luftangriff auf Bremen erfolgte am 18. Mai 1940. Fünf Tage zuvor hatte Winston Churchill sein Amt als Premierminister in Großbritannien angetreten und mit seiner »Blut, Mühe, Tränen und Schweiß«-Rede seine Landsleute auf den großen Krieg eingeschworen. Den Deutschen musste klar sein, dass Großbritannien nun ernst machen würde.

Der Angriff, der um 0 Uhr 36 begann und um 3 Uhr 20 endete, war für die Luftabwehr Bremens ein Debakel. Die Bevölkerung wurde völlig überrascht und konnte die vorgesehenen Schutzräume kaum noch aufsuchen. Ungehindert drangen die ersten britischen Bomber in den Bremer Luftraum ein und warfen schon Bomben ab, als das Abwehrfeuer begann.[70] Später wurde erklärt, die ferngesteuerten Großalarmanlagen seien ausgefallen. Die Flaksoldaten freuten sich, endlich etwas zu tun zu bekommen:

Klarer Sternenhimmel, heller Mondschein. Motorengeräusch aus Richtung 12. Nach dem Geräusch keine eigenen Maschinen. […] In der Batterie größte Freude. Endlich ein feindlicher Bomber. Das Feuer wird eröffnet, einige Feuerüberfälle werden hinaus gejagt und dann raus, was raus geht. Dauerfeuer! Doch er ließ sich nicht stören. Er warf trotzdem über Bremen seine Bomben und drehte ab nach Richtung 9.[71]

Fast drei Stunden lang bombardierten die britischen Flugzeuge die Stadt und warfen dabei insgesamt 124 Sprengbomben und 79 Brandbomben ab. 16 Menschen wurden getötet, drei schwer und 52 leicht verletzt. Neben einigen Lagerhallen im Hafen wurden auch zivile Ziele in der Innenstadt beschädigt. Dieser Angriff blieb im Jahr 1940 der schwerste.[72] Helmut Schmidt wird zwei weitere Angriffe auf Bremen miterleben, bevor seine Einheit verlegt wird. Er selbst schrieb in seinen Erinnerungen, er sei in Oberschlesien zum Schutz der dortigen Industrieanlagen eingesetzt worden.[73] Die Reserveflakabteilung 261, der er bis zu seiner Versetzung zum 26. Oktober 1940 angehörte, kam allerdings am 20. Juni 1940 mit allen Einheiten nach Holland.[74] Historisch interessant waren beide Einsatzorte zu dieser Zeit, denn an beiden waren deutsche Verbrechen zu beobachten. In Oberschlesien wurde gerade mit der Errichtung der Konzentrationslager begonnen. Mit den Niederlanden hatten die Deutschen ein neutrales Land überfallen und besetzt und damit eklatant gegen völkerrechtliche Bestimmungen verstoßen.

Im selben Monat berichtete Cato Bontjes van Beek ihrem Cousin Ulrich Modersohn, dass sie von Helmut Schmidt am 8. Juni einen Brief erhalten habe, in dem er schrieb, wie sehr es ihn an die Front dränge.

Helmut Schmidt schrieb mir gestern. Er ist als Leutnant bei der Flak in Hamburg. Er hat alles Mögliche versucht, um an die Front zu kommen. Vergeblich! Jetzt trägt er sich mit dem Gedanken, zur Fallschirmjägertruppe zu kommen. Er hält es nicht mehr in Hamburg aus.[75]

Fünf Wochen später beklagte er sich erneut in einem Brief an die Freundin, dass er immer noch darauf warte, als Fallschirmjäger angenommen zu werden.[76] Für tauglich befunden sei er.[77] In seinen Aufzeichnungen aus der Kriegsgefangenschaft notiert er für das Jahr 1940: »Will Fallschirmjäger werden.«
Fallschirmjäger war nicht irgendetwas. Zu Beginn der militärischen Expansion des Deutschen Reichs waren Fallschirmjäger die Elitetruppe schlechthin. Hitler selbst hatte die »10 Gebote für

die Fallschirmjäger« redigiert.[78] Sie sollte ein besonderer Angriffsgeist auszeichnen.[79] Das, was die Fallschirmjäger von der gesamten übrigen Truppe unterschied, war unter anderem der Umstand, dass sie bei ihren taktischen Einsätzen zwingend in Kampfhandlungen verwickelt waren. Als Vortrupps der nachrückenden Truppen hatten sie wichtige Knotenpunkte freizukämpfen oder für den Feind wichtige Anlagen zu zerstören. Zunächst nur mit Messer und Pistole bewaffnet, erfüllten sie insbesondere beim Überfall auf Holland und Norwegen ihre Aufgabe, die Heere der Feinde vom Nachschub abzutrennen, hervorragend. Für Fallschirmjäger galten andere Auswahlkriterien als für normale Soldaten.[80] So mussten die Freiwilligen der Fallschirmjägertruppe die Gewähr bieten, jederzeit rückhaltlos für den nationalsozialistischen Staat einzutreten.[81] Die Fallschirmjäger galten als »des Führers kühnste Truppe«.[82] Schmidt drängte es in eine Eliteeinheit, die ihr Selbstverständnis gänzlich aus ihrer Ergebenheit gegenüber dem Führer und als hochmotivierte Kämpfer um des Kampfes willen definierte.[83]

»Kleine Mängel in der allgemeinen und der militärischen Erziehung«

Noch wurde jedoch nichts aus Helmut Schmidts dringendem Wunsch, sich aktiv im Kampfgeschehen zu bewähren. Am 26. Oktober 1940 wurde er als Offizier zur besonderen Verwendung ans Reichsluftfahrtministerium in Berlin abkommandiert. Der »alte Capitano«, sein langjähriger Förderer aus Friedenszeiten, der dorthin versetzt worden war, hatte den fähigen jungen Leutnant angefordert.[84] Schmidt gehörte jetzt zum Stab der Lehrinspektion IV des Generals der Flakwaffen. Von nun an arbeitete er Schießvorschriften für leichte Flakgeschütze aus[85], mit denen seine an der Front eingesetzten Kameraden befähigt werden sollten, bessere Ergebnisse zu erzielen. Stationiert war er in der Flakartillerieschule II in Stolpmünde an der pommerschen Ostseeküste.[86]

Richtig begeistert war sein neuer Kommandant nicht von ihm. In seiner ersten Beurteilung fasst der Vorgesetzte zwar zusammen, dass Schmidt ein »sehr intelligenter Offizier mit vielen Interessen« sei und »besonders auf geistigem Gebiet über dem Durchschnitt« stehe, jedoch »kleine Mängel in der allgemeinen und militärischen Erziehung« zeige.[87] Sein dienstliches Auftreten sei »energisch, aber gegen Vorgesetzte nicht immer korrekt«.[88] Etwas doppeldeutig wird ihm dann bescheinigt, es zu verstehen, »sich Geltung zu verschaffen und allen Lagen anzupassen«.[89] Weniger gut kommt er auch bei der Beurteilung seines außerdienstlichen Verhaltens weg. Er sei »wendig, für sein Alter etwas stark von sich eingenommen«.[90] In der Rubrik »wesentlich hervortretende Charaktereigenschaft« wird diese Beobachtung wiederholt: »stark von sich eingenommen«.[91] In Bezug auf die Führungseigenschaften urteilt der Vorgesetzte, dass Schmidt sich bei »gutem Willen unbedingt korrekt benehmen« könne.[92] Die »Passion« verleite ihn jedoch zu »Unkorrektheiten und Vertraulichkeiten«.[93] Gegen Untergebene sei er energisch, in den Kameradenkreis der Schule füge er sich gut ein.[94]

Hinsichtlich seiner militärischen Fähigkeiten war er über jeden Zweifel erhaben. Er sei gut als Ausbilder und für besondere flakartilleristische Aufgaben geeignet.[95] Als Verwendungsmöglichkeiten schlug der Kommandeur zwei Einsatzgebiete vor: entweder Zugführer einer leichten Batterie oder Ausbilder an einer Schule.[96] Da Schmidt bereits Zugführer und auch schon als Ausbilder tätig gewesen war, bedeutete das zunächst noch keinen weiteren Aufstieg. Jetzt hieß es allerdings auch erst einmal, an etwas anderem zu arbeiten. Die vom Vorgesetzten gerügte Selbstverliebtheit schlägt sich nieder in seiner eigenen Notiz, durch sein neu erworbenes »fachliches und organisatorisches Können« eine »neue Steigerung des Selbstbewusstseins« an sich beobachtet zu haben.[97] Die war also noch möglich – aus Sicht von Schmidt. Seinen Vorgesetzten ging er damit auf den Wecker.

Seine Überheblichkeit hielt ihn allerdings nie davon ab, weiter an sich zu arbeiten. Sein Kommandeur hatte seinen Stil gerügt. Also passte er ihn an, indem er sich den erwünschten Offiziershabitus aneignete. Schmidt fehlte der gesellschaftliche Schliff, der von einem Offizier in der Etappe erwartet wurde. Nun lernte er auch das. In der Kriegsgefangenschaft notierte er über die Beziehung zum neuen Kommandeur: »Andersen, Kasino, lerne gute Formen. Dankbar.«[98] Kasino: Das bedeutete Mitgliedschaft in einer elitären Gemeinschaft von Gleichgesinnten, Einhalten der Etikette, Teilnahme an Ritualen einer Oberschicht und Zugang zu Informationen aus erster Hand, kurz: Status. Das war offenbar genau das, was er wollte. Warum sollte er sonst dankbar sein? Genau wie sein Vater strebte er nach gesellschaftlichem Aufstieg. In einer höheren Schicht war Anerkennung ohne Aneignung der Etikette unerreichbar. Man darf sich durchaus vorstellen, dass es dabei darum ging, wer wem den Vortritt beim Betreten eines Raumes geben müsse, welches Bestteil wofür und wann die Serviette zu benutzen sei oder was ein formvollendeter Handkuss sei.

Sein neuer Einsatz eröffnete ihm ganz neue Sphären. Dienstfahrten führten ihn nicht nur in die brodelnde deutsche Hauptstadt Berlin, sondern 1941 als Kurier bis nach Paris.[99] Während seine Kameraden an unterschiedlichen Fronten in ganz Europa verstreut waren, führte er das typische Leben eines Offiziers in der Etappe. In Paris stürzte er sich in die kulturelle Fülle der Stadt.

Ich sah die Stadtlandschaften, die Maurice Utrillo gemalt hatte und die ich vorher nur von meinen kleinen Postkarten her kannte. Ich sah die Seine, Sacre-Cœur, Notre-Dame und die ganze wunderschöne Metropole, die sich mir als städtebauliches Gesamtkunstwerk schon damals tief eingeprägt hat.[100]

Seine Beobachtungen galten nicht den Menschen in der von den Deutschen besetzten Stadt, weder den Franzosen als Besetzten oder Kollaborateuren noch den Deutschen und ihrem Auftreten als Besatzer. Wäre das nicht der Fokus von jemandem gewesen, der fest an die bevorstehende Niederlage glaubte? In seinen Erinnerungen erwähnt er, dass die Begegnung mit der französischen

Hauptstadt bei ihm keine »politischen Schlussfolgerungen für die Zukunft« ausgelöst habe.[101] Er begründet das mit seinen mangelhaften Sprachkenntnissen. Aber wie auch sollte ein sich als unpolitisch verstehender Mann plötzlich »politische Schlussfolgerungen für die Zukunft« generieren?

Könnte es sein, dass Schmidt in die Theorie ausweicht, wenn er sich in der Praxis als betriebsblind erweist? Warum ist ihm der Umstand, dass die von ihm so bewunderte Stadt nur durch einen glücklichen Zufall dem Schicksal entging, von den Deutschen dem Erdboden gleichgemacht zu werden, keine Erwähnung wert? Hier zeigte sich doch auch schon die wahre Natur der deutschen Okkupation. Die Verbrechen wurden nicht nur im Osten begangen.

Obwohl Schmidt die Niederlage vorausahnte, drängte es ihn nach dem Beginn des Russlandfeldzugs am 22. Juni 1941 weiter an die Front.

Ich schämte mich, anders als die Mehrheit aller Soldaten auf den Straßen Berlins auf meiner Uniform keinerlei Tapferkeitsorden tragen zu können, weil ich ja an keinem Feldzug teilgenommen hatte. So kam es, dass ich mich, unzufrieden mit dem ruhmlosen Papierkrieg in Berlin, darum bewarb, zur kämpfenden Truppe versetzt zu werden.[102]

Gern gaben seine Vorgesetzten ihn jedoch nicht zum Kampfeinsatz ab. In der Beurteilungsnotiz für seine Beschäftigung als »Offizier für Bearbeitung von Vorschriften und Versuchen« bescheinigt sein Kommandeur ihm Aufrichtigkeit und Gewissenhaftigkeit »bei einer sehr guten Begabung und großen Waffenkenntnissen«.[103] Die Versetzung erfolgte, »weil er unbedingt an die Front wollte«.[104] Seine Stelle beim Stab der Flakartillerieschule II fülle er gut aus. Besondere Anerkennung finden »sein großer Eifer und sein Organisationstalent«.[105] Kurt Andersen, der Kommandeur, war selbst hochdekorierter Frontkämpfer mit hervorragenden Beurteilungen, die insbesondere seine Strenge und Gerechtigkeit als Vorgesetzter lobten.[106] Die positive Eig-

nungsbeurteilung Schmidts wird dadurch zusätzlich aufgewertet.
Einschränkend wird allerdings immer noch Schmidts vorlautes Verhalten herausgestellt: »Vorgesetzten gegenüber müsste er etwas zurückhaltender sein.«[107] Gegenüber der früheren Beurteilung durch Andersen ist der Ton der Kritik aber deutlich moderater. Insgesamt sei Schmidt ein Offizier, der »bei straffer Führung sehr gutes leisten« könne.[108] Zur Beförderung als uneingeschränkt geeignet erklärt, hatte er jetzt beste Aussichten. Jeder militärische Vorgesetzte erkannte in Schmidt einen rohen Diamanten, dem nur noch der letzte Schliff gegeben werden musste. Der vorgeschlagenen Verwendung als Batterieoffizier einer leichten Flakbatterie stand nun nichts mehr im Weg. Zwei Monate nach dem Angriff auf die Sowjetunion durfte er endlich in den Kampf.

»Die glücklichste Zeit meines Lebens«

Kurz vor der Versetzung an die Front stellte Schmidt für sein privates Leben die Weichen. Vielleicht kompensierte er die Ungewissheit des Kriegsausgangs, indem er sein privates Glück forcierte. Seine langjährige Freundschaft zu Loki Glaser war für einige Zeit abgekühlt. Während er seine Liebe zu ihr schon als Jugendlicher in heimlich verfassten Gedichten besungen hatte, hatte sie ihn sehr verletzt, als sie einen anderen vorzog. Helmut Schmidt hatte sich regelrecht emanzipieren müssen von der enttäuschten Liebe. Das gelang. Aber irgendwie blieb doch ein inneres Band.

Anfang 1941 hatten beide einen Briefwechsel begonnen, der die alte Vertrautheit zurückbrachte. Loki war inzwischen Lehrerin und er Leutnant. Sie waren erwachsen geworden. Beide hatten sich die Hörner abgestoßen, pflegten aber immer noch die gleichen Interessen. Kurz vor seiner Abreise an die Front trafen die beiden sich in Berlin.

Am 17. August 1941 reiste Loki Glaser in die »Reichshauptstadt«.[109] Schmidt hatte ihr in der Nähe seiner Unterkunft ein Zimmer besorgt.[110] Loki erinnert sich, dass sie sich beide freuten, beieinander zu sein.[111] Ihre Gespräche drehten sich um den Krieg, die Entwicklungen in Frankreich, England, Norwegen und der Sowjetunion.[112] Es war Helmut Schmidt, der seine Freundin über die Zusammenhänge unterrichtete.[113] Aus der Beschäftigung mit dem Krieg wurde eine Diskussion über ihr ganz persönliches Leben.

Wir malten uns aus, wie die Welt wohl nach dem Krieg aussehen würde: schrecklich auf jeden Fall, ganz gleich, wie der Krieg ausgehen würde. Irgendwann bei diesen Gesprächen, die sich mit der Zeit nach dem Krieg beschäftigten, wurde uns jedoch klar, dass unser Leben auch in der Gegenwart wichtig sei, da wir am Ende des Krieges wohlmöglich verbrauchte Menschen sein würden. Und da beschlossen wir eines Abends auf einer Bank in der Nähe des U-Bahnhofs Nollendorfplatz, dass wir, wenn Helmut gesund aus Russland zurückkäme, heiraten wollten. Die letzten Tage vor Helmuts Abfahrt verbrachten wir verliebt und in neuer Vertrautheit.[114]

Helmut Schmidt sah das genauso, drückte es aber etwas anders aus. Was beide empfanden, ist ganz typisch für viele während des Krieges erlebte Liebesbeziehungen.

Wir haben verstanden: Dies ist nicht mehr eine Vorstufe zum Leben, sondern dies ist unser wirkliches Leben. Vielleicht würde es danach kein anderes Leben mehr geben, vielleicht würde unser Leben nur kurz dauern, so dass es später keine zweite Chance mehr gäbe, uns aneinander zu binden. Unsere Begegnung in Berlin war die bis dahin glücklichste Zeit meines Lebens.[115]

Davon, dass die nun erkannte Wichtigkeit des Privaten und die Liebe zu einer Frau Gründe für eine Aufgabe des Wunsches, an die Front zu kommen, gewesen wären, ist keine Rede. Anders als die meisten seiner Altersgenossen hätte er den Kampfeinsatz vermeiden können. Doch Ruhm und Ehre blieben Identifikationsmuster im sehr konventionellen männlichen Selbstverständnis des jungen Schmidt. Am 24. August 1941 verabschiedete eine weinende Loki ihren Freund auf dessen Weg Richtung Leningrad.

An der Front

»Ich habe nichts davon gewusst«[116]

Am 25. August 1941 wurde Helmut Schmidt an den Kriegsschauplatz im Osten zur Heeresgruppe Nord geflogen. Die eroberte Stadt, in der Schmidt erstmals russischen Boden betrat, war nicht irgendeine Stadt. Der Ort stand Ende August 1941 bereits völlig unter deutscher Verwaltung. Pleskau, russisch Pskow, von der Panzergruppe 4 am 9. Juli 1941 erobert, war knapp zwei Monate nach Beginn des Angriffs auf die Sowjetunion fast schon deutsche Garnison. Die Heeresgruppe Nord hatte hier ihr Hauptquartier eingerichtet.[117] Sämtliche Straßen erhielten deutsche Straßennamen, alles Russische wurde aus dem Straßenbild entfernt. Von den ehemals 60 000 Einwohnern waren nur noch etwa 15 000 in der Stadt. Die übrigen waren – wie die Industrieanlagen – vor den anrückenden Deutschen nach Osten evakuiert worden.

Die deutschen Besatzer registrierten die verbliebene Bevölkerung und verpflichteten alle Arbeitsfähigen zwischen 14 und 60 Jahren zu Zwangsarbeit. Die etwa 1000 jüdischen Bewohner mussten den gelben Stern tragen[118] und wurden bis zu ihrer Ermordung im Winter 1941 zu verschärfter Zwangsarbeit herangezogen. Schon sofort nach der Besetzung wurden die Lebensmittel für die russische Bevölkerung rationiert. Als Lebensmittelzuteilung erhielten Arbeitende 350 Gramm Brot täglich und jährlich 200 Kilogramm Kartoffeln, Nichtarbeitende 175 Gramm Brot und 100 Kilogramm Kartoffeln. Alles andere musste abgegeben werden, selbst eigenproduzierte Nahrungsmittel. Zuwiderhandlungen wurden mit empfindlichen Strafen bis hin zur Erschießung geahndet.[119]

Die Stadt wurde zur Zentrale der Verwaltung des eroberten Gebiets ausgebaut. Der Stab der 18. Armee hatte hier sein Hauptquartier. Eine Hauptstelle des berüchtigten Einsatzkommandos des SD, der für die Morde an der Bevölkerung, insbesondere der Juden, zuständig war, befand sich hier ebenso wie die Wirtschaftsinspektion Nord, die die Ausbeutung des eroberten Landes organisierte. Um Pskow herum kam es zu zahlreichen Massenerschießungen von Juden durch die Einsatzgruppe A, und zwar nicht nur der ortsansässigen jüdischen Bevölkerung, sondern auch hierher Deportierter wie der letzten estnischen Juden.[120]

Auch die »Organisation Todt«, die für den Straßen-, Brücken- und Bunkerbau zuständig war, agierte von Pskow aus. Der Flughafen war ein wichtiger Stützpunkt für Kampfflieger und Nachschubstaffeln. Das Feldeisenbahnkommando 4, zuständig für ein Streckennetz von 1200 Kilometern, beschäftigte allein fast 26 000 Menschen. Die Instandsetzungsarbeiten wurden von hier aus gelenkt. Zeitweise befanden sich bis zu 70 000 Besatzer in der Stadt.[121]

Zugleich wurde die Stadt zum Knotenpunkt für die Organisation des Umgangs mit den Kriegsgefangenen aus dem Einsatzgebiet der Heeresgruppe Nord. In den sofort nach der Eroberung eingerichteten ortsansässigen »Dulags« (»Durchgangslager« für Kriegsgefangene) gab es zudem seit September 1941 flächendeckend Abteilungen für Zivilisten[122], die im damaligen Jargon nicht selten »Konzentrationslager« genannt wurden. Auch sie dienten sowohl zur Internierung »Verdächtiger« als auch zur Bereitstellung von Geiseln im Falle von Repressionen.[123] In Pskow wurden etwa 2000 Zivilisten interniert.[124]

Als weiteres Lager wurde das »Stalag« (»Stammlager«) 372 installiert. Dort waren die Gefangenen in Erdhöhlen untergebracht. Das Lager musste zur Jahreswende 1941/42 für Neuaufnahmen gesperrt werden, weil sich rapide Typhus ausbreitete. Im sogenannten Lazarett wurde oftmals nur alle zwei bis drei Tage Essen ausgegeben. Sowjetischen Angaben zufolge starben dort mindestens 50 000 Kriegsgefangene. In der Anfangsphase des Krieges kamen fast täglich Tausende in Kriegsgefangenschaft und wurden in mehreren Lagern unter erbärmlichen und völkerrechtswidrigen Bedingungen gefangen gehalten. Insgesamt starben in den drei großen Kriegsgefangenenlagern rund um die Stadt bis zu 400 000 Menschen.[125]

In Pskow zeigte sich somit schon gleich zu Beginn des Krieges gegen die Sowjetunion am Beispiel der städtischen Struktur, wie die deutschen Besatzer die Bevölkerung in die Funktion einer reinen Ressource abdrängten – und damit entmenschten. Diese Besatzungspolitik markierte den Unterschied der deutschen Kriegsführung gegenüber früheren kriegsstrategischen Auffassungen.[126] Neben den klassischen Feldern Operation, Feindaufklärung und Logistik gehörten nun stärker als zuvor auch die Verwaltung, Sicherung und Ausbeutung des besetzten Gebiets zu den Aufgaben des Militärs.[127]

In diesem den Offizieren eher lästigen, ja fremden Grenzbereich zwischen Militär, Politik und Wirtschaft erhielt die Armee in ihrem Operationsgebiet Aufgaben, die eine gefährliche Verbindung zu den Zielen der nationalsozialistischen Kriegspolitik herstellten.[128]

Faktisch war es in diesem Kontext durch die Aufgabenzuteilung überhaupt nicht mehr möglich, nicht nationalsozialistisch zu agieren. Die Wehrmacht sollte die ihr übertragenen Verwaltungsaufgaben zwar nur vorübergehend bis zur Installation einer zivilen Verwaltung der besetzten Gebiete übernehmen. Tatsächlich kam es jedoch dazu auch später nicht. Bis zur Rückeroberung durch die sowjetische Armee oblag die Besatzungspolitik in den allermeisten eroberten russischen Gebieten – anders als etwa in Polen, den baltischen Staaten oder Teilen der Ukraine – der Militärverwaltung und der militärisch-zivil gemischten Wirtschaftsverwaltung Ost.[129] In Pskow-Pleskau als zentralem Knotenpunkt der deutschen Aktivitäten im Norden der Sowjetunion zeigte sich im August 1941 die selbstverständliche Willfährigkeit, mit der die Militärverwaltung durch die Wehrmacht die Bevölkerung entrechtete, versklavte und ausbeutete.[130] Die russischen Bewohner in der von deutschen Soldaten wimmelnden Stadt waren zu Untermenschen degradiert worden, die als Arbeitskräfte verbraucht und gerade so gehalten wurden, dass sie noch die niederen Arbeiten zum Wohl der Besatzer ausüben konnten.[131] Vom deutschen Verwaltungszentrum Pskow aus wurde auch die gesamte Logistik des Großangriffs auf Leningrad organisiert. Auf die eine oder andere Art kam jeder über Pleskau an die verschiedenen Frontabschnitte gesandte Soldat mit den Folgen der Besatzungspolitik in direkten Kontakt.

Als Helmut Schmidt durch Pskow kam, war die verbrecherische Maschinerie der deutschen Kriegsführung im Osten bereits in vollem Gang. Was sah der junge Schmidt, als er in der Stadt ankam? Hatte er einen Blick für die Bevölkerung? Worauf richtete sich das Interesse des knapp 23-jährigen Leutnants, der in ein Land kam, das in der Heimat schon als so gut wie besiegt galt, und der sich im Kampf beweisen wollte?

»Wozu hat der Vierling vier Rohre!«

Die motorisierte leichte Flakabteilung 83, zu der Schmidt sich hatte versetzen lassen, gehörte zwar der Luftwaffe an, war taktisch aber schon seit 1939 einer der drei Stammdivisionen der deutschen Panzerwaffe unterstellt, der 1. Panzerdivision. Diese wiederum kämpfte im Verband des XXXXI. Armeekorps, das seit dem Beginn des »Unternehmens Barbarossa« dem von General Erich Hoepner befehligten Großverband Panzergruppe 4 unterstand.

Vom Beginn des Feldzugs gegen die Sowjetunion an hatte die 1. Panzerdivision mit den ihr unterstellten Abteilungen außerordentliche militärische Erfolge verbuchen können. Sie war eine Berühmtheit der noch ungeschlagenen deutschen Panzerwaffe und wurde häufig im Wehrmachtsbericht erwähnt. Schon im

Feldzug gegen Frankreich war auch die leichte Flakabteilung 83 so erfolgreich gewesen, dass ihre Leistungen im wöchentlichen Rundfunkbericht der Wehrmacht vorgestellt wurden.

Nach dem Einmarsch der Deutschen in die Sowjetunion kämpfte die 1. Panzerdivision immer an vorderster Front der Panzergruppe 4. Diese hatte die sowjetischen Linien wie ein Stoßkeil durchbrochen und war in einem wilden Panzerraid nach Nordosten vorgeprescht.[132] Ziel war die von Hitler 1940 geforderte Eroberung Leningrads. Die leichte Flakabteilung 83 hatte sich bereits einige Meriten im direkten Kampfeinsatz verdient, als Schmidt dort eintraf. Seine neuen Kameraden waren nicht nur kampferprobt, sondern auch erfolgsverwöhnt.

In der ersten großen Panzerschlacht des deutschen Feldzugs gegen die Sowjetunion bei Rossienie am 25. Juni 1941 waren erstmals schwere russische Panzer vom Typ KW-2A und KW-2B aufgetaucht, gegen die die üblichen Panzerabwehrwaffen untauglich waren.[133] Berichte von tollkühnen Fahrern, die sich mit ihren wendigeren Panzern auf wenige Meter an die fast uneinnehmbaren russischen Panzer heranwagten, um deren Antriebe außer Gefecht schießen zu können, prägten das Bild der schnellen Truppen in der deutschen Öffentlichkeit. Weit mehr als andere Waffengattungen galt die Panzertruppe als Symbol der militärischen Überlegenheit der Deutschen. Man wurde mit allem fertig, suggerierte nicht nur die Propaganda, sondern auch die Panzertruppe sich selbst:

Die auch hier auftauchenden KwI und II waren dolle Brocken! Auf etwa 800 Meter eröffneten unsere Kompanien das Feuer, es blieb wirkungslos. Näher und näher rollten wir an den Feind, der ebenfalls unbeirrt weiterfuhr. Nach kurzer Zeit stand man sich 50 bis 100 Meter gegenüber. Ein tolles Feuergefecht entwickelte sich ohne sichtbaren deutschen Erfolg. Die Russenpanzer rollten weiter, alle Panzer-Granaten prallten an ihnen ab. So ergab sich wiederholt die bestürzende Situation, dass Russenpanzer in unser Hinterland durchstießen. Das Panzerregiment machte kehrt und rollte jetzt mit den KwI und

KwII auf gleicher Höhe. Dabei gelang es, diese auf kürzeste Entfernung, 30 bis 60 Meter, abzuschießen.[134]

Die Panzerjäger hatten aus der Not eine Tugend gemacht. Denn die vorhandene Munition reichte nicht aus, um die starke Panzerung der 52- und 54-tonnigen russischen Panzer zu durchdringen. Meist konnten die russischen Panzer nur fahruntauglich geschossen werden. Den Rest mussten vorwiegend Artillerie und Flak besorgen.

Die ursprünglich zur Verteidigung gegen Luftangriffe vorgesehene Waffengattung, der Schmidt angehörte, wurde nun eingesetzt, um mit ihren durchschlagskräftigen Waffen die schweren russischen Panzer auszuschalten. Als Zugführer befehligte Schmidt insgesamt 24 Soldaten, die drei Geschütze zu bedienen hatten.[135] Ihm oblag im Gefecht die Feuerleitung.

Rein schulmäßig agierte dabei der Zugführer von der Mitte des Zuges aus einer geschützten Position heraus mit Megafon, Trillerpfeife und Winkerkelle.[136] Die Geschützführer blieben in Blick- und Hörweite, um die Anweisungen befolgen zu können.[137] In der Praxis erwies sich das aber als wenig sinnvoll, da viele Anweisungen im Gefechtslärm und wegen gestörter Sicht untergingen, sodass die Zugführer direkt am Geschütz arbeiteten und sich die anderen Geschütze an diesem Leitgeschütz ausrichteten.[138] Die dadurch steigende Gefährdung – die Gegenangriffe zielten ja auf die Geschütze – wurde durch größere Präzision und Schlagkraft der konzentrierteren Kommandoübermittlung kompensiert.

In den Annalen der 1. Panzerdivision werden die Erfolge der leichten Flakabteilung 83 besonders herausgestellt.[139] Auch in der Veteranenliteratur der Nachkriegszeit und später in Betrachtungen historisierender Bundeswehrgeneräle werden die Flaksoldaten der Wehrmacht überaus bewundernd gewürdigt. Gern wird die Parole »Leichte Flak voran« weiter kolportiert.[140] Ein Blick in die Landserhefte der Luftwaffe zeigt die Entstehungsgeschichte dieses Kampfrufs.[141]

184

Leichte Flak voran! Zur Niederkämpfung stark befestigter Stellungen der Sowjets in einem Dorf ist eine leichte Flakartillerie nach vorn gezogen worden. Mit wohlgezieltem Feuer haben die schnellbeweglichen Geschütze die zäh verteidigten Widerstandsnester erledigt.[142]

Im August waren die rasch vorankommenden Truppen von Südwesten her schon weit in Richtung Leningrad vorgedrungen – ihr eigentliches Angriffsziel. Ein glatter Durchmarsch wurde der Eroberungsfeldzug jedoch nicht. Die Panzerwaffe stieß auf erbitterten Widerstand sowjetischer Truppen. Die Gegenwehr konnte zwar immer wieder erfolgreich gebrochen werden, doch stiegen die deutschen Verluste.

Die 1. Panzerdivision stand in Pishma, als Schmidt an der Front ankam. Mit der Einnahme des gut befestigten Ortes im Oblast Leningrad hatten am Nachmittag des 23. August 1941 die ersten deutschen Soldaten den äußeren Verteidigungsring Leningrads erreicht.[143] Von der Propaganda und auch in der Truppe wurde dies als ganz wesentlicher Fortschritt auf dem Wege hin zur Eroberung Leningrads gefeiert.[144] Nach diesem Etappensieg konnte der Angriff der 1. Panzerdivision allerdings nicht weiter fortgesetzt werden. Die Kräfte reichten einfach nicht mehr aus.[145] Zudem befanden die erfolgreichen Eroberer sich weit vor den restlichen Truppenteilen, sodass Alleingänge noch näher an das zäh verteidigte Leningrad heran zu gefährlich schienen. Die Division verschanzte sich in dem eroberten Ort und wartete auf das Nachrücken der nachfolgenden Truppen. Im Abwehrkampf verteidigte sie die eroberten Stellungen gegen einen mächtig andrängenden Gegner. Täglich rollten mehrere Angriffswellen gegen die Stellungen der Deutschen. Als Helmut Schmidt zu seiner Einheit kam, befand sich die 1. Panzerdivision unter ständigem Beschuss.

Das Kriegstagebuch der Panzergruppe 4 vermerkt für den 26. August 1941, 11 Uhr 30, dass die ihr unterstellte 1. Panzerdivision »nach wie vor schweren feindlichen Angriffen bei Pishma ausgesetzt« sei.[146] Um 14 Uhr 45 wird von der Panzergruppe notiert, dass die 1. Panzerdivision »neue feindliche Gegenstöße mit Artillerie-Unterstützung aus ostwärtiger und nordostwärtiger Richtung« abgewehrt habe.[147] Die weit vor den übrigen deutschen Truppen liegende Division befand sich immer noch unter Dauerfeuer. Von dem gerade eingetroffenen jungen Zugführer wurden starke Nerven gefordert.

Für das Veröffentlichungsblatt der Flakausbildung erklärte später ein »alter Hase« dieses Feldzugs einem jungen Zugführer der leichten Flak den erfolgreichen Einsatz der Waffen.[148]

Das wichtigste ist immer, dass Du die richtige Sekunde für die Feuereröffnung findest. Es gibt da eine Regel: So spät wie möglich, so früh wie nötig! [...] das heißt: Rankommen lassen! Die Geschützführer soll der Teufel holen, wenn sie selbständig schießen oder viel zu früh anfangen, nur um sich Mut anzuschießen oder um den Gegner zum Abdrehen zu bewegen. Das habe ich früher oft erlebt. Es führte dazu, dass der Iwan später außerhalb der Reichweite unserer erkannten Stellungen anflog. Rankommen lassen um abzuschießen, das soll der Grundsatz sein. Wer abgeschossen ist, kommt nicht wieder. Du weißt doch, wie wir jedesmal vor Freude gebrüllt haben, wenn einer runterkam. [...] Du musst ihn spätestens zwischen 600 und 800 Metern Schrägentfernung im Feuer haben. [...] Während der ganzen Zeit müssen die K 1 sauber mitrichten. Das musst Du immer wieder predigen! Sie vernachlässigen das saubere Mitrichten nämlich immer wieder und tun es einfach nicht, wenn man ihnen nicht stets im Nacken sitzt. [...] während des Mitrichtens müssen sie wie ein gespannter Flitzbogen hinter ihren Waffen sitzen, und dann, wenn Du das Zeichen gibst, dann muss es schlagartig aus allen Rohren zugleich herauskommen: Wozu hat der Vierling vier Rohre![149]

»Der alte Kampf der Germanen gegen das Slawentum«

Die frühen Erfolge der Wehrmacht verleiteten die deutsche Führung zur völlig irrigen Annahme, die Sowjetunion sei bereits so gut wie besiegt. Hitler und mit ihm die Oberkommandos von Wehrmacht und Heer gingen noch im Juli 1941 davon aus, dass der endgültige Sieg innerhalb von Wochen erreicht sei.[150] Ende August sollte die Siegesparade in Moskau stattfinden.[151] Helmut Schmidt traf an der Front ein, als der Erfolgsrausch[152] gerade erste kleine Dämpfer erhalten hatte. Aus den Aufzeichnungen der Panzergruppe 4 geht hervor, dass die deutschen Befehlshaber zu diesem Zeitpunkt vor Leningrad sich untereinander nicht einig über die richtige taktische Vorgehensweise waren. Es ging um unterschiedliche Lageeinschätzungen, zuweilen aber auch um Kompetenzstreitigkeiten und persönliche Differenzen führender Generäle.

Eine herausragende Rolle spielte dabei Generaloberst Erich Hoepner, der mit der 4. Panzergruppe den militärischen Erfolgsgaranten des Feldzugs befehligte. Hoepner tat sich mit außerordentlichen militärischen Fähigkeiten und großer Durchsetzungskraft hervor. Die Panzergruppe 4 war die einzige, die gleichrangig neben der 16. und 18. Armee unmittelbar der Heeresgruppe Nord unterstand. Die anderen drei Panzergruppen waren Infanteriearmeen unterstellt.[153] Deshalb befand sich Hoepner in derselben Verantwortung wie die Armeeoberkommandos der Infanteriearmeen. Er war dafür verantwortlich, Befehle des Wehrmachtskommandos an alle ihm zugeordneten Truppenteile zu kommunizieren, damit auch der 1. Panzerdivision mit all ihren Einheiten.

Der Generaloberst exponierte sich hierbei als scharfer Verfechter nationalsozialistischer Kriegsauffassung. Bereits Anfang Mai 1941 schwor er zur bevorstehenden Kampfführung seine Truppen auf Hitlers Linie ein.[154] Der bevorstehende Krieg sei »ein wesentlicher Abschnitt im Daseinskampf des deutschen Volkes. Es ist der alte Kampf der Germanen gegen das Slawentum, die Verteidigung europäischer Kultur gegen moskowitisch-asiatische Überschwemmung, die Abwehr des jüdischen Bolschewismus.«[155] Jede Kampfhandlung gegen diesen Gegner müsse vom »eisernen Willen zur erbarmungslosen, völligen Vernichtung des Feindes geleitet sein«. Insbesondere dürfe es »keine Schonung für die Träger des heutigen russisch-bolschewistischen Systems« geben.[156] Daran, dass dies die Juden seien, ließen seine Ausführungen keinen Zweifel.

Hoepner erweiterte für die ihm unterstellten Truppen sogar noch den Anwendungsbereich der verbrecherischen Befehle, mit denen die Oberste Heeresleitung im Krieg gegen die Sowjetunion die Genfer Konvention und damit das geltende Völkerrecht außer Kraft gesetzt hatte.[157] Von besonderer Bedeutung war der »Kommissarbefehl«, mit dem die Wehrmacht angewiesen wurde, gefangen genommene Politkommissare der sowjetischen Armee zu erschießen.[158] Hoepner wies seine Truppen an, nicht nur russische Kommissare in Uniform sofort zu liquidieren, wie es der Befehl vorschrieb, sondern auch Zivilkommissare. In den ersten Wochen des Krieges gegen die Sowjetunion verzeichnete die Panzergruppe mehrere Hundert Liquidationen.

» Tagsüber taten wir das, was uns befohlen war«

Der übereifrige Generaloberst wirkte federführend bei der Planung des Angriffs auf Leningrad mit. Auch hier zeigen die Kriegstagebücher, dass die Kommunikation in der Wehrmacht durchaus nicht von simplen Befehls- und Gehorsamsketten geprägt war.

In einem Ferngespräch zwischen Chef Pz.Gr. 4 [Hoepner] und Chef L. A. K. macht Chef L. A. K. davon Mitteilung, dass der 122. Infanterie-Division angeblich befohlen sei, ihre Stellung am Ordedjeh-Abschnitt sofort aufzugeben, um anderweitig eingesetzt zu werden. Dieses würde den für 17 Uhr angesetzten Übergangsbeginn der SS-Polizei-Division in Frage stellen. In mehreren Ferngesprächen zwischen Chef Pz.Gr. 4, Heeresgruppe und A. O. K. 16 wird das zu frühzeitige Herausziehen der 122. Infanterie-Division eingehend besprochen. [...] Zwischen Pz.Gr. 4 und A. O. K. 16 entsteht eine gewisse Spannung.[159]

Im Folgenden vermerken die Aufzeichnungen, dass Missverständnisse ausgeräumt und das Einvernehmen wiederhergestellt wurde.[160] Doch auch bei der 1. Panzerdivision, zu der Helmut Schmidt gerade gestoßen war, regte sich Widerstand gegen die Entscheidungen der obersten Befehlshaber. Im Kriegstagebuch der Division heißt es am 29. August 1941:

Die Division kann sich nicht mit dem Gedanken abfinden, dass sie nun schon das zweite Mal, den anderen Divisionen weit voraus, im täglich stärker werdenden feindlichen Abwehrfeuer auf das Vorwärtskommen der anderen Divisionen warten muss. Die Verluste mehren sich in diesen Tagen. Die Artillerie verbraucht einen ungewöhnlich hohen Munitionssatz. (Eine leichte Abteilung schoss 500 l. F. H.-, die schwere trotz Munitionsmangel 300 s. F. H.-Granaten[161] als Sperrfeuer vor Pizma [sic!]). Für Mann und Fahrzeug ist es körperlich und materialmäßig außerordentlich beanspruchend, in Dreck und Schlamm und unter stärkster Feindeinwirkung untätig liegenbleiben zu müssen.[162]

Das ist deshalb bemerkenswert, weil sich deutlich zeigt, dass keineswegs nur blindes Gehorchen und stilles Erdulden die Interaktion zwischen Vorgesetzten und Untergebenen prägten. Zugleich offenbart sich im Wunsch aller nach baldiger Fortsetzung des Feldzugs ein starker Gruppenzusammenhalt. Erst nach dem Krieg entfielen offenbar dem kollektiven Gedächtnis solche Momente recht freier Unmuts- und Meinungsäußerung, obwohl das Kriegstagebuch sie festgehalten hatte. In der Nachkriegsberichterstattung über den Einsatz der 1. Panzerdivision wird es heißen, dass die herankommenden Kampfgruppen sich im Panzergraben in Pishma »einrichteten und zwei Wochen lang die

Stellungen erweiterten und behaupteten«.[163] Der Panzergraben bot zwar Schutz vor den »zahlreich unerhört rasant schießenden ›Ratsch-Bumm‹-Geschützen[164]«, jedoch nicht vor den Granatwerfern. Durch den teilweise in mehrfacher Bataillonsstärke vorgenommenen Einsatz von Granatwerfern wurden den Deutschen erhebliche Verluste zugefügt.[165]

Plastisch schilderte der deutsche Journalist Erich Kuby in seinen täglichen Aufzeichnungen seine Eindrücke von solchem Beschuss. Kuby kämpfte mit seiner Einheit an derselben Front vor Leningrad wie Schmidt. Am 29. August geriet Kuby unter das Feuer einer »Stalinorgel«. Mit ihrer Hilfe sei es möglich, einen Geländestreifen derart dicht zu beschießen, dass dort wirklich »kein Gras mehr wächst«, schreibt er.[166]

Du hörst einen rauschenden Ton, als ob Riesenfledermäuse über Dir flatterten, und hast dann ein paar Sekunden Zeit, Dich in Deinem Loch an die Erde zu schmiegen, so dicht es nur geht. Und dann beginnen die Explosionen der Geschosse prasselnd wie ein Monsterfeuerwerk. Auch der Anblick ist nachts recht festlich, wie ein silberner Wasserfall, 100 oder 200 Meter breit, kommen die Granaten herunter.[167]

In dieser Situation traf der junge Offizier Helmut Schmidt ein. Seinen ersten Kriegseinsatz hatte er schon in Bremen absolviert. Wie man einen Zug zu befehligen hatte, wusste er. Seine Waffe kannte er aus dem Effeff. Doch beschränkten sich seine bisherigen Erfahrungen auf das klassische Betätigungsfeld seiner Waffengattung, die Abwehr feindlicher Luftangriffe. Nun sollte er einen Zug anführen, der vorwiegend im direkten Kampf einem vom Boden aus angreifenden Feind entgegenzutreten hatte, mit allen Konsequenzen der eigenen Gefährdung und völlig anderer taktischer Erfordernisse.

An der Front bei Pishma herrschte zu diesem Zeitpunkt unter den Soldaten ein Gefühl des Ausgeliefertseins, zum einen gegen den mächtig andrängenden Gegner, zum anderen aber eben auch wegen der als falsch angesehenen Entscheidung, den Angriff nicht fortzuführen. Für Heldentaten war zumindest in dieser Phase wenig Gelegenheit. Der Erfolgsrausch, der in Berlin die Berichte vom Krieg gegen die Sowjetunion begleitete, musste schon allein angesichts der realen Situation, die Schmidt bei seinem Eintreffen vorfand, absurd erscheinen. Später wird er sich erinnern, dass er sich schon hier ganz sicher war, dass der Krieg verloren werde.[168]

Nachts, wenn ich aus diesem oder jenem Grund oder auch vor Angst nicht schlafen konnte, dachte ich darüber nach. Aber tagsüber taten wir das, was uns befohlen war, und so auch ich: Es brauchte niemand hinter mir zu stehen, um mich zu beaufsichtigen; ich tat von mir aus, was ich für meine soldatische Pflicht hielt. Doch nachts dachte ich dann abermals: Hoffentlich ist der Krieg bald zu Ende.[169]

Dass die Truppen vor Ort die Dispute ihrer obersten Befehlshaber nicht im Detail erfuhren, ist klar. Unterschwellig kam aber ganz gewiss manches bei ihnen an. Der Unmut in der 1. Panzerdivision bei Pishma zeigt, wie sich die Spannungen in der Truppenführung auf die Truppe übertrugen. Der Führung war das wohl bewusst, und es wurde keineswegs unterdrückt. Die Männer bei Laune zu halten gehörte auch zum Aufgabenkreis der Offiziere. Zweifel angesichts ausbleibender Erfolge oder sich häufender Rückschläge zu bekämpfen war eine Standardanforderung.[170]

Ein kritischer Kopf wie Helmut Schmidt verhielt sich auf die eine oder andere Weise ganz ähnlich wie die obersten Befehlshaber, wenn es um – aus seiner Sicht – fehlerhafte oder widersprüchliche Befehle ging. Von den Offizieren wurden ja gerade Eigeninitiative und Entscheidungsfreude verlangt. Die Führungseignung ergab sich auch aus der Fähigkeit, sich gegen andere Ansichten zu behaupten, vorausgesetzt, dies war dem gemeinsamen Zweck dienlich. Und diesem diente Schmidt mit Leidenschaft. In seinen Erinnerungen wird er immer wieder den inneren Zwiespalt hervorheben, den seine Haltung in ihm bewirkte. Seine Einsatzbereitschaft wurde dadurch jedoch nicht gebremst.

» Wir [haben] nie vor der Notwendigkeit gestanden, den Befehl zum Mord an den Politkommissaren ausführen zu müssen«

Die Tage, in denen die Division im Stillstand den ständigen Attacken des Gegners ausgesetzt war, endeten dann doch mit einem Siegeszug der deutschen Armee in Richtung Leningrad. Die Wehrmachtsführung hatte lange geschwankt, ob Leningrad zu erstürmen sei oder lediglich belagert werden sollte.[171] Kurz nach dem »Überfall« hatte der Oberbefehlshaber des Heeres, von Brauchitsch, den Oberbefehlshaber der Heeresgruppe Nord, von Leeb, aufgefordert, Leningrad einzunehmen.[172] Nur wenige Tage später war dann nur noch von Einschließung die Rede.[173] Doch erst Ende August war geklärt, dass Leningrad nicht mehr eingenommen, sondern ausgehungert werden sollte.

Am Abend des 29. August 1941 erhielt die Panzergruppe 4 den Heeresgruppenbefehl für die Einschließung Leningrads.[174] Was damit beabsichtigt war, ging klar aus dem als »Geheime Kommandosache« kommunizierten Befehl hervor. Ziel war die möglichst baldige »Ausschaltung« der »Stadt als Zentrum des letzten roten Widerstandes an der Ostsee«.[175] Die Stadt sei

... durch Zerstörung der Wasserwerke, Lagerhäuser, Licht- und Kraftquellen ihrer Lebens- und Verteidigungsfähigkeit zu berauben. [...] Jedes Ausweichen der Zivilbevölkerung gegen die Einschließungstruppen ist – wenn notwendig unter Waffeneinsatz zu verhindern.[176]

Aus allen Richtungen kämpften sich nun die anderen Teile der Heeresgruppe Nord an die Linie heran, die die 1. Panzerdivision schon vor Wochen erreicht hatte. Mit den unaufhaltsam anrückenden deutschen Armeen nahm die Gegenwehr der sowjetischen Soldaten stetig ab.[177] Anfang September hatten die anderen deutschen Truppen so weit aufgeschlossen, dass Schmidts Einheiten abgelöst werden und in eine kurze Erholungspause geschickt werden konnten. Kurz darauf erging der Vorbefehl für die Großoffensive gegen Leningrad.

Sie begann am 9. September, und schon am selben Abend wurde mit der Eroberung Schlüsselburgs der deutsch-finnische Ring um Leningrad geschlossen.[178] Schmidt war nun mittendrin in einem Feldzug, in dem die aufschließenden deutschen Truppen den Gegner von allen Seiten bedrängten, vor sich hertrieben, schließlich einkesselten und bezwangen. Aus dem immer schmaler werdenden Korridor zwischen andrängender Front, Ostsee und Ladogasee, in den die sowjetischen Truppen vor Leningrad zurückgetrieben wurden, gab es kein Entkommen, denn im Nordosten schnitten die finnischen Verbündeten der Deutschen den Gegnern sowohl Rückzug als auch Nachschub ab.

Am 11. September 1941 gelang erneut ein großer militärischer Erfolg, diesmal den Kampfgruppen der 1. Panzerdivision, denen Schmidt direkt unterstellt war. Gegen einen eigentlich übermächtigen Gegner wurde eine strategisch wichtige Höhe in unmittelbarer Nähe Leningrads erobert.[179] Leningrad lag nun in Reichweite der deutschen Artillerie.

Der Blick von der eroberten »kahlen Höhe« war überwältigend. Im Nordosten lag, etwa ein Dutzend Kilometer entfernt, beinahe mit Händen greifbar, die Silhouette Leningrads am Horizont. Mit den erbeuteten Scherenfernrohren war der Straßenverkehr zu erkennen. Diese vieltürmige Millionenstadt lag jetzt im Wirkungsbereich der mittleren deutschen Artillerie. Die Newa war auszumachen; im Norden gingen deutsche Verbände gegen Peterhof und Oranienbaum vor.[180]

Die Kampfgruppen der 1. Panzerdivision stießen zwar noch gelegentlich auf größere Gegenwehr, setzten ihren erfolgreichen Angriff jedoch weiter fort.

Helmut Schmidt ist wenig mitteilsam über seine Fronterlebnisse. In seinen Erinnerungen erwähnt er jedoch den »Kommissarbefehl« und die Behandlung der russischen Kriegsgefangenen im Zusammenhang mit den Verbrechen der Deutschen während der nationalsozialistischen Herrschaft.[181] Zu »Kommissarbefehl« und Kriegsgefangenen äußerte er sich recht ausführlich. 1992 resümierte er:

> Während des halben Jahres in der 1. Panzerdivision hatte ich von jenem Kommissarbefehl gehört, nach dem kriegsgefangene Politkommissare der Roten Armee erschossen werden sollten; der Befehl ist mir allerdings nicht dienstlich verkündet worden. Unsere Division hat, soweit ich es miterlebt habe, keine Gefangenen machen können; denn wir stießen mit motorisierten Kampfgruppen vor, gingen wieder zurück, stießen wieder vor. Wir hatten viele Verluste, und ich habe viele tote Deutsche und auch viele tote Russen gesehen, Gefangene dagegen nur einmal, in der Etappe, und auch nur von weitem in einem Güterzug. Also haben wir nie vor der Notwendigkeit gestanden, den Befehl zum Mord an den Politkommissaren ausführen zu müssen. Ich glaube, wir hätten in einem solchen Falle den Befehl weder ausgeführt noch verweigert, sondern vielmehr uns um die Feststellung herumgedrückt, dass es sich bei einem Kriegsgefangenen um einen Kommissar handelte.[182]

Nachweislich wurde der »Kommissarbefehl« zu Beginn des Feldzugs innerhalb der Panzergruppe 4 bis in die Stäbe der unterstellten Einheiten durchkommuniziert.[183] In der geordneten Welt der Wehrmacht wäre es ein außergewöhnlicher Vorgang, wenn später zum Einsatz kommende Offiziere wie Schmidt nicht auf den aktuellen Stand gebracht worden wären. Die Befehle definierten ja unmittelbar ihre Pflichten.

Für den 12. September 1941 – Schmidt war gerade 14 Tage an der Front – vermerken die Meldungen im Kriegstagebuch der 1. Panzerdivision ein besonderes Ereignis. Das Schützenregiment 113, dem eine Batterie von Schmidts Flakabteilung als Verstärkung unterstellt war[184], meldete die Erschießung eines Kommissars.[185] Dieser befand sich – neben zwei Krankenschwestern –

unter den 730 Gefangenen des Schützenregiments 113 an diesem Tag. Das Schützenregiment 1, dem die andere Batterie von Schmidts Abteilung unterstellt war, meldete 74 Gefangene »und eine Frau«.[186] In den fünf Tagen vom 9. bis 13. September 1941 machte die 1. Panzerdivision 2094 Gefangene. Schmidts Erinnerung, Kriegsgefangene nur von Weitem in einem Güterzug gesehen zu haben, also ihre Leiden nicht aus eigener Anschauung zu kennen, kann somit nicht stimmen. Er selbst hat wenige Jahre zuvor, 1987, in einer anderen Publikation auch etwas ganz anderes geschrieben:

Ich erinnerte mich an mein verständnisloses Entsetzen, als ich einmal in einem rückwärts gelegenen Versorgungsstützpunkt die unmenschlichen Bedingungen eines Gefangenentransportes erlebte. [...] Ich dachte an unsere Scheu vor jeder persönlichen Berührung mit kriegsgefangenen russischen Soldaten.[187]

In dem wenige Jahre später erschienenen Erinnerungsband begründete er dann mit seinem Nichterleben von Kommissarerschießungen und persönlichen Begegnungen mit russischen Gefangenen, warum ihm erst Ende 1944 durch ein anderes Erlebnis der verbrecherische Charakter des Nationalsozialismus bewusst wurde.[188]

Zurück ins Jahr 1941: Am 12. September gab es im Kampfgeschehen eine Eskalation, die die Bereitschaft zum rücksichtslosen Vorgehen gegen Soldaten der Sowjetarmee verstärkt haben könnte. Übereinstimmend berichten das Kriegstagebuch der Seite an Seite mit den Kampfgruppen der 1. Panzerdivision kämpfenden SS-Polizeidivision und die Nachrichtenabteilung der 1. Panzerdivision von einem Vorfall, bei dem zahlreiche Frauen und Kinder einem Anschlag russischer Soldaten zum Opfer gefallen sein sollen.

In einem vorwiegend von Finnen bewohnten Ort, den die Deutschen einnahmen, fanden sie in einem zerstörten Bunker die verstümmelten Leichen von 22 Frauen und Kindern. Nach

Berichten überlebender Dorfbewohner hätten sich ihre Familienangehörigen dort während des Kampfgeschehens in Sicherheit gebracht, als drei versprengte russische Soldaten erschienen seien, die ebenfalls in den Bunker flüchten wollten. Nur zwei Männer hätten noch Platz finden können. Der dritte habe daraufhin eine Handgranate in den Bunker geworfen und alle Insassen damit ermordet.[189] Zweifel hatten die deutschen Soldaten offenbar nicht an dieser eher unlogischen Geschichte. Nur zu gut passte das zum Feindbild, das ihnen permanent eingeimpft worden war. Vielleicht fürchtete man auch insgeheim, dass deutsche Granaten das Fanal an den Kindern und Frauen verursacht haben könnten.

Bei der SS-Polizeidivision wurde die offizielle Version des Massakers als mehrseitiger Frontbericht noch am selben Tag für die Propaganda in Deutschland aufbereitet.[190] Im Kriegstagebuch der 1. Panzerdivision ist der Vorfall ebenfalls überliefert. Per Funk wurde von den kämpfenden Einheiten bei der Division ein »pK-Mann mit Foto zur Aufnahme eines von den Russen gesprengten Bunkers, in dem sich 22 Frauen mit Kindern befanden«, erbeten.[191] Auch hier wurde der propagandistische Wert solcher Bilder mit der dazugehörigen Geschichte erkannt und sofort für die Berichterstattung in der Heimat festgehalten.

In Leningrad kursierten ähnliche Gräuelgeschichten über die deutschen Soldaten. Kurz nach Beginn der deutschen Großoffensive notierte die 15-jährige Lena Muchina in ihrem Tagebuch:

Militärische Ziele wurden nicht getroffen. [...] Gestern sind das Gaswerk, die Badajew-Lebensmittellager, Textilwarenlager und die Warenentladestelle der Witebsker Eisenbahnlinie abgebrannt. [...] Diese Untiere mit menschlichem Antlitz ... Sie werden dafür bezahlen. Für die durch Bomben und Granaten getöteten Leningrader, für die gequälten, zerfetzten und verwundeten Kämpfer der Roten Armee, für die erschossenen, zerfetzten, erstochenen, gehängten, lebendig begrabenen, verbrannten, zerquetschten Frauen und Kinder werden sie voll bezahlen.[192]

Die Propaganda arbeitete auf beiden Seiten mit denselben Bildern. Als nur allzu wahrer Kern zeigt sich in Muchinas Schreckensvision das Schicksal eines Jungen, der an seinem roten Halstuch als Pionier der Kommunistischen Partei identifiziert und nur deshalb von deutschen Soldaten erhängt worden sein soll.[193] Die deutschen Soldaten waren fortwährend der propagandistischen Einflussnahme ausgesetzt. Zu den Aufgaben eines Vorgesetzten gehörte es, täglich den Wehrmachtsbericht mit den Untergebenen zu erörtern und dafür zu sorgen, dass der Truppe immer wieder Sinn und Zweck und insbesondere die Notwendigkeit des Krieges vermittelt wurden.

»Der Vorstoß auf Leningrad lief sich fest«

Die Kampfhandlungen am 11. und 12. September 1941 führten zum größten Erfolg der 1. Panzerdivision. Die Eroberung Leningrads war nun greifbar nahe. Umso widersprüchlicher verlief auf höchster Kommandoebene die Diskussion um das weitere Vorgehen. Bereits am 5. September war eine Weisung ergangen, die Panzergruppe 4 von der Front vor Leningrad abzuziehen. Das Kriegstagebuch der Panzergruppe 4 dokumentiert am 13. September 1941 erneut Unmut: »Ein Hin und Her in der Befehlsgebung muss hier festgestellt werden.«[194] Einerseits wurde Hoepner mitgeteilt, dass die schnellen Truppen aus seiner Armee herausgelöst werden sollten, andererseits wurde von ihm gefordert, sowohl Leningrad als nach Osten hin anzugreifen.[195]

Bis zum 17. September drangen die Einheiten der Division weit in Richtung Leningrad vor und erreichten die Vororte Alexandrowka und Puschkin. Die Kämpfe rückten auf eine Entfernung von zwölf Kilometern an den Stadtkern heran – bis an die Endstationen der Leningrader Straßenbahn.[196] Zwar stießen die deutschen Soldaten auf erhebliche Gegenwehr und erlitten auch schwere Verluste, doch wurden am 17. September überall zurückgehende »Feindeinheiten« beobachtet.[197]

197

Inzwischen war die Entscheidung über das Schicksal der Stadt gefallen. Die Einnahme war nun nicht mehr geplant, sondern sollte sogar verhindert werden. Leningrad sollte eng eingekesselt, jeder Ausbruchsversuch der Zivilbevölkerung notfalls mit Waffengewalt unterbunden und so die Leningrader Einwohnerschaft über den Winter durch Hunger und die zu erwartenden Seuchen vernichtet werden. Eine Kapitulation sollte nicht akzeptiert werden.[198] Schon seit Anfang September herrschte in Leningrad Hungersnot. Am 10. September hielt der Bericht der Einsatzgruppe A über die Versorgungslage der umkämpften Stadt fest:

Brot war noch bis zum 1.9. ohne Anstehen zu erhalten. Rüstungsarbeiter erhielten 600 Gramm Brot, staatlichen Angestellte 500 Gramm und alle übrigen 300 Gramm. In der letzten Zeit soll die Bevölkerung aber bereits nachts ab 3 Uhr nach Brot Schlange stehen und nur noch 200 Gramm pro Person erhalten. [...] Die Hauptnahrung der Bevölkerung besteht schon aus Kartoffeln und Brot. Nach den letzten Meldungen sind auch Kartoffeln nur noch im Schleichhandel erhältlich.[199]

Die Gewährsmänner, die in der Stadt für die Deutschen spionierten, berichteten auch, dass der größte Teil der Bevölkerung auf eine kampflose Übergabe hoffe.[200] Trotz einiger fanatischer Kommunisten, die unter den Deutschen ein Blutbad anrichten wollten, sei mit aktivem Widerstand kaum zu rechnen.[201]

Die 1. Panzerdivision hatte militärisch einen entscheidenden Anteil an der Schließung des Belagerungsrings um die Millionenstadt.[202] Der Einsatz wurde auch medial gewürdigt. Die Truppe sollte stolz auf ihre Leistungen gemacht werden. Den Soldaten und Führern sowohl der 1. Panzerdivision als auch des übergeordneten XXXXI. Armeekorps wurde vom Befehlshaber der Panzergruppe 4 viel Lob gezollt. Sie hätten den größten Beitrag zu den erzielten Erfolgen geleistet.[203] Insgesamt wurde der Einsatz vor Leningrad als Sieg gefeiert.

Am 15. September 1941 wurden im Wehrmachtsbericht zwei

von Schmidts Kameraden wegen ihrer Tapferkeit namentlich erwähnt – einer davon gehörte zu dem Schützenregiment, das drei Tage zuvor den Kommissar erschossen hatte. In der Truppe hatte zur selben Zeit schon seit Tagen das Gerücht die Runde gemacht, die Division würde zu anderer Verwendung aus der Heeresgruppe Nord herausgelöst.[204] Informiert wurden die Soldaten der 1. Panzerdivision dann am 19. September, dass sie von der Front vor Leningrad abgezogen und zur Heeresgruppe Mitte verlegt werde.

In der Erinnerungsliteratur der militärischen Akteure des Feldzugs wird die verpasste Chance, Leningrad einzunehmen, durchaus beklagt.[205] Angelastet wird das Versäumnis der »notwendigen« Einnahme den Spannungen zwischen Hitler und dem Oberkommando des Heeres.[206] Als Folge seien die militärischen Notwendigkeiten »nicht erkannt oder anerkannt« worden.[207]

Helmut Schmidt schreibt in seinen Erinnerungen, der Vorstoß gegen Leningrad habe sich »festgelaufen«.[208] In militärischer Lagebeurteilung hieße das, es hätte kein Weiterkommen gegeben. Das sahen seine Kommandeure anders. Leningrad hätte eingenommen werden können. Damit hätten aber die Deutschen die Verantwortung für die Bewohner übernehmen müssen. Gerade das wollte Hitler vermeiden. Schmidts Version lässt die Belagerung als unausweichliche Folge eines militärischen Fehlschlags erscheinen. Dabei war sie in allen ihren Konsequenzen eiskaltes Kalkül.[209]

Was an Schmidts Darstellung auffällt, ist die Tatsache, dass er sich ausgerechnet hier der Beurteilung militärischer Entscheidungen enthält. Seine Kameraden immerhin wunderten sich, warum der Angriff »so kurz vor dem greifbaren Ziel« nicht weiter voranging, trotz der Erfolge und obwohl die Einnahme möglich erschien.[210] Die Bevölkerung in Leningrad tat so manchem von Schmidts Kameraden aufrichtig leid. Dass dort gehungert wurde, nahm jeder einfache Soldat wahr. Helmut Schmidt erwähnt nicht ein einziges Mal, dass sich in der Stadt, der er mit seiner Einheit so nahe kam, eine der größten menschlichen Katastrophen zutrug, die Deutsche sich erdacht hatten. Während der über 900-tägigen Belagerung verhungerten etwa eine Million Menschen in Leningrad. Die Wehrmachtsführung machte sich ernsthafte Sorgen. Allerdings um ihre Soldaten, denen man nicht zumuten mochte, auf Frauen, Kinder, Alte und Kranke zu schießen, die verzweifelte Ausbruchsversuche unternahmen.[211]

»Ihr schenkt Europa den Frieden«

Die Herauslösung und Verlegung der schnellen Truppen der Heeresgruppe Nord erfolgte, weil Hitler beschlossen hatte, noch vor Beginn des Winters mit einem Großangriff auf die sowjetische Hauptstadt Moskau den Sieg gegen die Sowjetunion zu vollenden. Dem gelungenen »Unternehmen Barbarossa« sollte nun das »Unternehmen Taifun« folgen.

Vom 19. September 1941 an begann der Abmarsch der Soldaten der 1. Panzerdivision und der ihr unterstellten Einheiten Richtung Moskauer Front. Das XXXXI. Armeekorps und mit ihm die 1. Panzerdivision mit ihren Einheiten wurden nun der Panzergruppe 3 unter General Hoth zugewiesen. Die massiven Truppenbewegungen sollten unter größtmöglicher Geheimhaltung erfolgen. »Der Iwan« sollte nichts davon mitbekommen, dass die Wehrmacht Truppen vor Moskau verstärkte, um zum Großangriff überzugehen.

Die Märsche finden in den ersten Marschtagen bei Dunkelheit statt. Die Bewegungen laufen bei Dämmerung an und haben beim Morgengrauen auszulaufen. Laufen einzelne Märsche der letzten Marschgruppen durch Stockungen bei Tage aus, so sind die Bewegungen entsprechend aufzulockern (in Kompanie-Stärken.) Die Verkehrsregelung wird durch die Division und zusätzlich durch die Marschgruppen selbstständig durchgeführt. In den neuen Rasträumen sind die Einheiten sofort auseinander zu ziehen und es ist weitestgehend Tarnung durchzuführen.[212]

Der Transport erfolgte über mehrere Tage sowohl per Eisenbahn als auch »auf eigener Achse«, immer im Schutz der Dunkelheit und sogar mit übermalter Truppenkennzeichnung.[213] Anders, als sein Biograf Hartmut Soell unter Bezugnahme auf Aussagen Schmidts berichtet[214], bewegte Schmidt sich sehr wohl zu Lande durch das eroberte Gebiet.[215] Damit hatte er auch die Möglichkeit, sich umzuschauen.

Bei der Verlegung der Division zur Heeresgruppe Mitte in die Gegend von Witebsk bewegte man sich durch bereits erobertes Land. Seit Monaten erledigten die Einsatzgruppen des Sicherheitsdienstes hier ihren verbrecherischen Auftrag. Sie wurden dabei von der Wehrmacht nach Kräften unterstützt. Das konnte auch Unbeteiligten schon deshalb nicht verborgen bleiben, weil es immer wieder propagiert wurde.[216]

Am 2. Oktober 1941 begann die Offensive. Mit ihrem Beginn wurde die Ideologisierung des Kampfes verschärft.[217] Hitler richtete sich mit einem tausendfach verbreiteten Aufruf direkt an die Soldaten.[218] Jahrzehnte später wird der aktuellen Zeitgeschichtsforschung auffallen, dass dieser Aufruf in der historischen Literatur nach 1945 kaum jemals zitiert wurde.[219]

Ganz Europa wäre verloren gewesen. Denn dieser Feind besteht nicht aus Soldaten, sondern zum großen Teil nur aus Bestien. Nun, meine Kameraden, habt Ihr selbst mit eigenen Augen das »Paradies der Arbeiter und der Bauern« persönlich kennengelernt. [...] Dies ist das Ergebnis einer nunmehr 25-jährigen jüdischen Herrschaft, die als Bolschewismus im tiefsten Grund nur der allergemeinsten Form des Kapitalismus gleicht. Die Träger dieses Systems sind aber auch in beiden Fällen die gleichen: Juden und nur Juden. [...] Angefangen im hohen Norden, wo unsere ... finnischen Verbündeten ... steht Ihr heute im Verein mit slowakischen, ungarischen, italienischen und rumänischen Divisionen rund 1000 Kilometer tief in Feindesland [...]. Von ganz Europa nehmen wir damit eine Gefahr [...]. Ihr schenkt mit Gottes Hilfe nicht nur den Sieg, sondern [...] die wichtigste Voraussetzung für den Frieden![220]

Die Heeresgruppe Mitte, in deren Gebiet Schmidt nun zum Einsatz kam, hatte sich in den ersten Monaten des Krieges besonders hervorgetan bei der Umsetzung der verbrecherischen Befehle und bei der Unterstützung des Massenmords an der jüdischen Bevölkerung der eroberten Gebiete.[221] Schon Ende Juli wurde von der Einsatzgruppe B betont, dass die »zuständigen Dienststellen der Wehrmacht […] besonders erfolgreich« mit den Einsatzkommandos kooperierten.[222] Zwei Monate später wurde erneut die Zusammenarbeit mit militärischen Führungsstellen als »äußerst befriedigend« gelobt.[223] Mitte November 1941 konnte eine Gesamtzahl von fast 46 000 Liquidationen durch die Einsatzgruppe B und ihre willigen Helfer berichtet werden.

Verhandelt wurde das Morden an Nichtkombattanten unter dem Aspekt der soldatischen Haltung. Das Verhalten der Truppe war in diesem Zusammenhang immer wieder Gegenstand des internen Berichtswesens, insbesondere auf Kommandoebene. Den Befehlshabern der Armeen war völlig bewusst, dass sie ihre Truppe darauf einzuschwören hatten, im Kampf gegen die Rote Armee Kriegsvölkerrecht und traditionelles soldatisches Ethos zu vergessen.[224]

Der deutsche Soldat hat nicht allein die Aufgabe, die militärischen Machtmittel dieses Systems zu zerschlagen. Er tritt auch als Träger einer völkischen Idee und Rächer für alle Grausamkeiten, die ihm und dem deutschen Volk zugefügt wurden, auf. Der Kampf hinter der Front wird noch nicht ernst genug genommen. Aktive Mitarbeit aller Soldaten muss […] gefordert werden. […] Für die Notwendigkeit der harten Sühne am Judentum, dem geistigen Träger des bolschewistischen Terrors, muss der Soldat Verständnis aufbringen.[225]

Hierbei – das ist zu betonen – handelte es sich um Gedanken zur Moral der Truppe. Den Soldaten sollte suggeriert werden, dass sie sich nicht etwa an Verbrechen beteiligten, wie viele von ihnen aufgrund herkömmlicher Moralvorstellungen offenbar durchaus erkannten, sondern dass sie im völkischen Sinne

»anständig« handelten. Kommuniziert werden musste die perfide Scheinmoral durch das Offizierskorps.[226]

Ich verlange, dass jeder Soldat der Armee durchdrungen ist von dem Gefühl unbedingter Überlegenheit. Wir sind die Herren dieses Landes, das wir erobert haben. [...] Für die Haltung der Truppe ist entscheidend die Haltung der Offiziere und Unterführer. Noch niemals hat der deutsche Offizier auf einem schwereren und verantwortungsvolleren Posten in der Geschichte gestanden.[227]

Die Soldaten mussten sich an Verbrechen beteiligen, sollten dabei aber mit der richtigen inneren Haltung, sprich »Anstand«, agieren. Bei Massenerschießungen etwa von Frauen und Kindern aus rassischen Gründen wurde ihnen eine innere Haltung abverlangt, die es ihnen erlaubte, das anerkanntermaßen unerfreuliche Geschäft in der Gewissheit zu erledigen, dass sie dem Überleben der eigenen Rasse dienten. Zugleich wollte man verhindern, dass die »Herrenmenschen« verrohten. Unnötiges Leid war zu vermeiden – weil es dem Seelenheil der »Herren« hätte schaden können. Und »Herren« sollten sie ja bleiben. »Anstand« ist spätestens seit seiner Pervertierung durch die Nationalsozialisten kein allgemeingültiger Begriff mehr.[228]

Der Oktober 1941 markierte im Gebiet der Heeresgruppe Mitte den Übergang zum totalen Völkermord an den Juden.[229] Während das erste große Massaker in Mogilew noch ausschließlich vom SD ausgeführt wurde, vermutet die Forschung für die Massenerschießungen in Witebsk eine Beteiligung von Wehrmachtsstellen.[230] Bei der Ermordung von 7000 bis 8000 Menschen in Borissow am 20./21. Oktober 1941 ist die Mitwirkung der Wehrmacht aktenkundig.[231]

»Meine Bewusstseinsspaltung vertiefte sich«

Angesichts der moralischen Zwangslage, in die die deutschen Soldaten vor dem Hintergrund der Verbrechen versetzt wurden, ist Helmut Schmidts Selbstwahrnehmung bemerkenswert. Er nahm nicht die Verbrechen als Grund für seine »Bewusstseinsspaltung« wahr (er wusste ja nichts von ihnen), sondern den Umstand, dass er kämpfte, obwohl er sich ganz sicher war, dass der Krieg verloren würde.[232] Diese Bewusstseinsspaltung will er schon früher gespürt haben:

Während ich einerseits den Nationalsozialismus ablehnte und ein schlimmes Ende des Krieges erwartete, zweifelte ich andererseits nicht an meiner Pflicht, als Soldat für Deutschland einzustehen.[233]

Der Fahneneid habe für ihn eher eine nebensächliche Rolle gespielt, anders als für viele andere Soldaten, wie er hervorhob.[234] Aber was wollte er damit eigentlich zum Ausdruck bringen? Dass er für Deutschland kämpfen wollte, aber nicht für Hitler? Doch warum war es überhaupt notwendig, für Deutschland zu *kämpfen* – das wäre die eigentlich interessante Fragestellung. Patriot zu sein hätte ja auch bedeuten können, den Nationalsozialisten die Gefolgschaft zu verweigern oder nach Möglichkeiten zu suchen, den sinnlosen Krieg bald zu beenden.[235] Hielt er die Präventivkriegsthese für begründet und damit den Kampf gegen die Sowjetunion für zwingend notwendig, ganz gleich, wer Deutschland beherrschte?

Kaum einer seiner Kameraden war begeistert und siegesgewiss in den Krieg gezogen. Die Übereinstimmung von politischer Überzeugung und soldatischer Pflichterfüllung war ein ideologisches Konstrukt, das die Nationalsozialisten mit Nachdruck propagierten. Und mit Erfolg, trotz der Erfahrungen des Ersten Weltkriegs. Einer wie Schmidt, dessen Vorstellungen vom Krieg von Remarques *Im Westen nichts Neues* vorgeprägt waren – wie er behauptet –, konnte soldatische Pflichterfüllung und die Wahrscheinlichkeit einer Niederlage eigentlich nicht als Gegensatz begreifen. Soldatische Pflichterfüllung war nie mit einer Siegesgarantie verknüpft. Worin also sollte die »Spaltung« bestehen? Auch hier ist zu vermuten, dass es sich bei dem Erklärungsversuch um eine nachträgliche Entschärfung seines Drangs an die Front handelt. Schmidt wurde seine Laufbahn in der Wehrmacht häufig vorgehalten.

Frontlektüre

Fast naiv ist Schmidts Umgang mit einer seiner Frontlektüren. In einer länger andauernden Regenperiode im Herbst 1941 konnte der Angriff nicht weiter fortgesetzt werden, da die Straßen sich in Schlammlöcher verwandelt hatten. Die Zeit wurde zur Auffrischung von Truppe und Material verwendet. Nun kam es in der Truppe auch zum »Nachdenken und Meinungsaustausch«.[236] Und die Männer hatten Gelegenheit zu lesen. Immer hatte Schmidt Mark Aurels *Selbstbetrachtungen* bei sich, die ihm sein Onkel zur Konfirmation geschenkt hatte.[237]

Für mich spielte abermals Marc Aurel eine wichtige Rolle bei der Beruhigung meiner Seele; er lehrte mich Gelassenheit und Selbstbeherrschung gegenüber Ereignissen, die man nicht beeinflussen kann, weil sie außerhalb der eigenen Reichweite liegen. Zugleich erschien er mir als Vorbild der Pflichterfüllung – auch und gerade im Kriege.[238]

Was Wunder, handelte es sich doch um Notizen, die der römische Kaiser im Feldlager zu einer Zeit sehr wechselhaften Kriegsglücks angefertigt hatte. Die *Selbstbetrachtungen* kursierten zu Hunderttausenden unter den Soldaten. Sinn war einerseits die – bildungsbürgerliche – Lebenshilfe, andererseits Wehrertüchtigung.[239]

Was genau Schmidts Seele beunruhigte, schreibt er nicht. Er berichtet von seiner »Angst«, die ihn schlagartig angefallen haben muss. Er wusste, was Krieg bedeutete, und wollte sich dennoch nicht der unmittelbaren Bedrohung seines Lebens entziehen. Immerhin hatte er fast zwei Jahre lang darum gekämpft, an die Front zu kommen. Er glänzte dort mit Mut, Tapferkeit und eisernen Nerven in schwierigen Lagen, wie ihm später bescheinigt wurde. Probleme hatte er vor allem mit der Unterordnung. Das Gehorchen bereitete ihm Kopfzerbrechen. Auch hier bemühte er traditionelle Erbauungsliteratur, um sich auf die ungeliebte Rolle einzustimmen.

Auch las ich erneut das Vermächtnis des Matthias Claudius aus dem Jahre 1799. [...] Damals waren es vor allem drei Sätze, die mir besonders wichtig erschienen: »... Gehorche der Obrigkeit und lass die anderen über sie streiten. Sei rechtschaffen gegen jedermann, doch vertraue Dich schwerlich. Mische Dich nicht in fremde Dinge, aber die Deinigen tue mit Fleiß ...«[240]

Nein, es waren nicht Zeilen aus dem Brief an seinen Sohn, die den Text von Claudius bis heute ins Überzeitliche heben, wie: »Scheue niemand so viel als Dich selbst. Inwendig in uns wohnet der Richter, der nicht trügt, und an dessen Stimme uns mehr gelegen ist als an dem Beifall der ganzen Welt und der Weisheit der Griechen und Ägypter.« Helmut Schmidt arbeitete sich an seinem Verhältnis zur »Obrigkeit« ab.

Mit einem Unteroffizier seiner Abteilung, der im zivilen Leben Theologie studierte, führte er lange Gespräche über den Gehorsam gegenüber der Obrigkeit.[241] Der angehende Pastor erläuterte ihm den Bezug zwischen Claudius und dem Römerbrief des Apostels Paulus in traditionell pietistischer Auslegung, wie sie zuweilen bis heute von protestantischen Kanzeln gepredigt wird. »Seid untertan der Obrigkeit. Denn wo Obrigkeit ist, die ist von Gott.«[242] Schmidt erinnert sich, dass der Kamerad das Paulus-wort zitierte, um ihn damit zu beruhigen, dass auf der Welt nichts ohne Gottes Willen geschehen könne.[243]

Schmidt war nun zwar nicht wirklich bekehrt, entwickelte aber sein kindliches Gottvertrauen der Konfirmandenzeit fort. Dies ließ ihn die existenzielle Bedrohung des Krieges leichter überstehen.[244] In Familie und Schule war er ja wenig religiös unterrichtet worden, und der Konfirmandenunterricht hatte in ihm auch kein Interesse am Christentum geweckt, geschweige denn seinen Glauben.[245] Aber schon als Konfirmand will er sich mit der Stoa beschäftigt haben.

Gott und Allmacht ja, Jesus und Bibel eher nein, Marc Aurels spätantiker Stoizismus über allem.[246] Er nahm sich von überallher etwas, um sich die Welt zu erklären. Dass er nun als Soldat zu Klassikern der Innerlichkeit zurückkehrte, das waren seine kleinen Fluchten, aber keine Emanzipationsakte – wie er auch selbst feststellt.[247] Die Lektüre diente der Beruhigung.[248] Die innere Gestimmtheit blieb kontemplativ, nicht kritisch. Und bei Marc Aurel erfuhr er, dass schon 2000 Jahre vor ihm Soldaten zu einer inneren Haltung finden mussten, die ihnen im Grauen des Krieges ihr Seelenheil erhielt. Zugleich sonderte solche Lektüre den Soldaten auch nicht von seinen Kameraden ab: Die lasen das Gleiche.[249]

»Du lebst, um Deine Pflicht zu tun«

Im soldatischen Alltag sah es mit Schmidts Selbstbeherrschung anders aus als in seiner späteren Projektion. An die Ratschläge von Claudius und Aurel hielt er sich in der Praxis eher nicht. Ganz der Alte, sagte er auch bei Vorgesetzten seine Meinung, wie ihm der Schnabel gewachsen war. Dass es sich hierbei um andere Diskussionsthemen als das Wie, Wo und Wann der unmittelbaren taktischen Entscheidungen gehandelt hat, ist allerdings zu bezweifeln. Aber auch hier bleibt er in seinen Erinnerungen nebulös.

Was allerdings die Pflichterfüllung betraf, gab es wohl kaum Kameraden, die gewissenhafter waren als Schmidt. Er begründet das mit seiner »preußischen« Erziehung. Auch das ist zu hinterfragen. Eine solche hat er eigentlich nicht genossen. Eher im Gegenteil: Die für die Entwicklung der moralischen Urteilsfähigkeit prägendsten Jahre hatte er in der »alten« Lichtwarkschule zuge-bracht, an der es weder einen Konformitätszwang noch Unter-drückung individueller Lebensregungen gab. Die »Pflichtethik« muss auf anderen Wegen in sein Denken gekommen sein. Die alles überragende Bedeutung, die Pflichterfüllung als Wert an sich hatte, war eine Neuheit des Zweiten Weltkriegs.[250] Im Ers-ten Weltkrieg war eine mythisch überhöhte Pflichtauffassung nur im Bürgertum verbreitet.[251] Das könnte damit zu tun gehabt haben, dass das Bürgertum um Anerkennung und Gleichberech-tigung in einem von vormodernen Werten geprägten Gesell-schaftssystem rang. Die Nationalsozialisten verwendeten das Schlagwort der Pflichterfüllung dann für ihre Auffassung von einer Schuldigkeit gegenüber der »Volksgemeinschaft«.

Deine Pflichterfüllung vollzieht sich nicht in den zuchtlo-sen Formen ekstatischer Sektenheiliger oder kriegerischen Landsknechtstums, sondern in den disziplinierten Formen deutschen Soldatentums. Du lebst nicht, um das Leben zu genießen, um einer eigensinnigen, wirklichkeitsfremden Glückseligkeit nachzujagen oder um das Leben zur angeblich höheren Ehre lebensfeindlicher Hirngespinste zu verachten und zu verfluchen, sondern Du lebst, um Deine Pflicht zu tun Deinem Volk und Vaterland gegenüber.[252]

Ein solcher Begriff der »Pflichterfüllung« wurde von manchen jedoch durchaus kritisch gesehen. So schreibt Erich Kuby:

Sie werden mich nicht bei einem Wimpernzucken über-raschen, wenn ich Befehle ausführe, wenn ich tue, was alle, mit denen ich in derselben Lage bin, tun müssen – und zwar ganz egal, was da an Gefahr entstehen könnte; aber so etwas wie eine Ehrenreaktion werden sie von mir nicht bekommen. Mein Leichtsinn ist anderer Art, meine Emotionen haben eine andere Basis als preußische Begriffe von Pflichterfüllung, die nur dazu dienen, das Schlachtvieh zu mobilisieren.[253]

»Ich erinnerte mich an den Geruch im
brennenden Sytschowka«

Schon am Tag vor dem Beginn der Offensive auf Moskau war die nun östlich von Witebsk liegende 1. Panzerdivision permanenten Fliegerangriffen und teilweise erheblichem Artilleriefeuer ausgesetzt.[254] Im Zuge des Angriffs sollte die Division den Flankenschutz für den nördlich der Autobahn Smolensk–Moskau vorgehenden LVI. Armeekorps übernehmen.[255] Das Gelände, das die Division zu bewältigen hatte, war für einen Panzerangriff kaum geeignet, denn es war von Wäldern, Sümpfen und Wasserläufen durchzogen.[256]

Dennoch begann am frühen Morgen des 2. Oktober 1941 ein erfolgreicher Panzerraid. Manche feindlichen Stellungen wurden im Handstreich genommen. Teilweise gab es heftigen Widerstand, der jedoch durch die überlegen kämpfenden deutschen Truppen, meist mit Unterstützung aus der Luft, überwunden wurde. Die Stimmung in den Generalstäben war so aufgeräumt, dass Einzelne ihren Lagebericht in Reimen funken ließen. Einen Tag nach Beginn der Offensive etwa besang der erste Generalstabsoffizier der Division für seine Kollegen der parallel vorgehenden 6. Panzerdivision Abendlage und Planung für den nächsten Tag: »Wir fanden einen Übergang und stürmten dann im Vorwärtsdrang die Höhe südlich Cholm; von dort wolln wir auf Belyj rolln.«[257]

In der 6. Panzerdivision diente zu dieser Zeit Johann Adolf Graf von Kielmansegg als erster Generalstabsoffizier. »Kilian«, später Mitverschwörer des Umsturzversuchs vom 20. Juli, noch später einer der geistigen Väter des »Staatsbürgers in Uniform« und noch später NATO-Oberbefehlshaber, dichtete fröhlich zurück: »Wir über Kokosch und Wop und Sweta, von hier aus geht es morgen weta.«[258]

Auch das gehörte zum Krieg: Das Gros der Wehrpflichtigen wurde von Offizieren angeführt, für die der Krieg ein Metier war. Strategie und Kampftaktik wie auch alle Unwägbarkeiten wurden als intellektuelle Herausforderungen wahrgenommen, nicht als angstbesetztes Ausgeliefertsein. Die Soldaten waren in ihrem Element. Und der Feldzug ließ sich gut an. Überall wurde der Widerstand der russischen Soldaten gebrochen. Ganze Divisionen wurden eingekesselt und vernichtet, Hunderttausende Gegner getötet, in die Flucht geschlagen oder gefangen genommen.

Innerhalb von drei Wochen pflügten sich die Panzer in der als Doppelschlacht von Wjasma und Brjansk in die Geschichte eingegangenen Kampagne durch das unwegsame Gelände. Die Einheiten waren in ständiger Bewegung. Erstes Ziel war die Einnahme Kalinins. Ein strategisch wichtiger Ort auf dem Weg dahin war die Stadt Sytschowka in der Nähe von Rschew. Sytschowka war sowohl Straßenknotenpunkt als auch Station der Eisenbahnverbindung zwischen Rschew und Wjasma.[259] Die Einnahme des Ortes schnitt den nachrückenden russischen Einheiten die schnellen Versorgungswege ab. Die Stadt und ihre Umgebung waren dicht feindbelegt, was zu tagelangen Kämpfen führte. Immer wieder waren deutsche Soldaten von russischen Kräften umzingelt und mussten von rasch hinzubefohlenen Einheiten »entsatzt« werden.[260] Doch die Übermacht der Deutschen zwang die russischen Soldaten, sich zunächst kämpfend und schließlich in »wilder Flucht« zurückzuziehen.[261]

Die Deutschen gaben sich nicht mit der Flucht zufrieden, sondern verfolgten die Feinde.[262] Über 1000 Gefangene wurden auf diesem Weg allein am 10. Oktober 1941 von der hier angetretenen Kampfgruppe der 1. Panzerdivision gemacht.[263] Auch hier war Schmidt zumindest in unmittelbarer Nähe.

30 Jahre später erinnerte er sich an dieses Etappenziel des Angriffs auf Moskau. 1973 hatte er anlässlich eines privaten Abendessens beim damaligen Kanzler Willy Brandt den sowjetischen Staatschef Leonid Breschnew persönlich kennengelernt. In dem informellen Kreis thematisierte Breschnew die Leiden der Völker der Sowjetunion während des Zweiten Weltkriegs.[264] Breschnews Äußerungen riefen in Helmut Schmidt Erinnerungen an den Feldzug wach.

Ich erinnerte mich an den Geruch im brennenden Sytschowka, an die Leichen an den Straßenrändern; meine Batterie hatte immer wieder Befehl bekommen, mit 2-cm-Flakgeschützen die Dörfer in Brand zu schießen, um feindliche Widerstandsnester an den Dorfrändern auszuräuchern.[265]

Sogar an den Namen des Ortes erinnerte er sich. Über die zum Gespräch mit Breschnew 1987 notierten Details ging seine Darstellung der eigenen Kriegserfahrung selten hinaus. Der Geruch geht ihm allerdings nicht aus dem Sinn. 1980 schilderte er:

Eine Ortschaft in Flammen, es riecht nach Beefsteak, nach Pferdebeefsteak; als die Einheit näher kommt, muss sie erkennen, dass es menschliche Körper sind, die diesen Geruch verbreiten.[266]

Ob er selbst mit seiner Einheit den Ort in Flammen geschossen hat, präzisiert er nicht. Doch liegt es nahe, dass es hier um ebenjenes Sytschowka ging. Schmidt beschränkt sich bei der Erzählung von Kriegserlebnissen weitestgehend auf zwei Episoden. Neben der vom brennenden Ort erzählte er wiederholt von einem Kameraden, dessen entsetzliche Schmerzensschreie nach einer Verwundung er nie habe vergessen können. Und auch hier variiert das Narrativ.

In der ersten Variante muss Schmidt passiv die Schreie des Sterbenden aushalten. Das evoziert Bilder vom Krieg, die schon damals ins kollektive Gedächtnis eingegangen waren und bis heute dieses Gedächtnis prägen. Die ganz persönliche Erfahrung Schmidts wird dabei jedoch nicht deutlich. In der zweiten Variante ist Schmidt aktiver Helfer. Aus einer tödlichen Unterleibsverletzung wurde hier ein Hodenschuss. Da kein Sanitäter greifbar gewesen sei, habe er den verletzten Kameraden verbunden.[267] Der Mann hörte nicht auf zu schreien.[268] »Das vergisst man nie. Das kann man gar nicht mehr vergessen«, erzählt Schmidt 1980. Aber auch diese Erinnerung erscheint selektiv. Wollte er die weibliche Biografin schockieren?

Denn das Inferno, das der damals 23-Jährige an der Ostfront zweifellos erlebte, war viel schlimmer. Schmidt hat, wie alle Soldaten des Zweiten Weltkriegs, tagtäglich abgerissene Gliedmaßen gesehen und mit schreienden, sterbenden, toten oder hilflos herumirrenden Menschen zu tun gehabt. Um ihn herum wurde tausendfach gelitten und gestorben.

Überlässt Schmidt es der Phantasie seiner Zuhörer, das Ausmaß seiner inneren Anteilnahme zu ergründen oder die Lehren zu ergänzen, die er aus dieser im Kollektiv erlittenen Grenzerfahrung zog? Oder hat er die vielen traumatischen Erlebnisse bis heute verdrängt? Hat er jemals den Versuch unternommen, sich aus seiner persönlichen Betroffenheit heraus mit dem Krieg und seinen Folgen auseinanderzusetzen – nicht nur intellektuell, sondern auch emotional? Wie steht er heute zum Krieg als politischem Instrument?

Das Erlebnis des Grauens betraf nicht nur das Leid der eigenen Kameraden. Das Schicksal der Hunderttausenden von Gefangenen aus der Schlacht von Wjasma und Brjansk ließ vielen von Schmidts Kameraden keine Ruhe. Die deutschen Kriegsplaner hatten keinerlei Vorsorge getroffen für den Umgang mit solchen Menschenmassen. Nach dem Kriegsvölkerrecht hatten sie die Verantwortung für das Wohl der Gefangenen. Was tatsächlich geschah, erlebte auch der Journalist Henri Nannen, der als Nachrichtenoffizier der Luftwaffe an der Schlacht von Wjasma und Brjansk teilnahm. Auch er war nicht sehr mitteilsam über seine Kriegserlebnisse. Seine Wahrnehmung, die ihn dazu brachte, sich zu äußern, war ganz anders fokussiert als bei Schmidt. Nannen berichtete Anfang November 1941 einer Freundin in einem Brief:

Am Abend oder in der Nacht war ein Gefangenentransport die Straße entlang gezogen, die Leute mochten aus dem Kessel von Wjasma stammen … – sie hatten wohl fünf oder sechs Tage keinen Bissen zu essen gehabt und fanden nun auch, da der Boden gefroren war, keine Kartoffeln oder Wurzeln und nicht einmal Baumrinde, die sie hätten essen können. Da waren viele vor Schwäche umgefallen, man hatte sie kurzerhand erschossen, und nun lagen sie in Abständen von wenigen Metern an der Straße ...[269]

Im gleichen Schreiben berichtet er auch vom Massenmord an Juden.[270] Selbst die ältesten Flieger würden lieber gegen England fliegen, obwohl die Gefahr, abgeschossen zu werden, dort größer sei.[271] Doch sie wollten den Grausamkeiten im Osten entgehen, die »mit Kampf nichts zu tun« hätten.[272]

> *»Offiziere schleichen genauso unmilitärisch die Straße lang wie ihre Truppe, der sie Vorbild in Haltung und Frische sein sollen«*[273]

Trotz der immer wieder errungenen Erfolge begann in der Truppe mit Fortschreiten der Offensive gegen Moskau, zunehmend die Moral zu sinken.[274] Von Blitzkrieg konnte schon längst keine Rede mehr sein. Der Sieg in der Schlacht von Wjasma und Brjansk wurde zwar von der Propaganda als vorentscheidend vermittelt, doch den Soldaten fiel längst die Diskrepanz zwischen den Wehrmachtsberichten und ihrem stetig unerträglicher werdenden Alltag auf. Zahlreiche Feldpostbriefe und Tagebücher belegen dies.[275]

Schon im Oktober hatten Schneefälle eingesetzt, den Vormarsch aber nur unwesentlich behindert. Erste Fröste machten nach einer langen Schlammperiode die Wege sogar gangbarer. Mit den leichten Minusgraden hatten die deutschen Soldaten noch keine größeren Probleme. In zähen Kämpfen arbeiteten sich die Angreifer weiter nach Moskau vor.

Die Kampfgruppen der 1. Panzerdivision nahmen nach schweren Kämpfen, bei denen sie sich oft von Haus zu Haus vorarbeiten mussten, die Stadt Kalinin ein, einen weiteren wichtigen Verkehrsknotenpunkt Richtung Moskau. Die ganze Stadt war von russischen Soldaten besetzt gewesen. MG-Nester mussten niedergekämpft und teilweise ohne Deckung feindliche Sicherungsanlagen überrumpelt werden.[276] In Kalinin gelang es, die einzige unzerstört gebliebene Brücke über die Wolga zu erobern, was unschätzbar für den Vormarsch der deutschen Truppen war. Wenn Erfolge erzielt wurden, zeigte sich bei Kommandeuren und Untergebenen durchaus Gerührtheit über das Kameradschaftserlebnis im Kampf.[277] Ungeniert ließ man dann auch Tränen freien Lauf angesichts der eigenen Tapferkeit.[278] Bei besonders tollkühnen Aktionen ging es dann auch um militärische Auszeichnungen. Das Ritterkreuz, der höchste Tapferkeitsorden, bedeutete etwas.[279]

Schmidt wird noch 2010 mit dem Hinweis, jemand sei »Ritterkreuzträger« gewesen, einen ganzen Assoziationskomplex zu Tapferkeit und Mannesmut vor dem inneren Auge seiner Zuhörer wachrufen können – so sehr fand das Ritterkreuz Eingang ins öffentliche Gedächtnis der Deutschen. Und etwas Weiteres zeigt sich auch noch 2010: Der Altbundeskanzler, der selten jemand neben sich gelten lässt, zollt den Männern, die sich im Krieg höchste Tapferkeitsauszeichnungen erwarben, noch Jahrzehnte nach dem Ende des Krieges allein durch diese Benennung seine uneingeschränkte Hochachtung. Betrachtet man die Aufzeichnungen über die Kampfhandlungen allein aus kriegshandwerklicher Sicht, mag dazu auch Grund bestehen. Krieg hat eben auch – aber nicht nur – diesen Aspekt.

Als der strenge russische Winter mit Temperaturen bis zu minus 50 Grad einbrach, setzte er der trotz Entbehrungen und Verlusten tapfer sich vorankämpfenden Truppe stark zu. Sowohl den Soldaten als auch dem Kriegsmaterial fehlte es an geeigneter Winterausrüstung. Die Wagen sprangen nicht an, Kühler vereisten, Schmierstoffe verklumpten, die Abzüge der Waffen froren ein, in den Panzern bildeten sich zentimeterdicke Eisschichten. Berührten Soldaten mit der bloßen Haut Eisen, froren sie daran fest. Da auch die Lokomotiven einfroren, wurde kaum noch Nachschub angeliefert. Sogar Hunger brach aus.

Ich werde den Kälteeinbruch nie vergessen, es war in der Nacht vom 5. zum 6. Dezember 1941. Wir waren am 4. herum um die

Mittagszeit in einem größeren Dorf angekommen und hatten uns dort für die Nacht einquartiert. Es herrschten normale Temperaturen, etwa 10 bis 15 Grad Kälte. Ungefähr um Mitternacht wurden wir alarmiert und mussten nach vorn zur Unterstützung der Infanterie. Wir waren von der Kälte so geschockt, dass wir kaum atmen konnten. [...] Ein längerer Aufenthalt im Freien war unmöglich, also drängte alles in die wenigen Häuser hinein, die hoffnungslos überfüllt waren. Wir waren schon dicht vor Moskau ... und hier begann auch die große Wende des Krieges.[280]

Mannschaften waren trotz der Witterungsverhältnisse gezwungen, teilweise im Freien schlafen. Schmidt hatte es vergleichsweise besser, da er als Offizier grundsätzlich Anspruch darauf hatte, in Häusern zu übernachten. Nach dem Wintereinbruch wurde es notwendig, dass alle Soldaten in Häusern untergebracht wurden. Im Kriegstagebuch der 1. Panzerdivision wird notiert, dass die »ganze Kampfführung mehr und mehr eine Unterbringungsfrage« werde.[281] Auch Helmut Schmidt erinnert sich an den extremen Wintereinbruch:

Mir fiel die gegenseitige Angst wieder ein, welche deutsche Soldaten und russische Zivilbevölkerung voreinander hatten, als wir nach Einbruch des Winters 1941 schließlich doch Zuflucht in den Häusern suchten, um zu schlafen – die Deutschen auf dem Fußboden und die Russen auf dem Ofen.[282]

Viele seiner Kameraden berichteten nach Hause von freundlichen Begegnungen mit den Bewohnern der von ihnen aufgesuchten Häuser und zeigten sich menschlich berührt durch die Gastfreundschaft, mit der die Zivilbevölkerung ihnen begegnete.

Bis Anfang Dezember kämpften sich die Truppen der Heeresgruppe Mitte trotz aller Widrigkeiten bis auf 80 Kilometer Entfernung an Moskau heran. Am 6. Dezember dann begann die sowjetische Armee mit einer Gegenoffensive, die die beinahe handlungsunfähigen deutschen Truppen in äußerste Bedrängnis brachte. Während die Oberste Heeresleitung an ihrem Kriegsziel, der Einnahme Moskaus, festhielt, machte sich bei den örtlichen Kommandeuren Verzweiflung breit. »Der Feind drückt von allen Seiten« wurde zur Standardformel in den Aufzeichnungen. Die Deutschen konnten sich der Gegenangriffe kaum mehr erwehren. Hitler wurde von der Heeresgruppenleitung bekniet, die Truppen zurückziehen zu dürfen. Er verweigerte dies strikt und befahl weiteren Angriff ohne Rücksicht auf Verluste an Menschen und Material. Trotzdem wurde von den Generälen der Angriff gestoppt. Die Truppen gingen zur Abwehr über und zogen sich langsam zurück. Die 1. Panzerdivision begann als erste größere Einheit, weil sie am weitesten Richtung Moskau vorgedrungen war und nun den weitesten Rückweg hatte.[283] Auf dem Rückzug wurden alle Waffen zerstört, die nicht mitgenommen werden konnten. Straßen wurden gesprengt. Währenddessen waren die Kampfgruppen der 1. Panzerdivision im ständigen Kampfeinsatz als Feuerwehr unterwegs, um russische Truppen dort zurückzuschlagen, wo sie deutsche Linien durchbrochen hatten. Um den geordneten Rückzug überhaupt weiter durchführen zu können, musste die Stadt Klin um jeden Preis gehalten werden, da sich hier ein wesentlicher Straßenkreuzungspunkt befand. Dort war die Lage »schärfstens angespannt«, als am 9. Dezember 1941 die 1. Panzerdivision den Befehl erhielt, die Stadt zu verteidigen.[284] Helmut Schmidt erinnert sich: »Von unseren Panzern und Schützenpanzern war nichts mehr zu sehen, unsere 2 cm-Flak auf Selbstfahrlafetten, ein Halbkettenfahrzeug, diente als Ersatz.«[285]

Trotzdem gelang es, den Ort mehrere Tage lang zu halten, bis alle deutschen Truppen sich über die Straße durch Klin zurückgezogen hatten. Frisch eingetroffene Panzereinheiten schlossen die Lücken wieder, sodass erneut der Gegner angegriffen werden konnte, der von fast allen Seiten gegen die Stadt drängte.[286] Auch das wurde als Erfolg in die Annalen der Division eingetragen. Selbst in dieser Phase des Kampfes machte die 1. Panzerdivision noch Gefangene.[287]

Am 15. Dezember hatten die Soldaten nach »einer fast schlaf-
losen Woche zum ersten Mal Ruhe«.[288]

> Die Division ist glücklich, die ihr gestellte große und schwere
> Aufgabe, Klin so lange zu halten, bis sämtliche Teile des LVI.
> Armeekorps durch Klin nach Westen abgeflossen sind, gelöst
> zu haben, zudem das eigene planmäßige Absetzen ohne große
> eigene Verluste durchführen zu können. Trotz völliger Über-
> müdung und ungeheurer Nervenanspannung gelang der Divi-
> sion durch dauernde eigene Angriffe in den Feind hinein, den
> ihr gestellten Befehl durchzuführen.[289]

Dennoch war der Rückzug nicht geordnet. Die Moral der Truppe
sank zusehends und führte bisweilen zu heilloser Flucht.[290] Die
Nachhut musste alles vernichten, was die Flüchtenden hinterlas-
sen hatten.[291]

> Es ist unvorstellbar, was wir alles kaputtgemacht haben. Die
> Geschütze wurden unbrauchbar gemacht, indem wir eine
> Handgranate abzogen und vorn in das Rohr schoben, die Pan-
> zer bekamen eine geballte Ladung von 3 kg durch die Luke,
> sodass die gesamte Inneneinrichtung zerstört wurde, und bei
> den Lkw und Pkw klemmten wir eine Handgranate oder eine
> Bohrpatrone in den Motorblock, um den Motor unbrauchbar
> zu machen.[292]

Noch immer wollte Hitler nicht wahrhaben, dass der Angriff auf
Moskau gescheitert war. Er untersagte jede weitere Absetzbewe-
gung und insbesondere das Beziehen sicherer Winterstellungen.
Er wusste, was sich an der Front abspielte, und attackierte seine
Armee heftig, statt sie zu unterstützen. Unbedingt sollte der wei-
tere Verlust von Waffen und Fahrzeugen verhindert werden.

> Sie führen zum völligen Verlust von schweren Waffen und
> Gerät. Unter persönlichem Einsatz der Befehlshaber, Kom-
> mandeure und Offiziere ist die Truppe zum fanatischen Wider-

stand in ihren Stellungen zu zwingen, ohne Rücksicht auf durchgebrochenen Feind in Flanke und Rücken.[293]

Die Generale Hoepner und Guderian, die die Panzergruppe 4 beziehungsweise 2 befehligten, ignorierten den »Haltebefehl« und ließen den Rückzug fortsetzen.[294] Beide wurden Anfang Januar 1942 von ihren Posten abgerufen. Hoepner schloss sich später den Verschwörern des Umsturzversuchs vom 20. Juli 1944 an und wurde deshalb zum Tode verurteilt.

Am 19. Dezember 1941 löste Hitler wutentbrannt den Oberbefehlshaber des Heeres ab, um nun selbst das militärische Kommando zu übernehmen. Der Befehlshaber der Panzergruppe 3, der die 1. Panzerdivision unterstellt war, erließ pflichtschuldigst einen Befehl, der Hitlers Kritik in Konsequenzen für die Truppe ummünzte. Ungewollt hielt er dabei für die Nachwelt fest, wie diese sich die von der Operation zurückkehrenden deutschen Soldaten vorzustellen hat:

Bei den rückläufigen Marschbewegungen der Divisionen habe ich [...] unerfreuliche Bilder, z. B. Unteroffiziere und Mannschaften ohne Stahlhelm und Waffe, in höchst unsoldatischer Haltung, keine Ehrenbezeichnung machend, gesehen, die auf eine bedenkliche Lockerung der Disziplin deuten. Wir sind es der kämpfenden Truppe [...] schuldig, gegen Elemente, die sich dem Kampf entziehen, mit allen nur erdenklichen Mitteln vorzugehen.[295]

Er befahl, strengstens jedes unerlaubte Entfernen von der Truppe zu ahnden und im Zweifel jeden Soldaten, der von seiner Truppe abgekommen sei und sich nicht sofort bei der nächsten Dienststelle gemeldet habe, dem Kriegsgericht zu übergeben. Jeder Offizier wurde darauf verpflichtet, »bei Wiederholung derartiger Fälle sofort von der Schusswaffe Gebrauch zu machen«.[296] Der Befehl war sofort allen Soldaten bekannt zu geben und alle zehn Tage zu wiederholen.[297]

Auch das war Aufgabe des jungen Leutnants Helmut Schmidt.

Sein Blick auf Kameraden, die sich unsoldatisch verhalten, wird sich in der Kriegsgefangenschaft zeigen. Mit Abscheu notiert er 1945, nachdem ihm in dem ausschließlich Offizieren vorbehaltenen Lager gleich in der ersten Nacht seine Uhr, Zigaretten und andere Habseligkeiten gestohlen worden waren:

> Unsichere Menschen fallen vielfach aus der Rolle. Es erweist sich, dass die Offiziershaltung nur mühsame Tünche war – sie blättert schnell in der Hitze. Andererseits gibt es reife und überlegene Führer, zu denen ich Vertrauen habe, dass sie diese Entgleisungen und Charakterferkeleien ausschalten können. Haltung und Anstand ist das einzige, was wir uns bewahren können. Ich fühle mich sehr sicher. Bin gewiss, dass Energie, Selbstbewusstsein und Selbstbeherrschung stets ausreichen werden.[298]

»Erstmaliger Knacks im persönlichen Vertrauen zum Führer«

Ebenfalls in der Kriegsgefangenschaft notierte Helmut Schmidt knapp vier Jahre nach seinen Erlebnissen an der Ostfront zusammenfassend für das Jahr 1941: »Erstmaliger Knacks im persönlichen Vertrauen zum Führer.«[299] Noch immer richtete er sein Denken nach Hitler aus. Und erst jetzt kamen ihm offenbar leise Zweifel. »Erstmaliger Knacks« heißt ja nichts anderes, als dass Schmidt zuvor noch nie in seinem unbedingten Glauben an Hitler erschüttert worden war. Leider hat er dieses Vertrauen nie näher erläutert. Für einen, der Antinazi gewesen sein will, ist das ein erstaunlicher gedanklicher Spagat. Den Widerspruch hat er bis heute nicht aufgelöst, trotz Nachfragen.

Anfang der 90er-Jahre erinnert er sich dann an das für ihn und seine Einstellung zu diesem Krieg entscheidende Ereignis:

> Im Dezember 1941 ist mir dann ein Ereignis wie ein Tritt in die Knie gefahren, ähnlich wie vier Jahre zuvor die Ausstellung »Entartete Kunst«: Als mein Kommandeur uns bekanntgab,

dass Hitler nunmehr selbst Oberbefehlshaber des Heeres und General von Brauchitsch in den Ruhestand versetzt sei, habe ich gedacht, dass Hitler größenwahnsinnig sein müsse. Ich hielt es für unvorstellbar, dass er sich zutraute, an die Spitze des Heeres zu treten [...].[300]

Er hält diesen »Gedanken« in der Rückschau selbst für »naiv, wenn auch im Ergebnis richtig«[301], führt das aber nicht aus. Entscheidend an der Argumentation ist der Bezugsrahmen. Das, worauf es Schmidt noch ein halbes Jahrhundert nach Kriegsende ankam, war der militärische Aspekt. Er traute Hitler die notwendige Expertise nicht zu. Er erwähnt dabei aber weder Hitlers Durchhaltebefehl, der gezeigt hatte, wie wenig ihm an den eigenen Soldaten lag, noch den Umstand, dass Hitler am 11. Dezember 1941 während der schlimmsten Krise vor Moskau den USA den Krieg erklärt hatte. Und er erwähnt auch nicht die auf Hitlers Befehl verübten Verbrechen gegen die Menschlichkeit.

»Auf dem Boden der nationalsozialistischen Weltanschauung«

Der Einsatz an der Ostfront dauerte knapp fünf Monate. Bereits am 18. November 1941 war eine Verfügung ergangen, der zufolge Schmidt von der Front an die Flakartillerieschule II in Bonn versetzt wurde. Mit der Herauslösung der leichten Flakabteilung 83 aus der 1. Panzerdivision Anfang Januar 1942 war sein Einsatz dort beendet.

Sein Abteilungskommandeur verabschiedete ihn am 14. Januar 1942 mit einer mündlichen Belehrung, die im Kern allen bisherigen Beurteilungen seines Auftretens seit seiner Schulzeit glich. Er müsse sich »im Verkehr mit Vorgesetzten einer seinem Alter entsprechenden Bescheidenheit befleißigen«.[302] In der abschließenden Beurteilungsnotiz bemängelt Major Botho Jacobson, dass Schmidt »zu vorlautem Verhalten und nicht immer angebrachter Kritik« neige.[303] Im Klartext heißt das, dass Schmidt sich – immer noch – in Angelegenheiten einmischte, über die ihm keine Entscheidungsbefugnisse zustanden, aber auch, dass seine Kritik durchaus konstruktiv sein konnte.

Auch sein Auftreten als Vorgesetzter wurde moniert. Schmidt lasse sich »zeitweilig gehen«, »da ihm die Erfahrung mit älteren Untergebenen fehlt«, befand der Kommandeur mit dem schon aus früheren Beurteilungen geläufigen Hinweis, dass Schmidt »hierin fester Führung« bedürfe. Fraternisierte er mit Untergebenen, oder überzog er den Kommandoton wie einst als Schüler? »Im Kameradenkreis beliebt«, bescheinigt der Kommandeur seinem Leutnant ebenfalls, was durchaus darauf schließen lässt, dass Schmidt seinen Leuten ohne Dünkel begegnete. Das Wohlwollen der Mannschaft durch alle Dienstgrade hindurch war einem jungen und zumindest infanteristisch vollkommen unerfahrenen Offizier, der Schmidt noch war, als er zur Truppe stieß, keineswegs sicher.[304] Eher wurden die jungen Offiziere als Unsicherheitsfaktoren betrachtet.[305] Das aber traf auf ihn nicht zu. Der »frische und passionierte Offizier« glänzte einmal mehr durch sein Organisationstalent und seine Durchsetzungsfähigkeit, nun auch in schwierigen Lagen.[306] Im gesellschaftlichen Umgang erwies er sich im Urteil Jacobsons als gewandt. Die Nachhilfe durch Kurt Andersen hatte offenbar gewirkt.

Und noch etwas hob der Kommandeur hervor: Er bescheinigte dem jungen Leutnant, »auf dem Boden der nationalsozialistischen Weltanschauung« zu stehen und es zu verstehen, »dieses Gedankengut weiterzugeben«.[307] Zu seinen Pflichten als Zugführer gehörte (wie zu den Aufgaben jedes Vorgesetzten in der Wehrmacht) die weltanschauliche Belehrung der Untergebenen. Die Luftwaffe war 1942 die erste Waffengattung, die eine Bewertung der nationalsozialistischen Haltung ihrer Angehörigen in die Beurteilungen eingeführt hatte. Soldatisches Glück und Fortune reichten zu dieser Zeit nicht mehr für die Förderung eines guten Soldaten, die Erfüllung des Leitbilds vom nationalsozialistischen Offizier musste hinzukommen.[308] Dass eine solche Beurteilung rein formelhaft Verwendung fand, bestreitet die aktuelle Forschung.[309] So muss Schmidt zumindest die perfekte Mimikry gelungen sein.

Schmidts Probleme mit der Selbstbeherrschung beeinträchtigten sein ansonsten überaus positives Standing bei seinen Vorgesetzten auch hier offenbar kaum. Er wurde für die Auszeichnung mit dem Eisernen Kreuz vorgeschlagen[310], dem traditionellen Tapferkeitssymbol des Frontkämpfers beim deutschen Militär. Mit Erfolg. Das am Revers der Uniform vernähte Ordensband wies ihn seither für jedermann sichtbar als besonders tapferen Frontkämpfer aus.[311] Zum Schämen gab es nun keinen Grund mehr.

Zwischenzeit

»Ich habe im Krieg überhaupt viel Glück gehabt«

Im Januar 1942 kehrte Helmut Schmidt von der Front im Osten zurück. Wenige Tage verbrachte er in Hamburg. Er nutzte die Zeit, um gemeinsam mit Loki eine Möglichkeit zu suchen, allein mit ihr zu sein. Sie fanden in der Wandsbeker Chaussee ganz in der Nähe der Wohnung seiner Eltern ein Zimmer, das sie, obwohl noch nicht verheiratet, anmieteten. Das Zimmer war gerade einmal zwölf Quadratmeter groß.[312] Erotische Eskapaden dürften allerdings eher nebensächlich gewesen sein in dieser kurzen Zeit des Beieinanderseins. Er war körperlich mitgenommen von seinem Fronterlebnis. Loki erinnert sich, dass er »einen kleinen Kratzer abbekommen« hatte. Tatsächlich plagten ihn heftige rheumatische Beschwerden, die durch die eisige Kälte Russlands ausgelöst worden waren.

Auch Loki war alles andere als unbeschwert. Sie litt, wie alle Hamburger, unter der zunehmenden Zahl der Fliegeralarme, die den Krieg immer stärker ins Bewusstsein der Zivilbevölkerung rücken ließen.[313] Am 14. Januar 1942 gab es den ersten Luftangriff des Jahres.[314] Auf dem Weg zum Wiedersehen mit dem Geliebten nach seiner Rückkehr aus dem Osten wurde sie dreimal von Fliegeralarmen überrascht und musste Zuflucht in fremden Luftschutzkellern suchen.[315]

Hamburg war zwar im Jahr 1942 nur 15 Luftangriffen ausgesetzt, Fliegeralarme wurden allerdings regelmäßig ausgelöst, sobald sich fremde Bomber im deutschen Luftraum zeigten.[316] Die latente Bedrohung war ständig gegenwärtig und mit ihr die

Angst, dass es ernst wurde. Dieser Fall trat für die Zivilbevölkerung dann ein, wenn am Himmel die Zielmarkierungen der feindlichen Bomber sichtbar wurden. Meist griff die Royal Air Force nachts an. Umgangssprachlich wurden die aus Leuchtmunition bestehenden Markierungen, die den Nachthimmel ausleuchteten, »Christbäume« genannt. Kurz nach ihrem Aufflammen fielen dann die ersten Bomben.[317]

Die gegen die deutsche Zivilbevölkerung gerichteten Angriffe aus der Luft – das sogenannte *moral bombing* – begannen allerdings erst nach dem 14. Februar 1942. An diesem Tag erteilte Winston Churchill dem später als »Bomber-Harris« in die Geschichtsbücher eingegangenen Oberbefehlshaber der Royal Air Force, Arthur Harris, die entsprechende Genehmigung.[318] Das erste Flächenbombardement ziviler Ziele erfolgte dann Anfang März 1942 zunächst im Ruhrgebiet. In der Nacht vom 28. auf den 29. März 1942 wurde Lübeck von fast 200 britischen Bombern angegriffen und mehr als die Hälfte der historischen Stadt zerstört.[319] Der Feuerschein über Lübeck war im knapp 60 Kilometer entfernt liegenden Hamburg zu sehen.[320] Die Hamburger Bevölkerung war schockiert und wusste seitdem, was ihr bevorstand.[321]

Während Loki Schmidt sich später erinnerte, es sei schon vor seiner Abreise an die Ostfront klar gewesen, dass sie heiraten würden, wenn er zurückkäme, schrieb Helmut Schmidt, dass sie sich erst nach seiner Rückkehr im Januar 1942 entschlossen hätten, die Ehe einzugehen.[322] Der Grund blieb für beide derselbe[323]: »Wir brauchten Halt an einander. Wir hatten die Hoffnung aufgegeben, dass nach Kriegsende unser eigentliches Leben erst beginnen würde.«[324]

Am 15. Januar 1942 nahm Schmidt seinen Dienst als Offizier für Versuche der Flakwaffe wieder auf. In den ersten Monaten des Jahres 1942 versah er ihn in der Flakartillerieschule II in Bonn, wo sein inzwischen zum Oberstleutnant avancierter alter Kommandeur Kurt Andersen das Kommando übernommen hatte. Die erste Zeit verbrachte er auf der Krankenstation, so sehr quälte den 23-Jährigen das Rheuma.[325]

Der gestrenge Andersen hatte den vielversprechenden jungen Leutnant ungern an die Front ziehen lassen. Schon zwei Monate nach der Versetzung zur leichten Flakabteilung 83 war die Verfügung ergangen, durch die Schmidt in die Etappe zurückversetzt wurde.[326] Da er nun nach Bonn geschickt und dem Stab Andersens zugeordnet wurde, ist anzunehmen, dass auch diese Rückversetzung auf Anregung Andersens verfügt wurde. Obwohl noch keine Beurteilung durch den Kommandeur der Flakabteilung vorlag, schlug Andersen seinen Zögling schon einen Monat nach dessen Rückkehr von der Front zur Beförderung zum Oberleutnant vor.[327]

In seiner diesem Vorschlag beigefügten kurzen Beurteilung »hinsichtlich dienstlicher Leistungen, Führerpersönlichkeit und Stellung im Kameradenkreise« wiederholt der Vorgesetzte wortgleich, was er schon im November geschrieben hatte.[328] Er fügte nur Angaben über den Fronteinsatz hinzu. Von dort hatte sich zu Andersen herumgesprochen, dass Schmidt sich »gut bewährt« habe.[329] Das reichte offenbar, denn per 1. April 1942 wurde der 23-Jährige zum Oberleutnant befördert. Zunächst eingesetzt als Offizier für Versuche, hatte Schmidt sich nun als geeignet für die Position eines »Offiziers für Bearbeitung von Vorschriften und Versuchen« empfohlen.[330] Als solcher erarbeitete er Anweisungen für den Einsatz der Waffensysteme der Flakartillerie, die für die Soldaten an der Front in vollem Umfang gültige Befehle wurden.[331] Nicht nur sein Renommee wuchs, sondern auch die Verantwortung.

»Ganz plötzlich drohte die Sicherheit einzustürzen«

Während sein Vorgesetzter an der militärischen Karriere des talentierten Leutnants arbeitete, wurde der von seiner Familiengeschichte eingeholt. Um heiraten zu können, benötigte er eine offizielle Heiratserlaubnis. Er habe gedacht, nur aktive Offiziere unterlägen dieser Regel, schrieb er in seinen Erinnerungen. Tatsächlich regelte das Wehrgesetz von 1935, dass jeder Wehrmachtsangehörige eine Heiratserlaubnis seines Vorgesetzten benötigte.[332] Andersen ließ ihn nun wissen, dass sein Mitarbeiter ihm und seiner Frau seine Verlobte vorzustellen habe. Schmidt erinnert sich, dass er das damals irgendwie komisch fand.[333] Das altmodisch erscheinende Ansinnen des Kommandeurs war jedoch keineswegs durch ein rein persönliches Interesse am Umgang seiner Offiziere motiviert. Denn Vorgesetzte in der Wehrmacht waren ganz offiziell dazu angehalten, sich davon zu überzeugen, dass die zukünftigen Ehefrauen ihrer Untergebenen standesgemäß waren. Standesgemäß zu sein bedeutete insbesondere, dass der Ruf der angehenden Ehefrau untadelig sein musste, sie zustimmend zum nationalsozialistischen Staat eingestellt zu sein und aus einer nationalsozialistisch gesinnten Familie zu stammen hatte.[334] Zuallererst musste der Nachweis geführt werden, dass die zukünftige Ehefrau »blutsmäßig« geeignet war. Dass Offiziere der Wehrmacht arisch zu sein hatten und nur Arierinnen oder »artverwandtes Blut« ehelichen durften, kann Schmidt eigentlich nicht unbekannt gewesen sein. Dennoch war er, so schreibt er, schockiert, als für die Heiratserlaubnis der »Ariernachweis« von ihm gefordert wurde.

Tief bestürzend war die völlig überraschende Mitteilung des Adjutanten, ich müsse für die Heiratserlaubnis meinen Ariernachweis erbringen. Es war das erste und übrigens einzige Mal, dass ich konkret vor dieses Problem gestellt wurde: Ganz plötzlich drohte die Sicherheit einzustürzen, welche mir die Luftwaffen-Flak und ihr Offizierskorps bis dahin geboten hatte.[335]

Erstmals sprach er deshalb mit seinem Vater über ihre Vorfahren. Der Vater zeigte ihm eine Bescheinigung des Hamburger Staatsarchivs, die besagte, dass »er dann und dann von der und der Mutter geboren worden sei«. Und daneben stand: »Vater unbekannt.«[336] Diese Bescheinigung nahm der Sohn mit nach Bonn, »unsicher, ob man sie anerkennen werde, und nicht ohne Angst«.[337]

Doch hätten diese Papiere den Kommandeur gar nicht weiter interessiert.[338] Andersen wollte nur seine Verlobte kennenlernen, und offenbar machte die einen passablen Eindruck auf das Ehepaar Andersen, denn Schmidt erhielt die Heiratserlaubnis.[339] Außerdem bekam er »eine mit Dienstsiegel und Oberstleutnant Andersens Unterschrift versehene Bescheinigung, dass ich meinen Ariernachweis bei seiner Dienststelle erbracht hätte. Dieses Dokument erschien mir als Kostbarkeit, auch für meinen Vater und meinen Bruder.«

So weit seine Erinnerung. Doch die Aktenlage sagt etwas anderes. Denn 1942, zum Zeitpunkt seines Antrags auf Erteilung einer Heiratserlaubnis, war es Schmidt möglich, den »Ariernachweis« zu führen. Sein Vater hatte bereits 1940 von der Schulverwaltung eine schriftliche Bescheinigung erhalten, der zufolge er durch Vorlage entsprechender Urkunden sowohl seine »Deutschblütigkeit« als auch die seiner Ehefrau nachgewiesen hatte.[340] »Ariernachweis« war nur die umgangssprachliche Bezeichnung für den »Deutschblütigkeitsnachweis«. Lag dieser für die Eltern vor, war er von Gesetzes wegen auch verbindlich für die Kinder.[341]

2010 wird Schmidt dann in einer etwas veränderten Version erzählen, sein Vater habe den Ariernachweis gefälscht, indem er eine »Bescheinigung beschaffte«, die besagte, dass der Großvater unbekannt sei.[342] Das kommt der Wahrheit zwar schon näher, stimmt aber auch nicht ganz. Gustav Schmidt stand seit 1935 im Schriftverkehr mit der Schulbehörde wegen des Ariernachweises. Als Beamter fiel er unter das Gesetz zur Wiederherstellung des Berufsbeamtentums, mit dem alle jüdischen Staatsbediensteten aus dem Staatsapparat entfernt werden sollten.[343] Die Urkunden, die er dazu vorlegen konnte, musste er nicht fälschen, denn in seiner Geburtsurkunde war tatsächlich der Name des Vaters nicht angegeben. Die einzige schlimmstenfalls nachweisbare Verbindung, die zu seinem Erzeuger bestand, war – abgesehen von der Aussage der Mutter – jener Brief, den er seinem Vater geschickt hatte.

In den Bestimmungen zur urkundlich zu belegenden Abstammung waren Regelungen über Unehelichkeit ausdrücklich vorgesehen. Nachzulesen waren sie auf den letzten Seiten des amtlichen Ahnenpasses. Gegenüber der ausstellenden Behörde musste Gustav Schmidt nachweisen, alles ihm Mögliche getan zu haben, um seine leiblichen Eltern zu ermitteln.[344] Die einzige Lüge, die Gustav Schmidt dabei benutzte, war die Behauptung, seine leibliche Mutter erst im Zusammenhang mit den Nachforschungen für den »Ariernachweis« »ermittelt« zu haben und sie nun erst zu seinem Erzeuger befragen zu wollen.[345] Dass sie ihm nicht in den Rücken fallen würde, dürfte wohl klar gewesen sein. Im Zweifel hätte er aber sogar noch die Möglichkeit gehabt, die Glaubwürdigkeit der ihm vorgeblich unbekannten Frau infrage zu stellen.

Aus Helmut Schmidts Personalakte geht hervor, dass die Heiratserlaubnis auf Antrag von der zuständigen Dienststelle in Berlin erteilt wurde. In der entsprechenden Kurzmitteilung von Görings Behörde »Reichsminister für Luftfahrt und Oberbefehlshaber der Luftwaffe« heißt es weiter, dass der »Ariernachweis« als Anlage zu den Akten genommen wurde.[346] Zu diesem Nachweis muss auch Hannelore Glasers Deutschblütigkeitsnachweis gehört haben. Angehörigen der Wehrmacht war das »Eingehen der Ehe mit Personen nichtarischer Abstammung« verboten.[347]

Der »jüdische Großvater«

Ihm habe »der Führer klar gemacht, was es bedeutete, einen jüdischen Großvater zu haben«, sagte Helmut Schmidt später zu seinem Freund Fritz Stern, der mit seiner protestantischen Familie aus Deutschland fliehen konnte, nachdem Hitlers Rassengesetze ihn zum Juden gemacht hatten.[348] Ob seine Intention war, dass man ihn wegen seines Großvaters auf der Seite der Opfer einordnete, kann dahingestellt bleiben. Der großväterliche »Schatten«, den Schmidt in all diesen Jahren spürte, streifte ihn jedoch allenfalls.[349]

228

Ein Kamerad Schmidts aus der Flakkaserne Grohn hingegen erlitt das, was Schmidt erspart blieb. Waldemar Sinasohn, einer der drei Söhne des 1938 in der Nähe der Kaserne ermordeten jüdischen Maschinenschlossers Leopold Sinasohn, war immer noch in Diensten der Wehrmacht, als er sich entschloss, seine langjährige Jugendliebe zu heiraten. 1940 stellte er auf dem Dienstweg einen Antrag auf Heiratserlaubnis. Der damals zuständige Schreiber des Flakregiments erinnerte sich später, dass vom zuständigen General der Luftwaffe beim Oberbefehlshaber in Berlin Ende Juni 1940 der Antrag als abgelehnt zurückkam. Als Grund wurde die nichtarische Abstammung genannt. Gleichzeitig wurde die Entlassung verfügt und die Zwangsversetzung in ein Arbeitslager.[350]

Waldemar Sinasohn und sein älterer Bruder Paul durchliefen bis Ende des Krieges zahlreiche Zwangsarbeitslager.[351] Der jüngere Bruder Heinz war sogar bis 1943 Soldat und wurde aus rassischen Gründen entlassen, als er schwer verwundet frontuntauglich geworden war.[352] Waldemar Sinasohns Jugendliebe wurde mehrfach von der Gestapo vorgeladen und gezwungen, sich von ihrer Liebe zu trennen. Dann wurde sie nach Norwegen geschickt. Dieser Liebe war kein Happy End beschieden, obwohl beide überlebten. Beide heirateten später andere Partner.[353]

Wie Fritz Stern waren Paul, Waldemar und Heinz Sinasohn »von Hitler« zu Juden gemacht worden. Nach der gleichen formalen Kategorie war Helmut Schmidt aber kein »Vierteljude« und sein Vater kein »Halbjude«, da sie vom Unrechtsstaat eben nicht als solche deklariert und verfolgt wurden. Dass seine Familie latent bedroht war, ändert daran nichts. Auch nach traditionellem jüdischem Verständnis war Gustav Schmidt übrigens nicht jüdisch, da er nicht von einer jüdischen Mutter geboren wurde.[354]

Der ehemalige französische Staatspräsident Valéry Giscard d'Estaing soll der Erste gewesen sein, mit dem Schmidt über seine »Abstammung« sprach.[355] Giscard erinnert sich, Schmidt habe 1980 gesagt: »Mon père est juif.«[356] Ein Übersetzungsfehler? Die beiden Staatsmänner kommunizierten englisch miteinander.[357] Schmidt erzählte Giscard, dass sein Großvater »ein jüdischer Bankier, ein ziemlich reicher Mann aus Norddeutschland« gewesen sei.

Als der Krieg begann und die Judenverfolgung immer stärker wurde, war er Lehrer. Mich hatte man eingezogen. Jeden Augenblick mussten wir darauf gefasst sein, dass man von uns einen Ariernachweis verlangte. Wir beschlossen beide, unsere Papiere zu fälschen. Das war nicht allzu schwierig, weil mein Vater im Hamburger Standesamt mit dem Vermerk ›Vater unbekannt‹ registriert war. Obgleich er nichts mehr zu befürchten hatte, lebte er doch in ständiger Angst. Mit nur einem jüdischen Großvater wäre ich wahrscheinlich nicht unter das Gesetz gefallen. Aber die Frage stellte sich nie. Nach dem Krieg brachten wir unsere Papiere wieder in Ordnung, und niemand hat je etwas erfahren.[358]

Warum Schmidt ihm das gerade hier und jetzt sagte und mit dem Hinweis einleitete, er habe »schon vor einiger Zeit beschlossen, das zu tun«, und Giscard sei »der einzige, dem ich es je erzählt habe«, außer »seinem ältesten Mitarbeiter«, problematisiert der französische Politiker nur insofern, als er es als Vertrauensbeweis ansieht. Giscard war tief erschüttert von dieser »Enthüllung«. Sie änderte, wie er zu betonen müssen meint, nichts an seiner persönlichen Beziehung zu Schmidt.[359] Giscard sah die Bedeutung von Schmidts Enthüllung »ganz woanders, sie ist sehr viel ungewöhnlicher und sehr viel dramatischer. Sie liegt in der deutschen Geschichte.«[360]

So hat dreißig Jahre nach dem Holocaust der Zufall oder die Vorhersehung an die Spize der germanischen Staaten, Deutschland und Österreich, zwei Staatsoberhäupter jüdischer Abstammung gestellt.[361] Ist es das plötzliche Wachwerden eines Teils des Unterbewusstseins oder die Bekundung der Überlegenheit, gewissermaßen eine Art Revanche der Toten? Ich bin noch wie betäubt von dem Schock des soeben Gehörten.[362]

Schock? Später beobachtete er bei Gesprächen über den Nahost-Konflikt, dass Helmut Schmidt sich »nie, in keinem Augenblick durch seine jüdische Abstammung zu einer Reaktion veranlassen« ließ.[363] Giscards gut gemeinte Interpretation zeigt die Wirkmacht von antisemitischen wie philosemitischen Klischees. Wahrscheinlich dachte Schmidt deshalb, es sei besser, während seiner akiven Zeit als Politiker den Konflikt mit den Rassengesetzen der Nationalsozialisten zu verschweigen. Giscard fragte den Freund später, ob er die Episode in seinem Erinnerungsband veröffentlichen dürfe. Schmidt hatte offenbar nichts dagegen. So fand der Satz »Mein Vater ist Jude« Eingang in die deutsche Übersetzung des Buchs.[364]

Als Anfang der 90er-Jahre der amerikanische Historiker Bryan Mark Rigg mit den Recherchen für seine Studie *Hitlers jüdische Soldaten* begann, war Schmidt einer seiner Gesprächspartner. Der Altbundeskanzler hielt die Thematik für weitgehend uncrforscht und sich selbst für einen dieser »jüdischen Soldaten« in Hitlers Wehrmacht. Schmidt öffnete dem Autor durch sein Engagement für die Studie Türen und verschaffte ihm eine breite Öffentlichkeit. In Fachkreisen allerdings wurde heftig kritisiert, dass Rigg die laut Rassengesetzen als »Mischlinge« geltenden Deutschen zu Juden machte und ihnen damit eine Identität verlieh, die sie nicht hatten.[365]

Die von Rigg behaupteten Zahlen – er geht von insgesamt 150 000 aus – sind zwar umstritten, zeigen aber eines deutlich: Rassistische Diskriminierung war auch in der Wehrmacht zu beobachten. Denn die »Mischlinge« durften zwar ihr Leben für das Vaterland riskieren, aber keinerlei Schlüsselpositionen einnehmen oder Offiziere werden. Die wenigen, die es doch wurden, wurden von Hitler persönlich zu »Deutschblütigen« erklärt, um – in absurder Konsequenz – mit den gültigen Vorschriften nicht in Konflikt zu geraten.

Was wohl am auffälligsten ist an Helmut Schmidts Umgang mit seinem vermeintlichen Jüdischsein, ist der Umstand, dass er trotz des heimlichen Wissens keinerlei weiter gehendes Interesse am Schicksal der Menschen entwickelte, die aus rassistischen

Gründen von den Nationalsozialisten verfolgt wurden. Die öffentlichen Beschimpfungen und Herabsetzungen hatte Schmidt ja irgendwie mitbekommen und auch verurteilt.[366] Nicht einmal gerüchteweise will er allerdings von Deportationen oder gar Morden erfahren haben. Rigg stellt in seinem Buch fest, dass die meisten »Mischlinge« über die Verfolgung besser informiert waren als die »normalen« Deutschen.

Maßstab des Wissens und Nichtwissens ist die Kenntnis des Völkermords. Wenn das Gespräch auf diese wesentliche Frage kommt, erklärt Schmidt immer, er habe von »Auschwitz« nichts gewusst.[367] Erst durch die Kenntnis von Auschwitz habe er begriffen, dass die Nationalsozialisten Verbrecher waren.[368] Und von Auschwitz oder Bergen-Belsen habe er erst nach dem Krieg erfahren.[369] Die Informationen über die Ereignisse flossen aber in all den Jahren auf verschiedenen Wegen. So dokumentieren zahlreiche SD-Berichte das »Gerede« in der Bevölkerung.[370] Sicheres Wissen, etwa auch über die Namen der Vernichtungslager, gab es zwar kaum, umso mehr aber begründete Vermutungen.[371]

Obwohl Helmut Schmidt also den Schatten der Bedrohung seiner Existenz durch den jüdischen Großvater spürte, führte das nicht zur Schärfung seiner Wahrnehmung dessen, was mit den Juden im deutschen Herrschaftsbereich geschah. Und wie es den eigenen jüdischen Verwandten erging, interessierte ihn weder während der Judenverfolgungen noch nach dem Kriegsende, als er definitiv vom Völkermord erfahren hatte. Bis in die 8oer-Jahre hinein verschwieg Schmidt seine »jüdische Herkunft« (die nur nach den Nazigesetzen eine »jüdische Abstammung« gewesen wäre).[372] Als er sie dann öffentlich macht, stellt er eine Gleichung auf, die nicht aufgeht. Seine Kindheitserinnerungen beginnt er mit dem bereits zitierten Satz:

Aus der Rückschau betrachtet, hätte ich damals durchaus dem Zeitgeist erliegen können und – wenigstens anfänglich – ein kleiner Nazi werden können, wenn nicht mein jüdischer Großvater gewesen wäre.[373]

Zahlreiche Beispiele aus der Geschichte des Nationalsozialismus belegen, dass auch die »jüdische Versipptheit« durchaus kein zwingender Grund zur Immunität gegenüber den Verführungen der nationalsozialistischen Ideologie war. Selbst unter den Hauptkriegsverbrechern befanden sich »jüdisch Versippte«, zum Teil durch Führererlass zu »Deutschblütigen« erklärt.[374] Der jüdische Großvater war jedenfalls keine Garantie dafür, dass Schmidt kein »kleiner Nazi« werden konnte.

Dass er wegen eines jüdischen Großvaters in erhebliche Schwierigkeiten geraten könnte, erzählte Helmut Schmidt seiner zukünftigen Frau nicht.[375] Dachte er nicht daran, dass er damit auch sie gefährdete? Die Frage, warum er sie ohne ihr Einverständnis möglichen Repressalien aussetzte, beantwortete er nicht.

Als Loki Schmidt vor ihrem Antrittsbesuch in Bonn beim Kommandanten ihres zukünftigen Mannes dessen Eltern besuchte, um die notwendigen Papiere abzuholen, eröffnete ihr der zukünftige Schwiegervater seine uneheliche Geburt und dass sein Vater unbekannt sei.[376] Fast schien er die beiden von der Heirat abhalten zu wollen. Er fand sie zu jung, erinnerte sich Loki Schmidt. Zudem habe der Sohn keinen Beruf und könne keine Familie ernähren.[377] Die junge Arbeitertochter konnte den Studienrat jedoch eines Besseren belehren. Immerhin verdiente sie bereits als fertig ausgebildete Lehrerin genug, um eine Familie zu ernähren.[378] Und ihr zukünftiger Mann befand sich als Oberleutnant mit seinem Sold nur wenige Gehaltsstufen unter dem gut verdienenden Vater.[379]

»Hoffnung auf die moralische Kraft der Kirche«

Nach außen galt es weiterhin, die Form zu wahren. Bevor also geheiratet werden konnte, mussten sich die beiden zukünftigen Ehepartner auf Wunsch der Eltern Schmidt erst einmal offiziell verloben.[380] Trotz der schon bestehenden Mangelwirtschaft legte die gesamte »Sippe« – wie Loki sie nennt – Lebensmittel zusammen und feierte außerhalb Hamburgs auf dem Heidegrundstück von Loki Glasers Großeltern »das letzte halbwegs vergnügte Fest der Großfamilie«.[381]

Am 27. Juni 1942 fand in Hamburg die standesamtliche Trauung statt. Das damals durchaus übliche Ehrenspalier und ähnliche soldatische Zeremonien umging das Paar. Eine kleine Feier im Familienkreis folgte, bei der zugleich Helmut Schmidts Bruder seine Verlobung feierte. Am 1. Juli heirateten Loki und Helmut Schmidt dann ohne die Familien in der Kirche der kleinen Gemeinde Hambergen nördlich von Bremen. Loki Glaser hatte an der Hamberger Volksschule 1939 während ihres Lehramtsstudiums ein Praktikum absolviert und den Pastor der St. Cosmae-und-Damiani-Gemeinde, Rudolf Flügge, kennengelernt.[382] Flügge, Oberstleutnant im Ersten Weltkrieg, traute das Paar.[383]

Grund für die kirchliche Heirat fern von Hamburg war eine gewisse Vermeidungsstrategie. Die Eltern Glaser waren schon früh aus der Kirche ausgetreten, und insbesondere die Mutter war entsetzt über die Entscheidung der atheistisch erzogenen Tochter.[384] Die musste ein halbes Jahr lang Nachhilfe in christlicher Lehre nehmen, bevor ihr das Sakrament der Taufe zuteilwurde, das sie für die kirchliche Heirat benötigte. Zum Glauben fand sie nicht. Helmut Schmidt erinnert sich:

Ihr Pastor glaubte an die Schöpfungsgeschichte im alten Testament – Loki hingegen war von Charles Darwin überzeugt. Ein halbes Jahr lang haben sie diskutiert. Pastor Remé wusste, dass er Loki nicht überzeugt hatte, aber er taufte sie gleichwohl, weil er ihr Motiv für die kirchliche Trauung verstand und anerkannte.[385]

Das Motiv verstand auch ihr skeptischer Vater, wie sie schreibt.[386] Sie und ihr zukünftiger Mann waren der festen Überzeugung, dass die Lage in Deutschland nach Kriegsende schrecklich sein würde, ganz gleich, ob Deutschland den Krieg gewann oder verlor.[387] Sollte der Krieg verloren werden – was beiden, so Loki

Schmidt, »im Grunde lieber war« –, so glaubten sie, fiele den Kirchen eine ganz wichtige Rolle zu.[388]

Unsere kirchliche Trauung war keine Hinwendung zur christlichen Religion, sie war vielmehr Ausdruck unserer Hoffnung auf die moralische Kraft der Kirche, die nach dem erwarteten bösen Ende in Deutschland wieder eine anständige Gesellschaft herstellen würde.[389]

Wie konnte es zu dieser Illusion kommen? In seinen Jugenderinnerungen erwähnt Schmidt, dass im Kulturkundeunterricht der kirchenfernen Lichtwarkschule Ausschnitte der Kirchengeschichte unterrichtet wurden.[390] Konnte das hier vermittelte Wissen, etwa von den Religionskriegen, eine so große – später schnell als falsch erkannte[391] – Hoffnung auf die Institution Kirche begründet erscheinen lassen? Möglicherweise entsprang diese, wie Schmidt später selbst schrieb, »allzu idealistische und auch naive« Hoffnung einer obrigkeitsgläubigen Haltung. Beide glaubten zwar nicht an Gott, aber an Institutionen.[392] Und da aus ihrer Perspektive nach den Nationalsozialisten nichts mehr da wäre, kamen nur die Kirchen in Betracht.

Doch waren die Kirchen längst und ganz offensichtlich im Zugriff der NSDAP. Selbst jener Pastor Richard Remé, bei dem Loki Glaser ihre Unterweisung erhielt, stand anfangs den Deutschen Christen nahe und zählte 1933 zu den Drahtziehern des Sturzes des Seniors der Hamburger evangelischen Kirche, Karl Horn, der als Liberaler galt und vor der Vereinnahmung seiner Kirche durch die NSDAP gewarnt hatte.[393] 40 Kirchenmänner, unter ihnen federführend Richard Remé, erzwangen die Aufhebung der demokratischen Kirchenverfassung Hamburgs.[394] An die Stelle des Seniors trat nun ein den Nationalsozialisten überaus wohlgesinnter Landesbischof, der von der Synode mit alleinigen Entscheidungsbefugnissen ausgestattet wurde.[395] Zum Abschluss ihrer Synode stand für die Kirchenvertreter das Absingen des »Horst-Wessel-Lieds« auf dem Plan.[396]

Von 1934 bis zum August 1945 bestimmte dann ein ausgewie-

235

senes Parteimitglied als Landesbischof die Geschicke der evangelisch-lutherischen Kirche in Hamburg. Dieser Kirchenmann, Franz Tügel, hielt seine Antrittsrede in Parteiuniform und ließ dabei keine Fragen offen:

> Ich kenne nur einen Feind: Wer diesen Staat Adolf Hitlers nicht will. Mit solchen werde ich sehr kurz fertig. Das bin ich nicht nur meiner Kirche schuldig, sondern meinem Staat, meinem Volk und meinem wunderbaren Führer. [...] Eine Losung: mit Luther und Adolf Hitler für Kirche und Volk, dass beide ein Herz und eine Seele werden![397]

Wie es um die evangelische Kirche im »Dritten Reich« bestellt war, soll hier ein Brief illustrieren, den ein Hamburger Geistlicher, der sich 1933 in den Ruhestand versetzen ließ, an einen Freund schrieb:

> Im und am Nationalsozialismus hat das evangelische Kirchentum Pleite gemacht; daran helfen die verschiedenen Morphiumspritzen in Gestalt von Lutherfeiern etc., die eine neue Lebensblüte vortäuschen sollen, nicht das Geringste. In dem Augenblick, als die SA durch das Turmportal einzog, um die Kirche zu »erobern«, floh Gott hinten aus der Sakristeitür.[398]

In Hamburg gab es zwar später Flügelkämpfe zwischen Deutschen Christen und Hamburger Bekenntnisgemeinschaft, doch blieb die Vielzahl der Kirchenmänner auf ihrer konservativen, antiliberalen und antidemokratischen Linie, die sie eben nicht in eine Opposition zu den nationalsozialistischen Staatszielen brachte.[399] Solche innerkirchlichen Flügelkämpfe musste das junge Paar nicht kennen, wohl aber das äußere Erscheinungsbild. Wie konnten beide auf diese weitgehend gleichgeschaltete Institution bauen?

Helmut Schmidt setzte bei seiner Hochzeit auf seine Weise ein Zeichen. Während seine Frau ein selbst genähtes Hochzeitskleid trug, erschien er im militärischen Gesellschaftsanzug mit Offizierskoppel, Orden und Achselschnur in der Kirche, an der Brust das gerade empfangene Eiserne Kreuz. Er hätte auch in Zivil heiraten können.[400] Laut militärischer Kleiderordnung stand ihm das frei. Und: Die Bekennende Kirche Martin Niemöllers lehnte das Tragen von Uniformen in der Kirche sogar ab. In der Bundesrepublik der frühen 80er-Jahre werden sich Pastoren unter Berufung auf diese Tradition weigern, Männer in Bundeswehruniform zu trauen.[401]

»Wir erlaubten uns, für fünf Mark im Monat ein Klavier zu mieten«

Anfangs traf sich das frisch verheiratete Paar weiter in dem winzigen Zimmer, das die beiden nach der Rückkehr Helmut Schmidts von der Ostfront gemietet und in dem sie sich schon vorehelich in ihre Paarbeziehung eingelebt hatten. Die Ausstattung war denkbar karg.[402]

Außer einem Bett und einem Kleiderschrank fanden dort nur zwei Sessel Platz, die mein Vater getischlert hatte und die ich mit Bezügen aus alten bunten Stoffresten versah; daneben passte gerade noch eine alte Mahagonikommode, bei der mein Vater aus den beiden oberen Schubladen mit Hilfe einer Sperrholzplatte einen Schreibschrank zum Arbeiten für mich gemacht hatte. Außerdem gehörte zu dem Zimmer ein schmaler, langer Raum; unter dem kleinen Dachfenster befand sich das Klo, am Eingang ein kleines Waschbecken, daneben – auf einem Schränkchen – ein zweiflammiger Gasherd, auf dem ich kochte. Eine etwas ungewöhnliche Mischung.[403]

Die beiden führten zunächst eine Fernbeziehung. Loki Schmidt war weiterhin als Lehrerin tätig. Helmut Schmidt besuchte Hamburg alle drei bis vier Wochen für ein gemeinsames Wochenende. Im Herbst 1942 bezogen sie dann ganz in der Nähe des kleinen Zimmers – und damit immer noch in der Nähe auch der Schwiegereltern – eine standesgemäßere Wohnung. Auf Vermittlung von Gustav Schmidt übernahmen sie als Untermieter eine große Gründerzeitwohnung in der zweiten Etage des Hauses Gluckstraße 51. Die Hauptmieter lebten im deutsch besetzten Polen.[404] Allein das Schlafzimmer war 30 Quadratmeter groß, die Küche »riesig«, das Bad geräumig, und dazu verfügte die Wohnung über zwei »ineinander gehende« Wohnzimmer.[405] Das Mobiliar, das das Paar bisher besaß, verlor sich in den Räumen.[406]

> Ich kaufte ein gebrauchtes Schlafzimmer für 250 Mark, und von den Umzugsleuten, die mitleidig die fast leere Wohnung betrachteten, erstand ich – ebenfalls für 250 Mark – einen alten, soliden Esstisch, zwölf dazu gehörende Stühle und ein »Sofa mit Umbau«.[407]

Woher die gebrauchten Möbel stammen konnten, wäre in der Rückschau einen Gedanken wert gewesen. Loki Schmidt erinnert sich, dass ihr Mann sie zunächst für größenwahnsinnig gehalten habe, da sie als Lehrerin nur 200 Mark verdiente.[408] Als dann aber die Wohnung hergerichtet war, zeigte er sich bei der ersten Besichtigung seiner nun sehr gediegenen Behausung »doch sehr zufrieden«.[409] Sie erlaubten sich sogar, für fünf Mark im Monat ein Klavier zu mieten.[410]

Die Schmidts gingen aus, ins Kino, besuchten Varietés, feierten oder bewirteten daheim Freunde. In Kriegsgefangenschaft hält er über das Jahr 1942 fest:

> Ich bin stolz auf die tüchtige Hausfrau Loki. Unsere Freunde beneiden uns. [...] Weihnachten großes Treffen. [...] Auch meine Verwandten schließen Loki ins Herz. Wir waren uns des Wagnisses einer Ehe bewusst – und sind beglückt, sicher zu sein, dass nun alles gut laufen wird.[411]

Und seine jährliche Einschätzung von Hitlerdeutschland? 1945 hält er für das Jahr seiner glücklichen Eheschließung fest: »Klare Einsichten in Lage und Umwelt, endgültige Abkehr von Idee und

Praxis des NS.«[412] An anderer Stelle notiert er über sich selbst: »Helmut ist ein häuslicher Gatte.«[413] Den Krieg nahm er zu dieser Zeit als mal mehr, mal weniger tönendes Hintergrundrauschen wahr. Seine Auswirkungen machten sich nur gelegentlich bemerkbar. Statt der unmittelbaren Lebensgefahr an der Front, die aktives Handeln erforderte – und ermöglichte –, erlebte Schmidt nun die wachsende Bedrohung durch den Bombenkrieg aufseiten der passiv zum Abwarten und Aushalten gezwungenen Zivilbevölkerung.

»Ich bin deshalb später nicht wieder hingegangen«

Vom 21. August 1942 an war Helmut Schmidt erneut in Berlin stationiert. Er war nun als Referent für leichte Flak der Dienststelle »General der Flakwaffe« zugeteilt.[414] Sein Arbeitsplatz befand sich in der Knesebeckstraße, ganz in der Nähe des mondänen Kurfürstendamms, mitten im Zentrum der Hauptstadt des Deutschen Reichs. Geleitet wurde die Dienststelle von Generalleutnant und General der Flakwaffe Walther von Axthelm, der mit großem Einsatz die Weiterentwicklung der bestehenden Waffensysteme und die Erfindung neuer Waffen vorantrieb.[415]

Zufällig traf Schmidt in Berlin eine Bekannte aus Fischerhuder Zeiten wieder, Cato Bontjes van Beek, die hier inzwischen bei ihrem Vater lebte und in dessen Keramikwerkstatt arbeitete. Die Jugendfreundin lud Schmidt zu einem Fest in die Wohnung ihres Onkels ein. Schmidt erschien in Uniform und entfachte dadurch eine heftige Diskussion unter den Anwesenden. Erinnern kann er sich daran nicht. Er griff die Diskussion in seinen Erinnerungen auf, indem er den Bericht eines Zeitzeugen aus den 90er-Jahren zitierte.[416]

Von den Freunden um Cato wurde es als unangebracht betrachtet, dass zu einem ihrer Feste ein Leutnant in Uniform erschien.[417] Da der Umgang aber freundschaftlich war, wurde Schmidt nur aufgefordert, Jacke und Stiefel auszuziehen. Einer der Freunde Catos lieh ihm seine Sandalen. Es wurde ausgelassen gefeiert, bis Catos Onkel Hans Schultze-Ritter sich zu den Feiernden gesellte.[418] Des Tanzes müde setzte man sich auf den Fußboden und begann politische Diskussionen.[419] Eine davon drehte sich um eine durch Helmut Schmidts Auftritt inspirierte Frage: Durfte ein Antinazi Offizier der Wehrmacht sein? Man könne sich zwar gegen die Einberufung nicht wehren, wohl aber dagegen, Offizier zu werden. Schmidt hielt dagegen, dass es für Abiturienten schwer sei, der Ernennung zu entgehen. Er klärte die anderen darüber auf, dass von den Offizieren der deutschen Wehrmacht besonderer Mut gefordert sei, »ja draufgängerisches Verhalten«, erinnerte sich der Zeitzeuge in den 90er-Jahren. Schmidt machte auf die außergewöhnlich hohen Verluste im Offizierskorps aufmerksam. Wegen des erheblich höheren Risikos würde jemand, der sich weigere, Offizier zu werden, dem Verdacht ausgesetzt, sich vor der Gefahr zu drücken. Als Feigling wollte Schmidt nicht dastehen. Einigkeit unter den Anwesenden erzielte er mit seiner Argumentation nicht, obwohl ihm der Onkel Catos beisprang.[420] Schmidt selbst erinnerte sich hinsichtlich des Zusammentreffens an etwas anderes:

> Ich erinnere mich fast überdeutlich an das lebensgefährliche, rückhaltlose Klima der Debatten in jener Nacht: Die Nazis und das Dritte Reich waren Ziel von Abscheu, Spott und Herabsetzung. Ich kannte fast niemanden und fast niemand kannte mich, und ich gewann den Eindruck, dass auch viele der Anwesenden sich nicht kannten. Das war überaus leichtsinnig, denn man konnte sich damals in Berlin vor Denunziation keineswegs sicher fühlen, so dass ich angesichts der rückhaltlosen Debatte mit Schrecken dachte: Die spielen ja alle mit ihrem Leben. Ich bin deshalb später nicht wieder hingegangen.[421]

»Abscheu, Spott und Herabsetzung« sind keine zutreffenden Begriffe für die Haltung und die Aktivitäten der Widerstandskämpfer, deren Lebensbahn Schmidt durch seinen Kontakt zur

Familie Bontjes van Beek berührte. In seiner Rückschau erwähnt er nicht, wie die Jugendfreundin zum Widerstand kam und was sie tat, obwohl er seit den 80er-Jahren die Freundschaft zu ihrer Familie wiederaufleben ließ und gelegentlich auch öffentlichkeitswirksam – sehr pflegte.[422]

Cato Bontjes von Beek und viele ihrer Freunde beteiligten sich ab 1940 immer aktiver an subversiven Akten, die dann in den aktiven Widerstand gegen den Nationalsozialismus führten. Es begann mit verbotenen Kontakten zu französischen Kriegsgefangenen und mündete in die Beteiligung an Aktionen der »Roten Kapelle«. Auf dem Weg in den aktiven Kampf gegen das Regime erhielt Cato Informationsmaterial, das sie frühzeitig die Verbrechen der Nationalsozialisten sehen ließ: Fotos von Deportierten und aus den Gettos, seit Mitte 1941 auch von Massenerschießungen in der Sowjetunion.[423] Im Herbst 1941 erlebte sie die Deportation einer Familie aus dem Haus, in dem sie wohnte.[424]

Im Februar 1942 war die 21-Jährige gemeinsam mit Harro Schulze-Boysen federführend an einem anonymen Aufruf beteiligt, der die politische Polizei in höchste Alarmbereitschaft versetzte. Per Post wurde an alle in Berlin akkreditierten neutralen Korrespondenten sowie Mitarbeiter des Propagandaministeriums ein sechsseitiger Schriftsatz mit einer Generalabrechnung mit dem Nationalsozialismus geschickt.[425] Unter dem Titel »Die Sorge um Deutschlands Zukunft geht durch das Volk«[426] hieß es unter anderem:

Die Korruption in der Verwaltung, im Wirtschaftsleben, in der Wehrmacht, vor allem aber innerhalb der Gliederungen der Partei hat ein ekelhaftes Ausmaß erreicht. [...] Eine volksentfremdete Schicht von albernen, aber schädlichen Schwindlern und Angebern spielt heute die erste Rolle im Leben des Volkes. [...] Das Gewissen aller wahren Patrioten aber bäumt sich auf gegen die ganze derzeitige Form deutscher Machtausübung in Europa. [...] In allen Ländern in Europa werden heute täglich Hunderte, oft tausende von Menschen standrechtlich und willkürlich erschossen oder gehenkt. […] Im Namen des Reiches werden die scheußlichsten Quälereien und Grausamkeiten an Zivilpersonen und Gefangenen begangen. […] Jeder kriegsverlängernde Tag bringt nur neue unsagbare Leiden und Opfer. Jeder weitere Kriegstag vergrößert nur die Zeche, die am Ende von Allen bezahlt werden muss. […] Erst die Verweigerung von Gehorsam und Pflichterfüllung bringt die Voraussetzung für die Errettung des Volkes vor dem Untergang.[427]

Unterzeichnet war der anonyme Brief mit »AGIS«, lateinisch »Handele!«.[428] Zahlreiche Empfänger gaben den Aufruf bei der Polizei ab und lenkten so das Interesse der Gestapo auf dessen Urheber.[429] Cato Bontjes van Beek wurde am 20. September 1942 mit zahlreichen anderen Mitgliedern der großen Widerstandsgruppe verhaftet, am 19. Januar 1943 wegen Hochverrats zum Tode verurteilt und am 8. August desselben Jahres gemeinsam mit zwölf anderen Frauen durch die Guillotine hingerichtet.

Helmut Schmidt erfuhr von ihrem Schicksal erst nach dem Krieg. Er hatte den Kontakt zur Familie Bontjes van Beek aus Furcht vor Unannehmlichkeiten nicht gehalten. Andere Jugendfreundschaften pflegte er intensiv, darunter den Kontakt zu seinem ehemaligen HJ-Bannführer[430] oder den zu den Soldatenkameraden aus der Rekrutenzeit.[431] Später wird er sich vorwerfen, Cato nicht »gewarnt« zu haben.[432] War das der springende Punkt? Für Cato Bontjes van Beek und ihre Freunde ging es um etwas anderes: »Jeder muss Sorge tragen, dass er – wo immer er kann – das Gegenteil von dem tut, was der heutige Staat von ihm fordert.«[433]

»Höre zu, lieber Besserwisser«

Fast drei Jahre lang tat Schmidt nun seinen Dienst in der Etappe. Während seine Kameraden an den verschiedenen Fronten unter Einsatz ihres Lebens kämpften, beschäftigte er sich mit der Optimierung der Waffensysteme. Als Spezialist für leichte Flakwaffen sorge er dafür, dass Ausbildung und Einsatz immer weiter professionalisiert wurden. Seine Fronterfahrung war dabei wertvolle Hilfe. Die trockene Materie wurde in einem Ton an die Truppe herangetragen, der deren Befindlichkeiten spiegelte. Das konnte nur ein Offizier, der mitten unter den Kämpfern gewesen war und wusste, was es bedeutete, wenn Theorie und Praxis aufeinandertrafen.

Wir kennen ihn: Wortreich, oft gar nicht unbewandert und aus Natur Querulant. Von seinem Genius zutiefst überzeugt [...]. Ihm ist das Meckern zur zweiten Natur geworden. Wenn es nach ihm ginge, sähe natürlich alles anders aus. [...] Höre zu, lieber Besserwisser: Sicherlich ist manches gar nicht so unvernünftig, was Du sagst, und vielleicht kann das VER-FLAK Deine Ansicht der gesamten Flakartillerie zur Kenntnis bringen? Wäre das nicht eine Sache?[434]

Schmidt, der so gern meckerte, wurde geradezu zum Idealtypus des produktiven Querulanten. Seine Hinweise dienten dazu, Waffensysteme und Methoden zu verbessern. Er besaß die Fähigkeit, sich so in die Funktions- und Wirkungsweise seiner Waffen hineinzudenken, dass er realitätsnahe Versuchsaufbauten gestalten konnte. Seine Vorgesetzten machten sich das nur zu gern nutzbar.

Worum ging es? Zum Beispiel um die Beseitigung häufiger Irrtümer der Truppe bei der Einschätzung der Durchschlagskraft der vorhandenen Munition beim Schießen auf die schweren russischen Panzer. Beim Versuchsschießen hatte sich gezeigt, dass russische Panzergranaten mit ihrem etwas größeren Kaliber die Außenwände der beschossenen Panzer durchschlugen, während bei gleicher Entfernung zum Ziel die deutsche Munition wirkungslos blieb. War die großkalibrigere russische Beutemunition der deutschen überlegen? Nein: Im Stress des Gefechts vergaßen die Soldaten, in ihre Berechnungen die Auftreffwinkel der Munition einzubeziehen.[435]

Mit etlichen Beispielen und Zeichnungen wurde deshalb die

Faustregel vermittelt, dass bei gleicher Entfernung ab einem Auftreffwinkel von 30 Grad die Durchschlagskraft nur noch ein Drittel der Kraft eines Auftreffwinkels von 90 Grad hatte. Die Bugplatte etwa eines russischen T-34 hatte einen Neigungswinkel von 30 Grad. Es machte nur Sinn, ihn aus einer Entfernung zu beschießen, die ein Durchschlagen überhaupt zuließ. Das in die Berechnungen einzubeziehen erhöhte nicht nur die Erfolgschancen, sondern minimierte auch den Munitionsverbrauch. Und was mussten die Kanoniere der mittleren und leichten Flak sonst noch von der Munition wissen? Seitenlange Erläuterungen über Aussehen, Funktionsweise, Behandlung und Pflege enthielten Informationen wie:

Steht das Zündhütchen über dem Hülsenboden hervor, so besteht Gefahr, dass die Patrone zu früh entzündet wird. Solche Patronen sofort sicherstellen. Meldung an die vorgesetzte Dienststelle! Vorstehende Zündschrauben mit dem Zündschraubenschlüssel einschrauben, bis sie sich mit dem Boden vergleichen oder versenkt liegen.[436]

Das war nun das tägliche Brot des jungen Oberleutnants. Zuweilen galt es, sich damit zu beschäftigen, ob die Ergänzungen zu den Loseblattsammlungen auch wirklich dort ankamen, wo sie hinsollten. Und auch dazu wurden Vorschriften und Durchführungsrichtlinien erarbeitet, die als Befehle veröffentlicht wurden.

Immer wieder wurde er zu den verschiedenen Schießplätzen abkommandiert und konnte vor Ort selbst Versuche durchführen. Die Flakartillerie war in ständiger Fortentwicklung. Der technische Anspruch war hoch, die Zusammenarbeit mit der deutschen Rüstungsindustrie und ihren Entwicklungsabteilungen eng. So wurde etwa die Optimierung von Funkmessgeräten weit vorangetrieben. Innerhalb der Kriegsjahre wurden mehrere Generationen entwickelt und verbessert, bis hin zu Rundumsuchgeräten, die eine automatische Feineinstellung der Luftabwehrkanonen für die feindbesetzten Sektoren möglich machten.[437]

Die Ergebnisse sahen auf dem Papier prächtig aus: Während im Ersten Weltkrieg pro Abschuss eines feindlichen Flugzeugs 12 000 Schuss Munition verwendet worden waren, reduzierte sich der Verbrauch zu Beginn des Zweiten Weltkriegs auf 8000 Schuss, in den letzten beiden Kriegsjahren dann auf 4100 Schuss.[438] Am Ende des Krieges gab es Munition, die den Verbrauch sogar auf 800 bis 850 Schuss senken konnte.[439] Zudem betätigte Schmidt sich aber auch als Ausbilder und Instrukteur. Von 1943 an sind seine Taschenkalender erhalten, in denen er in kurzen Notizen seine Aktivitäten und Eindrücke festhielt. Zahlreiche Reisen führten ihn quer durch fast alle von Deutschland besetzten Staaten. Für Vorträge und Schulungen, teilweise von ihm selbst organisiert, kam er so durch ganz Frankreich, nach Österreich, Dänemark, Belgien und in die Slowakei.[440] Mehrfach kam er nun auch wieder nach Paris. Er hatte sogar Gelegenheit zum ausgiebigen Bummel durch die Stadt. Seine Besuche in der Seinemetropole nutzte er zu ausgedehnten Spaziergängen, bei denen er immer wieder den städtebaulichen Zauber und die von ihm als »körperhaft greifbar« erlebte Atmosphäre der Stadt auf sich wirken ließ.[441] Sein Wunsch, Städtebauer zu werden, muss hier nochmals Bestätigung gefunden haben. Der Blick auf das große Ganze als Gesamtkunstwerk lag ihm.

Viel Zeit verbrachte er auch damit, Einkäufe für seine Frau zu erledigen.[442] Besonders zog es ihn zum »Boul' Mich'« und zur Place St. Michel im Quartier Latin. Am Boulevard, am Platz und den Ufern der Seine gab es die vielen Buchhandlungen und Bouquinistes. Die ganz spezielle Anziehungskraft von Paris in erotischer Hinsicht, die durch Assoziationen wie die Folies Bergère, das Moulin Rouge oder die Place Pigalle geweckt wird, registrierte Schmidt mit einem Augenzwinkern. In seinen kurzen Notizen findet sich über einen Besuch im berühmten Casino de Paris im Jahr 1943 der trockene Kommentar: »Viel Fleisch!«[443]

Das Leben, das er führte, glich dem eines Handlungsreisenden. Mit dem eigentlichen Krieg, dem Kampfgeschehen, kam er nicht mehr in direkte Berührung. Er arbeitete viel, reiste viel, trug viel Verantwortung. Und wenn er daheim war, lebte er einen nahezu normalen Ehealltag mit seiner Frau. Nicht wirklich normal war dieses Leben nur deshalb, weil fast alle Männer seines Alters an der Front und die Frauen voller Sorgen und Ängste allein zu Hause waren.

»Über Durchschnitt«

An Schmidts erhaltenen Notizen lässt sich ablesen, dass der Fortgang des Krieges und persönliche Angelegenheiten in seinem Erleben fast gleichrangig nebeneinanderstanden. »Die Tragödie von Stalingrad beginnt sich abzuzeichnen«, notiert er am 25. Januar 1943. »Die Stimmung ist ernst, aber nicht ohne Zuversicht. Abends Orgelstunde.«[444] Dass er, der immer auf seine pessimistischen Vorahnungen zum Kriegsausgang verweist, ausgerechnet hier von Zuversicht schreibt, ist erstaunlich. In der Kriegsgefangenschaft wird er bestätigen, dass er die eigene Zuversicht meinte: »Nur noch geringe Reste von Vertrauen.«[445]

Nach Görings Rede vom 30. Januar 1943, in der dieser die Niederlage bei Stalingrad bestätigte, schreibt Schmidt: »Charaktervolle Rede Hermann Görings zum 30. Januar. In Hamburg abends Fliegeralarm. Loki hat Angst, weil ich wieder an die Front gehen will.«[446] Charaktervoll? Göring hatte die deutschen Soldaten angesichts der offenkundigen Niederlage auf ihr traditionelles Rollenbild eingeschworen und an ihre Opferbereitschaft appelliert.[447] Von den üblichen NS-Floskeln war dabei wenig zu hören, dafür umso mehr von der Verantwortung, die Deutschland für Europa übernommen habe. Das deutsche Volk kämpfe mit dem eigenen Blut für die europäischen Interessen. Die Wehrmachtsangehörigen wurden an die soldatischen Kardinaltugenden erinnert: Kameradschaft und Pflichterfüllung.[448]

Bei der eingeschlossenen 6. Armee vor Stalingrad wurde die geschickt den machtstrategischen Rundumblick auf die Interessen der Feinde lenkende Propagandarede Görings als »Leichenrede« verstanden.[449] In einem geheimen Bericht zur innenpolitischen

Lage meldete der SD am 4. Februar 1943, die Bevölkerung sei »allgemein der Überzeugung«, dass Stalingrad den Wendepunkt des Krieges bedeutete.[450] Dass es Schmidt gerade jetzt erneut an die Front zog, konnte nur damit zu tun haben, dass er der Ansicht war, an der Front mit dafür sorgen zu können, dass sich das Blatt wieder wendete. Das war genau das, was die Propaganda erreichen sollte. Die Soldaten sollten sich als Feiglinge fühlen, wenn es sie nicht bis zur Selbstaufopferung in den Kampf drängte – selbst wenn klar war, dass dieser vergeblich war.

In der Gefangenschaft notierte er später zum Thema Stalingrad: »Einblicke in die Desorganisation, Unfähigkeit, Bonzentum. Immer größere Klarheit über Kampfstellung gegen NS.«[451] Glaubte er, es besser machen zu können? Die Erfahrungen im Dienst dürften zu der Sicht beigetragen haben, dass an den für den militärischen Erfolg zuständigen Stellen nicht die richtigen Leute saßen. Denn er hatte mit ihnen zu tun.[452] Von General von Axthelm ist überliefert, dass er immer wieder mit seinen Forderungen nach schnellerem Vorantreiben der Entwicklung der Waffensysteme auf taube Ohren stieß und am Ende darauf verwies, dass die verbesserten Systeme nicht mehr zum Einsatz kamen, obwohl sie viel hätten ausrichten können.[453]

An die Front wurde Schmidt bis Ende 1944 nicht gelassen. Seine Vorgesetzten brauchten ihn vor Ort. Zwar fuhr er sich auch jetzt noch schwere Rüffel ein[454], seine Gesamtbeurteilung litt aber nicht mehr unter seinem losen Mundwerk. In der turnusmäßigen Beurteilung, die er im Oktober 1943 erhielt, wurde ihm bescheinigt, »sehr gute und klare Gedanken« zu haben, die er »energisch«, »sachlich« und »schwungvoll« in die Tat umsetze.[455] Er sei ein »gerader, aufrichtiger Mensch«.[456]

Gestützt auf ausgezeichnete Kenntnisse auf dem Gebiet der leichten Flak und auf gute praktische Erfahrungen hat er sich als Referent für leichte Flak ganz besonders bewährt. Sicher und gewandt im Auftreten. Guter Kamerad. Geistig und körperlich gut veranlagt. Einwandfreie nationalsozialistische

Haltung. [...] Zusammenfassende Beurteilung: über Durchschnitt.⁴⁵⁷

Er war angekommen. An seine alten Kameraden aus dem Wirtshaus Taake in Vegesack schrieb er Rundbriefe in jenem verbindlichen und zugleich jovialen Ton, der auch in den Publikationen seiner Dienststelle die Ansprache an die Truppe prägte.⁴⁵⁸ Nach Nachrichten, Anekdoten und Frotzeleien bat er die Kameraden darum, den »Privatdienstweg zu benutzen«, um ihn bei seiner Arbeit mit Erfahrungen und Vorschlägen zu unterstützen.⁴⁵⁹ Diese Arbeit nahm er überaus ernst. Unter seinen Kollegen galt er als »König der leichten Flak«, auch bei ranghöheren, wie er in der Kriegsgefangenschaft notierte.⁴⁶⁰ Später darauf angesprochen, sagte er, dies sei wohl ein Kompliment von jemand gewesen, der von der Flak entweder nicht viel verstand oder es ironisch meinte.⁴⁶¹

Seit dem Herbst hatte für ihn und seine Frau – wie er schreibt –»das einfache Leben« begonnen.⁴⁶² Sie hatten im Juli 1943 bei der »Operation Gomorrha«, dem großen alliierten Bombenangriff auf Hamburg, ihre Wohnung und ihre ganze Habe verloren. Beide erlebten den Feuersturm nicht mit. Sie befanden sich zu der Zeit gemeinsam an der Ostsee, er auf dem Schießplatz, sie auf Urlaub in seiner Nähe. Auch alle Familienmitglieder verloren während der Angriffe ihre Wohnungen. Doch selbst hier hatten die Schmidts Glück im Unglück, denn mit Ausnahme einer Tante von Loki Schmidt, die mit ihrem Mann in dem Inferno umkam, überlebte die gesamte Familie.

Im Juli war auch die Dienststelle Schmidts in der Berliner Knesebeckstraße bei einem Bombenangriff zerstört worden. Sie wurde nach Bernau bei Berlin ausgelagert. Nach einigen provisorischen Unterkünften bezog Schmidt gemeinsam mit seiner Frau eine kleine Gutsarbeiterwohnung auf dem Berliner Stadtgut Schmetzdorf.⁴⁶³ Seine Frau erhielt eine Stelle als Lehrerin. Erstmals lebten sie nun richtig zusammen. Loki Schmidt erinnerte sich später, dass sie in dieser Zeit lernte, sich »in einem Offizierskreis sicher zu benehmen« und auch »wohl zu fühlen«.⁴⁶⁴ Ob bei den vielen Kasinoabenden, an denen man vergnügt zusammen feierte, auch Offiziere der in Bernau ansässigen Führerschule des Sicherheitsdienstes der SS teilnahmen, ist nicht überliefert. Für Schmidt hätte das nicht nur deshalb Gesprächsstoff geboten, weil er die Kampfkraft der SS-Polizeidivision so hoch schätzte, mit der er vor Leningrad Seite an Seite gekämpft hatte. Die Führerschule hatte ihr Quartier in einem vom ehemaligen Bauhaus-Direktor Hannes Meyer für den Allgemeinen Deutschen Gewerkschaftsbund entworfenen Gebäudekomplex.[465] Für den angehenden Architekten und Städteplaner muss das moderne Ensemble hoch interessant gewesen sein.

Ihn bewegte am Ende des Jahres 1943 ein Ereignis, das ebenfalls unter städtebaulichen Aspekten gesehen werden konnte. In der Ruhe des neuen gemeinsamen Domizils hatte er begonnen, eine Erinnerungsschrift über seine Heimatstadt zu verfassen. Der Schock über die Zerstörung der Stadt und den Tod so vieler Menschen ließ ihn nicht los. Der 25-Jährige suchte nach einer inneren Haltung zu dem Fanal – für sich, mehr noch aber für andere:

[...] trotz ihrer Einmaligkeit war das Ergebnis, die Auslöschung des bisherigen Lebens, so vollkommen, dass manche Menschen darob verzweifeln müssen. Sie finden nicht den neuen Anfang. Wir sind jung und stark. Wir haben festes, unerschütterliches Vertrauen in Gott und unsere eigene Kraft. Deswegen haben wir nicht einen Tag gezögert, an den Wiederaufbau zu gehen und uns unsere eigene Lebenssphäre wieder zu schaffen.[466]

Es wird nicht das letzte Mal sein, dass Schmidt in der Sprache der Propaganda formuliert, der er tagtäglich ausgesetzt war und die zu verwenden ihm sicher auch beim Abfassen mancher Vorschriften vorgegeben war. Was hatte er vom Kriegsgeschehen und seinen Folgen tatsächlich erfasst? Er sah die Verzweiflung der Menschen und schrieb gegen die Demoralisierung an. Dabei bemerkte er offenbar nicht, dass er damit die Durchhaltekraft in einem Krieg stärken wollte, den er selbst doch längst für verloren hielt.[467]

Ende 1943, Anfang 1944 erhielt Schmidt einen Brief aus Hamburg, in dem er gebeten wurde, sich für die Freilassung seiner früheren Deutschlehrerin Erna Stahl einzusetzen. Erna Stahl sei verhaftet worden.

Loki und ich waren über Erna Stahls Verhaftung bestürzt; der Brief aber schien uns entweder eine Naivität oder eine getarnte Provokation zu sein. Die Versendung per Post sprach für Naivität, ebenso die Erwartung, dass ein unbedeutender Kriegsoffizier der Luftwaffe einem aus politischen Gründen verhafteten Menschen sollte helfen können, und dies auch noch auf Aufforderung eines ihm unbekannten Dritten hin. Aber konnte das Ganze nicht auch eine raffinierte Methode der Gestapo sein, mich auf die Probe zu stellen? Hatte man auch an andere Bekannte von Erna Stahl solche Briefe geschrieben, um möglicherweise ein Netz von Verbindungen aufzudecken? War ich vielleicht verdächtig? Nach langer Überlegung habe ich der Absenderin einen höflich absagenden Brief geschrieben; sonst habe ich weiter nichts unternommen.[468]

Zugleich, so schreibt er in seinen Erinnerungen weiter, habe sich ein Gefühl der Scham eingestellt, wie gegenüber Cato Bontjes van Beek. Nur: Hätte er nicht einfach mit einer Person seines Vertrauens in Hamburg Kontakt aufnehmen können, um den Fall zu klären? Dass es ihm als Offizier möglich war, Einfluss geltend zu machen, belegt der Umstand, dass er seinem Bruder 1945 helfen konnte, als der wegen unerlaubten Entfernens von der Truppe ein Problem hatte.[469] Statt vor ein Kriegsgericht zu kommen, wo ihm die Todesstrafe drohte, erhielt der jüngere Bruder die höchste interne Disziplinarstrafe, die sein Kommandeur vergeben durfte.[470]

Zahlreiche andere ehemalige Schüler von Erna Stahl setzten sich für die Lehrerin ein, die als Mitglied des Hamburger Ablegers der Weißen Rose verhaftet worden war. Die Lehrerin war schon 1941 über die Ermordung der Juden im Osten informiert[471] und registrierte sehr genau die Deportationen von Juden aus Hamburg.[472] Sie überlebte wahrscheinlich nur, weil das Gefängnis, in dem sie einsaß, vor der Verurteilung am 14. April 1945 von amerikanischen Truppen befreit wurde. Erna Stahl hatte sich an den Aktionen ihrer ehemaligen Schüler, die den Hamburger Ableger der Weißen Rose bildeten, nicht beteiligt. Sie war aber moralische Instanz und auch Eingeweihte eines großen Kreises oppositioneller Kräfte in Hamburg.

Verschränkungen zwischen regimekritischen Künstlern, Intellektuellen, der Weißen Rose und den jungen Ärzten von den »candidates of humanity«[473] gab es durch den gemeinsamen Treffpunkt in der Buchhandlung »Agentur des Rauhen Hauses«. Dort fanden Menschen gleicher Gesinnung zueinander. Schmidts ehemaliger Schulkamerad Helmut Scaruppe, der zu dem Kreis zählte, erinnert sich, dass 1942 oder 1943 bei einem Gespräch, in dem es darum ging, wen man noch einweihen könne, der Name Helmut Schmidt fiel.[474] Der Vorschlag erntete »bedenkliches Kopfschütteln, zunächst praktische, dann auch moralische Einwände«.[475] Ursula de Boor von den »candidates of humanity« war erstaunlich gut über Schmidts militärische Laufbahn, Beförderungen und Ehrgeiz informiert, erinnert sich der 92-Jährige.[476] Die Diskussion sei »aufwallend, fast gereizt« geführt worden.[477] Der Vorschlag stieß auf mehrheitliche Ablehnung.[478]

*»Wenn man so was anfängt, dann muss es doch
auch funktionieren!«*

Nachdem sich im Februar 1944 herausgestellt hatte, dass Loki im vierten Monat schwanger war, gab sie ihre Stelle in Bernau auf und wurde Hausfrau.[479] Die Vorfreude war groß. Schon vor der Geburt gab Schmidt dem Kind den Spitznamen »Moritz«, den auch sein bester Freund Walter Plennis trug. Tatsächlich war das Kind, das Loki Schmidt am 26. Juni 1944 zur Welt brachte, ein Sohn.

Es war für beide Eltern eine »entsetzliche Enttäuschung«[480], denn das Kind war behindert. Doch eroberte der Kleine, der auf den Namen Helmut Walter getauft wurde, die Herzen seiner Eltern. In der Kriegsgefangenschaft schreibt der Vater ein Jahr später, dass sie die Enttäuschung schnell überwunden hätten »und der Zukunft gefasst entgegensehen. Wir lieben das Moritzelchen sehr.«[481] Ein Arzt hatte bestätigt, dass das Kind sich prächtig entwickelte und dass eine Operation seine Behinderung zumindest mildern könnte, wenn nicht sogar beheben.[482] In seinem Taschenkalender notierte Schmidt nun, was für Fortschritte das Kind machte.

Drei Tage vor der Geburt des Kleinen hatte er allerdings seinem Notizbuch auch anvertraut, dass er gern wieder an die Front wollte: »Wenn man nur mitkämpfen könnte.«[483] Das ganze Jahr schon habe er sich die Ablösung von seinem Posten gewünscht, schreibt er eine Woche nach der Geburt seines Sohnes Anfang Juli.[484]

Am 20. Juli 1944, dem Tag des Attentats auf Hitler, vermerkte er: »Der Putschversuch löst in Bernau ungewisse Stunden aus.«[485] Diese ungewissen Stunden waren historisch entscheidend. Eine der Erwartungen, die die Attentäter hegten, war die moralische Einheit des Offizierskorps. Sie gingen davon aus, dass sich auch die uneingeweihten Wehrmachtskommandeure ihnen anschließen würden. Stattdessen warteten die Kameraden nur ab.[486]

In seinen Erinnerungen schreibt Schmidt, im Radio vom Umsturzversuch gehört zu haben.

Sehr naiv habe ich das Attentat zunächst für die dilettantische Tat eines einzelnen gehalten. Ich habe gedacht: »Wenn man so was anfängt, dann muss es doch auch funktionieren!« Aus ähnlichem Motiv hat Helmut Pleß, ein Flieger mit Ritterkreuz aus unserer früheren Schulklasse, der damals gerade bei uns zu Besuch war, zu Loki und mir gesagt: »So doch wohl nicht.«[487]

Sein direkter Vorgesetzter, Major Friedrich Georgi, wurde als Mitverdächtiger am 24. Juli verhaftet. Georgi war der Schwiegersohn von General Friedrich Olbricht, dem Kopf der Verschwörer.[488] Der Gestapo gelang es nicht, Georgi zu überführen. Das allein hätte aber nicht ausgereicht, um der Verfolgung zu entgehen, denn er fiel unter die Sippenhaft. In General von Axthelm hatte er jedoch einen einflussreichen Fürsprecher. Axthelm verfügte über persönliche Beziehungen zu Göring und anderen NS-Größen, da er von August 1936 bis Mai 1940[489] Kommandeur von Görings Privatarmee »Regiment Göring« gewesen war.[490] Den zuständigen Stellen erklärte er, dass Georgi unentbehrlich sei, weil er als Einziger seiner Dienststelle über die V1 Bescheid wisse.[491] Zudem gab er eine Ehrenerklärung für seinen Untergebenen ab und versicherte, dass der ein verlässlicher Nationalsozialist sei.[492]

Schmidt und Georgi hatten eine hochinteressante gemeinsame Lektüre, von der beide unabhängig voneinander als prägend berichteten. Der ein Jahr ältere Georgi war 1941 bei einem Generalstabslehrgang durch einen ehemaligen Vorgesetzten zum militärischen Widerstand gekommen. General Robert Knauss empfahl seinem Schüler die Lektüre von Gustave Le Bons *Psychologie der Massen*. Georgi war es wie Schuppen von den Augen gefallen, als er erkannte, dass die Nationalsozialisten die von Le Bon erkannten Mechanismen praktizierten.[493] Zahlreiche Gespräche mit Knauss über das Buch folgten. Als Konsequenz dieser inhaltlichen Auseinandersetzung mit den Praktiken des Regimes wurde Georgi klar, dass es nicht genügte, die Handlungen der Nazis zu kritisieren oder abzulehnen, sondern dass man trotz der persönlichen Gefahren bereit sein müsse, zu handeln.[494] In der Luftwaffe war Georgi neben Knauss der Einzige, der zur militärischen Opposition gegen Hitler zählte.[495]

Schmidt wurde – wie alle anderen in Bernau – nicht ins Vertrauen gezogen. Trotz des Umsturzversuchs und der – wie man vermuten kann – Beschäftigung damit trieb es ihn weiter an die Front. Die militärische Lage interessierte ihn mehr als die Geschehnisse in Berlin, fast so, als hätte das eine mit dem anderen nichts zu tun. Am 31. August notierte er:

Diese Tage sind angefüllt von Arbeit und Sorge. Die militärische Lage spitzt sich in größter Schnelligkeit immer mehr zu – wir sind dabei, in einem Blitzkrieg den gesamten Westen wieder zu verlieren.[496]

»Wir«? Das eine Wörtchen in der Notiz sagt viel über seine Identifikation aus. Schmidt wollte nicht mehr länger hinter dem Schreibtisch tatenlos warten, bis er von den Ereignissen überrollt würde. Statt aber an die Front versetzt zu werden, wurde er dazu abkommandiert, am Prozess gegen die gescheiterten Attentäter teilzunehmen. Nicht nur er, sondern auch etliche andere Offiziere seiner Dienststelle wurden nacheinander als Zuhörer für den Prozess vor dem Volksgerichtshof unter dessen notorischem Vorsitzenden Freisler herangezogen.

Der Prozess war als Propagandainszenierung gedacht. Die Verhandlung wurde mit mehreren Kameras für einen Dokumentarfilm aufgezeichnet, der als Anschauungsmaterial später in allen deutschen Kinos gezeigt werden sollte.[497] Der Film sollte als Abschreckung dienen und durch den Anschein eines ordnungsgemäß durchgeführten Gerichtsverfahrens die Opposition moralisch vernichten.[498] Das Szenario, das die Propaganda sich erdacht hatte, wollte mit dem cholerischen Vorsitzenden Richter Roland Freisler aber nicht so recht funktionieren. Bei der Sichtung des Films kam Goebbels zu dem Schluss, dass die Angeklagten nicht die beabsichtigte Verachtung, sondern Mitleid wecken würden – aus Sicht der Nazis ein katastrophales Ergebnis. Der Film kam als geheime Reichssache auf den Index. Durch die propagandistische Aufbereitung des Umsturzversuchs gleich nach dem 20. Juli gelang es der Führung, die deutsche Bevölkerung auf breiter Front erneut auf Hitler einzuschwören.[499] Goebbels jubilierte in seinen Tagebüchern über dieses Resultat. Der Film hätte diesen Effekt weiter festigen können, wäre er so geworden, wie Hitler wünschte.

Bis heute prallen die Meinungen darüber aufeinander, nach welchen Kriterien die Prozesszuschauer ausgewählt worden waren. Helmut Schmidt nahm an, dass es sich bei der Abkommandierung um einen Einschüchterungsversuch handelte.[500] Dies wurde ihm von Zeitzeugen, die ebenfalls zum Zuschauen beordert worden waren, auf die eine oder andere Weise bestätigt.[501] Nachdem Schmidt im Wahlkampf 1975 von der CSU wegen seiner Anwesenheit bei der Verhandlung heftig kritisiert worden war, belegte er seine Version mit der eidesstattlichen Versicherung des ehemaligen Stabschefs in Bernau. Der zum Brigadegeneral avancierte Kurt Fischer versicherte darin, dass Goebbels persönlich ihn mit dem Hinweis zu dem Prozess befohlen hatte, »damit Sie wissen, wie es Verrätern ergeht. Ich habe angeordnet, dass Soldaten aller Dienstgrade zu den Volksgerichtshof-Verhandlungen kommandiert werden, deren nationalsozialistische Einstellung einer Aufbesserung bedarf.«[502] Tatsächlich finden sich in Goebbels' Tagebüchern aus dieser Zeit seitenweise Hasstiraden gegen die »Rothosen«, wie die seit dem 20. Juli unter Generalverdacht stehenden Generalstabsoffiziere wegen der roten Litze an ihren Hosen im Wehrmachtsjargon genannt wurden.

Nach der Version der Regimegegner wurden allerdings nur Zuschauer zu den Verhandlungen vor dem Volksgerichtshof geschickt, die als »zuverlässig« galten.[503] Dafür spricht auch ein Fernschreiben des Reichsjustizministers Otto Georg Thierack an Hitlers mächtigen Privatsekretär Martin Bormann vom 8. September 1944. Thierack, der von 1934 an Präsident des Volksgerichtshofs war, bevor er 1942 zum Minister avancierte, rügte, dass es seinem Nachfolger »völlig an eiskalter, überlegener Zurückhaltung, die in solchem Prozess allein geboten« gewesen sei, fehle.[504] Er hatte die Verhandlung selbst beobachtet. Gegenüber Wirmer und Goerdeler sei Freislers Verhandlungsführung unbedenklich und sachlich gewesen, die anderen aber habe er »wiederholt überschrien«.[505]

»Das macht einen recht schlechten Eindruck, zumal der Präsident etwa 300 Personen das Zuhören gestattet hatte. Es wird noch zu prüfen sein, welche Personen Eintrittskarten erhalten haben. Ein solches Verfahren in einer solchen Sitzung ist sehr bedenklich.«[506]

Denn eigentlich war der Prozess nichtöffentlich. Auch die Logik der beabsichtigten propagandistischen Auswertung spricht gegen die Version von der Einschüchterungsaktion im Gerichtssaal. Sowohl bei Schmidts Angaben als auch den Aussagen der von ihm benannten Zeugen drängt sich ein Verdacht auf: In der Bundesrepublik zu Ansehen und Posten gekommene Repräsentanten der Wehrmacht entlasten sich mit ihren zum Teil eidesstattlichen Versicherungen selbst vom Vorwurf, abkommandiert worden zu sein, weil sie die Gewähr boten, als linientreue Soldaten keinerlei Zwischenfälle zu produzieren. Welche Version stimmt, lässt sich nicht mehr mit Bestimmtheit verifizieren.

Angesichts des wild herumschreienden Vorsitzenden Richters Freisler wäre jedenfalls auch der »dümmste Zuhörer darauf gekommen«[507], dass er es hier nicht mit einem ordentlichen Verfahren zu tun hatte. Der »psychopathisch autoritäre« Freisler gab den Angeklagten keine Gelegenheit zur Verteidigung.[508] Seine ständigen Vorhaltungen waren ausschließlich auf die Vernichtung der Angeklagten gerichtet. Den Zuschauern und -hörern war bald klar, dass dieser Richter nur Todesurteile verhängen wollte.[509]

Für Helmut Schmidt wurde die Inszenierung zum Schlüsselerlebnis, das ihn erkennen ließ, was es mit dem Nationalsozialismus tatsächlich auf sich hatte. Erst durch dieses Erlebnis habe er begriffen, dass die Nazis Verbrecher waren, sagte er 2010.[510]

Der Sitzungstag, an dem er teilnahm, war der 7. September 1944. An diesem Tag wurde gegen zivile Angehörige der militärischen Widerstandsbewegung verhandelt. Schmidt erlebte Carl Goerdeler, Josef Wirmer, Ulrich von Hassell, Wilhelm Leuschner und Paul Lejeune-Jung vor Gericht. Er habe das Tribunal als »das Abscheulichste« empfunden, was er je im Krieg gesehen und gehört habe.[511]

Die Prozedur war ausschließlich auf menschliche Entwürdigung und seelische Vernichtung abgestellt. [...] Die ganze Verhandlung war eine einzige Schaustellung Freislers, der dabei Goebbelsche Intelligenz und demagogische Zungenfertigkeit mit dem Jargon des Pöbels vereinigte. […] Es war so bedrückend, dass ich es nicht vermochte, auch den zweiten Tag wieder hinzugehen. […] Desto klarer und eindeutiger aber musste aus Sprache und Auftreten allen Anwesenden das Bild der Persönlichkeiten der Angeklagten werden. Es war sicherlich ein Zeichen stärkster Zucht, wenn es ihnen gelang, Würde und Selbstbeherrschung aufrechtzuerhalten. Ich glaube, dass selbst die SS-Führer im Zuhörerraum gemerkt haben, wer hier der eigentliche Sieger war […].[512]

Das änderte nichts daran, dass er das Attentat wegen seines Misslingens verurteilte. Im Kriegsgefangenenlager hielt er einen Vortrag über den Prozesstag, den er miterlebt hatte. Als Fazit konstatierte er, dass ein »Verbrechen« der Verschwörer vorgelegen habe, weil es in ihrer Macht gestanden hätte, bei »richtiger Lagebeurteilung und bei richtigem Entschluss« ihr Ziel zu verwirklichen. Doch »durch mangelhafte Durchführung« hätten sie die Chance, dem deutschen Volk das Schicksal des letzten Jahres zu ersparen, verspielt.[513]

Der Witwe Ulrich von Hassells, die ihn 1946 um eine Beschreibung seiner Eindrücke von dem Prozess gegen ihren Mann gebeten hatte, drückte er zwar seine Hochachtung vor der Haltung ihres Mannes aus, teilte ihr in etwas dezenterem Ton aber auch sein Urteil über den gescheiterten Staatsstreich mit.

Mein persönlicher Eindruck ging dahin, dass der Grund für das Misslingen vielleicht darin lag, dass zu zögernd und nicht mit allerletzter Konzentration gearbeitet worden war.[514]

In seinen Erinnerungen wird er später umfassend aus diesem Brief zitieren, seine Kritik an der Organisation des Umsturzversuchs aber weglassen. Vielleicht hatte er gemerkt, dass sein frühes Verdikt vorschnell und in Unkenntnis der Sachlage erfolgt war. Inzwischen hatte die Forschung gezeigt, dass die Verschwörer mit ihrer generalstabsmäßigen Planung des Staatsstreichsversuchs bis an die Grenze des unter den totalitären Bedingungen Möglichen gegangen waren.[515]

Eigentlich sollte er auch noch den zweiten Prozesstag gegen Goerdeler und dessen Mitangeklagte verfolgen. Das aber hätte er nicht aushalten können, schrieb er später.[516] Um sich von dieser Verpflichtung entbinden zu lassen, fuhr er nach dem Ende des ersten Prozesstags zu seinem Kommandeur Heino von Rantzau.

Rantzau begrüßte mich – ich hatte den Mund noch gar nicht aufgemacht –, indem er sagte: »Na, Schmidtchen, was haben die Braunen nun wieder angerichtet?« Er war General, und ich ein kleiner, junger Oberleutnant; aber in dieser saloppen Form redete man unter den Offizieren jener Dienststelle »General der Flak-Ausbildung« miteinander über die Nazis. Rantzau hat mir väterlich erlaubt, nicht wieder hinzugehen.[517]

Obwohl es den Zuschauern streng untersagt war, über den Prozess zu sprechen, war das Erlebte Gesprächsthema aller abkommandierten Offizierskollegen Schmidts einschließlich seines Kommandeurs.[518] Schmidt erzählte auch seiner Frau vom »widerlichen Schwein Freisler«.[519] Seinen Kameraden gegenüber sei er noch deutlicher geworden. Ihnen habe er gesagt, dass er »mit Genugtuung und bedenkenlos Freisler töten könnte«.[520]

Bemerkenswert ist, dass er sich zwar der Einschätzung eines ehemaligen Offizierskollegen anschloss, dass »das furchtbare Erlebnis dieses Tages sich meinem Gedächtnis unauslöschlich eingeprägt« habe.[521] Lange Jahre hielt er allerdings Josef Wirmer für Julius Leber und dachte auch, am Prozess gegen Erwin von Witzleben teilgenommen zu haben, der schon am 8. August 1944 abgeurteilt und hingerichtet worden war.[522]

So vermisst man in seinen Erinnerungen, was die Angeklagten trotz der ständigen Unterbrechungen durch ihren »Blutrichter« sagen konnten. Es waren Worte wie: »Wenn ich hänge, habe nicht ich die Angst, sondern Sie« – so der katholische Rechtsanwalt Josef Wirmer.[523] Wirmer war im Schattenkabinett des Widerstands als Justizminister vorgesehen. Selbst der als Prozessbeobachter anwesende NS-Justizminister Thierack war von

Wirmers Klarheit beeindruckt.[524] Auf den jungen Oberleutnant machte offenbar auch wenig Eindruck, wie abfällig Freisler sich über Wirmers religiöse Beweggründe äußerte. Dabei hoffte Schmidt doch, die Kirchen könnten nach dem Ende der national-sozialistischen Herrschaft die moralische Erneuerung der deutschen Gesellschaft schaffen. Hitlers Forderung hatte gelautet, die Angeklagten möglichst nicht zu Wort kommen zu lassen. In der stundenlangen Verhandlung konnten trotz Freislers dahin gehenden Bemühungen die Beweggründe und Motive der Attentäter eben doch bis zu den Zuschauern durchdringen. Schmidt wird sich aber inhaltlich nie auf Aussagen der Angeklagten beziehen, die er mitangehört hat, auch nicht nach dem Ende der Gewaltherrschaft.

»Ich war vielleicht bloß jemand, den sie mochten«

Der Zwiespalt zwischen Pflichterfüllung und der Gewissheit, nur zur Verzögerung einer unvermeidlichen Niederlage beizutragen, wurde für Helmut Schmidt nach dem Erlebnis beim Volksgerichtshof immer unerträglicher.[525] Luft machte er sich einmal mehr durch Meckern.

Einige Wochen nach dem Erlebnis im Volksgerichtshof habe ich dann auf einem Flak-Schießplatz in Rerik an der Ostsee wieder einmal den Mund sehr weit aufgemacht und ein paar negative Bemerkungen über Hermann Göring und über die »Braunen« fallengelassen – ganz so, wie ich es von meinem General gehört hatte.[526]

Über Göring zu lästern war geradezu zum Volkssport geworden. Selbst die Tagebücher von Joseph Goebbels waren voll von Spott und Hohn über Hitlers unfähigen Luftwaffenchef. Goebbels überlegte, wie man Hitler dazu bringen könnte, den ihm wegen seiner Bedeutung für die »Bewegung« sehr nahe-stehenden Göring abzuberufen. Dass auch im Umfeld der Kommandeure von Schmidts Dienststelle Göring nicht besonders gut wegkam, hatte wohl mit Axthelms ganz persönlichen Erfahrungen zu tun. Er hatte mehrere Jahre lang Görings Privatarmee befehligt. Dabei hatte er Göring als »launische Diva« kennengelernt.[527] Da Göring bei schlechter Laune grundsätzlich das Gegenteil von dem angeordnet habe, worum man ihn bat, habe er, Axthelm, immer das Gegenteil von dem gefordert, was er wollte. Deshalb habe er fast immer durchgesetzt, was er wollte.[528] Der schon von Natur aus eher respektlose Schmidt mochte sich durch solche oder ähnliche Insiderkenntnisse bestärkt fühlen, sowohl in seiner Kritik als auch darin, sie zu äußern. Auch andere Offiziere gefielen sich darin, die Partei zu kritisieren.[529] Diesmal hörte jedoch jemand zu, der solches »Casinogeschwätz«[530] staatsgefährdend fand. Schmidt wurde wegen Wehrkraftzersetzung angezeigt.[531]

Die Anzeige landete bei dem für die ideologische Schulung der Soldaten zuständigen NS-Führungsoffizier, dem einzigen Nazi, den Schmidt in der Wehrmacht mit Bewusstsein erlebt haben will.[532] Auch diesmal hatte er Glück, denn seine Vorgesetzten sorgten dafür, dass er dem drohenden Verfahren vor dem Kriegsgericht entging. Genau lassen sich die Ereignisse nicht rekonstruieren, da weder entsprechende Akten auffindbar sind noch Schmidt zu dieser Zeit Notizen angefertigt hat.[533]

Zu guter Letzt ging auf diesem Weg sein Wunsch in Erfüllung: Kurz vor Weihnachten erfuhr er, dass er Anfang Januar zum Kampfeinsatz an die Westfront versetzt würde.[534] Er sollte Chef einer in der Eifel stationierten leichten Flakabteilung werden. Den dafür eigentlich notwendigen Lehrgang »schenkte« man ihm.[535] Seine Vorgesetzten waren offenbar der Ansicht, dass er eines solchen Lehrgangs nicht bedurfte. Die turnusmäßige Beurteilung, die Rantzau Mitte September 1944 für den jüngsten Offizier in seinem Beritt verfasste, besteht aus Superlativen. So empfahl der Generalleutnant seinen »vorzüglichen«[536] Offizier mit »der kräftigen, durchtrainierten Erscheinung« für den Einsatz als Batteriechef einer motorisierten Batterie der leichten oder mittleren Flak.[537]

Schmidt ist eine tatkräftige, beharrliche und energische Persönlichkeit mit vitalem Schwung und unermüdlicher Schaffensfreude. Leistungsfreude, Verantwortungsbewusstsein und stets der Sache dienende, eigenwillige, zielstrebige Art stempeln ihn zu einem vorzüglichen Sachbearbeiter. Nationalsozialistische Haltung tadelfrei. [...] Die Vereinfachung der Ausbildung, der Schießtechnik und Schießtaktik leichte Flak, sowie die Neugestaltung des Vorschriftenwerkes der leichten und mittleren Flak hat er maßgeblich beeinflusst und bearbeitet. Durch seine vorbildliche Arbeit hat er zahlreiche Voraussetzungen für die Erfolge der Truppe geschaffen. [...] Falls er aktiver Offizier wird, verdient Schmidt Beachtung für die Führergehilfenlaufbahn.[538]

Noch immer hofften seine Vorgesetzten, ihn zu einer aktiven Militärlaufbahn überreden zu können. Nun machten sie es ihm schmackhaft mit der Aussicht auf höchste Führungspositionen. Die Führergehilfenlaufbahn war das Sprungbrett für eine Generalskarriere. Die Beurteilung endete damit, dass Schmidt zur bevorzugten Beförderung vorgeschlagen wurde.[539]

Die »Führerauslese« war in der Personalpolitik der Wehrmacht ein ganz besonderes Gebiet. Nur wirklich leistungsfähige Kandidaten sollten in höhere Positionen aufrücken. Die Armee sollte sich vollständig vom überkommenen Prinzip der Anciennität trennen, wonach Beförderungen wie bei Beamten nach Dienstalter zu erfolgen hatten. Bei der Suche nach dem zukünftigen militärischen Führungspersonal galt immer mehr das »Führerprinzip«.[540]

Hitler hatte bereits 1942 verfügt, dass die verantwortlichen Offiziere, insbesondere der Generalstab, zum »fanatischen Glauben an die Idee« des Nationalsozialismus erzogen werden müssten.[541] Grundsätzlich herrschte darüber zwischen Wehrmacht und Partei Einigkeit.[542] Bis zur Einführung der berüchtigten »Nationalsozialistischen Führungsoffiziere« 1944 stritt man jedoch über die Zuständigkeit. Zunächst richtete das Heer eine interne Abteilung für »wehrgeistige Führung« ein.[543] Das Offizierskorps und auch die Mannschaften wurden mit Publikationen eingedeckt, die sie auf Linie bringen sollten.[544]

Dass dennoch der Umsturzversuch vom 20. Juli 1944 federführend von Vertretern des Generalstabs betrieben wurde, schien die Vorbehalte der Nationalsozialisten gegen die alten militärischen Eliten zu bestätigen.[545] Es waren allerdings ebenso Vertreter des Generalstabs, die – sehr zur Freude Hitlers – den Umsturz vereitelten.[546] Die an diesem beteiligten Mitglieder des Generalstabs befanden sich in einer winzigen Minderheit.

Angesichts der Säuberungen nach dem 20. Juli innerhalb der Generalität ist es kaum denkbar, dass ein Kommandeur einen Offizier für eine Generalstabskarriere zu gewinnen hoffte, der nicht als politisch zuverlässig eingestuft werden konnte. Zu sehr hätte er sich selbst damit kompromittieren können.

Nach dem 20. Juli war unter anderem der Passus aus dem Wehrgesetz entfernt worden, dass Soldaten sich nicht aktiv politisch betätigen durften. Nun bekam Gesetzeskraft, was seit 1935 konstitutives Merkmal des Leitbilds der Wehrmacht war.[547] Die Angehörigen der Wehrmacht wurden gesetzlich verpflichtet, dienstlich und außerdienstlich im Sinne der nationalsozialistischen Weltanschauung zu wirken.[548] Besonders Vorgesetzte wurden in die Pflicht genommen:

Es ist eine der wesentlichsten Aufgaben der Offiziere, Unteroffiziere und Wehrmachtsbeamten, ihre Untergebenen nationalsozialistisch zu erziehen und zu führen.[549]

Das zum 1. Oktober 1944 verfasste Zeugnis Helmut Schmidts enthält keinen Hinweis auf den Vorfall im Kasino und das anschließende Verfahren. Mit der glänzenden Beurteilung des Generals der Flakausbildung endet die Überlieferung in Schmidts Personalakte. Der letzte Eintrag erfolgte am 1. Dezember 1944.[550] An diesem Tag wurde die Akte in die Registratur zurückgegeben, ohne Hinweis auf irgendeine Unregelmäßigkeit. Einzig auffällig ist, dass sie seit dem 4. September 1944 fast drei Monate in seiner Dienststelle lag.[551] Anfang Dezember erfolgte die Versetzung an die Front. Dort antreten musste er Mitte Januar 1945. Da er wie von seinen Vorgesetzten vorgeschlagen als Batteriechef eingesetzt wurde, stand zu diesem Zeitpunkt die Ernennung zum Hauptmann unmittelbar bevor.

Schmidt erinnerte sich 1992, nach der Denunziation von seinen Vorgesetzten dadurch vor dem Zugriff des Kriegsgerichts geschützt worden zu sein, dass er »von einer Fronttruppe zur anderen versetzt« wurde.[552] Das Kriegsgerichtsverfahren, in dem ihm die Todesstrafe drohte, sei erfolglos hinter ihm hergelaufen.[553] Seinen eigenen Aufzeichnungen aus der Zeit und auch der Erinnerung seiner Frau zufolge ging er allerdings erst in der zweiten Januarwoche zu seinem Kommando an die Westfront.[554] In einer 1980 erschienenen Version entging er dem Kriegsgericht, weil sich für seine Äußerungen keine Zeugen fanden.[555] Die Offiziere, die anwesend gewesen seien, konnten sich an den Vorfall nicht erinnern.[556] Zwischen beiden Versionen gibt es einen gravierenden Unterschied: In der einen war ein Verfahren anhängig, in der anderen kam es nicht zustande. 1992 erinnert Schmidt dann das Verhalten seiner Vorgesetzten als Musterbeispiel für die im Krieg erfahrene Kameradschaft.

Sie schuldeten mir gar nichts; ich war weder adelig wie meine Generale noch gehörte ich zu einer der vielen Cliquen von Berufsoffizieren eines bestimmten Regiments oder eines bestimmten Kriegsschullehrgangs; ich war vielleicht bloß jemand, den sie mochten – so nehme ich jedenfalls an.[557]

Vielleicht war er auch einfach jemand, mit dem sie noch etwas vorhatten.[558] Und er sah möglicherweise nicht, dass der kameradschaftliche Umgang in ganz besonderem Maße Ausdruck einer neuen Vorstellung vom Miteinander aller Soldaten war. Die Fürsorge für Untergebene galt als eine entscheidende Voraussetzung für die Erhaltung der Kampfmoral.[559] Die elitäre Kastenmentalität des Offizierskorps gehörte schon der Vergangenheit an. An ihre Stelle war der egalitäre Korpsgeist getreten, der alle umfasste.[560] Schmidt war längst einer von ihnen.[561]

Dass nach dem Ende des Krieges die Kastenmentalität wieder auflebte, diente der Legendenbildung einer angeblich gegenüber dem Nationalsozialismus weitgehend immunen Wehrmacht.[562] Wenn Ritterlichkeit und Ehrgefühl überhaupt je allgemeingültige Tugenden einer aristokratischen Führungsschicht waren, gingen sie spätestens im »Dritten Reich« unter.

»Er bekümmert sich um alles!«

Bei seinem zweiten Fronteinsatz, der fast auf den Tag genau drei Jahre nach dem Ende des ersten begann, übernahm er als Batteriechef die 1. Batterie der leichten Flakabteilung 78. Bei diesem Kommando blieb er bis zur Auflösung seiner Batterie. Er wurde nun an der Westfront eingesetzt, wo am 16. Dezember die Alliierten von den Deutschen mit ihrer durch die unwegsamen Ardennen geführten Offensive zunächst völlig überrumpelt worden waren.[563]

Als Schmidt im Januar zur kämpfenden Truppe stieß, wurde diese allerdings bereits wieder zurückgedrängt. Er befehligte nun mehrere Offiziere, Unteroffiziere und zahlreiche Mannschaften. Ihm unterstanden eine Nachrichtenstaffel, eine aus drei Zügen bestehende Geschützstaffel und ein Kraftfahrerzug.[564] Bei den Geschützen handelte es sich um 3,7-cm-Kanonen[565], die den 2-cm-Flak-30-Geschützen, für die er Spezialist war[566], in ihren technischen Daten und ballistischen Eigenschaften nahezu glichen.[567]

Schon innerhalb der ersten acht Tage seines Einsatzes gelangen seinen Leuten zahlreiche Abschüsse feindlicher Flugzeuge, hauptsächlich Jagdbomber der Typen Thunderbolt und Lightning.[568] 1999 erzählte Schmidt, man habe nur in die Luft halten müssen, und schon seien welche »heruntergekommen«.[569] Genützt habe das nichts, da es zu viele gewesen seien.[570] Sobald seine Leute geschossen hatten, mussten sie schon vor dem Gegenfeuer der US-Artillerie aus ihren Stellungen flüchten und neue ausbauen.[571] Obwohl seine Batterie unter Dauerfeuer lag, kamen insgesamt nur vier Männer bei den vergeblichen Abwehrkämpfen ums Leben.[572]

Der Angriff der Deutschen durch die Ardennen war Ende Januar zurückgeschlagen, der große Keil, den sie im Dezember in die alliierte Front fast bis an die Maas getrieben hatten, wieder aufgelöst. Die Deutschen befanden sich auf breiter Front auf dem Rückzug. Überall drangen US-Soldaten auf deutsches Gebiet vor. Anfang Februar trat für Schmidt und seine Leute ein wenig Ruhe ein.[573] Einer seiner untergebenen Offiziere berichtete in Feldpostbriefen begeistert seiner Frau vom neuen Chef. Schmidt mache »alles mit einem Tempo, das einem zuerst den Atem verschlägt. Er bekümmert sich um alles, verlangt viel von sich und den anderen. Tadellos!«[574] Er bezeichnete zudem den 26-Jährigen als sehr klugen Mann.[575] Der Briefschreiber, der im Zivilberuf Pfarrer im saarländischen Heusweiler war, freute sich an dem aufgeschlossenen Chef, mit dem er beim Beschauen von Bildern aus der Heimat den Familiensinn pflegen konnte, wie der acht Jahre Ältere beeindruckt notierte.[576] Leider sei auch mit solchen »Menschen von Format« das Blatt nicht mehr zu wenden.[577]

Schmidt machte sich in diesen Wochen große Sorgen um seine kleine Familie in Bernau. Sechs Wochen lang erhielt er kein Lebenszeichen. Währenddessen registrierte er jede weitere Frontverschiebung der sowjetischen Truppen Richtung Westen.[578] Am 3. Februar mutmaßte er, dass nun in Bernau die Front zu hören sein müsse, am 7. Februar dann etwas erleichtert, dass der Vormarsch sich verlangsamt zu haben scheine und Bernau wohl noch verschont bleibe.[579]

Aber wo waren seine Frau und sein Sohn? Er machte sich Gedanken über die Zukunft – und ob das Leben wieder so schön werden könne wie früher. Am 9. Februar notierte er, woran er dachte: »Jugend, an Loki, Fahrten, Landschaften – ob es wohl alles wiederkehrt?« Am 20. Februar kam dann das ersehnte Lebenszeichen. Gleich zwei der Feldpostbriefe seiner Frau erreichten ihn, der letzte aus Hamburg.[580] Erst jetzt erfuhr er, dass sein kleiner Sohn an einer Hirnhautentzündung gestorben und schon beerdigt war.[581]

Diese Nachricht hat mich sehr traurig gemacht. Ich meldete mich bei meinem damaligen Kommandeur, der sagte:»Ich schreibe Ihnen einen Urlaubsschein über drei Wochen; aber ich meine das nicht so. Sie versprechen mir: Sobald Sie Ihre Frau gesehen haben, kommen Sie zurück.« So etwas nannte man Urlaub auf Ehrenwort.[582]

Schmidt fuhr sofort nach Hamburg, wo er seine Frau nach dem letzten Brief vermutete. Und tatsächlich traf er sie im Behelfsheim ihrer Eltern an. Doch wollte er unbedingt an das Grab seines Sohnes, der in Schönow in der Nähe von Schmetzdorf begraben lag.[583] Einfach hinfahren konnte er nicht. Er benötigte dafür eine offizielle Genehmigung. Seine Frau als Zivilistin hatte eigentlich keine Chance, ihn begleiten zu dürfen. Die Front war inzwischen nah an Bernau herangerückt. Sein letzter Förderer Rantzau hatte allerdings inzwischen das Luftgaukommando XI mit Standort Hamburg übernommen. Gemeinsam mit seiner Frau suchte Schmidt ihn auf und bat um die nötige Sondergenehmigung.

Rantzau kam auf die Idee, Loki pro forma als Flakhelferin einzuziehen und ihr und mir einen dienstlichen Marschbefehl nach Bernau zu geben, damit ich das Grab des Kindes besuchen konnte. Daneben saß sein Adjutant; Rantzau fragte ihn:»Was kostet das?« – »Wenn es rauskommt: Kopf ab, Herr General!« – »Dann machen wir das so«, sagte Rantzau und schickte uns los.[584]

Auf»abenteuerlichen Wegen« schafften sie es, nach Bernau zu kommen und einen Tag später zurück nach Hamburg.[585] Am Grab des»Moritzelchens« weinten sie gemeinsam.[586] Auch das Wiedersehen mit der Wohnung in Schmetzdorf löste tiefe Wehmut und»Heimweh« aus, vertraute Schmidt seinem Taschenkalender an.[587] Gern wäre er dageblieben.[588] Doch musste er zurück zu seiner Einheit, die sich in seiner Abwesenheit aus der Umklammerung durch die immer weiter vordrängenden US-Truppen befreit hatte.[589]

In der zweiten Märzwoche kam er bei seinen Leuten an. Zwei seiner Soldaten waren kurz zuvor ums Leben gekommen.[590] Auch das vermerkte er akribisch in seinen Notizen. Er kam mitten im »Schlamassel« an und war doch »froh, wieder beim Haufen zu sein«.[591] Wenige Tage später wurde seine Batterie beim nächsten Großangriff der Amerikaner »völlig zersprengt und zerschlagen«.[592] Er selbst schlug sich tagelang allein zu den immer noch kämpfenden deutschen Truppen durch.[593] Doch auch bei den noch verbliebenen Verbänden wurde spätestens am 28. März klar, dass ihr Einsatz keinen Sinn mehr machte. Sie lösten sich auf.

Nun ging es nur noch darum, im Fußmarsch die feindlichen Truppen so zu umgehen, dass man nicht in Gefangenschaft geriet. Erstaunlicherweise sind die vier Wochen, in denen Schmidt sich mit einigen Kameraden zu Fuß in Richtung Heimat durchschlug, die Wochen des Krieges, von denen er die meisten Details erinnert. Obwohl er leicht am Arm verletzt war, nahm er intensiv den Frühling und die Schönheit der Natur wahr. Über 500 Kilometer wanderte er durch Deutschland, immer auf der Hut vor feindlichen Truppen, aber immer auch mit genießendem Blick auf die Landschaft.[594] Selbst an Straßenüberquerungen und Wasserläufe erinnert er sich. Als er mit zwei Kameraden, die aus Bremen stammten, das Gebiet erreichte, das von den Engländern besetzt war – er schreibt von »Tommies« und »Ammies« –[595], überkamen ihn Heimatgefühle. Er befand sich nun südlich der Lüneburger Heide. Am 22. April 1945 notierte er: »Ach wie fühle ich mich in solcher Landschaft zu Hause!«[596]

Zwei Tage später hatte er Hamburg schon fast erreicht. Da er im Schutz der Dunkelheit leichter vorwärtskam, hatte er sich am Tag unter einen Baum schlafen gelegt. Am 24. April wurde er in einem Wald nördlich von Soltau von zwei britischen Soldaten im Schlaf überrascht und gefangen genommen.[597] Er vermutete, dass ihn eine Bäuerin verraten hatte.[598]

*»Danach wurde es für mich fast zwangsläufig, Sozialdemokrat
zu werden«*

Im anschließenden Verhör wurde er zunächst verdächtigt, zu den
flüchtigen Wachmannschaften des gerade von den Briten befreiten Konzentrationslagers Bergen-Belsen zu gehören, das sich
südlich von Soltau befand.[599] Der Verdacht konnte aber schnell
ausgeräumt werden, wahrscheinlich schon allein wegen seiner
Uniform. Schmidt hatte zu dieser Zeit keine Ahnung, worum es
sich bei »Bergen-Belsen« handelte.[600] In späteren Gesprächen
wird er diese Episode immer wieder berichten.

Von Soltau aus wurde er zunächst per Lkw und dann per Vieh-
wagen in das englische Kriegsgefangenenlager Jabbeke bei Brügge
gebracht. Über die Fahrt durch das »grüne, blühende Deutschland« notiert er:

> Alle Mädchen und Frauen an der Straße winken. Es ist zum
> Heulen. Aber ich muss fest bleiben – für einige Zeit in der
> Masse untertauchen – das spart Kraft.[601]

»Fest bleiben – für einige Zeit in der Masse untertauchen«: Auch
in der unglücklichen Lage als Besiegter und Gefangener kamen
ihm weder Selbstsicherheit noch Überlegenheitsgefühl abhan-
den. Keinesfalls wollte er wie andere die Fasson verlieren.

In Jabbeke kam er in ein ausschließlich Offizieren vorbehalte-
nes Lager. Mit Abscheu notierte er den eklatanten Mangel an soldatischen Tugenden um sich herum.[602] In seinen Erinnerungen
quittierte er den beobachteten Verfall der guten Sitten mit dem
Hinweis, er habe »einige allzu menschliche Typen kennengelernt«.[603] Schreiben und Nachdenken wurden offenbar zu seinen
Hauptbeschäftigungen. Genau registrierte er neben dem Verhalten auch die Äußerungen seiner Mitgefangenen. Schon am 3. Mai
notierte er:

> Viele entdecken, dass sie nie Nazis gewesen sind: einige tun
> das aus Opportunität – andere empfinden bei dieser Feststel-

lung jedoch ihre eigene Mitschuld an der Katastrophe des Deutschen Volkes.[604]

Und er selbst? Ihn beschäftigte intensiv sein eigener Werdegang. Im Juni begann er, unter dem Titel »Verwandlungen in der Jugend« Notizen für eine geplante Autobiografie anzufertigen. Er verschaffte sich Klarheit darüber, in welchen Etappen er immer weiter auf Distanz zum Nationalsozialismus gegangen war. Manches an der nationalsozialistischen Ideologie hatte er ja noch gut gefunden, als ihm längst aufgefallen war, wie brüchig das System war. »Gemeinnutz geht vor Eigennutz« fand seine »volle Zustimmung«.[605] Begriffe wie Brüderlichkeit, Kameradschaft und Solidarität hielt er für von den Nazis entwickelte Grundwerte.[606] Die großen Verbrechen der Nationalsozialisten kamen in seiner Selbstanalyse nicht vor. Sprachen die Offiziere in Jabbeke nicht über die Massenmorde im Osten, Geiselerschießungen und die Verwicklung der Wehrmacht in die Verbrechen? Das wäre verwunderlich, denn aus Abhörprotokollen geht hervor, dass in anderen Kriegsgefangenenlagern viel, explizit und kontrovers darüber gesprochen wurde.[607]

Hintergrund war überall die Frage, wie die Taten der Deutschen an den Gefangenen gerächt würden. Auch in Jabbeke gab es Gerüchte über das Schicksal, das die Gefangenen erwartete. Schmidt registrierte das und tat die Vermutungen als »Latrinengerüchte« ab.[608] »Ich glaube nichts und stelle mich innerlich auf fünf Jahre ein.«[609] Damit lag er gründlich falsch. Spiegelte die befürchtete Dauer der Gefangenschaft die empfundene Schuld?

Schmidt träumte viel von Loki. »Wenn nur Loki lebt. Nichts anderes ist wichtiger.«[610] Zuweilen adressierte er seine Notizen direkt und schwärmerisch an die Frau, über deren Verbleib er nichts wusste. Das Sternbild Großer Bär hatten sie zu »ihrem« Sternbild verklärt. Der 26-Jährige suchte nachts diesen Fluchtpunkt für seine Sehnsüchte.

Ich lerne es, in seiner Betrachtung mich völlig gegen die aufdringlichen Äußerungen der engen Außenwelt abzuschließen und mich zu versenken in die Gedanken an Dich, Loki, und in Dein Bild. Wenn ich unsere Sterne anschaue, so sehe ich Dich: schlafend oder in Schmetzdorf am Fenster stehend mir mit den Augen zuwinkend. […] Ich sehe Dich so unmittelbar, dass ich mit Dir sprechen und Dich streicheln kann. Liebste, wie lange noch?[611]

In seinen Aufzeichnungen beschäftigte ihn intensiv die politische Zukunft Deutschlands, fast mehr als sein eigenes Schicksal. Offenbar kamen durchaus Informationen ins Lager durch, denn er wagte etliche Prognosen über die zukünftige Bedeutung der Sowjetunion. Russland sei das kommende Zentrum der Ausstrahlung auf allen Gebieten für Europa, glaubte er zu wissen.[612]

Als Meldungen durchsickerten, dass »der Russe« das östliche Deutschland besetzt habe, fühlte er sich in diesem Urteil bestätigt.[613] Er fand auch die »psychologisch geschickte Propaganda« wirksamer, »vom Tommy haben wir diesen Eindruck nicht«.[614] Kurz vor seiner Entlassung wusste er es noch besser: »Die russische Deutschlandpolitik scheint nach wie vor wesentlich erfolgreicher als die englische und amerikanische zu sein.«[615] Lasen die Gefangenen Zeitung? Hörten sie Radio? Auf jeden Fall erfuhr er sogar, wer neuer Bürgermeister von Hamburg geworden war und dass die Volksschulen wieder geöffnet werden sollten.[616] Letzteres freute ihn besonders, weil er annahm, dass seine Frau ihren Beruf dann wiederaufnehmen könne. Loki Schmidt erhielt allerdings zunächst Berufsverbot wegen ihrer Rolle im BDM und ihrer NSDAP-Anwartschaft.[617]

Die politischen Debatten waren nicht seine einzige Aktivität während der Gefangenschaft. Obwohl die Unterkünfte und auch die Versorgung der Gefangenen notdürftig waren, erwachte in vielen ein ungeheurer Bildungshunger, der von den Besatzern auch nicht unterdrückt wurde. Schon Mitte Mai hatte Schmidt notiert, dass »ein regelrechter Vorlesungsbetrieb« entstanden sei, zu dem er, mit anderen, den Anstoß gegeben habe.[618]

So hörte er Physik, Jura und Musiktheorie. Als Ergebnis des

Englischunterrichts notierte er, dass er zu den »besten Sprechern« gehöre, »abgesehen von den Leuten, die lange drüben waren«.[619] Für einen Buchhaltungskurs, den er absolvierte, bekam er bei der Entlassung sogar eine Bescheinigung.[620] Daneben wurden Lyrik- und Musikabende veranstaltet. An Literatur verschlang Schmidt alles, was ihm in die Hände fiel: Lessing, Novalis, Goethe, Hölderlin, Eichendorff und zahlreiche andere klassische und moderne Autoren.[621] Begierig nahm er Anregungen auf und bildete sich schnelle Urteile. Mit einem evangelischen Pfarrer diskutierte er die innere Unklarheit und Kompromisshaftigkeit der evangelischen Liturgie.[622] Eine Vorlesung über die Enzyklika *Mit brennender Sorge* hörte er »mit Anteilnahme«.[623] Er veranstaltete mit zwei Kameraden eine Vortragsreihe unter dem Titel »Verführtes Volk«.

Ich lernte einen älteren Oberstleutnant der Reserve mit Ritterkreuz und Eichenlaub kennen, Professor Hans Bohnenkamp, ein begabter Pädagoge, außerdem ein religiöser Sozialist. Er hatte einen gleichrangigen Kameraden, ebenfalls Reservist mit Ritterkreuz und Eichenlaub. Die beiden Oberstleutnants und ich, wir hielten eine Serie von drei Vorträgen.[624]

Schmidt sprach über seine Eindrücke vom Volksgerichtshof. Ein weiterer Kamerad sprach über die entwürdigenden Hinrichtungen in Plötzensee, »die er entweder miterlebt oder in einem Film gesehen« hatte.[625] Dass nur besondere Kader an den Hinrichtungen teilnahmen und auch nur ausgesuchte Kräfte den bei den Hinrichtungen entstandenen Film sehen durften, problematisierte Schmidt auch 1992 nicht.

Für ihn wurde am 3. Juni 1945 der Vortrag des Ritterkreuz mit Eichenlaub tragenden Pädagogen Bohnenkamp zur alles entscheidenden intellektuellen Zäsur für sein zukünftiges politisches Leben. Bohnenkamp hatte eine »groß angelegte moralische und politische Generalbewertung des Dritten Reichs« geliefert. »Grandios«, notierte Schmidt anschließend. Wäre er dazu nicht selbst bereits imstande gewesen, wie seine in diesem Zeitraum entstandenen Aufzeichnungen für die »Verwandlungen« zeigen?[626] Doch er brauchte einen weiteren Impuls:

Als ich Ende April 1945 im Kriegsgefangenenlager eingetroffen war, hatte ich noch immer keine Vorstellung davon, was Demokratie sein kann und sein soll. Den grundlegenden Anfang meiner Erziehung zur Demokratie hat Hans Bohnenkamp gemacht. Er gab mir die ersten positiven Grundvorstellungen von Demokratie, vom Rechtsstaat und vom Sozialismus. Danach wurde es für mich fast zwangsläufig, Sozialdemokrat zu werden: demokratisch zu sein wegen des in der Nazizeit erlebten Bedürfnisses nach persönlicher Freiheit und sozial zu sein wegen der von mir erfahrenen Notwendigkeit von Kameradschaft oder Solidarität oder Brüderlichkeit – das waren für mich Synonyme, verschiedene Namen für dasselbe Prinzip.[627]

2013 berichtete Schmidt erneut über den erstaunlichen Effekt der Unterweisung durch Bohnenkamp: »Ich war fertig gebackener Sozi, als ich aus dem Kriegsgefangenenlager nach Hause kam.«[628]

Mit ihrer offenen Absage an den Nationalsozialismus isolierten sich Schmidt und die Gruppe um ihn herum. Wie auch in den anderen Kriegsgefangenenlagern brauchten die meisten deutschen Soldaten lange, bis sie ihre ideologische Verblendung eingesehen hatten. Schmidt beobachtete nach seiner eigenen demokratischen Erweckung die mangelnde politische Lernfähigkeit der Kameraden mit wachsender Abscheu. Dass Bohnenkamp ab 1933 Mitglied der SA war und 1937 in die NSDAP eingetreten war, erwähnte Schmidt nicht – und was daraus zu schließen wäre.

In der Kategorisierung der Engländer bekamen er und seine »Genossen der Abendgespräche« das Gütesiegel: keine Nazis.[629] Mitte August wurde Helmut Schmidt aus der Gefangenschaft entlassen. Für ihn war der »Scheißkrieg« vorbei.

Teil 4

Schlussbetrachtungen: Der »Soldatenkanzler«

Wenn meine Frau und ich heutzutage Arbeiten von Historikern über die Nazizeit lesen, so sagen wir bisweilen: »Mein Gott, der Mann hat ja keine Ahnung – allerdings, woher soll er sie auch haben? Er war ja nicht dabei. Und dann wird uns jedes Mal bewusst, dass alle Geschichtsschreibung a posteriori geschieht, aus zeitlichem Abstand, und dass wahrscheinlich alle Augenzeugen die dargestellten Epochen und Ereignisse anders sehen müssen als die Historiker, die zwar einerseits auch aus Quellen schöpfen, die der Zeitgenosse gar nicht gekannt hat, andererseits aber auf die Zufälle der Verfügbarkeit von Dokumenten angewiesen sind.[1]

So ist es eben auch mit der ganz persönlichen Geschichte von Helmut Schmidt, wie sich hier gezeigt hat. Denn ganz so sicher im Urteil, wie der alte Schmidt später von sich selbst annahm, war der junge Schmidt noch nicht. Er selbst wunderte sich in seinen spät niedergeschriebenen Jugenderinnerungen nicht über die Art und Weise, in der er Einflüssen ebenso schnell unterlag, wie er sie unter dem nächsten Einfluss abschüttelte. Dabei hatte er diese »Verwandlungen« seiner Jugendzeit als 26-Jähriger noch für so wichtig gehalten, dass er sie als Basis für eine »quasiautobiografische Studie« in der Kriegsgefangenschaft niederschrieb.

Schon damals hielt er sein Leben – oder sich – für so exzeptionell, dass er seine Selbstbetrachtungen aufzuschreiben gedachte. Dem jungen Schmidt ging es vorwiegend um sein Selbstverständnis, dem alten Schmidt um das Publikum.

Angesichts der dokumentierten Sprunghaftigkeit ist es umso

erstaunlicher, dass der Einfluss durch den Pädagogen Bohnenkamp im Kriegsgefangenenlager 1945 so stark wirkte, dass Schmidt anschließend politisch nie wieder umdachte. Es erscheint kaum vorstellbar, dass durch einen Vortrag – und sei er stundenlang – eine solch umfassende Analyse und überzeugende Thesenbildung geboten werden kann, dass am Ende aus einem uninformierten, unpolitischen und dazu noch leicht beeinflussbaren Zuhörer ein »fertig gebackener« und dazu noch lebenslang standfester Sozialdemokrat wird. Das kann nur funktionieren, wenn die Argumente auf eine gewisse Vorbildung treffen.

Vielleicht war es Schmidt tatsächlich nie bewusst, aber die so überaus nachhaltige »Blitzbekehrung« kann eigentlich nur deshalb geglückt sein, weil er durch Familie und Schule und auch die Interessen, die er entwickelt hatte, entsprechend vorgeprägt war. Besonders wird am Vorgang der spontanen Demokratie-Erkenntnis allerdings auch bleiben, dass nach dem gerade Erlebten das Bedürfnis nach sofortiger Parteinahme für eine Seite so mächtig war.

Es mag auf den schweren Generationskonflikt mit seinem Vater zurückzuführen sein, dass Helmut Schmidt dessen überparteilich konstituiertes Interesse an Politik so gründlich als unpolitisch missverstand – oder missverstehen wollte? Schmidt erscheint mit fortschreitendem Alter immer weniger bereit, sich mit der eigenen ideologischen Verblendung durch den Nationalsozialismus zu beschäftigen, was umso erstaunlicher ist, als er – aus Trotz, aus Überzeugung? – zumindest eine Zeit lang »auf der anderen Seite« war, wie seine Lehrerin Erna Stahl urteilte. Andere hätten daraus eine Widerstandshaltung für sich reklamiert, Schmidt will sich damit offensichtlich überhaupt nicht auseinandersetzen. Noch in den 70er-Jahren gab er zu, »1934 und 1935 vorübergehend unter den Einfluss der braunen Machthaber geraten« zu sein.[2] Neben dem Kriegstrauma waren Verführung und Missbrauch das Trauma seiner Generation. Aber was genau sein Trauma war, beschrieb er bis heute eigentlich nie, abgesehen von ein bis zwei dramatischen Kriegserlebnissen und generalisierenden Thesen zur allgemeinen Unkenntnis von den Verbrechen der Deutschen. Schmidts Erzählhaltung umging so jede für die Öffentlichkeit sichtbare und nachvollziehbare persönliche Auseinandersetzung.

Eine positive Folge der Traumatisierung war ja die Immunisierung seiner Generation gegen so gut wie alle »Visionen«. Den rebellischen Linken seiner Partei hielt er 1968 entgegen, dass seiner Generation »die Fähigkeit, auf der Grundlage unserer politisch-sittlichen Grundhaltung praktisch und unmittelbar Nützliches für das Ganze zu leisten, wichtiger erscheint als die Utopie oder das theoretische Fernziel«.[3] Dass aber diese »politisch-sittliche Grundhaltung« für die Nachgeborenen nach einer moralischen Bankrotterklärung erst neu entstehen musste, war ja der eigentliche Fokus des Interesses.

Welcher sittlichen Grundhaltung entsprach es denn, die Vergangenheit so lange ruhen zu lassen? Die juristischen Protagonisten der NS-Diktatur wurden so spät belangt, dass kaum Karrierebrüche zwischen »Drittem Reich« und Bundesrepublik zu verzeichnen sind. Die ungebrochenen Karrieren in den Führungsgremien von Politik, Wirtschaft, Justiz und Verwaltung sind geradezu legendär. Welche Haltung zu Recht und Unrecht wurde so tradiert? Selbst Blut-und-Boden-Elemente hielten sich wacker im Wertesystem der Bundesrepublik. Erst im Jahr 2000 wurde – gegen bis heute heftigste Widerstände – das völkische Staatsbürgerrecht revidiert.

Aktuell gibt es leidenschaftlich diskutierte Initiativen, die im Strafgesetzbuch geregelte vorsätzliche Tötung von völkisch grundierten Täterzerrbildern zu befreien, die sich NS-Juristen wie Roland Freisler ausgedacht haben.[4] Nur ungern mag sich das Gros der Deutschen von 70 Jahre lang eingeübten Stereotypen trennen, vor denen es sich so schön gruseln lässt. Je größer der Abstand wird, desto schwieriger wird es, die weitreichenden Auswirkungen zu erkennen. Die Vereinnahmung und ideologische Einfärbung der deutschen Sprache, die Victor Klemperer in *LTI* belegte – seiner Analyse der unter anderem abkürzungsfixierten Sprache des »Dritten Reichs« Lingua Tertii Imperii –, vererbt sich inzwischen geradezu mnemisch weiter. Die großen Fragen richten sich gar nicht mehr auf Schuld und Täterschaft, sondern auf die Tiefenstrukturen und deren Fortwirken, auf Prägungen und Mentalitäten.

»Wir waren eine kritische Generation, die großen Worten nur misstrauisch zuhörte, weil sie bereits zu viele hochtönende Phrasen selbst entlarvt hatte. Wir waren zu bloßen Ideologen nicht prädestiniert, im Gegenteil: unser bisheriger Lebensweg drängte uns zur praktischen Konsequenz, es besser machen zu wollen.«[5]

Für Helmut Schmidt lässt sich an vielen Beispielen aus seinem Wirken in der Politik der Bundesrepublik zeigen, wie die Sozialistation im »Scheißkrieg« sich immer wieder zeigte. In seiner Selbstwahrnehmung sind die Begriffe Pflichterfüllung und Kameradschaft Dreh- und Angelpunkte. Das sagt zunächst eines: In seiner ganzen Haltung dominiert das Soldatische. Und dessen Prägungen stellte die »kritische Generation« nie wirklich zur Disposition. Grund genug für grundsätzliche Infragestellungen hätte es eigentlich anlässlich der Erschütterungen durch die Folgen des eigenen Mittuns gegeben. Gab es hier nicht auch ein Trauma?

Verwunderlich ist, wie schwer Schmidt sich mit seiner eigenen Geschichte tut, obwohl kaum jemand seiner Generation (und schon gar nicht ihm, zu Recht) die Verstrickung zum Vorwurf macht. Vorwürfe gegen die Großvätergeneration, zu der Schmidt längst zählt, waren (und sind) ja, wenn sie überhaupt vorgebracht werden, eher gegen den Umgang mit der eigenen Geschichte gerichtet.

Sein Biograf Martin Rupps vermutete noch 2013, dass Schmidt die Darstellung seiner politischen Arglosigkeit nicht variieren werde, obwohl sie so umstritten sei.[6] Leider bestätigte sich die Vermutung, da der Altbundeskanzler – trotz anfänglich positiver Signale zum Projekt »Der junge Helmut Schmidt« – nicht zur Beseitigung von Widersprüchen und Unklarheiten beitrug. Alle an ihn gerichteten Fragen und Bitten um Stellungnahmen blieben unbeantwortet.

So muss seine Vita erzählen, dass sich hinter der Wahrnehmung der »Scheiße des Kriegs« als weitaus prägenderes Momentum für das ganze Leben die Sozialisation als Soldat zeigt. Es ist eben nicht nur das traumatische Erlebnis an den Fronten des Zweiten Weltkriegs, das das spätere politische Wirken bestimmte. Es ist auch die Haltung, die ihm in zwölf Jahren unter militärischem Einfluss anerzogen wurde. Denn tatsächlich begann ja der militärische – oder besser militaristische – Einfluss bereits 1933 mit der Einführung von Wehrsport und militärischer Früherziehung in der Schule, außerhalb der Schule mit dem Eintritt in die NS-Jugendorganisationen, nahtlos überführt in den ebenso militärisch strukturierten Reichsarbeitsdienst.

Schmidt unterscheidet sich dabei etwa von den Angehörigen der Flakhelfer-Generation dadurch, dass er älter ist. Er hat den Untergang der Weimarer Republik als 14-Jähriger erlebt. Er selbst erinnert sich zwar, in einem Alter gewesen zu sein, »in dem man noch kaum seine allerersten Anfänge eigenen politischen Denkens erlebte«, doch hatte er – wenig später von seinem Geschichtslehrer als überaus reif für sein Alter beschrieben – immerhin die Chance, aus eigener Anschauung Vergleiche zwischen Parlamentarismus und Diktatur zu ziehen. Die Flakhelfer-Generation hatte das nicht. Für sie war die parlamentarische Demokratie tatsächlich ganz neu.[7]

»Kameradschaft oder Solidarität oder Brüderlichkeit –
das waren für mich Synonyme«

Ein zentraler Begriff von Schmidts Weltanschauung ist die Kameradschaft. Kameradschaft ist für ihn ein überzeitlicher Wert, dessen Wirksamkeit er als Amalgam der gesamten Kriegsgeneration versteht. Schmidt geht sogar noch weiter, indem er bis heute immer wieder darauf verweist, dass die während des Krieges erfahrene Kameradschaft ihn zum Sozialdemokraten werden ließ. Die »ersten positiven Grundvorstellungen von Demokratie, vom Rechtsstaat und vom Sozialismus«[8] schrieb er Hans Bohnenkamp zu. Eine Grunderfahrung hatte er seiner Ansicht nach bereits:

> Danach wurde es für mich fast zwangsläufig, Sozialdemokrat zu werden: demokratisch zu sein wegen des in der Nazizeit erlebten Bedürfnisses nach persönlicher Freiheit und sozial zu sein wegen der von mir erfahrenen Notwendigkeit von Kameradschaft oder Solidarität oder Brüderlichkeit – das waren für mich Synonyme, verschiedene Namen für dasselbe Prinzip.[9]

Damit wird ausgeblendet, dass das Gros der Deutschen seinen Nachbarn, Mitschülern, Freunden, Kameraden jegliche Solidarität verweigert hatte, nur weil sie unter das rassistische Verdikt »jüdisch« fielen. Der Zivilisationsbruch bestand ja insbesondere darin, dass anscheinend zivilisierte Bürger tatenlos zuschauten, als Mitbürger drangsaliert und deportiert wurden.

> Unter dem schönen Schein der Gemeinschaft verbarg sich der Zwang zum Mitmachen und die Indifferenz gegenüber dem, was nicht zur Gemeinschaft zählte. In den Kategorien der Schamkultur, die die Unauffälligkeit des Individuums fordert und die Gemeinschaft auf den Richterstuhl der Moral setzt, begründet dieser Zwang die besondere Qualität der Kameradschaft. Die Gewissenskultur dagegen löst das Individuum aus der Gemeinschaft und macht es für sein Handeln verantwortlich.[10]

Um Kameradschaft in diesem Kontext wieder zu einem brauchbaren Synonym von Solidarität zu machen bedarf es noch einiger weiterer zivilisatorischer Akte. Horst Ehmke erinnerte sich, dass Willy Brandt ziemlich gelacht habe, als er Schmidts Darstellung vom »Gemeinschaftsgefühl der Soldaten als Vorstufe zum Gemeinschaftserlebnis SPD« hörte.[11] »Der Helmut« habe vielleicht doch etwas verwechselt.[12]

Vielleicht tickte er auch nur ganz im Geist der frühen Bundesrepublik. Nicht nur er, sondern viele seiner Kameraden verklärten auf diese Art das Kriegserlebnis für zukünftige Sinngebung.[13] Dennoch: Die »Apotheose der Kameradschaft« gehörte zum vergangenheitspolitischen Grundkonsens der Deutschen nach 1945.[14] Selbst Karl Jaspers und der aus der Emigration heimgekehrte Ernst Friedlaender bestätigten diese Sicht – in philosophischen Betrachtungen der deutschen Schuld der eine, der andere im Ausblick auf das zukünftige Deutschland.[15]

Jaspers, der in der Schuldfrage kriminelle, politische, moralische und metaphysische Schuld unterschied, delegierte die Aufarbeitung der moralischen Schuld, die auf sich geladen hatte, wer Befehle befolgt hatte, an das individuelle Gewissen »und die Kommunikation mit dem Freunde und dem Nächsten, dem liebenden, an meiner Seite interessierten Menschen«.[16] Statt aber an diesem Grundsatz festzuhalten, gestand er dem Soldaten zu, »etwas Unantastbares« in seinem Selbstbewusstsein bewahren zu dürfen, wenn er »in Kameradschaftlichkeit treu war, in Gefahr unbeirrbar, durch Mut und Sachlichkeit sich bewährt hat«.[17] Denn dies »rein Soldatische und zugleich Menschliche« sei allen Völkern gemeinsam.[18] Diese Art der Bewährung sei nicht nur keine Schuld, sofern keine Verbrechen begangen wurden, sondern »Fundament des Lebenssinnes«.[19]

Von solchen Äußerungen konnten sich die ehemaligen Wehrmachtssoldaten bestätigt fühlen. Ihre Aktiven-Vertreter wurden in der frühen Bundesrepublik schnell zu einflussreichen Lobbyisten.[20] Die überall präsenten Wehrmachtsveteranen waren nicht nur in ihrer soldatischen Ehre durch die Nürnberger Urteile gekränkt. Hunderttausende ehemalige SS-Angehörige kämpften zudem um die Anerkennung als »normale Soldaten«, unter anderem, weil ihre Dienstzeiten für die spätere Rente nicht anerkannt wurden. Auch deshalb suchten sie Anschluss an die junge Demokratie.[21]

Der ausschließlich positiv konnotierte »Kameradschaftsmythos half ihnen, sich von den Verbrechen reinzuwaschen, sich in den neuen demokratischen Staat einzuarbeiten und als Vorarbeiter einer friedlichen Völkerordnung aufzutreten«.[22] Das Problem dabei war allerdings, dass dies nur gelingen konnte, wenn über die Verbrechen geschwiegen wurde.[23] Und genau das geschah ja bis in die 70er-Jahre. Helmut Schmidt zählte nicht zu denjenigen, die Aufklärung und Aufarbeitung forcierten.

Argumentativ hätte Schmidt aus der eigenen Erfahrung in Weimarer Republik und selbst verwalteter Schule einen distanzierteren Kameradschaftsbegriff entwickeln können, der die Bedürfnisse der Zivilgesellschaft eher abbildete und deutlich vom auf einem Auge blinden militärischen Kameradschaftsverständnis abwich. Es hatte ja diese zivile Variante zum Beispiel in der Ruderriege seiner Schule gegeben. Schmidt bewegte sich aber gedanklich immer nur im Kontext jener Phrasen von »Kameradschaft und Pflichterfüllung«, die ihm später beim Militär eingebläut worden waren.

»Es wäre der Demokratie bekömmlich, wenn in jedem Kasino auch ein Sozialdemokrat dabei wäre«

Helmut Schmidt gehörte bis weit in die 60er-Jahre hinein zu den Politikern, die immer wieder die alte Kameradschaft mit den ehemaligen Wehrmachtsangehörigen beschworen. Und dabei ging es nicht nur um diese Kameradschaft als Amalgam der neuen demokratischen Zivilgesellschaft. Es ging auch schon wieder um den soldatischen Einsatz für das Vaterland, seit 1950 zur Stärkung der westlichen Militärmacht die Wiederbewaffnung der Bundesrepublik auf der politischen Tagesordnung stand. Gern brachte Schmidt nun seine eigene Wehrmachtskarriere ins Gespräch. Als die SPD noch strikt gegen die Wiederbewaffnung der Bundesrepublik war, kündigte er bereits an, er werde sich sofort zu einer Wehrübung melden, sobald die neue deutsche Armee aufgestellt sei.[24]

Nehmen Sie's zur Kenntnis: Ich bin der erste Abgeordnete, der sich freiwillig zu einer Reserveübung bei den künftigen Streitkräften meldet.[25]

Befragt, warum ihm eine solche Übung ein so dringliches Anliegen sei, antwortete er: »Es wäre der Demokratie bekömmlich, wenn in jedem Kasino auch ein Sozialdemokrat dabei wäre.«[26] Kasino: Damit ließ er so ganz en passant fallen, dass er als Offizier einzurücken gedachte. Da traf sich die Selbsteinschätzung des Exoberleutnants mit dem Anspruch der Sozialdemokratie auf gesellschaftliche Teilhabe.

Mit dem Pluralismusargument konnte er auch begründen, warum er immer wieder bei Veranstaltungen der Hilfsgemeinschaft auf Gegenseitigkeit der ehemaligen Waffen-SS (HIAG) auftrat. Der SS-Veteranenverband bekannte sich in öffentlichen Erklärungen[27] zur parlamentarischen Demokratie und verstand sich als unpolitischer Hilfsverein zur Unterstützung von in Not geratenen Exsoldaten. Interne Papiere der HIAG zeigen aber, dass man sich durchaus als politische Kraft verstand.[28] Als solche fassten sie auch zahlreiche Politiker auf, die zwar nicht gern, dafür aber regelmäßig bei Veranstaltungen der Vereinigung erschienen, um dort Vorträge zu halten. Zu wichtig war das Wählerpotenzial, das man vor sich hatte.

Als Druckmittel nutzten die HIAG-Vertreter zudem den Hinweis, dass bei ihren Mitgliedern die Gefahr der Radikalisierung bestünde, wenn ihre Anliegen keine Beachtung fänden.[29] Die 300 000 betroffenen ehemaligen Angehörigen der Waffen-SS zählten zu diesem Wählerpotenzial noch ihre Familienangehörigen hinzu: eine Gruppe, die bei Wahlen durchaus von Gewicht sein konnte. Dem trug auch die SPD-Führung Rechnung und traf sich mit führenden HIAG-Mitgliedern zu Konsultationen.[30] Die SPD-Führung unter dem Verteidigungsexperten Fritz Erler wollte die HIAG zur Abkehr vom Nationalsozialismus bewegen und gleichzeitig vom Einfluss des Neonazismus fernhalten.[31] (Es gehört übrigens durchaus zur Erfolgsgeschichte der jungen Bundesrepublik, dass diese und ähnliche Versuche, ein Wiederaufleben des Nazismus zu verhindern, erfolgreich waren.)

Helmut Schmidt hielt schon mehrere Vorträge bei der HIAG, bevor das SPD-Präsidium sich zu Gesprächen und Teilnahmen an Veranstaltungen bereit erklärt hatte.[32] Im Bundestagswahlkampf 1953 sprachen bei einer 1200-köpfigen Versammlung der Hamburger HIAG je ein Vertreter von SPD, CDU, FDP, DP und BHE[33] je 15 Minuten über das Thema »Meine Partei und die ehemalige Waffen-SS«. Für die SPD referierte hier erstmals in diesem Umfeld der Bundestagskandidat Helmut Schmidt.[34]

Im November 1954 diskutierte der nun gewählte Bundestagsabgeordnete bei der HIAG Hannover über das Thema »Soldatentum und Sozialdemokratie«.[35] Er geriet darüber mit anderen SPD-Mitgliedern in eine Debatte, »ob es überhaupt richtig sei, vor der HIAG zu sprechen und wie man dort sprechen solle«, wie er dem Sprecher der HIAG mitteilen zu müssen meinte.[36] Schmidt mahnte mit diesem Hinweis die Erfüllung seiner Bitte an, ihm »doch einmal einen kleinen Bericht zu geben über die Auswirkung von Vortrag und Diskussion«.[37] Die Antwort kam prompt:

Wie ich Ihnen vor Beginn Ihres Referates sagte, war es unsere alleinige Absicht, mit diesem Abend eine Brücke zu schlagen, die helfen sollte, noch bestehende Ressentiments zwischen Ihrer Partei und dem Personenkreis der ehemaligen Soldaten der früheren Waffen-SS abzubauen. Dank der so offenen Art, mit der Sie sowohl Ihr Thema als auch die folgende Diskussion über das Verhalten Ihrer Partei zu unserem Personenkreis anfassten, ist damit der von uns gedachte Übungszweck des Abends voll erreicht worden. Ich habe feststellen können, dass die Masse der hiesigen Kameraden an diesem Abend erstmalig von einem Abgeordneten Ihrer Partei darüber eine so klare Definierung gehört hat.[38]

Am Schluss des Erfolgsberichts hob der Sprecher der SS-Veteranen eine Gemeinsamkeit hervor, die schlaglichthaft ein besonderes Sozialismusverständnis beleuchtete. »In einer gerechten Lösung der sozialen Ziele« werde wie in der SPD von »dem Personenkreis unserer ehemaligen Truppe in Vergangenheit und Gegenwart das wichtigste politische Problem gesehen«.[39] Ein Beispiel für eine solche gerechte Lösung aus der Vergangenheit fügte er zur Veranschaulichung bei:

Ich persönlich habe zum Beispiel in meiner Truppendienstzeit allein vier verschiedene Divisionskommandeure gehabt, die sehr tapfere und angesehene Generäle waren, die alle aus dem Arbeiterstande kamen und sich allein mit Volksschulbildung in unserer Truppe zum Generalsrang hervorarbeiten konnten. Dies wäre beim Heer niemals möglich gewesen![40]

Ein Antwortschreiben Schmidts ist nicht überliefert. Schmidt hatte weitgehendes Verständnis für die Ziele der HIAG bekundet und offenbar auch den Eindruck vermittelt, sich dafür einsetzen zu wollen, den »Makel der Diffamierung und der Bezeichnung vom politischen Soldaten« von den Veteranen der Waffen-SS zu nehmen.[41] Die wiederum verorteten ihre »Hauptgegner« sowieso bei den »Menschen, die bis 1945 im Verborgenen waren, beziehungsweise es verstanden hatten, den Schein zu wahren, um jetzt ihre demokratische Einstellung durch Schikane uns gegenüber zu beweisen«.[42]

Eine umstrittene Episode aus dem Jahr 1956 zeigt, dass auch Helmut Schmidt möglicherweise nicht ganz frei von dieser Sicht war. Bei einer Veranstaltung der Evangelischen Akademie Tutzing hatte Schmidt Kunrat von Hammerstein-Equord getroffen, der wie sein Vater zum militärischen Widerstand gegen Hitler gehört hatte. Hammerstein hatte insbesondere mit Carl Goerdeler eng zusammengearbeitet, einem der Angeklagten am Tag von Schmidts Prozessbesuch. Grundsätzliche Kritik an der Vorgehensweise der Verschwörer hatte Schmidt ja schon zuvor geübt. Doch zitierte 1973 sein erster – überaus kritischer – Biograf Helmut Wolfgang Kahn den damaligen Gesprächspartner Kunrat von Hammerstein mit den Worten: »Helmut Schmidt hat mir im Juli 1956 gesagt, dass er aus dem Luftfahrtministerium als Zuschauer beim 20.-Juli-Prozess gewesen sei, wo ihm die Angeklagten nicht gefielen.«[43]

Nach dem Erscheinen des Buchs wies Schmidt die Unterstellung, ein zwiespältiges Verhältnis zum Widerstand gehabt zu haben, öffentlich zurück.[44] Kunrat von Hammerstein hatte seinerseits eine eidesstattliche Versicherung abgegeben, dass Schmidt sich tatsächlich negativ über die Angeklagten geäußert habe, die er vor dem Volksgerichtshof erlebte.[45] Interessant ist der Zeitpunkt, zu dem die despektierlichen Äußerungen getätigt worden sein sollen. 1956 war der Neuaufbau der Bundeswehr in vollem Gange. Bei Personalentscheidungen wurden Bewerber aus dem militärischen Widerstand wie zum Beispiel Rudolf-Christoph von Gersdorff, der schon früh gegen den Kommissarbefehl protestiert hatte, übergangen. Man hielt sie für Verräter.

» Wenn wir damals in Russland wussten, rechts oder links von uns, oder vor uns liegt eine Division der Waffen-SS, dann konnten wir ruhig schlafen«

Im Bundestagswahlkampf 1957 trat Schmidt mehrmals bei der HIAG auf. Ende April sprach er zum Thema »Wege der Wiedervereinigung«. Im Mai 1957 nahm er im Winterhuder Fährhaus in Hamburg erneut mit Vertretern der anderen im Bundestag vertretenen Parteien an einer Veranstaltung von ehemaligen Angehörigen der Waffen-SS teil.[46] Acht Jahre später, Schmidt war inzwischen Innensenator in Hamburg, hatte sich aber zuvor schon als Verteidigungsexperte der SPD im Bundestag profiliert, erinnerte ihn einer der damaligen Teilnehmer an seinen Redebeitrag:

Die Worte des Redners der SPD sind mir noch im Ohr, als wäre es gestern gewesen. Er sagte: ›Ich habe selbst den Krieg im Osten als Oberleutnant in einer Heeresdivision mitgemacht, und ich stehe nicht an, Ihnen, meine Kameraden von der Waffen-SS, zu erklären, wenn wir damals in Russland wussten, rechts oder links von uns, oder vor uns liegt eine Division der Waffen-SS, dann konnten wir ruhig schlafen.‹ Dieser Redner waren Sie, Herr Senator![47]

Unter dem Schreiben befindet sich zu diesem Hinweis des Briefschreibers ein handschriftlicher Vermerk Schmidts: »nach wie vor meine Meinung«.[48] In seiner Antwort an den Briefschreiber bekräftigte er nochmals seine damalige Äußerung.[49] Hatte er damals die SS-Polizeidivision im Sinn, die direkt neben seiner Division den Großangriff gegen Leningrad mitmachte? Gerade für diesen Zeitraum ließ sich belegen, dass auch die Kampfgruppen der 1. Panzerdivision, denen sein Zug zugeteilt war, an Kriegsverbrechen beteiligt waren.

In Erklärungsnot sowohl gegenüber der in- und ausländischen Presse als auch etlichen Parteigenossen brachte ihn eine Botschaft, die er anlässlich des Jahrestreffens der HIAG 1965 an die SS-Veteranen schickte. Kurz zuvor hatte der Bundestag eine Gesetzesnovelle zum Art. 131 des Grundgesetzes verabschiedet, die die Forderungen der Veteranen enttäuscht hatte.[50] Da die SS in den Nürnberger Prozesses als verbrecherische Organisation eingestuft wurden war, fielen ihre Angehörigen nicht unter die Regelungen des Art. 131 und seiner Ausführungsbestimmungen.

Schmidt, der zu dem Jahrestreffen eingeladen worden war, hatte seine Teilnahme sechs Tage vor der Veranstaltung abgesagt, aus Termingründen, wie er schrieb, und so spät, weil sein Referent gewechselt habe.[51] Zugleich teilte er mit, dass er die Enttäuschung über die Gesetzesnovelle begreife.»Deshalb«, so Schmidt weiter, werde er auch bei seiner »zukünftigen Arbeit im Bundestag versuchen, für gleichmäßige Gerechtigkeit zugunsten aller ehemaligen Soldaten zu wirken«.[52]

Bei der Veranstaltung wurde das Schreiben als Grußbotschaft verlesen. Und wie um den öffentlichen Protest gegen die Veranstaltung zu begründen, wurde ein als Kriegsverbrecher verurteilter SS-General, der an der Veranstaltung teilnahm, mit Ovationen begrüßt. Zahlreiche Medien im In- und Ausland, darunter *Die Zeit*[53] und die französische *Le Monde,* griffen das Treffen auf. Nicht zuletzt schauten internationale Öffentlichkeit und deutsche Öffentlichkeit auch deshalb genauer auf die SS-Veteranen, weil gerade der erste Auschwitz-Prozess die Erinnerung an die Rolle der SS ins Gedächtnis zurückgerufen hatte. Die internationale Öffentlichkeit war alarmiert durch die Widerstände, die sich gegen den Prozess gezeigt hatten. Allgemein wurde der bejubelte

Auftritt eines Kriegsverbrechers bei SS-Veteranen als Beweis für deren wahre Gesinnung gewertet.

Schmidt musste sich anschließend rechtfertigen, in einem »Grußtelegramm« die soziale Gleichstellung der ehemaligen Waffen-SS-Angehörigen mit Soldaten der früheren Wehrmacht gefordert zu haben.[54] Er konnte in Leserbriefen bei *Le Monde* und *Die Zeit* klarstellen, dass er nie ein »Grußtelegramm« an die HIAG geschickt hatte, und kritisierte sowohl den Missbrauch seines Schreibens als auch den Beifall für einen verurteilten Kriegsverbrecher. Zugleich bekräftigte er aber auch seine Sicht, dass nicht alle SS-Mitglieder mit einer Kollektivschuld belastet werden dürften. Seiner Meinung nach hätten alle Soldaten, die sich keiner Verbrechen schuldig machten, gleiche Rechte auf öffentliche Unterstützung. Schmidts Distanzierung von den Verbrechen trägt dem Umstand nicht Rechnung, dass nur die wenigsten Taten bis dahin juristisch geklärt waren.

In Dänemark beobachtete das *Ekstra Bladet* genau die Vorgänge um den Hamburger, der gerade wieder in den Bundestag gewechselt war und schon als möglicher Kanzlerkandidat gehandelt wurde. Der dänische Autor hielt dem »alten Offizier«[55] vor, ein politisches Problem zum sozialen verkleinern zu wollen.[56]

Auch von seinen Genossen aus München kam heftige Kritik. Die nachträgliche Erklärung wurde als Notbehelf eingeordnet, die Formulierung des Eilbriefs als »für einen Sozialdemokraten nicht tragbar«.[57] Besonders die Parteibasis begann sich gegen den Schmusekurs ihrer Parteioberen gegenüber der HIAG zu wehren.[58] Schmidt war ja nicht der einzige SPD-Politiker, der Kontakt mit der HIAG hatte, allerdings wohl der prominenteste. Die Parteibasis argumentierte gegen die SS-Veteranen unter anderem mit der Verfolgung der Sozialdemokraten im »Dritten Reich«.

Schmidt hielt an seiner Grundlinie trotz der Kritik fest. Noch im März 1966 antwortete er auf einen Brief eines HIAG-Mitglieds, er halte seine Absicht aufrecht, bei seiner künftigen Arbeit im Bundestag zu versuchen, für gleichmäßige Gerechtigkeit zugunsten aller ehemaligen Soldaten zu wirken.[59]

An der Parteibasis wuchs derweil weiter die Ablehnung der HIAG.[60] Ende der 70er-Jahre während der Kanzlerschaft Helmut Schmidts wurde die Parteizentrale mit Unvereinbarkeitserklärungen nahezu bombardiert.[61] Vermutlich gab die US-Fernsehserie »Holocaust« den Anstoß zu der neuerlichen Beschäftigung mit dem Status von SS-Veteranen-Organisationen in der Bundesrepublik.[62] Seitens des SPD-Präsidiums wollte man den Ball weiter flach halten. Im November 1978 legte der Bundesgeschäftsführer in einem Schreiben an alle Landesverbände nahe, Verbotsinitiativen gegen die HIAG nicht zu unterstützen.[63] Die SPD-Führung machte ihre Einstellung zur HIAG von der Beurteilung durch das Bundesamt für Verfassungsschutz abhängig.[64] Auf Anfrage des SPD-Vorstands hatte dies mitgeteilt, dass über die HIAG für 1978 keine einschlägigen Erkenntnisse vorlägen.[65] Im Parlament richtete im selben Jahr der SPD-Linke Peter Conradi eine entsprechende Anfrage an die Regierung. Ihm wurde von der Regierung erklärt, ihr lägen keine Hinweise auf die Herabsetzung der verfassungsrechtlichen Ordnung oder positive Äußerungen zum »Dritten Reich« in Versammlungen der Vereinigung vor.[66]

Im Verfassungsschutzbericht tauchten sowohl eine lokale HIAG-Gruppe als auch der Bundesvorstand 1979 und 1980 als rechtsextremistische Vereinigungen auf. Am 16.11.1981 verabschiedete die SPD einen Beschluss, in dem sie die gleichzeitige Mitgliedschaft in SPD und HIAG für unvereinbar erklärte.

Derzeit zeichnet sich die Tendenz ab, dass die HIAG […] dazu beiträgt, nationalsozialistisches Gedankengut zu vertreten beziehungsweise zu verharmlosen. Angesichts dieser Tendenz ist es für die SPD aufgrund ihres stetigen Kampfes gegen den Faschismus in jeglicher Form selbstverständlich, ihr Selbstverständnis durch die Feststellung der Unvereinbarkeit zum Ausdruck zu bringen.[67]

»Wir wussten, was Krieg ist«

In den krisenhaften Jahren des RAF-Terrors bedeuteten die nervenzerreißenden Wochen nach der Entführung Hanns Martin Schleyers die größte Krise, die ein deutscher Regierungschef in Friedenszeiten je zu meistern hatte. 1975 hatte im Entführungsfall des Berliner CDU-Politikers Peter Lorenz der Staat den Terroristen nachgegeben. Im Krisenstab war man sich sicher, dass der Entführte ermordet würde, wenn den Forderungen nicht nachgegeben würde. Fünf der sechs Terroristen, deren Freilassung erpresst werden sollte, wurden nach Aden ausgeflogen. Der sechste hatte sich geweigert. Im Gegenzug kam tatsächlich der CDU-Politiker lebend aus der Geiselhaft.

Doch der Preis war genauso vorhersehbar wie hoch gewesen. Nicht nur, dass von den befreiten Terroristen nachweislich mehrere sich später wieder an Straftaten beteiligten: Schon zwei Monate nach der Lorenz-Entführung überfielen Terroristen die deutsche Botschaft in Stockholm, nahmen dort elf Geiseln. Unmittelbar nach dem Überfall war der deutsche Militärattaché Andreas von Mirbach erschossen worden. Mit der Aktion sollten sämtliche inhaftierten Terroristen freigepresst werden.

Später wird berichtet, der Kanzler habe sich für eine halbe Stunde in sein Arbeitszimmer zurückgezogen und dort ganz allein eine Entscheidung über Leben und Tod getroffen.[68] Anschließend habe er diese Entscheidung bei der ersten Sitzung des großen Krisenstabs mitgeteilt:

Meine Herren, mein ganzes Gefühl, mein ganzer Instinkt sagt mir, dass wir hier nicht nachgeben dürfen.[69]

Von Mitgliedern des Krisenstabs der Regierungskoalition wurden einige Bedenken geäußert und Auswege aus dem Dilemma gesucht. Juristisch konnte zu diesem Zeitpunkt noch gar nicht als gesichert gelten, dass eine solche strikte Haltung, die ganz konkret die Leben deutscher Bürger gefährdete, verfassungsrechtlich überhaupt zulässig war. Dennoch hatte Schmidt sich durchgesetzt. Den Botschaftsbesetzern wurde mitgeteilt, dass keine Gefangenen freigelassen würden. Sofort nach Ablauf des gestellten Ultimatums ermordeten die Terroristen den Wirtschaftsattaché Heinz Hillegaart und drohten damit, stündlich eine weitere Geisel zu töten, wenn ihre Forderungen nicht doch noch erfüllt würden.

Warum die selbst gebaute Bombe, die die Terroristen in dem Botschaftsgebäude platziert hatten, explodierte und die Geiseln flüchten konnten, ist bis heute ungeklärt.[70] Trotz mehrerer Toter und zahlreicher Schwerverletzter verlief der Fall einigermaßen glimpflich, auch wegen der planlos agierenden Täter.[71] In einem Interview wird Schmidt seine Härte unter anderem mit dem Hinweis verteidigen, dass »den intellektuellen Verbrechern« doch »mal gezeigt« werden musste, »dass es einen Willen gibt, der stärker ist als ihrer«.[72]

Als Hanns Martin Schleyer 1977 entführt wurde, fand sich Schmidt in derselben Situation wieder. Wieder musste der Staat mitentscheiden über das Leben eines seiner Bürger und kurz darauf in der extremen Eskalation durch die Entführung der Lufthansa-Maschine »Landshut« 91 weiterer Menschen, die sich in den Händen von zu allem entschlossenen Terroristen befanden.

Diesmal hielt sein Kanzleramtsminister Manfred Schüler Schmidt davon ab, alle Entscheidungen allein zu treffen. Schmidt lobte ihn später mit größter Hochachtung.[73] Schüler hatte ihm gesagt: »Werden Sie nicht der Krisenmonarch! Ziehen Sie nicht alles an sich! Lassen Sie andere mitentscheiden!«[74]

Das tat er auch. Am 6. September 1977 rief er einen großen politischen Beratungskreis zusammen, der als »Großer Krisenstab« in die Geschichte einging. Verfassungsrechtlich gab es dafür keine Grundlage, und weder früher noch später hatte es ähnliche Gremien gegeben. Schmidt bildete aus führenden Persönlichkeiten aller Bundestagsparteien einschließlich der Oppositionsparteien ein Gremium, das die Entscheidung, die er in Sachen Schleyer zu fällen hatte, mittragen sollte. Schon dem Modell nach wies diese Gruppierung militärische Züge auf.

Tatsächlich wird es später heißen, bei den Versammlungen des Großen Krisenstabs habe zuweilen die Atmosphäre eines Offizierskasinos geherrscht.[75] Noch 1991 zählte der damalige CSU-Landesgruppenchef Friedrich Zimmermann im Interview für Heinrich Breloers Film »Todesspiel« die Dienstränge der bei Schmidt versammelten ehemaligen Wehrmachtsoffiziere auf: »Oberleutnant Schmidt, Oberleutnant Strauß, Oberleutnant Wischnewski, Leutnant Zimmermann, Leutnant Herold.«[76]

Für die alten Soldaten ist die Lage, in der sie sich befinden, nicht nur eine massive Krise. Sie führen Krieg gegen die Terroristen, die ihrerseits dem deutschen Staat den Krieg erklärt haben. Dabei ist die Erinnerung an die gemeinsame Offizierserfahrung durchaus auch als Selbstbeschwörung zu verstehen. Das wochenlange Ringen der deutschen Regierung mit den Terroristen ist nicht nur wegen der Bedrohung für den Staat, sondern auch wegen der massiven Diskussionen in der Öffentlichkeit und der Forderungen der Angehörigen der Entführungsopfer extrem nervenaufreibend. Helmut Schmidt fasste den Ausnahmezustand später zusammen:

> Wir hatten alle die Kriegsscheiße hinter uns. Strauß hatte den Krieg hinter sich, Zimmermann hatte den Krieg hinter sich, Wischnewski hatte den Krieg hinter sich. Wir hatten alle genug Scheiße hinter uns und waren abgehärtet. Und wir hatten ein erhebliches Maß an Gelassenheit bei gleichzeitiger äußerster Anstrengung der eigenen Nerven und des Verstandes. Der Krieg war eine große Scheiße, aber in der Gefahr nicht den Verstand zu verlieren, das hat man damals gelernt.[77]

Also doch der Soldatenkanzler? Ganz sicher nicht im Sinne des Soldatenkönigs preußischer Prägung, und erst recht nicht verstanden als Militarist oder Kriegstreiber, zu dem ihn im Zuge der Nachrüstungsdebatte manche seiner Gegner machen wollten. Genau dagegen stand eben seine Erfahrung der »Kriegsscheiße«. Aber dass das Soldatische ihn zutiefst geprägt hat, erscheint nach den Ergebnissen dieses Buches unstrittig. Eindeutige Befehlsketten, klare Strukturen und Ordnungen, Kameradschaft als Einstehen für den anderen, Fürsorge für die Schwächeren: das sind die Werte, die Helmut Schmidt im Innersten prägen. Aber seine Sozialisation als Offizier ist auch ein Korsett, dem er nicht entkommt.

Was die Erinnerung an die gemeinsame Soldatenerfahrung noch auslöste, zeigte sich in einem der wohl belastendsten Momente des Deutschen Herbstes. Während Schmidt mit seinen Beratern auf Nachricht aus Mogadischu wartet, wie die Befreiungsaktion durch die GSG 9 und die britischen Helfer verlaufen war, sucht man bei körperlicher Betätigung Ablenkung. Der Bundeskanzler Helmut Schmidt und sein politischer Gegner von der CSU, Friedrich Zimmermann, paradieren mit einem Gehstock über der Schulter durch den Sitzungssaal und probieren, wer von den Offizieren noch am besten exerzieren kann: »Das Gewehr über«, »Präsentiert das Gewehr!«[78]

Anhang

Anmerkungen

Vorwort

1 Helmut Schmidt et al.: Kindheit und Jugend unter Hitler, Berlin 1992, S.193 (im Folgenden zit. als »Kindheit«).
2 Ebd., S.203.
3 Max Frisch: Mein Name sei Gantenbein, in: ders.: Gesammelte Werke, Bd. V, Frankfurt a. M. 1976, S.49.
4 Helmut Schmidt: Ich bin in Schuld verstrickt, in: Die Zeit, Nr. 36, 30. 8. 2007.
5 Stephanie Nannen: Henri Nannen. Ein Stern und sein Kosmos, München 2013, S.83.

6 Jürgen Leinemann: Der schneidige Weise, in: Der Spiegel Nr. 51, vom 20. 12. 1993.
7 Helmut Schmidt: Im Namen der Moral, in: Die Zeit, Nr. 19, 15. 7. 1994. 2010 sagte er zu Fritz Stern: »Ich war damals Rekrut, Soldat in Bremen-Vegesack. Wir haben davon überhaupt nichts mitgekriegt.« Vgl. Helmut Schmidt/ Fritz Stern: Unser Jahrhundert, München 2010, S.82.
8 Kindheit, a. a. O., S.243.

Teil 1

1 Helmut Schmidt et al.: Kindheit und Jugend unter Hitler, Berlin 1992 (= Kindheit; darin Hannelore Schmidt: Gezwungen, früh erwachsen zu werden, S.19–68; Helmut Schmidt: Politischer Rückblick auf eine unpolitische Jugend, S.188–254), S.192.
2 Helmut Schmidt: Verwandlungen, zit. nach Hartmut Soell: Helmut Schmidt. 1918–1969. Vernunft und Leidenschaft, München 2003 (4. Aufl. 2011), S.60.

3 Soell, ebd., S.52.
4 Gerrit Aust/Irmgard Stein: Gumpel, Wenzel, Schmidt. Die unbekannten Vorfahren von Helmut Schmidt, Hamburg 1994, S.32 f.
5 Ebd.
6 Ebd.
7 Ebd.
8 Ebd., S.25 f.
9 Ebd., These von Schmidts Bruder Wolfgang, Brief vom 19. 2. 1994, S.45.

10 Ebd., S. 7. Der Name des Vaters wurde auch im Adoptionsvertrag nicht genannt.

11 Selbst von ihren Vätern anerkannte uneheliche Kinder hatten nie dieselben Rechte wie eheliche Kinder. Insbesondere vom Erbe blieben sie ausgeschlossen, es sei denn, der leibliche Vater adoptierte sie. Erst im Jahr 1998 wurden nichteheliche Kinder in Erbangelegenheiten ehelichen Nachkommen gleichgestellt. Kurzer historischer Hintergrund siehe Heribert Prantl, in: http://www.sueddeutsche.de/politik/rechtliche-stellung-unehelicher-kinder-als-das-baby-noch-ein-bankert-war-1.802529, abgerufen am 29. 6. 2014.

12 Kindheit, a. a. O., S. 204.

13 Vgl. Aust/Stein, a. a. O.

14 Ebd., S. 25.

15 Ebd.

16 Ebd.

17 Ebd., Brief von Wolfgang Schmidt vom 16. 2. 1994, S. 46.

18 Ebd., S. 48.

19 Ebd., S. 28.

20 Ebd.

21 Ebd., S. 44.

22 Kindheit, a. a. O., S. 192.

23 Aust/Stein, a. a. O., S. 28.

24 Abgedruckt ebd., S. 27. Die Heiligengeistkirche, erbaut 1903, zerstört 1943, wiedererrichtet 1955, wurde 2008 trotz erheblicher Proteste abgerissen. Die Welt, 12. 2. 2008, »Erstmals seit Jahrhunderten fällt eine Kirche«.

25 Kindheit, a. a. O., S. 197.

26 Ebd.

27 NDR, Festakt im Thalia-Theater am 18. 1. 2014.

28 Kindheit, a. a. O., S. 197.

29 Zu Hamburgs Vorreiterrolle bei der Modernisierung siehe Jennifer Jenkins: Provincial Modernity. Local Culture & Liberal Politics in Fin-de-siècle Hamburg, Ithaca 2003.

30 Kindheit, a. a. O., S. 194.

31 Ebd.

32 StAHH 361 – 3/A 1723, Personalakte Gustav Schmidt, Abschrift des Zeugnisses von Dres. Kirchhoff & Lurie, Dr. Fritz Müller, unterzeichnet von Dr. A. Lurie am 31. 5. 1907. Aron Lurie, geb. 1869, wurde 1942 nach Theresienstadt deportiert und dort am 1. 12. 1942 ermordet. Vor seiner letzten Wohnung in der Klosterallee 51 erinnert ein Stolperstein an ihn, ein weiterer an seine ebenfalls ermordete Frau Stefanie.

33 Rainer Bölling: Volksschullehrer und Politik. Der deutsche Lehrerverein 1918 – 1933, Göttingen 1978, S. 22.

34 StAHH 361 – 3/A 1723, Personalakte Gustav Schmidt, handschriftlicher Lebenslauf vom 18. 3. 1922.

35 Inge Grolle: Brückenbauer? Das Hamburger Volksheim – Ein Beispiel bürgerlicher Sozialreform um 1900, in: Zeitschrift des Vereins für Hamburgische Geschichte, Nr. 98 (2012), S. 49.

36 Ebd.

37 Ebd., S. 36 f.

38 http://www.toynbeehall.org.uk/our-history, abgerufen am 27. 6. 2014.

39 Ebd.

40 Grolle, a. a. O., S. 35, mit zahlreichen Nachweisen zu Familie H. C. Meyer und deren Nachkommen.

41 Ebd., S. 37.

42 Walther Classen: Soziales Rittertum in England. Ein Reisebericht, Hamburg 1900.

43 StAHH 351 – 2 II_444, Hamburger Nachrichten, 12.4.1901.

44 Sowohl Opa Koch als auch Gustav Schmidt verehrten Naumann, den Mitbegründer des DWB und DDP-Vorsitzenden.

45 Ausführlich Grolle, a.a.O., S.44.

46 Ebd., S.45.

47 Grolle, a.a.O., S.46.

48 Ebd.

59 Ebd.

50 Ebd., S.45.

51 Lebenslauf Gustav Schmidt vom 18.3.1922, a.a.O.

52 Grolle, a.a.O., S.43.

53 Ebd.

54 StAHH 111 – 2_B II a 1, Veranstaltungsankündigung des Volksheims, »Was lehrt uns die Zeit«, o.J., ca.1914.

55 Ebd., S.43.

57 Ebd., S.53

57 Kindheit, a.a.O., S.194.

58 Ursula Kolloch: Heinrich Randolph – Ein Lehrer zur Kaiserzeit, Gifhorn 1998, S.23.

59 Soell, a.a.O., S.54.

60 Kindheit, a.a.O., S.194.

61 Ebd.

62 Personalakte Gustav Schmidt, a.a.O., Abschrift des Dienstzeugnisses vom 18.12.1918.

63 Kindheit, a.a.O., S.192.

64 Ebd.

65 Holger Böning: Journal der Epoche, in: Die Zeit, Nr. 24, 17.6.2012.

66 Ebd.

67 Ebd.

68 Ebd.

69 Ebd.

70 Ebd.

71 Kindheit, a.a.O., S.193.

72 Ebd.

73 Ebd.

74 Ebd., S.194.

75 Ebd., S.193.

76 Ebd.

77 StAHH, Personalakte Gustav Schmidt, Vermerke für SS 1921 und WS 1921/22.

78 RVerf Art. 148 Nr. 1.

79 Ebd., Nr. 3 Satz 1.

80 Ebd., Nr. 3 Satz 2.

81 Hartwig Spenkuch: Die Kontroverse um staatsbürgerliche Bildung und Erziehung in Preußen (1901 bis 1933), in: Berlin-Brandenburgische Akademie der Wissenschaften, Wolfgang Neubauer (Hg.): Acta Borussica, Neue Folge, 2. Reihe: Preußen als Kulturstaat, Abt. 1: Das preußische Kultusministerium als Staatsbehörde und gesellschaftliche Agentur (1817 – 1934), Band 3.1, Fallstudien, Berlin 2012, S.303.

82 Ebd., S.306.

83 Ebd.

84 Verhandlungen über Fragen des höheren Unterrichts, Berlin, 4. bis 17. Dezember 1890. Im Auftrage des Ministers der geistlichen, Unterrichts- und Medizinal-Angelegenheiten, Berlin 1891, S.3.

85 Ebd., S.4.

86 Ebd.

87 Vertiefend Volkmar Wittmütz: Die preußische Elementarschule im 19. Jahrhundert, in: Stefan Fisch/ Florence Gauzy/Chantal Metzger (Hg.): Lernen und Lehren in Frankreich und Deutschland. Apprendre et enseigner en Allemagne et en France, Stuttgart 2007, S.15 – 32.

88 Zunehmend ergriffen auch Frauen den Lehrerberuf. 1911 waren an

preußischen Volksschulen etwa
20 Prozent Lehrerinnen tätig, an
Mittelschulen sogar 48 Prozent.
Ebd., S. 31, Fußnote 53.
89 Ebd., S. 31.
90 Ebd.
91 Ebd., S. 32, mit weiteren Nach-
    weisen.
92 Spenkuch, a. a. O., S. 304.
93 Ebd.
94 Ebd.
95 Ebd., Zitate aus: Georg Kerschen-
    steiner: Der Begriff der staatsbür-
    gerlichen Erziehung, 3. Aufl.,
    Leipzig/Berlin 1914, S. 34 und
    S. 24.
96 Ebd.
97 Ebd.
98 Ebd.
99 Ebd.
100 Ebd.
101 Ein Irrtum bzw. eine Irreführung.
102 Deutsches Lesebuch für höhere
    Mädchenschulen, begründet von
    Muff und Dammann: Auf Grund
    der Bestimmungen über die Neu-
    ordnung des höheren Mädchen-
    schulwesens in Preuszen vom
    18. August 1908 (Autor Moritz
    Ehrlich), in: A. Bodesohn: Hand-
    buch der Staats- und Bürger-
    kunde. Ein Lehr- und Lesebuch
    für den Unterricht in Schulen
    sowie zum Selbstunterricht, Wit-
    tenberg 1921, 3. Aufl., S. 119
    (unveränderte Übernahme aus
    der 1. Aufl. von 1910).
103 Spenkuch, a. a. O., S. 310.
104 Ebd.
105 Ebd., S. 308.
106 Ebd.
107 Ebd.
108 Ebd., S. 30.
109 Ebd.
110 Ebd., S. 31.
111 Personalakte Gustav Schmidt,
    a. a. O., handschriftlicher Lebens-
    lauf vom 18. 3. 1922.
112 Ebd.
113 Wittmütz, a. a. O., S. 30, mit wei-
    teren Nachweisen.
114 Helmut Schmidt: Pflicht zur
    Menschlichkeit, Düsseldorf 1981,
    S. 252 f. Nachdruck des Aufsatzes
    »Mein Weg zur Sozialdemokra-
    tie«, in: Die Neue Gesellschaft,
    15. Jg., Nr. 6 (Bonn 1968),
    S. 479 – 483. In diesem Aufsatz
    verortet Schmidt seinen Vater
    noch als Liberalen, 1992 dann als
    antipolitisch.
115 A. Bodesohn: Handbuch der
    Staats- und Bürgerkunde. Ein
    Lehr- und Lesebuch für den
    Unterricht an Schulen sowie zum
    Selbstunterricht, 3. Aufl., Witten-
    berg 1921, darin Vorwort der
    1. Aufl. von 1910, S. III.
116 Kindheit, a. a. O., S. 193.
117 Ebd.
118 Ebd., S. 193 f.
119 Ebd., S. 192.
120 Ebd.
121 Ebd.
122 Verwandlungen, zit. nach Soell,
    a. a. O., S. 60.
123 Personalakte Gustav Schmidt,
    a. a. O., Bescheinigung der Berufs-
    schulbehörde v. 6. 4. 1923.
124 StAHH 361 – 3/A 1723, Schreiben
    des Oberschulrats Ebel vom
    21. 4. 1952.
125 Spenkuch, a. a. O., S. 325.
126 Ebd.
128 Margarethe Truge: Einführung in
    die Bürgerkunde, 6. Aufl., Leipzig
    1927, S. 1.
128 Ebd.

129 Erst 1926 wurde das Abitur zur Pflichtvoraussetzung.
130 StAHH, a. a. O. Schreiben des Oberschulrats Ebel vom 21. 4. 1952.
131 Ebd.
132 Die Helmut Schmidt beherzigte, wie seine Biografin Sibylle Krause-Burger berichtet. Dies.: Helmut Schmidt. Aus der Nähe gesehen, Düsseldorf 1980.
133 Helmut Schmidt am 26. 6. 1985 in einem Schreiben an Peter Frei-mark. Freimark erforschte die Geschichte von Schmidts Groß-vater.
134 Ebd.; da Gustav Schmidt 1983 starb und sein Sohn bis 1982 Bundeskanzler war, kann ange-nommen werden, dass Helmut Schmidt Bundeskanzler war, als sein Vater ihm das Anwesen zeigte.
135 Kindheit, a. a. O., S. 51.
136 Ebd.
137 Verwandlungen, zit. nach Soell, a. a. O.
138 Personalakte Schmidt, a. a. O.
139 Ebd., Mitteilung der Berufsschul-behörde vom 14. 2. 1927.
140 Vgl. Soell, a. a. O., S. 65.
141 Wolfgang Schmidt im Gespräch mit Hartmut Soell am 17. 7. 1996, Soell, a. a. O., S. 58.
142 Ebd.
143 Ebd.
144 Ebd., S. 57.
145 Ebd.
146 Ebd.
147 Ebd.
148 Der weitverbreitete Aberglaube inspirierte die Brüder Grimm zu »Das eigensinnige Kind«.
149 Ebd., S. 63.
150 Ebd.
151 Verwandlungen, zit. nach Soell, a. a. O., S. 62.
152 Ebd., S. 63.
153 Ebd., S. 62.
154 Ebd.
155 Ebd., S. 61.
156 Ebd., S. 62.
157 § 1631 Abs. 2 BGB in der Fassung vom 1. 1. 1900. Ein kurzer Über-blick über die Rechtslage: http:// gepruegelte-generation.de/ hintergrundinformationen/die-rolle-der-justiz, abgerufen am 4. 7. 2014.
158 Im Haushalt der Großeltern Koch hatte Margret Morgner gearbeitet, die 1990 in einem Briefwechsel mit Loki Schmidt davon berich-tete, vgl. Soell, a. a. O., S. 48 und S. 876, Fußnote 2.
159 Ebd.
160 Kindheit, a. a. O., S. 193.
161 Ebd.
162 Ebd.
163 Vgl. Krause-Burger, a. a. O., S. 62.
164 Kindheit, a. a. O., S. 204.
165 Ebd., S. 195.
166 Vgl. Soell, a. a. O., S. 65.
167 Ebd.
168 Ebd., S. 196.
169 Ebd.
170 Helmut Schmidt/Fritz Stern: Unser Jahrhundert. Ein Gespräch, München 2010.
171 Ebd.
172 Ebd. S. 102.
173 Ebd.
174 Wolfgang Schmidt im Gespräch mit Hartmut Soell am 17. 7. 1996, Soell, a. a. O., S. 869. Loki Schmidt vermutete, dass die Wahl der Schule durch den Maler Hugo Schmidt und dessen Frau Emma

angeregt wurde, die Lehrerin an einer Reformschule war. Das Paar war mit den Schmidts befreundet. Siehe Loki Schmidt: Mein Leben für die Schule, Hamburg 2005, S. 64.

175 Arbeitskreis Lichtwarkschule (Hg.): Die Lichtwarkschule. Idee und Gestalt, Hamburg 1979, S. 12.
176 Vgl. Soell, a. a. O., S. 66.
177 Georg Jäger: Schule und Gemeinschaftsidee, Vortrag im Lehrerrat und in der Gesellschaft der Freunde des vaterländischen Schul- und Erziehungswesens, Auszüge aus der Zeitschrift »Pädagogische Reform« vom 11. 12. 1918, abgedruckt in: Die Lichtwarkschule, a. a. O., S. 13.
178 Ebd.
179 Ebd.
180 Ebd.
181 Ebd.
182 Ebd., S. 14.
183 Ausführlich dazu Reiner Lehberger: Die Lichtwarkschule. Das pädagogische Profil einer Reformschule des höheren Schulwesens in der Weimarer Republik, Hamburg 1997. Joachim Wendt: Die Lichtwarkschule in Hamburg (1921 – 1937). Eine Stätte der Reform des höheren Schulwesens, Hamburg 2000.
184 Die Lichtwarkschule in Hamburg. Beiträge zur Grundlegung und Berichte 1928, Hamburg 1929.
185 Ernst Lewalter: Warum Lichtwarkschule?, in: Die Lichtwarkschule, a. a. O., S. 9.
186 Ebd.
187 Ebd., S. 10.
188 Ebd.
189 Ausführlich Fritz Neumann: Versuch über das Bildungsideal der Lichtwarkschule, in: Die Lichtwarkschule in Hamburg, a. a. O., S. 11 – 14.
190 Ebd., S. 12.
191 Lichtwarkschule, Eltern-Zeitung, 1. Jg., Nr. 7/8, April/Mai 1921, S. 4 (nachgedruckt in: Lehberger, a. a. O., Quellen, S. 15).
192 Gründungsdirektor der Lichtwarkschule war Peter Petersen, dessen lange Zeit anerkannte Jenaplanpädagogik wegen zahlreicher Überschneidungen mit der nationalsozialistischen Ideologie inzwischen umstritten ist, insbesondere auch wegen des Gemeinschaftsbegriffs. Ausführlich Robert Döpp: Jenaplan-Pädagogik im Nationalsozialismus. Ein Beitrag zum Ende der Eindeutigkeit, Münster 2003.
193 Zum Beispiel: http://www.bild.de/politik/2008/schmidt/wir-duerfen-von-der-demokratie-keine-wunder-erwarten-5787288.bild.html, abgerufen am 7. 7. 2014.
194 Hans Donandt: Versuche einer einheitlichen Gestaltung des Unterrichts auf der Unter- und Mittelstufe, in: Die Lichtwarkschule, a. a. O., S. 32.
195 Ernst Lewalter: Stoffe und Arbeitsweisen im kulturkundlichen Unterricht der Oberstufe, in: Die Lichtwarkschule in Hamburg, a. a. O., S. 40.
196 Hans Grossmann: Die Pflege des sprachlichen Ausdrucks auf der Unter- und Mittelstufe, in: Die Lichtwarkschule, a. a. O., S. 37.
197 Kindheit, S. 197.
199 Kindheit, a. a. O., S. 207.

200 Verwandlungen, zit. nach Soell,
a.a.O., S.60.
201 Ebd.
202 StAHH 622 – 1/110_B XV 14,
Bd. 3, Brief von Alfred Lichtwark
an Albert Baron von Westenholz
vom 28.1.1905.
203 Neumann, a.a.O., S.14.
204 Das Hamburger Schulgesetz von
1925 sah zum Beispiel vor, dass
die Schulleiter vom Kollegium
gewählt wurden und sonstige
Personalentscheidungen ebenfalls vom Kollegium getroffen
wurden.
205 Kindheit, a.a.O., S.198.
206 Ebd.
207 Ebd., S.196.
208 Ebd.
209 Ebd., S.202.
210 Ebd.
211 Kindheit, a.a.O., S.195.
212 Vgl. Krause-Burger, a.a.O., S.69.
213 Juka Gottschalch: Kodderschnauze, Klassenprimus und ein
Kumpel, in: Hamburger Morgenpost, 21.3.1975.
214 Reinhold Beckmann/Loki
Schmidt: Erzähl doch mal von
früher, Hamburg 2008, S.260.
215 Kindheit, a.a.O., S.203 und
S.197.
216 Ebd., S.197.
217 Ruth Liepmann: Vielleicht ist
Glück nicht nur Zufall, Köln
1993, S.44.
218 Vgl. Wendt, a.a.O., S.114.
219 Ebd.
220 Ausführlich Wendt, a.a.O.,
S.342.
221 Ebd., mit Nachweisen.
222 Ebd., S.344.
227 Kindheit, a.a.O., S.27.
224 Vgl. Wendt, a.a.O., S.348ff.

225 Kindheit, a.a.O., S.198.
226 Ernst Schöning: Die tägliche
Turnstunde, in: Die Lichtwarkschule in Hamburg, a.a.O., S.69.
227 Ausführlich dazu Wendt, a.a.O.,
S.150ff.
228 Ernst Schöning: Die Leibesübungen in der heutigen Jugenderziehung, in: Hamburger Lehrerzeitung, 13. Jg., Nr. 7 (1934), S.97ff.
229 Wendt, a.a.O., S.350.
230 Ebd.
231 Zum Beispiel: Das Reich im Werden. Arbeitshefte im Dienste politischer Erziehung. Reihe: Deutsches Schrifttum, hg. von Rudolf
Ibel, Heft 16: Erwin Zindler: Die
Flucht des Sönke Braderup,
Frankfurt 1933.
232 Ebd.
233 Uwe Schmidt: Hamburger
Schulen im »Dritten Reich«,
Bd. 1, Hamburg 2010, S.100.
234 StAHH 361 – 02 VI Nr. 417,
Denkschrift über die Lichtwarkschule, 29.1.1934.
235 Ebd.
236 Ebd. Der Vorwurf wurde schon
früher im Kollegium diskutiert,
und einige marxistische Lehrer
verließen 1930 die Schule. Vgl.
Wendt, a.a.O., S.241ff.
237 Ebd.
238 Ebd., zum Beispiel: »Staat und
Sittlichkeit, ein Beitrag zu dem
grundsätzlichen Teil des Problems
der Todesstrafe«; »Gesellschaftliche Gebundenheit der Erziehung«; »Elemente der sozialistischen Staatstheoretik«; »Freuds
Kulturauffassung«; »Die Erziehung der proletarischen Jugend
als Mittel zur Überwindung der
proletarischen Klassenkrise«;

»Arbeit, Autorität und Gemeinschaft bei den Philanthropen und
in der modernen Pädagogik«;
»Nationalitätenfrage und Sozialismus« usw.

239 Ebd.
240 Ebd.
241 Ebd.
242 Ebd.
243 Ebd.
244 StAHH 362 – 2/20_06 Bd. 1, Personalakte Ida Eberhardt.
245 Vgl. Wendt, a. a. O., S. 350, mit
weiteren Nachweisen.
246 StAHH 361 – 1/A 22 Nr. 42.
247 Ebd.
248 Ebd.
249 Vgl. ebd., S. 351. Wendt bezieht
sich auf ein Gespräch mit einem
Schüler.
250 Kindheit, a. a. O., S. 199 f.
251 Ebd., S. 31 und S. 200.
252 Ebd.
253 Vgl. Helmut Scaruppe, Schreiben
vom 18. 2. 2014 an die Autorin.
254 Das geht zum Beispiel aus seinen
Äußerungen über die Ausstellung
der »Werkgemeinschaft Lichtwarkschule« hervor.
255 Ebd.
256 Kindheit, a. a. O., S. 200.
257 Uwe Schmidt, a. a. O., S. 100.
258 Ebd., S. 102.
259 Ebd.
260 Ebd., S. 645.
262 Ebd., S. 658.
263 Ebd.
263 Ebd.
264 Ebd., S. 583.
265 Kindheit, a. a. O., S. 203.
266 Ebd.
267 Ebd.
268 Ebd. Die Deutsche Freischar, die
Schmidt nennt, war eine Dach-

organisation von Pfadfindern und
Wandervögeln.
269 Arno Klönne: Jugend im Dritten
Reich, in: Bracher et al.: Deutschland 1933 – 1945, S. 223.
270 Alle Zahlen ebd.
271 Wendt, a. a. O., S. 318.
272 Hierzu ausführlich und mit zahlreichen Nachweisen: Wendt,
a. a. O., S. 315 ff.
273 Ebd., S. 315.
274 Ebd.
275 Verfügung vom 4. 9. 1929: Parteipolitik in der Schule, StAHH,
OSB V, Nr. 897a.
276 Ebd., siehe auch: U. Schmidt
S. 154.
277 Ebd.
278 Wendt, a. a. O., S. 316.
279 StAHH, OSB V, Nr. 897a. Schreiben der Oberschulbehörde vom
4. 9. 1929.
280 Ebd.
281 Ebd.
282 Wendt, a. a. O., S. 317.
283 Gerda Matthaei: Zum Verbot der
sozialistischen Schülerorganisation, in: HLZ 9 (1930), Nr. 4,
S. 92 f.
284 Ausführlich Wendt, a. a. O.,
S. 318 f.
285 Ebd., S. 318.
286 Ebd., S. 319.
287 Ebd., Fußnote 1, mit weiteren
Nachweisen zur Fichteschule.
288 Wendt folgert, dass der Vorwurf,
die Schulbehörde habe den NSSB
toleriert, unbegründet war,
schreibt aber zugleich, sie habe
sich mit dem Verbot nationalsozialistischer Schülerorganisationen schwergetan. A. a. O., S. 319.
289 So auch die Conclusio von
Wendt, ebd.

290 StAHH, Sign. 362 – 2/20 Nr. 43,
Satzung der Ruderriege der Lichtwarkschule, § 1.

291 StAHH, Sign. 362 – 2/20 Nr. 43,
Protokoll der 1. Mitgliederversammlung vom 29. 4. 1925.

292 Dazu umfassend Horst Ueberhorst: Hundert Jahre Deutscher
Ruderverband, Minden 1983.

293 Anne Hutmacher: Die Entwicklung des Frauenruderns in
Deutschland, Köln 2010, S. 56.

294 Ebd., S. 57.

295 Ebd.

296 Ebd.

297 Ebd.

298 Wolfgang Benz (Hg.): Handbuch
des Antisemitismus. Judenfeind-
schaft in Geschichte und Gegenwart, Bd. 5. Organisationen, Institutionen, Bewegungen, Berlin
2012, S. 579 ff. Jutta Weitzdörfer-
Henk: »Warum brauchen wir die
Wehrpflicht?« Wehrpflichtdebatten im Weimarer Reichstag und
im Deutschen Bundestag, in:
Karl-Heinz Lutz, Martin Rink,
Marcus von Salisch (Hg.):
Reform, Reorganisation, Transformation. Zum Wandel in den
deutschen Streitkräften von den
preußischen Heeresreformen bis
zur Transformation der Bundeswehr, München 2010, S. 295 – 316.

299 Ernst Schöning: Die tägliche
Turnstunde, in: Die Lichtwarkschule in Hamburg. S. 69.

300 Ebd.

301 Dieses Thema wird erst für die
Analyse der Reflexion der späteren Erwachsenen interessant.

302 StAHH, Sign. 362 – 2/20 Nr. 43,
Dringliches Rundschreiben des
Nordd. Schüler- und Jugend-
ruderverbandes und des Allg.
Alster-Clubs vom 14. 10. 1933.

303 Ebd.

304 StAHH, Sign. 362 – 2/20 Nr. 43,
Ruderriege der Lichtwarkschule
an Nordd. Schüler- und Jugendruderverband vom 14. 11. 1933.

305 StAHH Sign. 362 – 2/20 Nr. 43,
Mitteilung des Allgemeinen
Alster-Clubs und Nordd. Schüler-
und Jugendruderverbands vom
8. 11. 1933.

306 Ebd. Ruderriege der Lichtwarkschule an den Nordd. Schüler-
und Jugendruderverband.

307 StAHH Sign. 362 – 2/20 Nr. 43,
Mitteilung des Allgemeinen
Alster-Clubs und Nordd. Schüler-
und Jugendruderverbands vom
17. 11. 1933. »Betr. Kundgebung
der gesamten Turn- und Sport-
jugend Hamburgs zwecks An-
gliederung an die H.-J. am
21. November pktl. 20 Uhr.«

308 Kindheit, a. a. O., S. 204. Diese
Version wurde auch Vorlage für
eine entsprechende Szene in
einem NDR-Dokudrama über
Schmidts Leben anlässlich seines
95. Geburtstags.

309 Zahlen bei Wendt, a. a. O., S. 359.

310 1933 16,11 Prozent, 1935/36 8,56
Prozent, 1936/37 2,24 Prozent.
Siehe Wendt, a. a. O., S. 346 mit
weiteren Nachweisen.

311 Alfons Pamperrien, Jahrgang 1923,
wurde mit seiner Pfadfindergruppe
zwangseingegliedert. Um die
Ersparnisse aus der gemeinsamen
Kasse nicht der HJ als Beute über-
lassen zu müssen, »verballerten«
die Jungen die Kasse im Kaufhaus
Bamberger in Bremen.

312 Friedrich Georgi: Wir haben das

Letzte gewagt ... General Olbricht und die Verschwörung gegen Hitler, Freiburg i. Br. 1990, S. 52.

313 Ebd., S. 53.

314 Helmut Scaruppe, Schreiben vom 15. 3. 2014 an die Autorin.

315 Aus der »Dienstbescheinigung« der NSDAP, Hitlerjugend, Bann 202, Marine-HJ Hamburg, für »Helmuth Skaruppe« [sic!] kann als Eintrittstermin der 29. 10. 1935 bestimmt werden.

316 Helmut Scaruppe, Schreiben vom 18. 2. 2014 an die Autorin.

317 Vertiefend Anne Hutmacher: Schülerrudern, a. a. O., in dies.: Die Entwicklung des Frauenruderns, Köln 2010.

318 Ebd.

319 Scaruppe, a. a. O., 15. 3. 2014.

320 Ebd.

321 Scaruppe, a. a. O., 18. 2. 2014.

322 Ebd.

323 Ebd.

324 Scaruppe, a. a. O., 15. 3. 2014.

325 StAHH Sign. 362 – 2/20 Nr. 43, Satzung und Protokoll der 1. Mitgliederversammlung vom 29. 4. 1925, § 1.

326 Wendt, a. a. O., S. 320.

327 StAHH Sign. 362 – 2/20 Nr. 43, Norddeutscher Schüler- und Jugendruderverband, Leitsätze der Hamburger Protektorenschaft, 12. 4. 1933.

328 Wendt, a. a. O., S. 321, interpretiert den Schriftsatz als Ausdruck der Anbiederung. Er übersieht den Wunsch nach Wahrung der Unabhängigkeit.

329 Dass Helmut Schmidt sich im Alter hieran nicht erinnert, verhindert folgerichtig auch seine Reflexion solcher Einflüsse.

330 Kindheit, a. a. O., S. 207 f.

331 »HJ im Dienst« bzw. zunächst die weitestgehend gleichlautende Ausbildungsvorschrift der Deutschen Jungenschaft, die von der HJ übernommen worden war.

332 Der Ruderer, 11. Jg., Nr. 12, 1. 9. 1936.

333 Kindheit, a. a. O., S. 208.

334 Vgl. http://www.jugend 1918-1945.de/thema.aspx?s= 5388&m=3448&v=5388.

335 Scaruppe, a. a. O., 6. 3. 2014.

336 Kindheit, a. a. O., S. 206.

337 Scaruppe, a. a. O., 6. 3. 2014.

338 Es handelt sich um Aktenmaterial aus dem Archiv der Lichtwarkschule, das ein findiger Hausmeister der Nachfolgeschule entnahm und im April 1976 an den damaligen Bundesverteidigungsminister schickte.

339 Schreiben des 1. Ruderwarts der »Ruder-Gesellschaft Hansa« e. V., R. Böse, an den Protektor der Ruderriege der Lichtwarkschule, H. Blunk, vom 16. Oktober 1934.

3405 Ebd.

341 Schreiben des Schulleiters Erwin Zindler an die »Ruder-Gesellschaft Hansa« e. V. vom 29. 10. 1934.

342 Bericht des Klassenlehrers Dr. H. Römer vom 25. Oktober 1934.

343 Brief von Lotte Fischer an Marianne Schmidt vom 24. 8. 1976, abgedruckt in: Die Lichtwarkschule, Idee und Gestalt, a. a. O., S. 184.

344 Kindheit, a. a. O., S. 28.

345 Ebd.

346 Schmidts Biograf Hartmut Soell vermutet den »Aufschrei einer

gequälten Lehrerseele« und insinuiert, der Lehrer sei dem schlauen Knaben kaum gewachsen gewesen.

347 Schreiben des Schulleiters an die »Ruder-Gesellschaft Hansa« e. V. vom 29. 10. 1934.

348 Soell, a. a. O., S. 83.

349 Vgl. U. Schmidt, a. a. O., S. 408 und passim.

350 Ebd.

351 StAHH 362 – 2/20 Nr. 44, Schriftwechsel zwischen Zindler und der Landesunterrichtsbehörde in Sachen Witter/Ohm sowie Schreiben des HJ-Bannes Hamburg.

352 Vgl. U. Schmidt, a. a. O.

353 Schreiben von Helmut Schmidt an Werner Stahl vom 1. 6. 1976, zit. nach Soell, a. a. O., S. 871, FN 109.

354 Kindheit, a. a. O., S. 208.

355 Ebd.

356 Scaruppe erinnert den Ausspruch nur schemenhaft. Er könnte aber zutreffen: Bei Großseglern wie der Bark befindet sich unter den beiden Innen- und Außenklüver genannten Segeln das Vorstengestagsegel, Brief v. 4. 3. 2014.

357 Ebd.

358 Kindheit, a. a. O., S. 208.

359 Horst Kerutt: Adolf-Hitler-Marsch der deutschen Jugend, München 1937.

360 Landsberger Zeitung, 18. 8. 1937.

361 Kindheit, a. a. O., S. 208.

362 Ebd.

363 Ebd.

364 Ausführlich zur Freiheitsmetaphorik im Nationalsozialismus: Christian G. Allesch: Der Freiheit wildes Lied: Freiheitslieder als Geschichtskonstruktionen, in: Christian Giordano/Jean-Luc

Patry/Francois Rüegg (Hg.): Trugschlüsse und Umdeutungen. Multidisziplinäre Betrachtungen unbehaglicher Praktiken, Berlin 2009, S. 9 – 24.

365 Ebd., S. 11.

366 Kindheit, a. a. O., S. 208.

367 Ausführlich dazu Kathrin Kollmeier: Ordnung und Ausgrenzung. Die Disziplinarpolitik der Hitler-Jugend, Berlin 2007.

368 Ebd., S. 73.

369 Vgl. Soell, a. a. O., S. 86.

370 Er weist in seinen Kindheitserinnerungen selbst auf diese Möglichkeit hin, siehe Kindheit, a. a. O., S. 209.

371 Vgl. Claus Dörner: Recht auf Irrtum. 77 Jahre in diesem Jahrhundert, Lübeck 1991.

372 Ebd., S. 63 f.

373 Ebd., S. 64.

374 Ebd.

375 Herbert Moltmann ist der Vater des 1926 geborenen evangelischen Theologen Jürgen Moltmann, der mit seiner »Theologie der Hoffnung« einen politischen Anspruch verbindet.

376 Ursel Hochmuth/Hans-Peter de Lorent: Hamburg – Schule unterm Hakenkreuz, Hamburg 1985, S. 91.

377 Ursula Brinckmann: Endlich zog Disziplin ein, in: Die Lichtwarkschule. Idee und Gestalt, a. a. O., S. 183 f.

378 Ebd., mit weiteren Nachweisen.

379 StAHH 362 – 2/20_6 Bd. 1, Personalakte Eberhardt, Bericht gemäß Aufforderung des Herrn Regierungsdirektors Dr. Schultz in Sachen der Studienrätin Ida Eberhardt vom 8. 1. 1935.

380 Ebd.
381 Kindheit, a. a. O., S. 200.
382 Hochmuth/de Lorent, a. a. O.,
    S. 98.
383 Alle Informationen über Rolf
    William Levisohn bei: Landeszen-
    trale für politische Bildung (Hg.):
    Carmen Smiatacz: Stolpersteine
    in Hamburg-Barmbek und Ham-
    burg-Uhlenhorst. Biographische
    Spurensuche, Hamburg 2010,
    S. 128 ff., mit weiteren Nachwei-
    sen.
384 Hochmuth/de Lorent, a. a. O.,
    S. 98.
385 Smiatacz, a. a. O.
386 Ebd.
387 Ebd.
388 Ebd.
389 Edgar Gerwin: Bei uns in der
    Lichtwarkschule..., in: Die Licht-
    warkschule, Idee und Gestalt,
    a. a. O., S. 197.
390 Kindheit, a. a. O., S. 32. Auch sie
    vermittelt den Eindruck, als sei es
    allen jüdischen Mitschülern mit
    ihren Familien gelungen, aus-
    zuwandern.
391 Kindheit, a. a. O., S. 201.
392 Ebd.
393 Ebd.
394 Im Tenor ebenso: Soell, a. a. O.,
    S. 80.
395 StAHH 362 – 2/20_38, Hand-
    schriftliche Themen für die Abi-
    turarbeit von A. Moltmann,
    15. 2. 1937.
396 Ausführlich zum Eherecht im
    »Dritten Reich« Cornelia Essner/
    Eduard Conte:»Fernehe«,»Lei-
    chentrauung« und»Totenschei-
    dung«. Metamorphosen des Ehe-
    rechts im Dritten Reich, in:
    Vierteljahreshefte für Zeitge-

schichte, 44. Jg., Heft 2 (1996),
    S. 201 ff.
397 U. Schmidt, a. a. O., S. 117.
398 Ebd.
399 Jonathan Carr: Helmut Schmidt,
    Düsseldorf 1985, S. 17.
400 Siehe hierzu den Schriftwechsel
    mit der Schulbehörde in der Per-
    sonalakte, a. a. O.
401 StAHH 361 – 3 A 1723, Personal-
    akte Gustav Schmidt, Bescheini-
    gung der Gemeindeverwaltung
    der Stadt Hamburg über den
    Nachweis der deutschblütigen
    Abstammung von Gustav
    Schmidt und seiner Ehefrau. In
    dem Formular sind bei beiden
    sowohl»Geburtsurkunde des
    Vaters« als auch»Heiratsurkunde
    der Eltern« und die vorzulegen-
    den großelterlichen Urkunden
    abgehakt.
402 Ebd., Bescheinigung der Gemein-
    deverwaltung der Stadt Hamburg
    über den Nachweis der deutsch-
    blütigen Abstammung von Gus-
    tav Schmidt und seiner Ehefrau
    vom 19. 1. 1940. In dem Formular
    sich bei beiden sowohl»Geburts-
    urkunde des Vaters« als auch
    »Heiratsurkunde der Eltern« und
    die vorzulegenden großelterlichen
    Urkunden abgehakt.
403 Carr, a. a. O., S. 18.
404 Kollmeier, a. a. O., S. 201.
405 StAHH Personalakte G. Schmidt,
    a. a. O. Fragebogen des Military
    Government of Germany vom
    1. 6. 1945. Schmidt gehörte dem
    ältesten, 1805 gegründeten Ham-
    burger Lehrerverein »Gesellschaft
    der Freunde des vaterländischen
    Schul- und Erziehungswesens«
    (GdF) an (siehe Soell, a. a. O.,

S. 66). Die GdF wurde als erster
Hamburger Lehrerverein bereits
im April 1933 gleichgeschaltet.
Siehe U. Schmidt, a. a. O., S. 159.
406 Schmidt/Stern, a. a. O.
407 Wolfgang Schmidt im Gespräch
mit Hartmut Soell, 17. 7. 1996,
Soell, a. a. O., S. 870, Fußnote 86.
408 Ebd.
409 Zum Beispiel Gunter Hofmann:
Willy Brandt und Helmut
Schmidt. Geschichte einer

schwierigen Freundschaft, München 2012, S. 40: »[…] erscheint
es noch rätselhafter, wieso ihm
das Schicksal der Juden in
Deutschland unbekannt blieb,
mehr noch, weshalb er also der
sichtbaren Spur in seiner Umgebung – den vielen › Abgängen‹ –
nicht besonders leidenschaftlich
nachging.«
410 Kindheit, a. a. O., S. 243.
411 Ebd.

Teil 2

1 Kindheit, a. a. O., S. 207. Erwin
Laage (1920 – 1997) wurde Land-
schaftsarchitekt und leitete das
Gartenbauamt in Hannover.
Sein jüngerer Bruder Gerhart
(1925 – 2012) wurde Architekt
und Stadtplaner und später städ-
tebaulicher Berater Schmidts
während dessen Kanzlerschaft.
2 Johann Hinrich Wichern: Bausachen zur Hebung und Förderung des sittlichen Lebens, in:
ders.: Sämtliche Werke, Bd. V,
Hamburg 1971, S. 68. Zit. nach
Hans J. Teuteberg/Clemens,
Wischermann: Wohnalltag in
Deutschland 1850 – 1914. Bilder,
Daten, Dokumente, Münster
1985, S. 36.
3 Zit. nach: http://www1.wdr.de/
themen/archiv/stichtag/stich
tag6860.html, abgerufen am
22. 7. 2014.
4 Vgl. Hamburgisches Gesetz be-
treffend die Wohnungspflege von
1898, abgedruckt in: Teuteberg/
Wischermann, a. a. O., S. 458 f.

5 Bis 1931 wohnte die Familie in
einem Stadthaus der Gründerzeit
in der Richardstraße 65 in Barm-
bek-Süd. Hier waren Häuser für
Besserverdienende mit entsprechender Ausstattung errichtet
worden. Vgl. http://www.hallo-
barmbek.de/hb_geschichte.html,
abgerufen am 5. 8. 2014.
6 Kindheit, a. a. O., S. 197.
7 Ebd., S. 199.
8 Erste Forderungen nach staatlichen Eingriffen wurden Anfang
der 1870er-Jahre erhoben, davor
wurde jegliche staatliche Inter-
vention abgelehnt, vgl. Teuteberg/
Wischermann, a. a. O., Fünfter
Teil, Wohnungsreformbewegung
und Wohnungspolitik, S. 367.
9 Ebd., S. 370.
10 Ausführlich ebd., S. 366 ff.
11 Ausführlich ebd., S. 369 f. Die Einführung gibt einen Überblick
über die historische Entwicklung
der SPD, die auch am Beispiel des
Wohnungsbaus zeigt, wie sich die
SPD von einer revolutionären zu

einen bürgerlichen Partei entwickelte.

12 Ebd.

13 Fritz Schumacher: Zukunftsfragen
an der Unterelbe. Gedanken zum
»Gross-Hamburg«-Thema, 2. Aufl.,
Jena 1927, S. 16.

14 Ebd., S. 19.

15 Ebd., S. 47. Zuvor hatte Schumacher
einige Jahre unter dem damaligen
Oberbürgermeister Konrad Ade-
nauer in Köln gewirkt.

16 Ebd., zum Beispiel S. 17.

17 Peter Petersen: Das Deutsche Gymnasium und der humanistische
Gedanke in der Gegenwart, in:
ders.: Innere Schulreform und Neue
Erziehung, Weimar 1925, S. 214.
Ders.: Antrittsrede bei Übernahme
der Schulleitung (1920), in: ebd.,
S. 167. Zit. nach Lehberger/Wendt,
in: Lichtwarkschule a. a. O., S. 7.

18 Kindheit, a. a. O., S. 209.

19 Ebd.

20 Er schreibt von »meinen HJ-Vorgesetzten«, ebd.

21 Ebd.

22 Robert Wistrich: Wer war wer im
Dritten Reich, München 1983,
S. 341.

23 Ebd., S. 341 f.

24 Ebd., S. 342.

25 Weshalb die Morde fälschlicherweise sogar bis heute noch unter
dem Propagandabegriff »Röhmputsch« durch die Geschichtsbücher
geistern.

26 Kindheit, a. a. O., S. 209.

27 Siehe oben, zum Beispiel die Erinnerungen von Schmidts Schulkameraden Scaruppe an die bei der HJ
vermittelten Inhalte.

28 Victor Klemperer: LTI. Notizbuch
eines Philologen, Berlin 1947.

29 Ian Kershaw: Der Hitler-Mythos, in:
Spiegel Special Geschichte 1/2008,
S. 108.

30 Ebd.

31 Ebd.

32 Vgl. ebd., S. 105. Kershaw bezweifelt
zwar Sebastian Haffners Einschätzung, dass es sich um 90 Prozent
»Führergläubige« handelte, bestätigt
aber, dass das Ansehen des Regimes
seit 1933 erheblich wuchs und es
insbesondere gelang, auch frühere
Gegner zu überzeugen.

33 Kindheit, a. a. O., S. 209.

34 Ebd., S. 219.

35 Ebd.

36 Kindheit, a. a. O., S. 202.

37 Ebd., S. 201.

38 Jan Hans: Die Bücherverbrennung
in Hamburg, in: Eckart Krause
(Hg.): Hochschulalltag im »Dritten
Reich« – Die Hamburger Universität 1933–1945, Berlin 1991.

39 Vgl. Angela Graf: April/Mai 1933
– Die »Aktion wider den undeutschen Geist« und die Bücherverbrennungen, in: Verbrannt, geraubt,
gerettet! Bücherverbrennungen in
Deutschland. Veröffentlichungen
der Bibliothek der Friedrich-Ebert-
Stiftung, Bonn 2003, S. 14.

40 Ebd.

41 Ebd.

42 Ebd., S. 11, Abdruck des Plakats mit
den zwölf Thesen »Wider den
undeutschen Geist«.

43 Ursula Meier (Hg.): Erna Stahls
Haltung in der Zeit des Nationalsozialismus, in: Erna Stahl – Zeugnisse ihres Wirkens im Hamburger
Schulwesen nach 1945 und Betrachtungen aus ihrer späteren Lebenszeit, Hamburg 2010, S. 434, Fußnote
83.

44 Vgl. ebd., S. 436.

45 Vgl. ebd.

46 Ebd., S. 202.

47 Ebd., S. 207.

48 Ebd.

49 Erna Stahl, Brief an Thorsten Müller vom 10.12.1968 – Stellungnahme zum »Hamburger Zweig der Weißen Rose«, abgedruckt in: Meier, a.a.O., S. 400.

50 Zum Beispiel der Schmidt-Biograf Soell und Anne-Kathrin Beer in: dies.: Eine Schule, die hungrig machte. Helmut und Loki Schmidt und die Lichtwarkschule, Bremen 2007.

51 Joist Grolle: Alfred Lichtwark und die Lichtwarkschule: Anmerkungen zu zwei Legenden, in: Universität Hamburg. Berichte und Meinungen aus der Universität, Bd. 28, Heft 3, 1997, S. 42.

52 Kindheit, a.a.O., S. 231. Er hatte sich 1944 geweigert, ihr nach der Verhaftung mit einem Leumundszeugnis zu helfen. Zahlreiche andere Schulkameraden hatten keine Bedenken und schrieben Briefe an die ermittelnden Behörden, um ihre Lehrerin zu retten.

53 Ebd.

54 Auszug aus »25 Jahre Deutscher Sportbund«, Ansprache des Bundeskanzlers Helmut Schmidt von 1975, abgedruckt in: Die Lichtwarkschule, Idee und Gestalt, a.a.O., S. 180.

55 Kindheit, a.a.O., S. 198.

56 Ebd., S. 204.

57 Vgl. Krause-Burger, a.a.O., S. 62.

58 Schmidt/Stern, a.a.O., S. 67 f.

59 Es war eine der ersten Amtshandlungen des neuen Schuldirektors Zindler, die einseitig positive Rezeption von Remarque, Plievier, Barbusse, Renn und Johannsen als Beleg für die auszumerzende geistige Haltung der »alten« Lichtwarkschule an die Schulbehörde zu melden. Vgl. StAHH 361 – 02 VI Nr. 417, Denkschrift über die Lichtwarkschule vom 29.1.1934.

60 Kindheit, a.a.O., S. 30. Loki Schmidt erinnert sich, dass sie sich weigerte, eine Waffe in die Hand zu nehmen.

61 Ausführlich Wendt, a.a.O., S. 152 ff., besonders S. 167 f.

62 Erziehung zur Deutschheit. Die Lichtwarkschule – Erwin Zindler ihr neuer Leiter, in: Hamburger Anzeiger, Nr. 197, 24.8.1933.

63 Die Lichtwarkschule, Idee und Gestalt, a.a.O., S. 180 f.

64 Wendt, a.a.O., S. 168.

65 Ebd., mit weiteren Nachweisen.

66 Ebd.

67 Ebd.

68 Vgl. Krause-Burger, a.a.O., S. 70.

69 Schmidt/Stern, a.a.O., S. 68.

70 Vgl. Kindheit, a.a.O., S. 211.

71 Ebd. Die übliche Studiendauer betrug einschließlich der Prüfungen etwa acht Semester, andere Berufsausbildungen drei Jahre.

72 Vgl. § 8 Abs. 2 Wehrgesetz vom 21.5.1935.

73 § 8 Abs. 3 Wehrgesetz vom 21.5.1935.

74 Ausführlich Kiran Klaus Patel: Der Arbeitsdienst für Männer im Machtgefüge des »Dritten Reichs«, in: Wolf Gruner/Armin Nolzen (Hg.): Bürokratien. Initiative und Effizienz. Beiträge zur Geschichte des Nationalsozialismus, Bd. 17, Berlin 2001, S. 53 ff. (= Patel: Machtgefüge).

75 Ebd., S. 51.
76 Ebd., mit weiteren Nachweisen.
77 Ebd., mit weiteren Nachweisen.
78 Ebd., S. 56.
79 Ausführlich Kiran Klaus Patel:
Lager und Camp. Lagerordnung
und Erziehung im nationalsozialistischen Arbeitsdienst und im
»Civilian Conservation Corps«
des New Deal 1933 – 1939/42, in:
Jahrbuch für historische Bildungsforschung, Bd. 6 (2000),
S. 93 – 116.
80 Patel: Machtgefüge, S. 73.
81 Ebd.
82 Ebd., S. 65 und passim.
83 Kindheit, a. a. O., S. 211.
84 Ebd.
85 Kindheit, a. a. O., S. 213.
86 Ebd., S. 212 f.
87 Ebd., S. 211.
88 Ebd.
89 Ebd.
90 Ebd., S. 212.
91 Ebd.
92 Ebd.
93 Ebd.
94 Ebd.
95 Ebd.
96 Ebd.
97 Ebd.
98 Vgl. Benjamin Henrichs: Gustave
Le Bon. Psychologie der Massen,
in: Die Zeit, Nr. 42, 14. 10. 1983.
99 Ebd.
100 Hierzu überaus erhellend ebd.
101 Ebd.
102 Gustave Le Bon: Psychologie der
Massen, 8. Aufl., Hamburg 2013,
S. 184.
103 Vgl. Soell, a. a. O., S. 88.
104 Kindheit, a. a. O., S. 212.
105 Loki Schmidt nahm sich selbst in
diesem Zusammenhang ganz

anders wahr. Als Adolf Hitler
Hamburg besuchte, wurden alle
Schüler zum Spalierstehen beordert. »Ich hatte mir fest vorgenommen, weder die Hand hoch-
zunehmen noch zu rufen. [...]
Dann ein Brausen in der Ferne,
das langsam anschwoll. Und
plötzlich entdeckte ich, dass ich
laut brüllte und winkte.« Ihr Vater
erklärte ihr das Phänomen als
Massenpsychose. Vgl. Kindheit,
a. a. O., S. 27.
106 Vgl. Hans Ulrich Wehler: Der
Nationalsozialismus: Bewegung,
Führerherrschaft, Verbrechen,
1919 – 1945, S. 46: Die höchste
»Anfälligkeit« zeigten protestanti-
sche gewerbliche und bäuerliche
Selbstständige. In der Aufstiegs-
phase stellte die bürgerliche Mit-
telklasse 60 Prozent der Wähler.
S. 126: Nach der Vertreibung
zahlreicher Intellektueller zeigte
die verbliebene Bildungselite
sogar eine besondere Affinität zu
den neuen Machthabern. Dies
geschah vielfach mit Argumenten
der »konservativen Revolution«.
Einige werden bei Wehler zusam-
mengetragen.
107 Ebd.
108 Ebd.
109 Vgl. ebd.
110 Schmidt/Stern, a. a. O., S. 68.
111 Ebd., S. 68 ff.
112 Ebd., S. 212.
113 Vgl. Kindheit, a. a. O., S. 213.
114 Schmidt benutzt den Begriff,
Kindheit, a. a. O., S. 213.
115 Helmut Schmidt bei Beckmann in
der ARD am 22. 2. 2010.
116 Dass die Nationalsozialisten auf
eine schon vorhandene Mentalität

in der Wehrmacht aufbauen
konnten, ist zum Beispiel nachzulesen bei Jürgen Förster: Die
Wehrmacht im NS-Staat. Ein
»grauer Fels in der braunen
Flut?«, in: K.-H. Lutz/M. Rink/M.
von Salisch (Hg.): Reform, Reorganisation, Transformation. Zum
Wandel in deutschen Streitkräften
von den preußischen Heeresreformen bis zur Transformation in
der Bundeswehr, München 2010,
S. 263 – 275.

117 Benedikt Erenz: Wo haben Sie
gedient? Major Hermann
Foertsch, Reichswehrministerium, über die Pflicht zum Waffendienst, in: Die Zeit, Nr. 9,
24. 2. 2005. – »Großer Krieg« =
Erster Weltkrieg.
118 Ebd.
119 H. Scaruppe, Gespräch mit der
Autorin am 21. 3. 2014.
120 Ausführlich Dirk Richhardt: Auswahl und Ausbildung junger Offiziere 1930 – 1945. Zur sozialen
Genese des deutschen Offizierskorps, Marburg 2002. http://
archiv.ub.uni-marburg.de/diss/
z2005/0100/pdf/ddr.pdf, abgerufen am 10. 8. 2014.
121 Ebd., S. 90.
122 Vgl. § 2 Wehrgesetz vom
21. 5. 1935.
123 Vgl. Benedikt Erenz: Erziehung
in der Wehrmacht. Der Erlass des
Reichswehrministers Generaloberst Werner von Blomberg vom
16. April 1935, in: Die Zeit, Nr. 9,
24. 2. 2005.
124 Ebd.
125 Ebd.
126 Ebd.
127 Ebd.

128 Ebd.
129 Ebd.
130 Ebd.
131 Ebd.
132 Ebd.
133 Ebd.
134 Ebd.
135 Jürgen Förster: Die Wehrmacht
im NS-Staat. Eine strukturgeschichtliche Analyse, München
2007, S. 24, mit Belegen.
136 Ebd., S. 24 ff. Förster analysiert
ausführlich die »Zwei-Säulen-
These« und kommt zu deren
Ablehnung. Insbesondere
Goebbels' These vom »Staat im
Staate« hält er gut begründet für
einen Irrtum.
137 Ebd., S. 25.
138 Ebd., S. 38.
139 Vgl. ebd., S. 37, mit weiteren
Nachweisen.
140 Ebd., S. 38 f.
141 Ebd., S. 39.
142 Ebd., S. 39.
143 Vgl. ebd., S. 26.
144 Matthes Ziegler: Soldatenglaube,
Soldatenehre. Ein deutsches Brevier für Hitler-Soldaten, Berlin
1939. (Die Broschüre erschien in
mehreren Auflagen mit etwa
500 000 Exemplaren.)
145 Vgl. ebd., S. 43.
146 Schmidt fühlte sich zunächst
betrogen, legte seinen Zorn aber
schnell ab, wie er seinem Biografen Hartmut Soell 1996 erzählte.
Vgl. Soell, a. a. O., S. 91 und Fußnote 1, S. 872.
147 Ebd., S. 91.
148 1939 wurde die Gemeinde Grohn
an Bremen angegliedert und
Ortsteil des Bremer Stadtteils
Vegesack.

149 Zunächst bestand die Belegung der Kaserne Grohn aus zwei Batterien der I. Abteilung des Flakregiments 7 in Wolfenbüttel. Am 1. Januar 1938 wurden diese zum Flakregiment 27. Am 15. November 1938 wurde das Regiment in Flakregiment 26 umbenannt und dem neu gebildeten Luftgaukommando XI unterstellt. Vgl. dazu ausführlich Reinhold Thiel: Die bremische Luftabwehr im Zweiten Weltkrieg, Bremen 1995, S. 20 f.

150 Ebd, S. 18.

151 Ebd.

152 Nordwestdeutsche Landeszeitung, 6. 4. 1937, zit. bei Thiel, a. a. O., S. 20.

153 Vgl. Horst-Adalbert Koch: Die Geschichte der deutschen Flakartillerie 1935 – 1945, Bad Nauheim 1954 (mit einem Vorwort von General von Axthelm, einem früheren Kommandanten Schmidts).

154 Ebd., S. 12 und passim.

155 Kindheit, a. a. O., S. 214.

156 Ebd.

157 Ebd.

158 Ebd.

169 § 26 Wehrgesetz vom 21. 5. 1935.

160 § 26 Abs. 2 Wehrgesetz vom 21. 5. 1935. In seinen autobiografischen Notizen von 1945 datiert er die Aufforderung der Partei auf das Jahr 1936, also das Jahr, in dem er sein 18. Lebensjahr vollendete. Vgl. Soell, a. a. O., Fußnote 5, S. 872. 18 war das Mindestalter für den Parteieintritt.

161 Kindheit, a. a. O., S. 214.

162 Ebd.

163 Raymond O. Wells (Hg.): The Founding of International University Bremen. Perspectives for the Twenty-first Century, Bremen 2003, S. 11.

164 Vertiefend dazu Manja Apelt: Militärische Sozialisation, in: Sven Bernhard Gareis/Paul Klein (Hg.): Militär und Sozialwissenschaft, Wiesbaden 2005, S. 26 – 39.

165 Vgl. Soell, a. a. O., S. 92.

166 Kindheit, a. a. O., S. 218.

167 Notizen für das Jahr 1934, vgl. Soell, a. a. O., S. 132.

168 Notizen für das Jahr 1935, ebd.

169 Ebd., S. 132.

170 Ebd.

171 Ebd.

172 Ebd.

173 In seinen Notizen heißt es u. a. für die Jahre 1938 und 1939: »Soldatenleben in Vegesack: Strandlust, Zoten, Begierden« und »Sommermanöver, das erste Mädchen«, vgl. Soell, a. a. O., S. 872, Fußnote 9.

174 Ebd., S. 92.

175 Im Namen der Moral, in: Die Zeit, Nr. 29, 15. 7. 1994.

176 Kindheit, a. a. O., S. 214.

177 Ebd., S. 215.

178 Ebd., S. 214.

179 Ebd.

180 Ebd. Volljährig wurde man damals erst mit Vollendung des 21. Lebensjahres. Er war keine 20 Jahre alt.

181 Ebd.

182 Ebd., S. 215.

183 BA-MA Personalakte Schmidt, Beurteilung vom 14. 1. 1940, Rubrik » Auszeichnungen «.

184 Ausführlich Jörg Osterloh: Nationalsozialistische Judenverfolgung im Reichsgau Sudetenland 1938 – 1945, München 2006.

185 Ebd., S. 140.

186 Ebd.

187 Ebd.

188 Auf Fotos ist zu sehen, dass der Vegesacker Bürgermeister Lothar Westphal in seiner SA-Uniform erschien. Westphal war zugleich Angehöriger des von den Nazis eingesetzten Staatsrats in Bremen, der den Bremer Senat »beriet«.

189 Norddeutsche Volkszeitung, Nr. 245, 10.10.1938.

199 Zum Beispiel StA Bremen 6.11/228, Befehl Nr. 1 der Abt. 1/ Flakregiment 26 vom 6.3.1939, aus dem hervorgeht, dass Schmidts Abteilung am 19.3.1939 einen Propagandamarsch durch Aumund machen sollte. Anlass war der Jahrestag des »Anschlusses« Österreichs. Der 19.3.1939 war außerdem der Tag der Wehrmacht.

191 Vgl. Die Harke, 20.3.1939, Teilfaksimile: http://www.wirwussten-nichts-davon.de/wwnd_Seiten/Jugend/Jugenddoku/jdo2.html#wehr, abgerufen am 14.8.2014.

192 Vgl. Kindheit, a.a.O., S.214.

195 Ebd., S.215.

194 Im Namen der Moral. Gespräch zwischen Marion Gräfin Dönhoff, Helmut Schmidt und Richard von Weizsäcker, in: Die Zeit, Nr. 29, 15.7.1994.

195 Ausführlich Wilhelm Lührs: Der Pogrom vom 9./10. November 1938, in: ders. (Hg.): »Reichskristallnacht« in Bremen, Bremen 1988, S. 39 – 59.

196 Ebd., S.44.

197 Ebd., S.46.

198 Ebd.

199 Ebd. Das Telefonat ist dort in voller Länge wiedergegeben. Eine mehrköpfige Familie wurde in Bremen-Nord nur verschont, weil der SA-Truppführer, der die Befehle zum Mord an den anderen erteilt hatte, hier selbst aktiv werden wollte und sich dann nicht traute. Er gab lediglich einen Schreckschuss ab und ließ die Opfer laufen.

200 Ebd.

201 Ebd.

202 Er unterstand der II. Abteilung des Flakregiments. Auskunft der Deutschen Dienststelle vom 17.3.2014.

203 Wahrscheinlich der in Grohn wohnende ältere Bruder Paul Sinasohn. Es könnte aber auch die Polizei gewesen sein, die von Nachbarn gerufen worden war.

204 Beitrag von Radio Bremen 1988. Das Gasthaus Bellmer befand sich direkt neben dem Haus der Sinasohns, vgl. Rolf Rübsam: Sie lebten unter uns. Opfer der »Reichskristallnacht« in Bremen und Umgebung, Bremen 1988.

205 Rübsam, a.a.O., S.75.

206 Vgl. ebd.

207 Ebd., S.77.

208 Ebd.

209 Ebd., S.76.

210 Zum Beispiel Bremer Zeitung, 11.11.1938: »Die Volkswut machte sich Luft« bzw. »Der Möglichkeit, dass die Volkswut sich auch der Juden persönlich bemächtigte, wurde vorgebeugt«.

211 Bremer Bürgerzeitung, 15.4.1961.

212 Gespräch mit Dominique Bontjes van Beek am 16.4.2014.

213 Mietje Bontjes van Beek: Verbrennt diese Briefe!, Fischerhude
1998.

214 Kindheit, a. a. O., S. 215.

215 Vgl. Soell, a. a. O., S. 94.

216 Ebd.

217 Olga hatte sich 1933 von Jan
Bontjes van Beek getrennt.

218 Vgl. Kindheit, a. a. O., S. 216.

219 Den musste er eigentlich nicht
vergessen, da er ihn ja in diesen
zwei Jahren des Wehrdienstes
nicht mitbekam, wie er immer
wieder betonte.

220 Vgl. Soell, a. a. O., S. 111.

221 Ausführlich Marina Bohlmann-
Modersohn: Otto Modersohn.
Leben und Werk, Fischerhude
2005.

222 Ebd., S. 3. Er fiel im Juli 1943 und
muss eine Vorahnung gehabt
haben, denn er schickte einen Tag
vor seinem Tod seine gesamte
Korrespondenz und letzte Aufzeichnungen an seine Mutter.
Ebd., S. 21.

223 Dominique Bontjes van Beek im
Gespräch mit der Autorin am
16. 4. 2014.

224 Mietje Bontjes van Beek an Helmut Schmidt am 2. 4. 1991, vgl.
Soell, a. a. O., S. 112.

225 Ebd.

226 Mietje Bontjes van Beek im
Gespräch mit Hartmut Soell am
21. 6. 1999. Vgl. Soell, a. a. O.,
S. 113.

227 Mietje Bontjes van Beek, a. a. O.,
S. 41.

228 Hermann Vinke: Cato Bontjes
van Beek. Ich habe nicht um mein
Leben gebettelt, Zürich 2003,
S. 53.

229 Mietje Bontjes van Beek, a. a. O.,
S. 41.

230 Vinke, a. a. O., S. 52 f.

231 Mietje Bontjes van Beek, a. a. O.,
S. 41. Jahrzehnte später wurde
Schmidt von einem Bekannten
der Familie Bontjes van Beek
nach etwaigen Spannungen bei
den Begegnungen in Fischerhude
gefragt, die seine nationalistische
Haltung hervorgerufen haben
könnte. Offenbar hatte sich diese
Einschätzung in der Familie tradiert. Schmidt bestritt, je Natio-
nalist gewesen zu sein. Vgl. http://
www.mietjebontjesvanbeek.com/
berichte/, abgerufen am
15. 8. 2014.

232 Die Schwestern brachen auch zu
anderen Freunden, die Propagan-
dathesen vertraten, trotz der
widersprechenden Ansichten den
Kontakt nicht ab. Vgl. Manfred
Flügge: Meine Sehnsucht ist das
Leben. Eine Geschichte aus dem
deutschen Widerstand, Berlin
1998, S. 93.

233 Vgl. oben

234 Mietje Bontjes van Beek berichtet
von der Flucht der Familie in die
Komik und den Hitler- und
Goebbelsparodien der Mutter.
Vgl. Mietje Bontjes van Beek,
a. a. O., S. 31.

235 Personalakte Helmut Schmidt,
a. a. O.

236 Kindheit, a. a. O., S. 218.

237 Ebd.

238 Ebd.

239 Ebd.

240 Ebd.

241 Ebd.

Teil 3

1 Vgl. Thiel, a. a. O., S. 30. Thiel bezieht sich auf Aussagen von Paul Ullrich, dem »alten Capitano«.
2 BA-MA Personalakte Schmidt, a. a. O. Vorschlag zur Beförderung zum Leutnant vom 15. 12. 1939.
3 Ausführlich zur Vorgeschichte Dichhardt, a. a. O., S. 200 ff.
4 Ebd., S. 265 f.
5 Ebd., S. 266.
6 Ebd., S. 265.
7 Ebd.
8 Ebd., mit Nachweisen.
9 Kindheit, a. a. O., S. 219.
10 Dichhardt, a. a. O., S. 258.
11 Ebd., S. 260.
12 Ebd., S. 240.
13 Ebd.
14 Vgl. ebd., S. 252.
15 Ebd.
16 Wie schon in der HJ, siehe oben.
17 BA-MA Personalakte Schmidt, a. a. O. Vorschlag zur Beförderung zum Leutnant vom 15. 12. 1939.
18 Vgl. Soell, a. a. O., S. 93.
19 Vgl. Jürgen Förster: Geistige Kriegführung in Deutschland 1919 bis 1945, in: Jörg Echternkamp (Hg.): Das Deutsche Reich und der Zweite Weltkrieg, Bd. 9, Halb-Bd. 1: Politisierung, Vernichtung, Überleben, München 2004, S. 516.
20 Ebd., mit Nachweisen.
21 Ebd.
22 Vgl. Dichhardt, a. a. O., S. 265.
23 Ausführlich ebd., S. 263 ff.
24 Ausführlich Tobias Kühne: Kameradschaft. Die Soldaten des nationalsozialistischen Krieges und das 20. Jahrhundert, Göttingen 2006.
25 Hermann Foertsch: Der Offizier der neuen Wehrmacht. Eine Pflichtenlehre, 2. Aufl., Berlin 1936, S. 21.
26 Dichhardt, a. a. O., S. 263.
27 Ebd., S. 264.
28 Zusammensetzung vgl. Koch, a. a. O., S. 46.
29 Kindheit, a. a. O., S. 219.
30 Vgl. Förster: Geistige Kriegführung, a. a. O., S. 516.
31 Vgl. ebd.
32 Foertsch, a. a. O., S. 12.
33 Ebd.
34 Ebd., S. 16.
35 Siehe oben.
36 Kindheit, a. a. O., S. 218. Schmidt schreibt »4 Uhr 45«, die tatsächliche Angriffszeit.
37 Ebd.
38 Ebd.
39 Vgl. ebd., S. 219.
40 Später wird er den Pazifismus als unrealistisch abtun.
41 Kindheit, a. a. O., S. 219.
42 Ebd.
43 Ebd.
44 Schmidt/Stern, a. a. O., S. 16.
45 Ebd.
46 Vgl. Personalakte Schmidt, a. a. O., Beurteilung vom 17. 1. 1941 und Beurteilungsnotiz vom 11. 11. 1941. Aus den Dokumenten geht hervor, dass Schmidt seit 26. 10. 1940 ununterbrochen bis zum 26. 8. 1941 in der Flakartillerieschule II tätig war.
47 Schmidt/Stern, a. a. O., S. 16.
48 Ebd.

49 Kindheit, a.a.O., S.220.
50 Schmidt/Stern, a.a.O., S.17.
51 Philipp Bouhler: Napoleon. Kometenbahn eines Genies, München 1941. Bouhler war Reichsleiter der NSDAP, leitete die Kanzlei des »Führers« und war SS-Obersturmbannführer, siehe Wistrich, a.a.O., S.36f. (Wistrich gibt irrtümlich das Jahr 1942 als Erscheinungsjahr an. 1942 erschien die 2. Aufl. des Buchs.)
52 Ebd., S.37.
53 Gerd R. Ueberschär: Dokumente zum Unternehmen Barbarossa als Vernichtungskrieg im Osten, in: ders./Wolfram Wette (Hg.): Der deutsche Überfall auf die Sowjetunion – »Unternehmen Barbarossa« 1941, 2. Aufl., Frankfurt a.M. 2001, S.323: Aktennotiz über Ergebnis der heutigen Besprechung mit den Staatssekretären über »Barbarossa« vom 2.5.1941.
54 2014 belehrte Schmidt den gleichaltrigen russischen Dichter Daniil Granin, der im Bundestag über das deutsche Verbrechen der Aushungerung Leningrads gesprochen hatte, auf die Frage, warum die Deutschen trotz ihrer weitaus besseren Ausstattung und Ausbildung den Krieg verloren hätten, nicht die Sowjets hätten die Deutschen besiegt, sondern die Amerikaner. Die Zeit, Nr. 36, 28.8.2014, S.43: »Wie würdest Du handeln?« Die USA traten erst am 8. Dezember 1941 in den Krieg ein, also nach Schmidts »Prophezeiung«.
55 Schmidt/Stern, a.a.O., S.16.
56 Vgl. Foertsch, a.a.O., S.92.
57 Ebd.
58 Vgl. Thiel, a.a.O., S.30.
59 Ebd., S.245.
60 Ebd. unter Bezugnahme auf Paul Ullrich.
61 Ebd., S.31.
62 Ebd.
63 Ebd.
64 Ebd., S.34.
65 Ebd., S.39.
66 Ebd., S.44.
67 Ebd.
68 Ebd.
69 Ebd., S.46.
70 Vgl. ebd., S.48.
71 Kriegstagebuch der 3. schweren Flakbatterie der Reserveflakabteilung 262, die in Hasenbüren stationiert war, wenige Kilometer weserabwärts, von Schmidts Zug aus betrachtet.
72 Alle Zahlen nach: http://www.historic.de/Bremen_im_Krieg/Bombenangriffe/Bombenangriffe1940.htm, abgerufen am 28.8.2014.
73 Kindheit, a.a.O., S.220.
74 Vgl. Thiel, a.a.O., S.244.
75 Otto-Modersohn-Archiv Fischerhude, Nachlass Ulrich Modersohn, Cato Bontjes van Beek an Ulrich Modersohn am 9.6.1940. Möglicherweise gab Schmidt gegenüber der Freundin aus Geheimhaltungsgründen seinen genauen Einsatzort nicht preis. Möglicherweise irrte sie sich aber auch einfach, da sie wusste, dass er Hamburger war. Aus seiner Personalakte geht hervor, dass er zu der betreffenden Zeit bei seiner Einheit in Bremen gewesen sein muss.
76 Ebd. Cato Bontjes van Beek an Ulrich Modersohn am 19.7.1940.
77 Ebd.
78 Hans-Martin Stimpel: Die deutsche Fallschirmtruppe 1936–1945.

Innenansichten von Führung und
Truppe. Mentalitätsgeschichtliche
Studie, Hamburg 2009, S. 56.
79 Ebd.
80 Ebd., S. 53 f.
81 Ebd.
82 Ebd., S. 59.
83 Ebd., S. 61 ff. und S. 13 f.
84 Kindheit, a. a. O., S. 220.
85 Ebd.
86 Ebd., S. 48.
87 Personalakte Schmidt, a. a. O.,
    Beurteilung vom 14. 12. 1940
    durch Major Kurt Andersen, S. 3.
88 Ebd., S. 2.
89 Ebd.
90 Ebd.
91 Ebd.
92 Ebd.
93 Ebd.
94 Ebd.
95 Ebd., S. 3.
96 Ebd.
97 Notizen aus der Kriegsgefangen-
    schaft, zit. nach Soell, a. a. O.
98 Ebd., S. 100.
99 Kindheit, a. a. O., S. 220.
100 Ebd.
101 Ebd.
102 Ebd., S. 221.
103 BA-MA Pers 6/18222, Beurtei-
     lungsnotiz vom 11. 11. 1941.
104 Ebd.
105 Ebd.
106 BA-MA Pers 6/1042. Im Antrag
     auf besondere Beförderung heißt
     es 1944 zum Beispiel: »Ausgespro-
     chen unbeugsame Führernatur.
     Kurz, knapp und klar in seinen
     Anordnungen. Sehr gute Nerven.
     Sicherer Blick für das Praktische.
     Harter Kämpfer. Vor dem Feinde
     hervorragend bewährt. Vorzügli-
     cher, strenger und gerechter Vor-

gesetzter. Kämpfernatur. Beson-
     ders energischer und tatkräftiger
     Führer.«
107 BA-MA Pers 6/18222.
108 Ebd.
109 Kindheit, a. a. O., S. 48.
110 Ebd.
111 Ebd.
112 Ebd.
113 Ebd.
114 Ebd.
115 Ebd., S. 221.
116 Kindheit, a. a. O., S. 230.
117 Dieter Pohl: Die Herrschaft der
     Wehrmacht. Deutsche Militär-
     besatzung und einheimische
     Bevölkerung in der Sowjetunion
     1941–1944, München 2008,
     S. 384, Fußnote 24.
118 Dieter Bach/Wladlen Smirnow
     (Hg.): Deutsche Spuren in einer
     russischen Stadt. Pskov – Vom
     deutschen Orden bis zu den Part-
     nerschaften von heute, Wuppertal
     1997, S. 98.
119 Ebd., S. 102 f.
120 Siehe zum Beispiel Meelis Mari-
     puu: The Execution of Estonian
     Jews in the Local Detention Insti-
     tutions in 1941–1942, S. 659 f., in:
     ders./Indrek Paavle (Hg.): Estonia
     1940–1945. Reports of the Esto-
     nian International Commission
     for the Investigation of Crimes
     against Humanity, Tallinn 2006.
121 Alle Informationen in diesem
     Abschnitt aus: Bach/Smirnow,
     a. a. O., S. 97–104 und S. 119 ff.
122 Christian Gerlach: Kalkulierte
     Morde. Die deutsche Wirtschafts-
     und Vernichtungspolitik in
     Weißrussland, Hamburg 1999,
     S. 510–513 und S. 881 (zit. nach
     Pohl, a. a. O., S. 162).

123 Ebd. Geiselerschießungen sind
überliefert. Als etwa ein deutscher
Soldat tot in einer Kanalisation
aufgefunden wurde, wurden zehn
Geiseln öffentlich erschossen und
mitten im Ort eine Woche lang
zur Schau gestellt. Bach/Smirnow,
a. a. O., S. 119.
124 Pohl, a. a. O., S. 162.
125 Bach/Smirnow, a. a. O., S. 121.
126 Hierzu ausführlich: Pohl, a. a. O.,
S. 383 ff.
127 Ebd.
128 Ebd., S. 384 f.
129 Ebd., S. 97.
130 Ausführlich dazu Bach/Smirnow,
a. a. O., S. 100 ff.
131 Ebd.
132 Johannes Hürter: Die Wehrmacht
vor Leningrad, in: Vierteljahreshefte für Zeitgeschichte 49
(2001), Heft 3, S. 390.
133 Rolf O. G. Stoves: Die 1. Panzerdivision 1935 – 1945, Bad Nauheim 1961, S. 106.
134 Tagebuch von Falckenberg, zit.
bei Stoves, a. a. O., S. 192.
135 BA-MA RL 4/574, Gliederung
einer 2-cm Batterie, unnum.
136 BA-MA RL 4/266.
137 Ebd.
138 Ebd.
139 Siehe Stoves, a. a. O., S. 106.
140 So zum Beispiel Dieter E. Kilian:
Politik und Militär in Deutschland: Die Bundespräsidenten und
Bundeskanzler und ihre Beziehung zu Soldaten und Bundeswehr, Berlin 2011, S. 431.
141 So zum Beispiel Titelgeschichte
»Leichte Flak voran«, in: Der
Adler, Heft 20, 29. 9. 1942.
142 Ebd.
143 Ebd.

144 So zum Beispiel Kriegstagebuch
der Panzergruppe 1 vom
19. 9. 1941, Eintrag anlässlich des
Herausziehens der Division. Dort
werden die Erfolge zusammenge-
fasst und die Durchbrechung des
Befestigungsrings herausgestellt.
BA-MA RH 27 – 1/29, S. 212.
145 Stoves, a. a. O., S. 238.
146 BA-MA RH 21 – 4/14, Blatt 258.
147 Ebd., Blatt 260.
148 BA-MA RL 4/266 Ver-Flak 19
Anlage 1, Brief an einen jungen
Zugführer der leichten Flak vom
30. 12. 1942. Der Brief ist vermutlich von Schmidt selbst verfasst
worden, Orts- und Zeitangaben
stimmen mit seinem Fronteinsatz
überein.
149 Ebd.
150 Gerd R. Ueberschär: Das Scheitern des Unternehmens Barbarossa, in: ders./Wette, a. a. O.,
S. 90.
151 Ebd.
152 Ebd.
153 Felix Römer: Der Kommissarbefehl, Wehrmacht und NS-Verbrechen an der Ostfront 1941/42,
S. 129.
154 Ueberschär: Dokumente, a. a. O.,
S. 251.
155 Ebd.
156 Ebd.
157 Hierzu überblickshaft Römer,
a. a. O., S. 66 ff.
158 Ausführlich ebd.
159 BA-MA RH 21 – 4/14 Blatt 260.
160 Ebd.
161 Leichte und schwere Feldhaubitz-
granaten.
162 BA-MA RH 27 – 1/29, S. 186.
Bereits zuvor hatten Kommandeure von Abteilungen der 1. Pan-

zerdivision Rückzugsbefehle einfach verweigert und einen Angriff fortgesetzt. Die Erfolge führten dazu, dass die Vorgesetzten das Vorgehen für gerechtfertigt erklärten. Siehe Stoves, a.a.O., S. 107.

163 Stoves, a.a.O., S. 108.
164 Panzerabwehrgeschütze der sowjetischen Armee, bei denen auf den Abschuss sofort der Einschlag erfolgte, Landsersprache, siehe www.lexikon-der-wehrmacht.de.
165 Stoves, a.a.O., S. 238.
166 Erich Kuby: Mein Krieg, München 1975, S. 182.
167 Ebd.
168 Kindheit, a.a.O., S. 221.
169 Ebd.
170 Beispielhaft hierfür: BA-MA RL 4/266 Ver.Flak 23/1944, Bist Du auch der geistige Führer Deiner Soldaten?
171 Ausführlich dazu Jörg Ganzenmüller: Das belagerte Leningrad 1941–1944. Die Stadt in den Strategien von Angreifern und Verteidigern, S. 20 ff.
172 Laut Tagebuchnotiz von Leeb vom 7.7.1941, zit. nach Ganzenmüller, a.a.O., S. 20.
173 Kriegstagebuch Halder, Bd. 3, S. 80 (15.7.1941), zit. nach Ganzenmüller, a.a.O., S. 21.
174 BA-MA RH 21–4/14, Kriegstagebuch der Panzergruppe 4, S. 264.
175 Heeresgruppenbefehl vom 28.8.1941, zit. nach: Blockade Leningrads, Ausstellungskatalog, Berlin 2004, S. 43.
176 Ebd.
177 BA-MA RH 27–1/58.
178 Stoves, a.a.O., S. 240.

179 BA-MA RH 27–1/29, Abschlusslage am 11.9.1941.
180 Stoves, a.a.O., S. 244.
181 Kindheit, a.a.O., S. 230.
182 Ebd., S. 230 f.
183 Römer, a.a.O., S. 130, mit zahlreichen Nachweisen.
184 BA-MA RH 27–1/50, handschriftlicher Zettel mit den Unterstellungen der Kampfgruppen.
185 Ebd. Meldung des Schützenregiments 113 über Gefangene nach dem Stand vom 12.9.1941, 20 Uhr.
186 Ebd. Meldung des Schützenregiments 1 über Gefangene nach dem Stand vom 13.9.1941.
187 Helmut Schmidt: Von Menschen und Mächten, Hamburg 1987, S. 21.
188 Die Widersprüche könnten auch darauf hinweisen, dass er Bücher wie »Von Menschen und Mächten« nicht selbst verfasste. Für seinen Beitrag in dem »Kindheit und Jugend unter Hitler«-Band steht seine Autorschaft fest.
189 BA-MA RH 27–1/50, Funkspruch vom 12.9.1941.
190 Ebd.
191 BA-MA RH 27–1/50, handschriftliche Meldung über Funkspruch vom 12.9.1941, 11 Uhr 30.
192 Lena Muchina: Lenas Tagebuch, Berlin 2013, S. 105 f., Eintrag vom 9.9.1941.
193 Ebd.
194 BA-MA RH 21–4/14, S. 308.
195 Ebd., S. 309.
196 Stoves, a.a.O., S. 247.
197 Ebd., S. 246.
198 Kurzer Überblick dazu Wigbert Benz: Der Hungerplan im

»Unternehmen Barbarossa« 1941, Berlin 2011, mit zahlreichen Nachweisen.

199 BA-MA RH 27 – 1/48, Abschrift des Lageberichts des Befehlshabers der Sicherheitspolizei und des SD, Einsatzgruppe A, vom 10. 9. 1941, S. 2 f.

200 Ebd., S. 2.

201 Ebd.

202 Stoves, a. a. O., S. 247.

203 Ebd., S. 248.

204 Ebd., S. 246.

205 Vgl. Walter Chales de Beaulieu: Der Vorstoß der Panzergruppe 4 auf Leningrad – 1941, Neckargmünd 1961, S. 141 f.

206 Ebd., S. 141.

207 Ebd.

208 Kindheit, a. a. O., S. 221.

209 Sein Biograf und ehemaliger Mitarbeiter Hartmut Soell, Professor für Geschichte, schreibt fälschlicherweise, dass der Vorstoß gegen Leningrad »scheiterte«. Siehe Soell, a. a. O., S. 103.

210 Vgl. Stoves, a. a. O., S. 246.

211 Vgl. Aus dem Kriegstagebuch der Heeresgruppe Nord vom 24. 10. 1941, 7 Uhr, in: Blockade Leningrad 1941 – 1944. Dokumente und Essays von Russen und Deutschen, Reinbek 1992, S. 39 f.

212 BA-MA RH 27 – 1/60, Divisionsbefehl Nr. 54 vom 17. 9. 1941.

213 Ebd.

214 Vgl. Soell, a. a. O., S. 107. Soell berichtet dort, er habe »vom moralisch hohen Ross eines Nachgeborenen herab« danach gefragt, ob Schmidt bei seiner Fahrt an die Ostfront nicht mit der Verfolgung der Juden in Kontakt gekommen sei, die dort überall sichtbar war. Schmidt hatte darauf hingewiesen, dass er als Offizier der Luftwaffe direkt zur Front und von dort zurück geflogen worden sei.

215 Vgl. BA-MA RH 27 – 1/60, Änderungen vom 19. 9. 1941 zum Sonderbefehl für den Eisenbahntransport vom 18. 9. 1941 und die Anlage zum Divisionsbefehl Nr. 56 vom 18. 9. 1941 (Marschübersicht).

216 Vgl. Klaus Jochen Arnold: Die Wehrmacht und die Besatzungspolitik in den besetzten Gebieten der Sowjetunion. Kriegführung und Radikalisierung im »Unternehmen Barbarossa«, Berlin 2005, mit zahlreichen Nachweisen.

217 Ebd., S. 227. Arnold macht auch darauf aufmerksam, dass Hitler am gleichen Tag in einer Besprechung mit Heydrich entschied, die Deportation der deutschen Juden in den Osten ohne Rücksicht auf Transportprobleme vornehmen zu lassen.

218 BA-MA RH 21 – 4/578: Soldaten der Ostfront!

219 Pohl, a. a. O., S. 255.

220 Soldaten der Ostfront!, a. a. O.

221 Vgl. Ereignismeldung UdSSR Nr. 32 vom 24. 7. 1941, in: Ueberschär: Dokumente, a. a. O., S. 317.

222 Ebd.

223 Ereignismeldung UdSSR Nr. 90 vom 21. 9. 1941, ebd., S. 319.

224 Ausführlich zum Beispiel Andreas Jasper: Zweierlei Weltkriege? Kriegserfahrungen deutscher Soldaten in Ost und West 1939 bis 1945, Paderborn 2011.

225 Armeebefehl des Oberbefehls-

habers der 11. Armee vom 20.11.1941, in: Ueberschär: Dokumente, a.a.O., S.290.

226 Vgl. Armeebefehl des Oberbefehlshabers der 17. Armee vom 17.11.1941, ebd., S. 287 ff.

227 Ebd., S. 289.

228 Ebenso durch den Roten Terror der Kommunistischen Revolution.

229 Pohl, a.a.O., S. 269.

230 Ebd.

231 Ebd., mit Nachweisen.

232 Kindheit, a.a.O., S. 221.

233 Ebd., S. 219.

234 Ebd.

235 Was zum Beispiel der Antrieb der Verschwörer des Umsturzversuchs vom 20. Juli 1944 war.

236 Kindheit, a.a.O., S. 222 und 206.

237 Ebd. Schmidt schreibt hier, dass Mark Aurels Selbstbetrachtungen ihm wichtiger als die Bibel seien. Konfirmanden wurde das Buch geschenkt, um ihnen in den quälenden Selbstfindungsprozessen der Pubertät Orientierung zu geben.

238 Ebd.

239 Ausführlich zur Rezeption des Werks: Jörg Fündling: Marc Aurel, Darmstadt 2009.

240 Kindheit, a.a.O., S. 222. Der gesamte Claudiustext ist hier nachzulesen: http://gutenberg. spiegel.de/buch/an-meinen-sohn-johannes-5207/1, abgerufen am 2.9.2014.

241 Kindheit, a.a.O., S. 222.

242 Ebd.

243 Ebd.

244 Ebd., S. 223.

245 Vgl. ebd., S. 206.

246 Vgl. ebd. »Ich fand es oft schwie-

rig und sogar unmöglich, dem Gebot der Nächstenliebe zu folgen. «Die »Auseinandersetzung« mit der Stoa erfolgte offenbar ausschließlich durch Mark Aurels Selbstbetrachtungen.

247 Er habe erst lange nach dem Krieg verstanden, dass der Brief des Paulus an die Römer Kap. 13 Vers 1 nicht als absolutes Gebot zum Gehorsam gegen jedwede menschliche Obrigkeit zu verstehen ist, schreibt er 1992. Zu seiner Persönlichkeit steht das in diametralem Widerspruch. Kindheit, a.a.O., S. 222.

248 Ebd.

249 Vgl. zum Beispiel Erich Kuby: Mein Krieg, München 1973, S. 193.

250 Vgl. Sönke Neitzel/Hartmut Welzer: Soldaten, Frankfurt 2011, S. 418.

251 Ebd.

252 Matthes Ziegler: Soldatenglaube. Soldatenehre. Ein deutsches Brevier für Hitler-Soldaten, Berlin 1940, S. 14 f. Das Büchlein wurde hunderttausendfach unter den Soldaten verteilt.

253 Kuby, a.a.O., S. 170 f.

254 Stoves, a.a.O., S. 251.

255 Ebd.

256 Ebd.

257 Ebd., S. 252.

258 Ebd., S. 253.

259 Ebd., S. 256.

260 BA-MA RH 27 – 1/58, S. 36.

260 Ebd.

262 Ebd.

263 Ebd.

264 Schmidt: Von Menschen und Mächten, a.a.O., S. 20.

265 Ebd.

266 Vgl. Soell, a. a. O., S. 106.
267 Krause-Burger, a. a. O., S. 76.
268 Ebd.
269 Stephanie Nannen: Henri Nannen. Ein Stern und sein Kosmos, München 2013, S. 100. Brief vom 3. 11. 1941.
270 Ebd.
271 Ebd., S. 101.
272 Ebd.
273 BA-MA RH 21 – 3/6.578 Befehlshaber der Panzergruppe 3, Befehl vom 19. 12. 1941, S. 292.
274 Vgl. Jasper, a. a. O., S. 91 ff.
275 Ebd., mit zahlreichen Beispielen.
276 Vgl. Stoves, a. a. O., S. 267 f.
277 Vgl. ebd. Auch wenn solche Berichte unter den Begriff Landserliteratur subsumiert werden können, zeigen sie doch die Haltung der kämpfenden Truppe sowohl zu ihrem Handwerk als auch in Bezug auf Kameradschaft – ein Schlüsselbegriff Schmidts.
278 Ebd., sehr anschaulich.
279 Vgl. ebd.
280 Walter Kempowski, Das Echolot. Barbarossa '41. Ein kollektives Tagebuch, München 2002, S. 324.
281 BA-MA RH 27 – 1/58, S. 128.
282 Schmidt: Von Menschen und Mächten, a. a. O., S. 21.
283 Stoves, a. a. O., S. 280.
284 BA-MA RH 27 – 1/58, S. 142.
285 Kindheit, a. a. O., S. 222.
286 Vgl. BA-MA RH 27 – 1/58, S. 138 – 160.
287 Stoves, a. a. O., S. 296.
288 BA-MA RH 27 – 1/58, S. 164.
289 Ebd., S. 162.
290 Vgl. Kempowski, a. a. O., S. 325.
291 Ebd.
292 Ebd.
293 Zit. nach: http://de.wikipedia.org/wiki/Schlacht_um_Moskau, abgerufen am 11. 9. 2014.
294 Über Guderian siehe Sven Felix Kellerhoff: Heinz Guderian war Hitlers » Marschall Vorwärts «, in: Die Welt, 3. 4. 2013.
295 BA-MA RH 21 – 3/6.578 Befehlshaber der Panzergruppe 3, Befehl vom 19. 12. 1941.
296 Ebd.
297 Ebd.
298 Zit. nach Soell, a. a. O., S. 160.
299 Zit. nach ebd., S. 105.
300 Kindheit, a. a. O., S. 223.
301 Ebd.
302 BA-MA Pers 6-182 222, Eignungsbeurteilung, Beurteilungsnotiz vom 1. 2. 1942 durch seinen Abteilungskommandeur Major Botho Jacobson.
303 Ebd.
304 Siehe Felix Römer: Kameraden, München 2012, S. 116, der entsprechende Befragungen von deutschen Soldaten in US-Kriegsgefangenenlagern zitiert.
305 Ebd.
306 BA-MA Pers 6-182 222, Eignungsbeurteilung, a. a. O.
307 Ebd.
308 Förster: Die Wehrmacht im NS Staat, a. a. O., S. 115 und passim.
309 Jürgen Förster am 19. 11. 2013 zur Autorin. Förster bezeichnet die anderslautende Ansicht, wonach solche Beurteilungen bloße Formeln seien, als veraltet. Für Försters Sicht sprechen auch die Vorschriften des Generals der Flakwaffe für das Abfassen von Zeugnissen, die das Verwenden bloßer Formeln untersagen. Siehe Richtlinien für die Aufstellung

von Beurteilungen in: Ver-Flak 3
(Okt. 42), S. 35.

310 Ebd.

311 Ebd. Am 19. 1. 1942 wurde
Schmidt mit dem Eisernen Kreuz
II ausgezeichnet, der ersten Stufe
des Ordens.

312 Kindheit, a. a. O., S. 50.

313 Ebd.

314 Hans Brunswig: Feuersturm
über Hamburg, Hamburg 1978,
S. 116.

315 Kindheit, a. a. O., S. 50.

316 Vgl. Brunswig, a. a. O., S. 116.

317 Zeitzeugenbericht vom
14. 09. 2014.

318 Einführend: http://de.wikipedia.
org/wiki/Area_Bombing_Direc
tive.

319 Brunswig, a. a. O., S. 121.

320 Ebd., S. 118.

321 Ebd., S. 117.

322 Kindheit, a. a. O., S. 224.

323 Vgl. weiter oben.

324 Kindheit, a. a. O., S. 224.

325 Ebd.

326 Personalakte Schmidt, a. a. O.,
Zusatz zur Beurteilungsnotiz vom
1. 2. 1942.

327 Ebd., Vorschlag vom 18. 2. 1942.

328 Siehe oben.

329 Personalakte Schmidt, a. a. O.,
Vorschlag vom 18. 2. 1942, kurze
Beurteilung durch den Regi-
mentskommandeur.

330 Ebd.

331 Vgl. zum Beispiel BA-MA RL
4/267 Ver-Flak 26, S. 531.

332 § 27 Wehrgesetz vom 21. 5. 1935.

333 Kindheit, a. a. O., S. 224.

334 Rudolf Absolon: Die Wehrmacht
im III. Reich. 19. Dezember 1941
bis 8. Mai 1945, Boppard a. Rh.
1995, S. 520.

335 Kindheit, a. a. O., S. 224

336 Ebd.

337 Ebd.

338 Ebd.

339 Ebd.

340 Personalakte Gustav Schmidt,
a. a. O., Bescheinigung der
Gemeindeverwaltung der Hansestadt Hamburg vom 19. 1. 1940.

341 § 1 Abs. 3 i. V. m. § 1 Abs. 1 c) der
Verordnung über den Nachweis
deutschblütiger Abstammung
vom 1. 8. 1940.

342 Schmidt/Stern, a. a. O., S. 75.

343 Vgl. Personalakte Gustav
Schmidt, a. a. O., Briefwechsel
mit der Landesschulbehörde
Abt. B II i 1. Gustav Schmidt hatte
den sogenannten kleinen Ariernachweis zu führen.

344 Erläuterungen zur Beschaffung
der notwendigen Urkunden, in:
Reichsbund der deutschen Stan-
desbeamten (Hg.): Der Ahnen-
paß, Berlin o. J., S. 48.

345 Schreiben von Gustav Schmidt an
die Landesschulbehörde vom
28. 10. 1935.

346 Personalakte Schmidt, Abschrift
einer Kurzmitteilung betr. Heiratserlaubnis Oblt. (Kr.O.)
Schmidt vom 5. 5. 1942.

347 § 15 Abs. 4 Wehrgesetz vom
21. 5. 1935. Da nach § 15 Abs. 3
nur Wehrmachtsangehörige mit
arischer Abstammung (und arischen Ehefrauen) Vorgesetzte in
der Wehrmacht werden durften,
wäre es nach der damaligen Logik
am schlüssigsten, davon auszugehen, dass es sich bei dem in der
Kurzmitteilung erwähnten Ariernachweis um den von Loki
Schmidt handelte. Der von Hel-

mut Schmidt müsste schon im Februar 1942 vorgelegen haben, als er in den Offiziersstand erhoben wurde. Von Schmidts späterem Vorgesetzten Walther von Axthelm existiert noch der Fragebogen, mit dem er 1936 seinen »Ariernachweis« führen musste. Vgl. BA-MA Pers 6/72, Fragebogen zur Nachprüfung der arischen Abstammung.

348 Schmidt/Stern, a. a. O., S. 75.

349 Schmidts jüngerer Bruder bezweifelt sogar, dass Schmidt von der »jüdischen Abstammung« schon vor Ende der Naziherrschaft erfuhr. Vgl. Soell, a. a. O., S. 870, FN 86.

350 Vgl. StA-HB Entschädigungsakte Waldemar Borsdorff, Schreiben von Helmut Wehrmann vom 10. 8. 1961.

351 Karteikarte Gestapo Lenne [Paul Sinasohn], 1.2.3.4/12 531 621, ITS Digital Archive, Bad Arolsen.

352 Lt. Auskunft der WASt vom 17. 3. 2014 und Berichten von seinem Vormund.

353 StA-HB Entschädigungsakte Waldemar Borsdorff, a. a. O.

354 Der Rassismus setzte sich nach Kriegsende unter anderem darin fort, dass von den Rassengesetzen betroffene Nichtjuden sich an die jüdischen Gemeinden wenden sollten, um etwaige Entschädigungen geltend zu machen. Vgl. dazu auch die Akte Waldemar Sinasohn (der einen »deutschen« Namen annahm) und darin die Stellungnahme des späteren Bremer Senators Hermann Wolters, der mit Sinasohn Zwangsarbeiter gewesen ist. – Dass bis heute davon die

Rede ist, jemand sei »Vierteljude« oder »Halbjude«, zeigt das Fortwirken rassistischer Klischees.

355 Vgl. NDR-Dokuspiel vom 23. 12. 2013.

356 Vgl. Valéry Giscard d'Estaing: Le pouvoir et la vie, Paris 1988, S. 158.

357 Krause-Burger, a. a. O., S. 12.

358 Ebd., S. 138 f.

359 Ebd., S. 139.

360 Ebd.

361 Österreichischer Bundeskanzler war von 1970 bis 1983 Bruno Kreisky, der einer assimilierten jüdischen Familie entstammte, die vor den Nazis hatte fliehen können.

362 Giscard, Die Macht und das Leben, a. a. O., S. 139.

363 Ebd., S. 139 f.

364 Valéry Giscard d'Estaing: Macht und Leben, a. a. O., S. 137.

365 Vgl. Beate Meyer, in: Die Zeit, Nr. 46, 6. 11. 2003.

366 Siehe weiter oben.

367 Vgl. Schmidt/Stern, a. a. O., S. 84.

368 Kindheit, a. a. O., S. 236.

369 Zum Beispiel bei Beckmann, a. a. O., stellt er 2010 erneut darauf ab. Hinsichtlich des Zeitpunkts, seit dem er wusste, dass die Nationalsozialisten Verbrecher waren, erzählte er mehrere Versionen. Fritz Stern etwa sagte er, es seien schon für ihn als 14-Jährigen Nazis und Kommunisten gleichermaßen Verbrecher gewesen, siehe Schmidt/Stern, a. a. O., S. 77. Gegenüber Richard von Weizsäcker und Marion Gräfin Dönhoff sagte er, ein kleiner Muschkote wie er habe nicht über Informationen gehobener Gesellschafts-

schichten verfügen können, in: Im Namen der Moral, a. a. O.

370 Ausführlich hierzu David Bankier: Die öffentliche Meinung im Hitler-Staat. Die »Endlösung« und die Deutschen. Eine Berichtigung, Berlin 1995, S. 147 und passim.

371 Ebd.

372 Schmidts Vater machte zwar Entschädigungsansprüche geltend, aber nicht wegen einer etwaigen rassistischen Verfolgung, sondern als politisch Verfolgter. Diese Ansprüche wurden bis zur ersten gerichtlichen Instanz verfolgt und dort abgelehnt.

373 Kindheit, a. a. O., S. 188.

374 Zum Beispiel Generalfeldmarschall Erhard Milch, der der Ehe einer »arischen« Mutter und eines vom Judentum zum Christentum konvertierten Vaters entstammte. Seine nach den Rassengesetzen jüdische Abstammung wurde camoufliert mit der Behauptung, er sei außerehelich und von einem Arier gezeugt. Milch war glühender Nazi, schon 1937 mit dem Goldenen Parteiabzeichen ausgezeichnet und später verurteilter Kriegsverbrecher.

375 Kindheit, a. a. O., S. 51. »Erst nach dem Krieg erfuhr ich von Helmut, dass sein Großvater Jude war.« Ihr Schwiegervater habe erstmals, als er über 80 Jahre alt war, also in den späten 60er-/frühen 70er-Jahren, darüber mit ihr gesprochen. 2008 erzählte sie Reinhold Beckmann: »Während des Krieges wusste ich das längst.« Vgl. Loki Schmidt/Beckmann, a. a. O., S. 120.

376 Kindheit, a. a. O., S. 51. Loki Schmidt erinnert sich, dass sie die Papiere ihres Mannes für das Aufgebot abholte. Ihr Mann erinnert sich, dass er die Papiere für seinen »Ariernachweis« selbst bei seinem Vater abholte. Ebd., S. 224. Beide stimmen darin überein, dass Gustav Schmidt sich sehr schämte, unehelich zu sein.

377 Kindheit, a. a. O., S. 51.

378 Ebd.

379 Vgl. Soell, a. a. O., S. 135.

380 Kindheit, a. a. O., S. 52.

381 Ebd.

382 Im Kirchenbuch der St.-Gertrud-Gemeinde in Hamburg ist vermerkt, dass Helmut und Loki Schmidt dort von Pastor Flügge aus Hambergen getraut wurden. Vgl. Rainer Hering: »Aber ich brauche die Gebote ...«. Helmut Schmidt, die Kirchen und die Religion, Bremen 2012, S. 27, Fußnote 60.

383 Zu Flügge ebd., S. 27.

384 Kindheit, a. a. O., S. 51.

385 Helmut Schmidt: Außer Dienst. Eine Bilanz, 4. Aufl., München 2008, S. 291. Der Geistliche war der Vater seines Klassenkameraden Jürgen Remé.

386 Kindheit, a. a. O., S. 51.

387 Ebd.

388 Ebd.

389 Außer Dienst, a. a. O., S. 290.

390 Kindheit, a. a. O., S. 197.

391 Außer Dienst, a. a. O., S. 290.

392 »Institution« im soziologischen Verständnis.

393 Rainer Hering: Bischofskirche zwischen »Führerprinzip« und Luthertum. Die Evangelisch-lutherische Kirche im Hambur-

gischen Staate und das »Dritte Reich«, in: ders./Inge Mager (Hg.): Kirchliche Zeitgeschichte (20. Jahrhundert). Hamburgische Kirchengeschichte in Aufsätzen, Teil 5, S. 168, und Konrad Rahe (Hg.): Die Briefe von Julius Hahn an Heinz Harten 1931 – 1937, Kiel 2004 (Online-Publikation), S. 66 und passim, http://www.kirche-christen-juden.org/dokumentation/download.html, abgerufen am 21. 9. 2014.

394 Hering: Bischofskirche, a. a. O., S. 166.

395 Ebd., S. 167, mit weiteren Nachweisen.

396 Rahe, a. a. O., S. 109. Brief vom 12. 9. 1933.

397 Ebd., S. 175.

398 Ebd., S. 172, Brief von Walter Windfuhr vom 1. 9. 1933, mit weiteren Nachweisen.

399 Ausführlich Hering: Bischofskirche, a. a. O., S. 181 ff. und passim. Hering weist auf S. 196 darauf hin, dass erst im Jahr 2002 die aktive Aufarbeitung der Hamburgischen Landeskirche mit ihrer nationalsozialistischen Vergangenheit begann.

400 In einem Fernsehinterview befragte Giovanni di Lorenzo das Ehepaar Schmidt, warum der Altkanzler seinerzeit in Uniform geheiratet habe. Seine Frau antwortete schlagfertig, er habe keinen Anzug besessen. Einen hatte er ganz sicher: jenen, den sein Vater ihm 1939 für das Zivilleben nach dem Wehrdienst gekauft hatte. Dass ein Oberleutnant keinen dunklen Anzug für zivile Anlässe besaß, ist zudem unwahrscheinlich, gerade auch bei Schmidt, der immer größten Wert auf seine Kleidung legte und seine Verlobte sogar mit einem neuen Mantel ausstattete, um Eindruck bei seinen Vorgesetzten zu schinden.

401 Interessant dazu ist die Diskussion in den 80er-Jahren, als Pastoren sich weigerten, Uniformierte zu trauen. Vgl. zum Beispiel: Fremde Macht, in: Der Spiegel, Nr. 15 (1986), S. 116 f.

402 Kindheit, a. a. O., S. 50.

403 Ebd.

404 Laut Hamburger Adressbuch war der kaufmännische Angestellte J. Wardenphul 1943 als Mieter vermerkt. In diesem Jahr wurde das Haus durch Bomben zerstört.

405 Kindheit, a. a. O., S. 54.

406 Ebd.

407 Ebd.

408 Ebd.

409 Ebd.

410 Ebd.

411 Verwandlungen, zit. nach Soell, a. a. O., S. 137.

412 Ebd., S. 121.

413 Taschenkalender vom 9. 1. 1943, zit. nach Soell, a. a. O., S. 137.

414 Personalakte Schmidt, Kriegsbeurteilung zum 1. 10. 1943, Rubrik »jetzige Verwendung seit 21. 8. 42«.

415 Vgl. Koch, a. a. O., S. 71 und passim.

416 Kindheit, a. a. O., S. 226.

417 Ebd.

418 Soell, a. a. O., S. 114.

419 Kindheit, a. a. O., S. 226.

420 Ebd.

421 Eine Familienanekdote der Familie Bontjes van Beek besagt, dass

Schmidt noch einmal vor der Wohnung des Vaters Jan aufgetaucht sei, um die Familie zu warnen. Der Vater habe zum Soldaten gesagt: »Bitte nicht in Uniform!« und die Tür wieder geschlossen. Die überlebende Tochter Mietje erinnerte sich später, er habe gesagt: »Draußen steht so ein grässlicher Kerl.« Vgl. Soell, a. a. O., S. 115.

422 Dominique Bontjes van Beek, Catos Neffe, erinnert sich an einen kurzfristig angekündigten Besuch der Schmidts im Haus seiner Mutter, bei dem ein ganzer Tross von Fotografen und Journalisten mitgebracht wurde. Mietje Bontjes van Beek, die wegen eines vermeintlichen Privatbesuchs des alten Freundes ihre Arbeit im Atelier unterbrochen hatte, komplimentierte das Ehepaar Schmidt deshalb hinaus. Der damals etwa 15-Jährige erinnert sich, dass die Journalisten darüber staunten: »Die hat den Bundeskanzler rausgeworfen!« D. Bontjes van Beek im Gespräch mit der Autorin am 16. 4. 2014.

423 Ausführlich Hermann Vinke: Cato Bontjes van Beek. Ich habe nicht um mein Leben gebettelt, Hamburg 2003.

424 Ebd.

425 Vgl. Sven-Felix Kellerhoff: Wie die Gestapo die »Rote Kapelle« zerschlug, in: Die Welt, 31. 8. 2012.

426 Faksimile des Aufrufs vom Februar 1942: http://www.gdw-berlin.de/fileadmin/themen/b17/bilder/3507.pdf, abgerufen am 27. 9. 2014.

427 Ebd.

428 Kellerhoff: Rote Kapelle, a. a. O.

429 Ebd.

430 Soell, a. a. O., Fußnote 103, S. 870.

431 Er verfasste regelmäßige Rundbriefe an die »Kameraden der Taakerunde«, vgl. Soell, a. a. O., S. 138 und passim.

432 Kindheit, a. a. O., S. 226.

433 Aufruf vom Februar 1942, a. a. O.

434 BA-MA RL 4/267, Ver-Flak 25, Beilage Nr. 4: Die Truppe spricht, August 1944.

435 BA-MA RL 4/267, Ver-Flak 26, S. 528 ff.

436 BA-MA RL 4/263, Ver-Flak 17, S. 107.

437 Vgl. Ifz 2094/57 (ZS-1470 – 1), Zeugenprotokoll Walther von Axthelm, Aktenvermerk vom 28. 5. 1957, Blatt 3.

438 Ebd., Blatt 4.

439 Ebd.

440 Vgl. Soell, a. a. O., S. 140.

441 Ebd., S. 141.

442 Ebd.

443 Ebd., Eintrag vom 23. 6. 1943.

444 Taschenkalender vom 25. 1. 1943, zit. nach Soell, a. a. O., S. 138.

445 Ebd.

446 Taschenkalender vom 30. 1. 1943, zit. nach Soell, a. a. O., S. 138.

447 Die Rede ist zu hören unter: http://www.youtube.com/watch?v=FjDDKoql6sw, abgerufen am 23. 9. 2014.

448 Ebd.

449 Vgl. Stalingrad, Wendepunkt des Krieges, in: Der Spiegel, 31. 1. 1983.

450 Ebd.

451 Verwandlungen, zit. nach Soell, a. a. O., S. 138.

452 In den 50er-Jahren wurde heftig
an der Legende gestrickt, dass der
Krieg ohne Hitler hätte gewonnen
werden können. Anlass war das
Buch »Verlorene Siege« des ehe-
maligen Feldmarschalls Erich von
Manstein (Bonn 1955), ausführ-
lich kommentierend: Kunrat
Freiherr von Hammerstein:
Spähtrupp, Stuttgart 1963,
S. 180 ff.

453 Im Beritt von von Axthelm
wurden u. a. die »Vergeltungs-
waffen« entwickelt. Man war
gegen Ende des Kriegs schon mit
gelenkten Langstreckenraketen
beschäftigt.

454 Vgl. Soell, a. a. O., S. 140.

455 Personalakte Schmidt, a. a. O.,
Kriegsbeurteilung zum 1. 10. 1943
vom 30. 9. 1943.

456 Ebd.

457 Ebd.

458 Siehe oben, »Briefe an einen jungen Zugführer« vom »Alten
Hasen«.

459 Vgl. Soell, a. a. O., S. 139.

460 Ebd., S. 140.

461 Helmut Schmidt im Gespräch mit
Hartmut Soell am 23. 7. 1999,
ebd., Fußnote 170, S. 877.

462 Kindheit, a. a. O., S. 227.

463 Ebd., S. 57.

464 Ebd., S. 59.

465 Ausführlich zu dieser Schule nach
1933: Wolfgang Benz: Das
Schicksal der ADGB-Bundesschule im Dritten Reich. Reichsführerschule, Schule des Sicherheitsdienstes der SS, Außenstelle
des Reichssicherheitshauptamtes,
Verein Baudenkmal Bundesschule
Bernau e. V., Bernau 2007.

466 Zit. nach Soell, a. a. O., S. 144.

467 Kurz vor dem Hamburger Feuer-
sturm hatten er und ein anderer
Teilnehmer bei der Hochzeit von
Freunden Proteste mit kritischen
Äußerungen über die militärische
Lage und Hitlers Befähigung her-
vorgerufen. Vgl. Ursula Philipp:
Zur Kritik wurden wir nicht erzo-
gen, in: Kindheit, a. a. O., S. 142.
Solche Äußerungen waren aber
insbesondere nach Stalingrad
weitverbreitet. Siehe oben.

468 Kindheit, a. a. O., S. 231. Schmidt
datiert den Zeitpunkt auf den
Herbst des Jahres 1944. Stahl war
aber im Dezember 1943 verhaftet
worden.

469 Soell, a. a. O., S. 869, Fußnote 46,
schriftliche Mitteilung von Wolfgang Schmidt an Hartmut Soell
am 10. 8. 1998.

470 Ebd.

471 Brief von Erna Stahl an Herbert
Meinke vom 31. 10. 1941, in dem
sie das Massaker von Babi Jar
thematisiert. Vgl. Meier: Erna
Stahl. Zeugnisse ihres Wirkens,
a. a. O., S. 437 f., und Fußnote 99,
S. 438.

472 Ebd., S. 437.

473 Einführend Ursel Hochmuth:
Candidates of humanity. Dokumentation zur Hamburger Weißen Rose anlässlich des 50.
Geburtstages von Hans Leipelt,
Hamburg 1971. Der Widerstand
in Hamburg, auch durch Kommunisten, ist bis heute nur sehr
oberflächlich erforscht. Im Hamburger Staatsarchiv waren die
»candidates of humanity« spon-
tan nicht bekannt. Erst der Name
Rudolf Degkwitz weckte Assoziationen.

474 Helmut Scaruppe, Schreiben vom
15.3.2014 an die Autorin.
475 Ebd.
476 Ebd.
477 Ebd. Später habe er manchmal
darüber nachgedacht, warum die
Stimmung so aufwallend, fast
gereizt war. »Oder bildete ich mir
das ein? Hat sich in der Erinnerung etwas verschoben? Über-
treibe ich? Oder scheue ich mich,
eine Lücke zu schließen?«
478 Ebd.
479 Kindheit, a. a. O., S. 231.
480 Verwandlungen, zit. nach Soell,
a. a. O., Stichworte für das Jahr
1944, Fußnote 183, S. 878.
481 Ebd.
482 Taschenkalender vom 5.1.1945,
vgl. Soell, a. a. O., S. 155.
483 Vgl. ebd., S. 145.
484 Ebd.
485 Zit. ebd., S. 149.
486 Grundlegend Peter Hoffmann:
»Widerstand, Staatsstreich, Attentat«. Der Kampf der Opposition
gegen Hitler, München 1969.
487 Kindheit, a. a. O., S. 227.
488 Ausführlich: Friedrich Georgi:
»Wir haben das Letzte gewagt...«.
General Olbricht und die Verschwörung gegen Hitler, Freiburg
i. Br. 1990.
489 Vgl. Ifz 2094/57 (ZS-1470-1),
a. a. O., Blatt 2.
490 Georgi, a. a. O., S. 129.
491 Die V1-Rakete (V = »Vergel-
tungswaffe«) war ein Vorläufer
der modernen Marschflugkörper.
Ebd., S. 124.
492 Ebd.
493 Ebd., S. 55 f.
494 Ebd., S. 56.
495 Richhardt, a. a. O., S. 267, schreibt,

dass keine Luftwaffenoffiziere in
der Opposition gegen Hitler zu
finden gewesen seien.
496 Taschenkalender vom 31.8.1944,
zit. nach Soell, a. a. O., S. 146.
497 Vgl. Helmut Kramer: Filme zur
NS-Justiz, in: Kritische Justiz,
1984, Heft 3, S. 302.
498 Ebd.
499 Vgl. zum Beispiel Peter Steinbach:
Der 20. Juli 1944 – Mehr als ein
Tag der Besinnung und Verpflichtung, in: Aus Politik und Zeitgeschichte, B 27 (2004), S. 5. Vgl.
auch Goebbels' Tagebuchaufzeichnungen nach dem 20. Juli
1944.
500 Kindheit, a. a. O., S. 228.
501 Ebd.
502 Ebd.
503 Vgl. Kahn, a. a. O., S. 17.
504 Abgedr. in: Museumsverein Warburg (Hg.): Josef Wirmer – ein
Gegner Hitlers. Aufsätze und
Dokumente, Warburg 1989, S. 83.
505 Ebd.
506 Ebd.
507 Kramer, a. a. O., S. 302.
508 Ebd.
509 Ebd.
510 Schmidt/Stern, a. a. O., S. 79.
511 Soell, a. a. O., S. 149. Soell zitiert
aus einem Brief Schmidts an die
Witwe Ulrich von Hassells, den
Schmidt 1946 auf ihren Wunsch
hin über seine Eindrücke vom
Verfahren gegen ihren Mann
schrieb.
512 Kindheit, a. a. O., S. 228 f.
513 Taschenkalender vom 5. Juni
1945, zit. nach Soell, a. a. O.,
S. 151.
514 Brief vom Mai 1946 an Ilse von
Hassell, zit. ebd.

515 Hans Mommsen: Zum Scheitern verurteilt, in: Die Zeit, Nr. 29, 18.7.1969.

516 Kindheit, a.a.O., S.229.

517 Ebd., S.230. Rantzau war Generalleutnant.

518 Ebd., S.228.

519 Ebd., S.62.

520 Ebd., S.229.

521 Ebd., S.228.

522 Vgl. Soell, a.a.O., S.879, Fußnote 210.

523 Walter Wagner: Der Volksgerichtshof im nationalsozialistischen Staat, München 2011, S.727.

524 Josef Wirmer – ein Gegner Hitlers, a.a.O., S.84.

525 Kindheit, a.a.O., S.231.

526 Ebd., S.232.

527 Zeugenprotokoll Walther von Axthelm, a.a.O., Blatt 3.

528 Ebd.

529 Richhardt, a.a.O., S.267, Fußnote 1336: »Bramarbasieren gegen die Partei und ihre Vertreter sollte nicht überbewertet werden.« Mit weiteren Nachweisen.

530 Ebd.

531 Kindheit, a.a.O., S.232.

532 Ebd.

533 Vgl. Soell, a.a.O., S.879, Fußnote 224.

534 Ebd., S.62.

535 Personalakte Schmidt, a.a.O., Kriegsbeurteilung zum 1.10.1944 vom 18.9.1944.

536 Ebd., S.1.

537 Ebd., S.2.

538 Ebd.

539 Ebd.

540 Ausführlich Förster: Die Wehrmacht im NS-Staat, a.a.O., S.94ff.

541 Förster: Geistige Kriegführung,

542 a.a.O., S.541, mit weiteren Nachweisen.

Ebd. und passim.

543 Ebd., S.542ff.

544 Zum Beispiel Mitteilungen an das Offizierskorps, erschienen Januar 1942 bis Juli 1944, vollständiger Bestand BA-MA RW 4/353.

545 Goebbels' Tagebuchaufzeichnungen sind voller Tiraden gegen die »Rothosen«, wie die Generalstabsoffiziere wegen der roten Litze an ihrer Uniformhose genannt wurden.

546 Vgl. Erlass Hitlers vom 2.8.1944, abgedruckt bei Georgi, a.a.O., S.191. »[…] zumal der schnelle und tatkräftige Zugriff des Heeres selbst den volks- und hochverräterischen Anschlag im Keime erstickt hat.«

547 Die neuere Forschung zeigt, was über Jahrzehnte nicht beachtet wurde: Die Geschichte von »Drittem Reich« und Wehrmacht ist eine Geschichte. Siehe Förster: Die Wehrmacht im NS-Staat, S.93ff., mit zahlreichen Nachweisen.

548 Wehrgesetz i.d.F. vom 24.9.1944, § 26 Abs. 1 Satz 1.

549 Ebd., § 26 Abs. 1 Satz 2.

550 Personalakte Schmidt, a.a.O., Deckblatt/Laufzettel.

551 Die Dienststelle befand sich allerdings bereits in Auflösung. Rantzau etwa wurde schon am 15.11.1944 wegversetzt.

552 Kindheit, a.a.O., S.232. Weiter unten auf derselben Seite heißt es: »So bin ich im Winter 1944/1945 in den Rückzug aus der Ardennenoffensive hineingeraten […]. Ich wurde dort mehrfach versetzt

und habe bis März 1945 hinein in verschiedenen Truppenteilen gekämpft.«

553 Ebd.
554 Vgl. Soell, a. a. O., S. 879, Fußnote 225.
555 Vgl. Krause-Burger, a. a. O., S. 76.
556 Ebd.
557 Kindheit, a. a. O., S. 232.
558 Eine mögliche Version der Geschichte von der rettenden Versetzung an die Front ist, dass es sich um eine Notlüge gegenüber seiner Frau handelte. Das ganze Jahr hatte es ihn an die Front gedrängt, aber er hatte ihr seinen Wunsch verschwiegen, um sie nicht aufzuregen.
559 Vgl. Förster: Geistige Kriegführung, a. a. O., S. 530 f. und passim, mit zahlreichen Nachweisen.
560 Zur Beziehung von Vorgesetzten und Untergebenen und zur die Kampfmoral stärkenden flachen Hierarchie in der Wehrmacht: Martin van Creveld: Kampfkraft – Militärische Organisation und Leistung der deutschen und amerikanischen Armee 1939–1945, Graz 2005.
561 Ausführlich Förster: Geistige Kriegführung, a. a. O., mit zahlreichen Nachweisen und Aspekten.
562 Ausführlich Wolfram Wette: Das Bild der Wehrmacht-Elite nach 1945, in: Gerd R. Ueberschär (Hg.): Hitlers militärische Elite, Bd. 2, Darmstadt 1998, S. 293–308.
563 Ausführlich zu Vorgeschichte und Verlauf: The Battle of the Bulge.

Dokumentarfilm, 1994, http://www.imdb.com/title/tt0191814/, zu sehen auf: http://www.youtube.com/watch?v=yxp_9GL v9VU. Links abgerufen am 28. 9. 2014.
564 Standardmäßige Gliederung der Batterien. Vgl. Koch, a. a. O., S. 151.
565 Vgl. Soell, a. a. O., S. 899, Fußnote 224.
566 Vgl. Personalakte Schmidt, a. a. O., Kriegsbeurteilung zum 1. 10. 1944. Dort wird seine Waffenausbildung aufgeführt: 2-cm-Flak 30 und 38 und 2-cm-Flak-Vierling 38.
567 Koch, a. a. O., S. 109.
568 Vgl. Soell, a. a. O., S. 154.
569 Ebd., Helmut Schmidt im Gespräch mit Hartmut Soell am 23. 7. 1999.
570 Ebd.
571 Deutscher Herbst: »Ich bin in Schuld verstrickt«, in: Die Zeit, Nr. 36, 30. 8. 2007.
572 Vgl. Soell, a. a. O., S. 880, Fußnote 238, unter Bezug auf Schmidts »Buchführung« über Tote und Verwundete.
573 Ebd., S. 155.
574 1978 hatte die Witwe des Offiziers Walter Schneider Schmidt Auszüge der Kriegskorrespondenz ihres Mannes mit dessen Aussagen über seinen neuen Chef geschickt. Vgl. Soell, S. 880, Fußnoten 228 und 229.
575 Ebd. Soell schreibt »27 Jahre alt«, Schmidt war aber gerade erst 26 geworden.
576 Ebd.
577 Ebd.
578 Ebd., S. 880, Fußnote 232.

579 Ebd.
580 Ebd., S. 156.
581 Kindheit, a. a. O., S. 232.
882 Ebd.
583 Ebd.
584 Ebd., S. 233.
585 Ebd.
586 Vgl. Soell, a. a. O., S. 156.
587 Ebd.
588 Ebd.
589 Ebd.
590 Ebd.
591 Ebd.
592 Taschenkalender vom 19. 3. 1945,
    zit. ebd., S. 157.
593 Ebd.
594 Ebd., S. 158 f.
595 Ebd.
596 Ebd.
597 Ebd., S. 159.
598 Ebd., S. 880, Fußnote 249.
599 Helmut Schmidt im Gespräch mit
    Hartmut Soell am 23. 7. 1999, ebd.
600 Ebd.
601 Taschenkalender vom 26. 4. 1945,
    zit. ebd., S. 159.
602 Siehe oben.
603 Kindheit, a. a. O., S. 233.
604 Taschenkalender vom 3. 5. 1945,
    zit. nach Soell, a. a. O., S. 166.
605 Kindheit, a. a. O., S. 219.
606 Ebd.
607 Ausführlich Sönke Neitzel/Harald

    Welzer: Soldaten. Protokolle vom
    Kämpfen, Töten und Sterben,
    Frankfurt a. M. 2011.
608 Soell, a. a. O., S. 161.
609 Ebd.
610 Ebd., S. 160.
611 Taschenkalender, div. Einträge
    15./25. 5. 1945 und öfter, zit. nach
    Soell, a. a. O., S. 160.
612 Ebd., S. 161, mit Nachweisen.
613 Ebd.
614 Ebd.
615 Ebd.
616 Ebd.
617 Ausführlich: Reiner Lehberger:
    Loki Schmidt. Die Biographie,
    Hamburg 2014.
618 Vgl. ebd., S. 163.
619 Ebd.
620 Ebd.
621 Ebd.
622 Ebd., S. 164.
623 Ebd.
624 Kindheit, a. a. O., S. 234.
625 Ebd.
626 Die Aufzeichnungen für die Auto-
    biografie wurden offenbar direkt
    nach Bohnenkamps Vortrag
    begonnen.
627 Kindheit, a. a. O., S. 234.
628 Verstehen Sie das, Herr Schmidt?,
    in: Die Zeit, Nr. 19, 29. 4. 2013.
629 Vgl. Soell, a. a. O., S. 165.

Teil 4

1 Helmut Schmidt: Weggefährten.
  Erinnerungen und Reflexionen,
  Berlin 1996, S. 68.
2 Soell, a. a. O., S. 77, Brief an Hans
  Stefan Seifriz vom 8. 7. 1979, ebda.
  Fn 92, S. 870.
3 Helmut Schmidt: Die Kriegsgene-
  ration. Mein Weg zur Sozial-
  demokratie, in: Die Neue Gesell-
  schaft, 15. Jg., Nr. 6/1968,
  S. 479 – 483, hier zitiert nach:
  Helmut Schmidt: Pflicht zur

Menschlichkeit, Düsseldorf 1981,
S. 263.

4 Thomas Fischer: Völkisches Recht.
Der Mord-Paragraf ist eine Erfindung der Nazis. Wie konnte er sich
so lange halten? Plädoyer für eine
überfällige Rechtsreform, in: Die
Zeit, Nr. 51, 12.12.2013.

5 Ebd., S. 261 f.

6 Martin Rupps: Helmut Schmidt.
Ein Jahrhundertleben, grund-
legend überarbeitete und erweitere
Neuausgabe, Freiburg 2013,
S. 69.

7 Ausführlich: Malte Herwig: Die
Flakhelfer. Wie aus Hitlers jüngsten
Parteimitgliedern Deutschlands
führende Demokraten wurden,
München 2013.

8 Kindheit, a.a.O., S. 234.

9 Ebd.

10 Tobias Kühne: Kameradschaft. Die
Soldaten des nationalsozialistischen
Krieges und das 20. Jahrhundert,
Göttingen 2006, S. 229.

11 Gunter Hofmann a.a.O., S. 47.

12 Ebd.

13 Ausführlich: Kühne, a.a.O.

14 Kühne, a.a.O., S. 231.

15 Ebd., S. 230 f.

16 Ebd. mit weiteren Nachweisen.

17 Ebd.

18 Ebd.

19 Ebd.

20 Ebd., S. 233.

21 Ebd., S. 231.

22 Ebd.

23 Ebd.

24 Hamburger Anzeiger v. 28.1.1955,
S. 2.

25 Ebd.

26 Ebd.

27 FES Archiv, Sammlung Personalia
Sign. 8678, Die Parteien und die

Waffen-SS, in: PPP, Information
v. 14.8.1953.

28 Vgl. BA-MA B 438/93 Protokoll der
Arbeitstagung des Landesverbandes
Niedersachsen-Süd im Hiag BV am
19. und 20.3.1960, S. 4 f.

29 Vgl. ebd., S. 4. und BA-MA B
438/93 Schreiben der der Verbin-
dungsstelle der HIAG v. 12.8.1953,
betr.»Marburger Erklärung«. Am
2.8.1953 hatte die HIAG eine
Erklärung veröffentlicht, in der sie
ihr Bekenntnis zum demokratischen Staat betonte und ihre Mitglieder aufforderte, ihrer Wahl-
pflicht nachzukommen und ihre
Stimme»staatsbejahenden« Parteien zu geben. Damit sollten offenbar die begründeten Vorbehalte
ausgeräumt werden.

30 Ausführlich: Karsten Wilke: Die
Hilfsgemeinschaft auf Gegenseitigkeit (HIAG), 1950 – 1990.
Veteranen der Waffen-SS in
der Bundesrepublik, Paderborn
2011.

31 Ebd., S. 337.

32 Ebd., S. 339.

33 Der Bund der Heimatvertriebenen
und Entrechteten (BHE) gehörte
später dem 2. Kabinett Adenauers
an.

34 FES Archiv, Sammlung Personalia
Sign. 8678, Die Parteien und die
Waffen-SS, a.a.O.

35 BA-MA B 438/551, Schreiben v. H.
Schmidt an R. Stürzbecher
v. 25.9.1954.

36 BA-MA B 438/552, Schreiben v. H.
Schmidt an R. Stürzbecher
v. 7.1.1955.

37 Ebd.

38 BA-MA B 438/552, Schreiben v. R.
Stürzbecher.

39 Ebd.
40 Ebd.
41 Ebd.
42 Protokoll der Arbeitstagung des
    Landesverbandes Niedersachsen-
    Süd, a. a. O., S. 4.
43 Helmut Wolfgang Kahn, a. a. O.,
    S. 17.
44 Der Spiegel Nr. 39 v. 24. 9. 1973,
    S. 186. http://www.spiegel.de/spie-
    gel/print/d-41 972 727.html, abge-
    rufen am 19. 10. 2014.
45 Ifz-Archiv Nachlass v. Hammer-
    stein, notariell beglaubigte Eides-
    stattliche Versicherung v.
    26. 6. 1973.
46 FES Helmut Schmidt Archiv, Sign.
    1/HS AA005177, Schreiben von
    Georg-Othmar Pötter an Schmidt v.
    22. 4. 1965.
47 Ebd.
48 Ebd.
49 FES Helmut Schmidt Archiv, Sign.
    1/HS AA005177, Schreiben von H.
    Schmidt an G.-O. Pötter
    v. 24. 5. 1965.
50 Vgl. BA-MA B 438/197, Rundbrief
    der HIAG, Landesverband Schles-
    wig-Holstein, an die Bundestags-
    abgeordneten des Bundeslands
    v. 1. 9. 1965.
51 Ebd., Eilbrief v. Helmut Schmidt an
    die HIAG Schleswig-Holstein v.
    18. 10. 1965.
52 Ebd.
53 11. Nordmarktreffen der HIAG,
    Die Zeit, Nr. 44, vom 29. 10. 1965.
54 FES Helmut Schmidt Archiv 1/HS
    005 158, Schreiben der Bremer-
    havener Bürgerzeitung v.
    25. 10. 1965 mit Zitat aus der Nord-
    seezeitung v. 25. 10. 1965.
55 Ebd., 1/HS AA005177, Gert Ham-
    merby: Ekstra Bladet v. 8. 11. 1965,

56 SS wittert Morgenluft, handschr. dt.
    Übersetzung v. Herbert Petersen als
    Anhang zu dessen Schreiben an
    Schmidt v. 19. 11. 1965.
56 Ebd.
57 Ebd., Schreiben des Vorstands der
    SPD, Unterbezirk München, an
    Helmut Schmidt v. 21. 12. 1965.
58 Karsten Wilke a. a. O., S. 344 und
    passim.
59 FES, Helmut Schmidt Archiv,
    1/HS AA005177, Schreiben von
    H. Schmidt an K. Cerff v. 31. 3.
    1966.
60 Karsten, Wilke, a. a. O., S. 345.
61 Ebd., mit Nachweisen.
62 Ebd., S. 345 f.
63 Vgl. ebd.
64 Ebd.
65 Ebd., S. 346.
66 Ebd.
67 Pressemitteilung der SPD Nr. 676
    v. 16. 11. 1981.
68 Mein Instinkt sagt mir: Nicht nach-
    geben, in: Der Spiegel, Nr. 18/1975,
    S. 24.
69 Ebd.
70 Ebd., S. 31.
71 Ebd., S. 32.
72 Denen musste es mal gezeigt wer-
    den, Interview mit Bundeskanzler
    Helmut Schmidt, in: Der Spiegel,
    Nr. 18/1975, S. 26.
73 Interview aus »Das Todesspiel«
    v. Heinrich Breloer, https://www.
    youtube.com/watch?v=1v
    F0RbAjCVM, Schmidt bei ca.
    05:00.
74 Ebd., Interviewer bei ca. 05:25.
75 Maximilian Steinbeis; Marion
    Detjen; Stephan Detjen: Die Deut-
    schen und das Grundgesetz.
    Geschichte und Grenzen unserer
    Verfassung, München 2009, S. 184.

76 Ebd.

77 Ich bin in Schuld verstrickt, in: Die Zeit, Nr. 36, 30. 8. 2007.

78 Anette Ramelsberger: Bleierne Zeit – Bleibende Schuld, in: Süddeutsche Zeitung v. 11. 10. 1997, Gespräch mit Friedrich Zimmermann.

Literaturverzeichnis

Absolon, Rudolf: Die Wehrmacht im III. Reich. 19. Dezember 1941 bis 8. Mai 1945, Boppard a. Rh. 1995.

Allesch, Christian G.: Der Freiheit wildes Lied: Freiheitslieder als Geschichtskonstruktionen, In: Giordano, Christian/Patry, Jean-Luc/Rüegg, Francois (Hg.): Trugschlüsse und Umdeutungen, a. a. O., S. 9 – 24.

Apelt, Manja: Militärische Sozialisation, in: Gareis, Sven Bernhard/Klein, Paul (Hg.): Militär und Sozialwissenschaft, a. a. O., Wiesbaden 2005, S. 26 bis 39.

Arbeitskreis Lichtwarkschule (Hg.): Die Lichtwarkschule. Idee und Gestalt, Hamburg 1979.

Arnold, Klaus Jochen. Die Wehrmacht und die Besatzungspolitik in den besetzten Gebieten der Sowjetunion. Kriegführung und Radikalisierung im »Unternehmen Barbarossa«, Berlin 2005.

Aust, Gerrit/Stein, Irmgard: Gumpel, Wenzel, Schmidt. Die unbekannten Vorfahren von Helmut Schmidt, Hamburg 1994.

Bach, Dieter/Smirnow, Wladlen (Hg.): Deutsche Spuren in einer russischen Stadt. Pskov – Vom deutschen Orden bis zu den Partnerschaften von heute, Wuppertal 1997.

Bankier, David: Die öffentliche Meinung im Hitler-Staat. Die »Endlösung« und die Deutschen. Eine Berichtigung, Berlin 1995.

Benz, Wigbert: Der Hungerplan im »Unternehmen Barbarossa« 1941, Berlin 2011.

Benz, Wolfgang: Das Schicksal der ADGB-Bundesschule im Dritten Reich. Reichsführerschule, Schule des Sicherheitsdienstes der SS, Außenstelle des Reichssicherheitshauptamtes, Verein Baudenkmal Bundesschule Bernau e. V., Bernau 2007.

Bodesohn, A.: Handbuch der Staats- und Bürgerkunde. Ein Lehr- und Lesebuch für den Unterricht an Schulen sowie zum Selbstunterricht, 3. Auflage, Wittenberg 1921, darin Vorwort der 1. Auflage v. 1910.

Bohlmann-Modersohn, Marina: Otto Modersohn. Leben und Werk, Fischerhude 2005.

Bölling, Rainer: Volksschullehrer und Politik. Der deutsche Lehrerverein 1918 – 1933, Göttingen 1978.

Böning, Holger: Journal der Epoche, in: Die Zeit, Nr. 24 v. 17. 6. 2012.

Bontjes van Beek, Mietje: Verbrennt diese Briefe! Kindheit und Jugend in der Hitlerzeit, Fischerhude 1998.

Bouhler, Philipp: Napoleon. Komentenbahn eines Genies, München 1941.

Brinckmann, Ursula: Endlich zog Disziplin ein, in: Die Lichtwarkschule. Idee und Gestalt, a. a. O., S. 183 f.

Brunswig, Hans: Feuersturm über Hamburg. Die Luftangriffe auf Hamburg im 2. Weltkrieg und ihre Folgen, Stuttgart, 8. Auflage 1987.

Carr, Jonathan: Helmut Schmidt, Düsseldorf 1985.

Chales de Beaulieu, Walter: Der Vorstoß der Panzergruppe 4 auf Leningrad 1941, Neckargmünd 1961.

Chales de Beaulieu, Walter: Generaloberst Erich Hoepner. Militärisches Portrait eines Panzer-Führers, Neckargmünd 1969.

Classen, Walther: Soziales Rittertum in England. Ein Reisebericht, Hamburg 1900.

Claudius, Matthias: An meinen Sohn Johannes, zitiert nach: http://gutenberg.spiegel. de/buch/an-meinen-sohn-johannes-5207/1, abgerufen am 2. 9. 2014.

Creveld, Martin van: Kampfkraft – Militärische Organisation und Leistung der deutschen und amerikanischen Armee 1939 – 1945, Graz 2005.

Deutsches Lesebuch für höhere Mädchenschulen, begründet von Muff und Dammann: Auf Grund der ›Bestimmungen über die Neuordnung des höheren Mädchenschulwesens in Preuszen‹ vom 18. August 1908 (Autor Moritz Ehrlich), in: Bodesohn, A.: Handbuch der Staats- und Bürgerkunde. Ein Lehr- und Lesebuch für den Unterricht in Schulen sowie zum Selbstunterricht, Wittenberg 1921, 3. Auflage, S. 119 (unveränderte Übernahme aus der 1. Auflage von 1910).

Die Harke, 20. 3. 1939, Teilfaksimile: http://www.wir-wussten-nichts-davon.de/ wwnd_Seiten/Jugend/Jugenddoku/jdo2.html#wehr.

Die Lichtwarkschule in Hamburg. Beiträge zur Grundlegung und Berichte 1928, Hamburg 1929.

Donandt, Hans: Versuche einer einheitlichen Gestaltung des Unterrichts auf der Unter- und Mittelstufe, in: Die Lichtwarkschule, a. a. O., S. 32.

Dörner, Claus (Hg.): Freude, Zucht, Glaube. Handbuch für die kulturelle Arbeit im Lager. Im Auftrag der Reichsjugendführung der NSDAP, Potsdam 1937.

Dörner, Claus: Recht auf Irrtum. 77 Jahre in diesem Jahrhundert, Lübeck 1991.

Echternkamp, Jörg (Hg.): Die Deutsche Kriegsgesellschaft. 1939 bis 1945. Erster Halbband, Band 9 der Reihe »Das Deutsche Reich und der Zweite Weltkrieg«, herausgegeben v. Militärgeschichtlichen Forschungsamt, München 2004.

epd/esh: Erstmals seit Jahrhunderten fällt eine Kirche, in: Die Welt v. 12. 2. 2008.

Erenz, Benedikt: Wo haben Sie gedient? Major Hermann Foertsch, Reichswehrministerium, über die Pflicht zum Waffendienst, in: Die Zeit, Nr. 9 v. 24. 2. 2005.

Erenz, Benedikt: Erziehung in der Wehrmacht. Der Erlass des Reichswehrministers Generaloberst Werner von Blomberg vom 16. April 1935, in: Die Zeit, Nr. 9 v. 24. 2. 2005.

Erziehung zur Deutschheit. Die Lichtwarkschule – Erwin Zindler ihr neuer Leiter, in: Hamburger Anzeiger, Nr. 197 v. 24. 8. 1933.

Essner, Cornelia; Conte, Eduard: »Fernehe«, »Leichentrauung« und »Totenscheidung«. Metamorphosen des Eherechts im Dritten Reich, in: Vierteljahreshefte für Zeitgeschichte, 44. Jahrgang Heft 2 (1996), S. 201 ff.

Fisch, Stefan/Gauzy, Florence/Metzger, Chantal (Hg.): Lernen und Lehren in Frankreich und Deutschland. Apprendre et enseigner en Allemagne et en France, Stuttgart 2007.

Fischer, Thomas: Völkisches Recht. Der Mord-Paragraf ist eine Erfindung der Nazis. Wie konnte er sich so lange halten? Plädoyer für eine überfällige Rechtsreform, in: Die Zeit, Nr. 51 v. 12.12.2013.

Flügge, Manfred: Meine Sehnsucht ist das Leben. Eine Geschichte aus dem deutschen Widerstand, Berlin 1998.

Foertsch, Hermann: Der Offizier der neuen Wehrmacht. Eine Pflichtenlehre, 2. Auflage Berlin 1936.

Förster, Jürgen: Die Wehrmacht im NS-Staat. Ein »grauer Fels in der braunen Flut?«, in: Reform, Reorganisation, Transformation. Zum Wandel in deutschen Streitkräften von den preußischen Heeresreformen bis zur Transformation in der Bundeswehr. Hrsg. von K-H. Lutz, M. Rink und M. von Salisch, München 2010, S. 263–275.

Förster, Jürgen: Die Wehrmacht im NS-Staat. Eine strukturgeschichtliche Analyse, München 2007.

Förster, Jürgen: Geistige Kriegführung in Deutschland 1919 bis 1945, in: Echternkamp: Die Deutsche Kriegsgesellschaft, a. a. O., S. 465–640.

Fremde Macht, in: Der Spiegel, Nr. 15/1986, S. 116 f.

Fündling, Jörg: Marc Aurel, Darmstadt 2008.

Ganzenmüller, Jörg: Das belagerte Leningrad 1941–1944. Die Stadt in den Strategien von Angreifern und Verteidigern, Band 22 der Reihe »Krieg in der Geschichte«, herausgegeben von Förster, Stig et al., Paderborn 2005.

Gareis, Sven Bernhard/Klein, Paul (Hg.): Militär und Sozialwissenschaft, Wiesbaden 2005.

Georgi, Friedrich: »Wir haben das Letzte gewagt ...« General Olbricht und die Verschwörung gegen Hitler, Freiburg 1990.

Gerlach, Christian: Kalkulierte Morde. Die deutsche Wirtschafts- und Vernichtungspolitik in Weißrussland, Hamburg 1999.

Gerwin, Edgar: »Bei uns in der Lichtwarkschule ...«, in: Die Lichtwarkschule, Idee und Gestalt, a. a. O., S. 197.

Giordano, Christian/Patry, Jean-Luc/Rüegg, Francois (Hg.): Trugschlüsse und Umdeutungen. Multidiszplinäre Betrachtungen unbehaglicher Praktiken, Berlin 2009.

Giscard D'Estaing, Valéry: Le pouvoir et la vie, Paris 1988.

Giscard D'Estaing, Valéry: Macht und Leben. Erinnerungen, Berlin 1988.

Gottschalch, Juka: Kodderschnauze, Klassenprimus und ein Kumpel, in: Hamburger Morgenpost v. 21.3.1975.

Graf, Angela: April/Mai 1933. Die »Aktion wider den undeutschen Geist« und die Bücherverbrennungen, in: Verbrannt, geraubt, gerettet! Bücherverbrennungen in Deutschland. Veröffentlichungen der Bibliothek der Friedrich-Ebert-Stiftung, Bonn 2003, S. 14.

Grolle, Inge: Brückenbauer? Das Hamburger Volksheim – Ein Beispiel bürgerlicher Sozialreform um 1900, in: Zeitschrift des Vereins für Hamburgische Geschichte, Nr. 98 (2012).

Grolle, Joist: Alfred Lichtwark und die Lichtwarkschule: Anmerkungen zu zwei Legenden, in: Universität Hamburg. Berichte und Meinungen aus der Universität, Band 28, Heft 3, 1997, S. 42.

Grossmann, Hans: Die Pflege des sprachlichen Ausdrucks auf der Unter- und Mittelstufe, in: Die Lichtwarkschule, a. a. O., S. 37.

Gruner, Wolf/Nolzen, Armin (Hg.): Bürokratien. Initiative und Effizienz. Beiträge zur Geschichte des Nationalsozialismus, Bd. 17, Berlin 2001.

Hammerstein, Kunrat Freiherr von: Spähtrupp, Stuttgart 1963.

Haupt, Werner: Heeresgruppe Nord 1941 – 1945, Bad Nauheim 1966.

Helmut Schmidt/Siegfried Lenz/Jörg Magenau: Wie würdest Du handeln?, in: Die Zeit, Nr. 36 v. 28. 8. 2014, S. 43.

Henrichs, Benjamin: Gustave Le Bon. Psychologie der Massen, in: Die Zeit, Nr. 42 v. 14. 10. 1983.

Hering, Rainer: »Aber ich brauche die Gebote . . .« Helmut Schmidt, die Kirchen und die Religion, Bremen 2012.

Hering, Rainer: Bischofskirche zwischen »Führerprinzip« und Luthertum. Die Evangelisch-lutherische Kirche im Hamburgischen Staate und das »Dritte Reich«, in: Kirchliche Zeitgeschichte (20. Jahrhundert). Hamburgische Kirchengeschichte in Aufsätzen, Teil 5, hrsg. von Rainer Hering und Inge Mager.

Herwig, Malte: Die Flakhelfer. Wie aus Hitlers jüngsten Parteimitgliedern Deutschlands führende Demokraten wurden, München 2013.

Hochmuth, Ursel (Bearb.): candidates of humanity. Dokumentation zur Hamburger weißen Rose anlässlich des 50. Geburtstages von Hans Leipelt, Hamburg 1971.

Hoffmann, Peter: »Widerstand, Staatsstreich, Attentat.« Der Kampf der Opposition gegen Hitler, München 1969.

Hofmann, Gunter: Willy Brandt und Helmut Schmidt. Geschichte einer schwierigen Freundschaft, München 2012.

http://gepruegelte-generation.de/hintergrundinformationen/die-rolle-der-justiz.

http://www.bild.de/politik/2008/schmidt/wir-duerfen-von-der-demokratie-keine-wunder-erwarten-5 787 288.bild.html.

Hürter, Johannes: Die Wehrmacht vor Leningrad, in: Vierteljahreshefte für Zeitgeschichte, 49 (2001), Heft 3, S. 390.

Hutmacher, Anne: Schülerrudern, in: dies., Die Entwicklung des Frauenruderns, Köln 2010, S. 57.

Im Namen der Moral. Gespräch zwischen Marion Gräfin Dönhoff, Helmut Schmidt und Richard von Weizsäcker, in: Die Zeit, Nr. 29 v. 15. 7. 1994.

Jäger, Georg: Schule und Gemeinschaftsidee, Vortrag im Lehrerrat und in der Gesellschaft der Freunde des vaterländischen Schul- und Erziehungswesens, Auszüge aus der Zeitschrift »Pädagogische Reform« vom 11. 12. 1918, abgedruckt in: Die Lichtwarkschule, a. a. O., S. 13.

Jahn, Peter/Rürup, Reinhard (Hg.): Erobern und Vernichten. Der Krieg gegen die Sowjetunion 1941 – 1945. Essays, Berlin 1991.

Jasper, Andreas: Zweierlei Weltkriege? Kriegserfahrungen deutscher Soldaten in

Ost und West 1939 bis 1945, Paderborn 2011 (Band 66 der Reihe »Krieg in der Geschichte«, herausgegeben von Förster, Stig et al.).

Kahn, Helmut Wolfgang: Helmut Schmidt. Fallstudie über einen Populären, Hamburg 1973.

Kellerhoff, Sven Felix: Heinz Guderian war Hitlers »Marschall Vorwärts«, in: Die Welt v. 3. 4. 2013.

Kellerhoff, Sven-Felix: Wie die Gestapo die »Rote Kapelle« zerschlug, in: Die Welt v. 31. 8. 2012.

Kempowski, Walter: Das Echolot. Barbarossa '41. Ein kollektives Tagebuch, München 2002.

Kerschensteiner, Georg: Der Begriff der staatsbürgerlichen Erziehung, 3. Aufl., Leipzig/Berlin 1914.

Kershaw, Ian: Der Hitler-Mythos, in: Spiegel Special Geschichte 1/2008, S. 108.

Kerutt, Horst: Adolf-Hitler-Marsch der deutschen Jugend, München 1937.

Kilian, Dieter E.: Politik und Militär in Deutschland: Die Bundespräsidenten und Bundeskanzler und ihre Beziehung zu Soldaten und Bundeswehr, Berlin 2011.

Klemperer, Victor: LTI. Notizbuch eines Philologen, Berlin 1947.

Klönne, Arno: Jugend im Dritten Reich, in: Bracher et al.: Deutschland 1933–1945, S. 223.

Koch, Horst-Adalbert: Flak. Die Geschichte der Deutschen Flakartillerie 1935–1945, Bad Nauheim 1954.

Kollmeier, Kathrin: Ordnung und Ausgrenzung. Die Disziplinarpolitik der Hitler-Jugend, Berlin 2007.

Kolloch, Ursula: Heinrich Randolph: Ein Lehrer zur Kaiserzeit, Gifhorn 1998.

Kramer, Helmut: Filme zur NS-Justiz, in: Kritische Justiz 1984, Heft 3, S. 302.

Krause-Burger, Sybille: Helmut Schmidt. Aus der Nähe gesehen, Düsseldorf 1980.

Kuby, Erich: Mein Krieg. Aufzeichnungen aus 2129 Tagen, München 1975.

Kühne, Thomas: Kameradschaft. Die Soldaten des nationalsozialistischen Krieges und das 20. Jahrhundert. Kritische Studien zu Geschichtswissenschaft, herausgegeben von Berding, Helmut et al., Band 173, Göttingen 2006.

Landeszentrale für politische Bildung (Hg.): Smiatacz, Carmen: Stolpersteine in Hamburg-Barmbek und Hamburg-Uhlenhorst. Biographische Spurensuche, Hamburg 2010, S. 128 ff.

Le Bon, Gustave: Psychologie der Massen, Hamburg, 8. Auflage 2013.

Lehberger, Reiner: Loki Schmidt. Die Biographie, Hamburg 2014.

Lehberger, Reiner: Die Lichtwarkschule. Das pädagogische Profil einer Reformschule des höheren Schulwesens in der Weimarer Republik, Hamburg 1997.

Leichte Flak voran, in: Der Adler, Heft 20 v. 29. 9. 1942.

Lewalter, Ernst: Stoffe und Arbeitsweisen im kulturkundlichen Unterricht der Oberstufe, in: Die Lichtwarkschule in Hamburg, a. a. O., S. 40.

Lewalter, Ernst: Warum Lichtwarkschule? in: Die Lichtwarkschule, a. a. O., S. 9.

Lichtwarkschule, Eltern-Zeitung 1. Jahrgang, Nr. 7/8, April/Mai 1921, S. 4 (nachgedruckt in: Lehberger, Reiner: Die Lichtwarkschule, a. a. O., Quellen, S. 15).

Liepmann, Ruth: Vielleicht ist Glück nicht nur Zufall, Köln 1993.

Lührs, Wilhelm: Der Pogrom vom 9./10. November 1938, in: ders. (Hg.): »Reichskristallnacht« in Bremen, Bremen 1988, S. 39 – 59.

Magenau, Jörg: Schmidt – Lenz. Geschichte einer Freundschaft, Hamburg 2014.

Maripuu, Meelis: The Execution of Estonian Jews in the local Detention Institutions in 1941 – 1942, S. 659 f., in: Maripuu, Melis/Paavle, Indrek (Hg.): Estonia 1940 – 1945. Reports of the Estonian International Commission for the Investigation of Crimes against Humanity, Talinn 2006.

Matthaei, Gerda: Zum Verbot der sozialistischen Schülerorganisation, in: HLZ 9 (1930), Nr. 4, S. 92 f.

Meier, Ursula (Hg.): Erna Stahl – Zeugnisse ihres Wirkens im Hamburger Schulwesen nach 1945 und Betrachtungen aus ihrer späteren Lebenszeit, Hamburg 2010.

Meier, Ursula: Erna Stahls Haltung in der Zeit des Nationalsozialismus, in: Zeugnisse ihres Wirkens im Hamburger Schulwesen nach 1945, a. a. O., S. 423 – 447.

Meyer, Beate: Wenn Spekulationen zu Tatsachen werden. Bryan Mark Riggs Buch ist eine Mogelpackung, in: Die Zeit, Nr. 46 v. 6. 11. 2003.

Mommsen, Hans: Zum Scheitern verurteilt, in: Die Zeit, Nr. 29 v. 18. 7. 1969.

Muchina, Lena: Lenas Tagebuch, Berlin 2013.

Museumsverein und Kulturforum Warburg (Hg.): Josef Wirmer – ein Gegner Hitlers. Aufsätze und Dokumente, Warburg 1989.

Nannen, Stephanie: Henri Nannen. Ein Stern und sein Kosmos, München 2013.

Neitzel, Sönke/Welzer, Harald: Soldaten. Protokolle vom Kämpfen, Töten und Sterben, Frankfurt 2011.

Neumann, Fritz: Versuch über das Bildungsideal der Lichtwarkschule, In: Die Lichtwarkschule in Hamburg, a. a. O., S. 11 – 14.

Osterloh, Jörg: Nationalsozialistische Judenverfolgung im Reichsgau Sudetenland 1938 – 1945, München 2006.

Overlack, Victoria: Zwischen nationalem Aufbruch und Nischenexistenz. Evangelisches Leben in Hamburg 1933 – 1945, Hamburg 2007.

Patel, Kiran Klaus: Der Arbeitsdienst für Männer im Machtgefüge des »Dritten Reichs«, in: Gruner, Wolf/Nolzen, Armin (Hg.): Bürokratien. Initiative und Effizienz, a. a. O., S. 53 ff. (zitiert als »Patel, Machtgefüge«).

Patel, Kiran Klaus: Lager und Camp. Lagerordnung und Erziehung im nationalsozialistischen Arbeitsdienst und im »Civilian Conservation Corps« des New Deal 1933 – 1939/42, in: Jahrbuch für historische Bildungsforschung, Bd. 6 (2000), S. 93 – 116.

Petersen, Peter: Das Deutsche Gymnasium und der humanistische Gedanke in der Gegenwart, in: ders.: Innere Schulreform und Neue Erziehung, Weimar 1925, S. 214. Ders.: Antrittsrede bei Übernahme der Schulleitung (1920), in: ebd., S. 167. Zit. n. Lehberger/Wendt, in: Lichtwarkschule, a. a. O., S. 7.

Pohl, Dieter: Die Herrschaft der Wehrmacht. Deutsche Militärbesatzung und einheimische Bevölkerung in der Sowjetunion 1941 – 1944, München 2008. (Band 71 der Reihe »Quellen und Darstellungen zur Zeitgeschichte«. Herausgegeben vom Institut für Zeitgeschichte.)

Prantl, Heribert, in: http://www.sueddeutsche.de/politik/rechtliche-stellung-uneheli
cher-kinder-als-das-baby-noch-ein-bankert-war-1.802529, abgerufen am 29.6.2014.

Rahe, Konrad (Hg.): Die Briefe von Julius Hahn an Heinz Harten 1931–1937,
Kiel 2004 (Online-Publikation), http://www.kirche-christen-juden.org/dokumen
tation/download.html, abgerufen am 21.9.2014.

Ramelsberger, Anette: Bleierne Zeit – Bleibende Schuld, in: Süddeutsche Zeitung
v. 11.10.1997.

Ramm, Arnim: Der 20. Juli vor dem Volksgerichtshof, Berlin 2007.

Richhardt, Dirk: Auswahl und Ausbildung junger Offiziere 1930–1945. Zur sozialen
Genese des deutschen Offizierskorps, Marburg 2002. http://archiv.ub.uni-mar
burg.de/diss/z2005/0100/pdf/ddr.pdf, abgerufen am 10.8.2014.

Rigg, Bryan Mark: Hitlers jüdische Soldaten, Paderborn 2003.

Römer, Felix: Der Kommissarbefehl. Wehrmacht und NS-Verbrechen an der Ostfront
1941/42, Paderborn 2008.

Römer, Felix: Kameraden. Die Wehrmacht von innen, München 2012.

Rübsam, Rolf: Sie lebten unter uns. Opfer der »Reichskristallnacht« in Bremen und
Umgebung, Bremen 1988.

Rupps, Martin: Helmut Schmidt. Ein Jahrhundertleben. Grundlegend überarbeitete
und erweiterte Neuausgabe, Freiburg 2013.

Schmidt, Helmut u. a.: Kindheit und Jugend unter Hitler, Berlin 1992 [zitiert als:
Kindheit].

Schmidt, Helmut/di Lorenzo, Giovanni: Deutscher Herbst: »Ich bin in Schuld verstrickt«, in: Die Zeit, Nr. 36/2007.

Schmidt, Helmut/di Lorernzo, Giovanni: Verstehen Sie das, Herr Schmidt?, in: Die
Zeit, Nr. 19/2013.

Schmidt, Helmut/Stern, Fritz: Unser Jahrhundert. Ein Gespräch, München 2010
[zitiert als »Unser Jahrhundert«].

Schmidt, Helmut: Außer Dienst. Eine Bilanz, Berlin, 4. Auflage 2008.

Schmidt, Helmut: Grußwort in: The Founding of International University Bremen.
Perspectives for the Twenty-first Century, Bremen 2003, S. 11.

Schmidt, Helmut: Pflicht zur Menschlichkeit, Düsseldorf 1981, S. 252 f. Nachdruck
des Aufsatzes »Mein Weg zur Sozialdemokratie«, in: Die Neue Gesellschaft, Bonn,
15. Jg., Nr. 6, 1968, S. 479–483.

Schmidt, Helmut: Von Menschen und Mächten, Berlin 1986.

Schmidt, Helmut: Weggefährten. Erinnerungen und Reflexionen, Berlin 1996.

Schmidt, Loki: Erzähl doch mal von früher. Loki Schmidt im Gespräch mit Reinhold
Beckmann, Hamburg, 7. Auflage 2009.

Schmitz, Stephan (Hg.) Willy Peter Reese. Mir selber seltsam fremd. Die Unmensch-
lichkeit des Krieges. Russland 1941–1944, München 2003.

Schöning, Ernst: Die Leibesübungen in der heutigen Jugenderziehung, in: Hamburger Lehrerzeitung, Nr. 13 (1934), S. 97 ff.

Schöning, Ernst: Die tägliche Turnstunde, in: Die Lichtwarkschule, a. a. O., S. 69.

Schumacher, Fritz: Zukunftsfragen an der Unterelbe. Gedanken zum »Gross-Hamburg«-Thema, Jena 1927.

Soell, Hartmut: Helmut Schmidt. 1918 – 1969. Vernunft und Leidenschaft, München 2003.

Spenkuch, Hartwig: Die Kontroverse um staatsbürgerliche Bildung und Erziehung in Preußen (1901 bis 1933), in: Berlin-Brandenburgische Akademie der Wissenschaften, Wolfgang Neubauer (Hg.): Acta Borussica, Neue Folge, 2. Reihe: Preußen als Kulturstaat, Abt. 1 Das preußische Kultusministerium als Staatsbehörde und gesellschaftliche Agentur (1817 – 1934), Band 3.1, Fallstudien, Berlin 2012.

Stahl, Erna: Brief an Thorsten Müller v. 10. 12. 1968 – Stellungnahme zum »Hamburger Zweig der Weißen Rose«, abgedr. in: Meier, a.a.O., S. 400.

Stalingrad, Wendepunkt des Krieges, in: Der Spiegel v. 31. 1. 1983.

Steinbach, Peter: Der 20. Juli 1944 – Mehr als ein Tag der Besinnung und Verpflichtung, in: Aus Politik und Zeitgeschichte, B 27/2004, S. 5.

Stimpel, Hans-Martin: Die deutsche Fallschirmtruppe 1936 – 1945. Innenansichten von Führung und Truppe. Mentalitätsgeschichtliche Studie, Hamburg 2009.

Stoves, Rolf O. G.: 1. Panzerdivision 1935 – 1945. Chronik einer der drei Stamm-Divisionen der deutschen Panzerwaffe, Bad Nauheim 1961.

Stoves, Rolf O. G.: Die 1. Panzerdivision 1935 – 1945. Aufstellung, Bewaffnung, Einsätze, Männer, Eggolsheim, o. J.

Teuteberg, Hans J./Wischermann, Clemens: Wohnalltag in Deutschland 1850 – 1914. Bilder, Daten, Dokumente, Münster 1985.

Thiel, Reinhold: Die bremische Flugabwehr im Zweiten Weltkrieg, Bremen 1995.

Truge, Margarethe: Einführung in die Bürgerkunde, 6. Auflage, Leipzig 1927.

Ueberhorst, Horst: Hundert Jahre Deutscher Ruderverband, Minden 1983.

Ueberschär, Gerd R./Wette, Wolfram (Hg.): Der deutsche Überfall auf die Sowjetunion. »Unternehmen Barbarossa« 1941, Paderborn 1984, erweiterte Neuausgabe Frankfurt 2011.

Ueberschär, Gerd R.: Das Scheitern des Unternehmens Barbarossa, in: Ueberschär, Gerd R./Wette, Wolfram (Hg.): Der deutsche Überfall auf die Sowjetunion, a. a. O., 2. Aufl. 2001, S. 90.

Ueberschär, Gerd. R. (Hg.): Hitlers militärische Elite, Band 2, Darmstadt 1998.

Verhandlungen über Fragen des höheren Unterrichts. Berlin, 4. bis 17. Dezember 1890. Im Auftrage des Ministers der geistlichen, Unterrichts- und Medizinal-Angelegenheiten, Berlin 1891.

Vinke, Hermann: Cato Bontjes van Beek. »Ich habe nicht um mein Leben gebettelt.« Ein Portrait, Zürich 2003.

Wehler, Hans Ulrich: Der Nationalsozialismus: Bewegung, Führerherrschaft, Verbrechen, 1919 – 1945, München 2009.

Weitzdörfer-Henk, Jutta: »Warum brauchen wir die Wehrpflicht?« Wehrpflichtdebatten im Weimarer Reichstag und im Deutschen Bundestag, in: Karl-Heinz Lutz, Martin Rink, Marcus von Salisch (Hg.): Reform, Reorganisation, Transformation. Zum Wandel in den deutschen Streitkräften von den preußischen Heeresreformen bis zur Transformation der Bundeswehr, München 2010, S. 295 – 316.

Welzer, Hartmut/Neitzel, Sönke/Gudehus, Christian (Hg.): »Der Führer war wieder viel zu human, viel zu gefühlvoll.« Der Zweite Weltkrieg aus der Sicht deutscher und italienischer Soldaten, Frankfurt 2011.

Wendt, Joachim: Die Lichtwarkschule in Hamburg (1921 – 1937). Eine Stätte der Reform des höheren Schulwesens, Hamburg 2000.

Wette, Wolfram: Das Bild der Wehrmacht-Elite nach 1945, in: Ueberschär, Gerd. R. (Hg.): Hitlers militärische Elite, a. a. O., S. 293 – 308.

Wichern, Johann Hinrich: Bausachen zur Hebung und Förderung des sittlichen Lebens, in: ders.: Sämtliche Werke, Bd. V, Hamburg 1971, S. 68. Zit.n. Teuteberg, Hans J./Wischermann, Clemens: Wohnalltag in Deutschland, a. a. O., S. 36.

Wilke, Karsten: Die »Hilfsgemeinschaft auf Gegenseitigkeit« (HIAG). 1950 – 1990. Veteranen der Waffen-SS in der Bundesrepublik, Paderborn 2011.

Wistrich, Robert: Wer war wer im Dritten Reich? Ein biographisches Lexikon, Frankfurt 1987.

Wittmütz, Volkmar: Die preußische Elementarschule im 19. Jahrhundert, in: Fisch, Stefan/Gauzy, Florence/Metzger, Chantal (Hg.): Lernen und Lehren in Frankreich und Deutschland, a. a. O., S. 15 – 32.

Ziegler, Matthes: Soldatenglaube, Soldatenehre. Ein deutsches Brevier für Hitler-Soldaten, Berlin 1939.

Zindler, Erwin: Die Flucht des Sönke Braderup, Frankfurt 1933. Heft 16, Das Reich im Werden. Arbeitshefte im Dienste politischer Erziehung. Reihe: Deutsches Schrifttum. Hg. v. Rudolf Ibel.

Im Kreis der »Kameraden« – die Wehrmacht unter sich.

Felix Römer

Kameraden

Die Wehrmacht von innen

Piper, 544 Seiten
Mit einem Vorwort von Johannes
Hürter und 30 Abbildungen im Text
€ 24,99 [D], € 25,70 [A], sFr 35,50*
ISBN 978-3-492-05540-6

Felix Römer schafft aus über hunderttausend Seiten US-amerikanischen Vernehmungsberichten und Abhörprotokollen ein wirklichkeitsgetreues Bild der deutschen Wehrmacht. Hier sprechen die Akteure selbst – wir sehen den Krieg mit den Augen des normalen Soldaten.

»Wer wissen will, wie die Wehrmacht wirklich tickte, sollte Römers Buch lesen.« *dpa*

»Schon jetzt kann Römers Arbeit als Meilenstein gelten.« *Die Zeit*

PIPER

Leseproben, E-Books und mehr unter www.piper.de

»Steinke hat ein packendes Buch geschrieben.«

titel,thesen,temperamente / ARD

Ronen Steinke

Fritz Bauer

oder Auschwitz vor Gericht

Piper, 352 Seiten
Mit einem Vorwort von Andreas
Voßkuhle, Mit 13 Abbildungen
€ 22,99 [D], € 23,70 [A], sFr 32,90*
ISBN 978-3-492-05590-1

Fritz Bauer zwang die Deutschen zum Hinsehen: Inmitten einer Justiz, die in der jungen Bundesrepublik noch immer von braunen Seilschaften geprägt war, setzte er den großen Frankfurter Auschwitz-Prozess durch. Er kooperierte mit dem israelischen Geheimdienst, um Adolf Eichmann vor Gericht zu bringen. Aber wer war der kämpferische Einzelgänger wirklich? Ronen Steinke erzählt das Leben eines großen Juristen und Humanisten, dessen persönliche Geschichte zum Politikum wurde.